朝鮮儒学の巨匠たち

韓亨祚 HAN, Hyeong-jo ［著］

片岡 龍 KATAOKA, Ryu ［監修］
朴福美 PAK, Pong-mi ［訳］

春風社

The Masters of Chosun Yuhak
by Han Hyeong-jo

Copyright © Han Hyeong-jo, 2008
Japanese translation copyright © Shumpusha Publishing, 2016
All rights reserved.

This Japanese edition is published by arrangement with Munhakdongne Publishing Corp.

日本語版への序言

韓　亨祚

　わたしは儒教の伝統とは無縁の世界で育ちました。由緒ある家門でもないし学脈のつながりもありません。生きる道を模索していた大学新入生時代、仏教の門をたたき、古典の漢学を学びました。

　しかし、"何が悲しくて鳥獣と群れるのか"という孔子の嘆きのごとく、人の世を離れることはできないとの思いが日増しに強まり、卒業を前にして儒教と朱子学を選ぶことにしました。世の中に順応するだけが道ではないと思ったことは確かです。朱子学が提示する生のビジョンとそれを実現する方法に、無意識のうちに共感し、同調していたのでしょう。

　"美は見る人の目の中にある"（プラトン）と言います。それぞれ自分なりの問題意識と視角で儒学の伝統に近づくのです。わたしは儒学の外面的な儀礼や政治的背景は横に置いて、'道学'という名そのままに生の道を突破していったヒューマニストの冒険に注目しました。そんな点で過ぎ去った歴史のみならず、永遠の企画ということがいつも念頭にありました。

　1、

　混沌の時代には誰もが生の技術（ars vitae）を求めます。"どのように生きていくべきか？"この問いから儒学が出発します。

　近代以降の学問は、大学の分科内で交換される情報と道具的知識の上に巣を築きました。総合大学が設立され学問が分化するにつれ、生の意味と価値を問う人文的省察は姿を隠していったのです。

　栗谷・李珥（1536-1584）は生の知識、あるいは技術の存在理由について次のように力説しました。

　　　人がこの世に生まれ、人間としての役割を果たそうと思えば学問が
　　必要だ。学問は日常生活の関係と取引の中で、事を適切に処理する術

を学ぶに尽きる。神秘的な救いとか世俗的権力を得るのが学問ではない。学問しなければ心は雑草に覆われ、この世は真っ暗になっていく。だから本を読み、知識を練磨する。[1]

ショーペンハウアーは人文学を‘古典の研究’と定義しました。古典を通じてのみ私たちは初めて人間になるのです。儒教もまた古典を学ぶ人文的訓練を通して永遠を模索します。だから自らを‘聖学’と呼ぶのです。世俗的物神（フェティッシュ）に抵抗しつつ、だからとて超越的啓示にも頼らないこの‘第三の挑戦’は成功するのでしょうか。

2、

12世紀の中国で完成したこの革新儒学（Neo‐Confucianism）の体制をめぐり熾烈な論争が繰り広げられました。朝鮮の儒学はその徹底した身体化と個人的変奏で綴られています。

この人文的企画はいくつかの名を持っています。道学、聖学以外にも、その細部の設計に注目すれば‘理学’となります。いくつか特徴を確認しておけば、この本を理解する手助けになるでしょう。

1）近代性；この人文的企画は欲望の無制限な充足（the Great Promise）を約束しません。資源には限りがあるし、大多数の欲望は有害だからです。おそらく理学はニーチェの警句“近代がニヒリズムを孕んでいる”ことと、“人間は超克されねばならない存在”という言葉に全幅同意したはずです。儒教は禁欲主義に肩入れしませんが、日常の不健全な欲望を悟り、これを

---

1 「人、斯の世に生まれ、学問に非ざれば以て人と為ること無し。所謂学問とは　亦た異常別件の物事に非ざるなり。只だ是れ父と為りては当に慈なるべく、子と為りては当に孝なるべく、臣と為りては当に忠なるべく、夫婦と為りては当に別なるべく、兄弟と為りては当に友なるべく、少者と為りては当に長を敬うべく、朋友と為りては当に信有るべく、皆な日用動静の間に於いて、事に随い各おの其の当を得るのみ。心を玄妙に馳せ、奇効を希覬む者に非ざるなり。但だ学ばざるの人は、心地茅塞し、識見茫昧なり。故に必ず須く読書窮理し、以て当に行うべきの路を明らかにすべくして、然る後、造詣は正を得て践履は中を得るなり」（『撃蒙要訣』序）［本書54ページも参照］。

理性によって統制しようとします。理性の統制は‘本来の意志と感情の健全なる発現’を約束するものです。儒教の最終的目標は"鳶飛んで魚躍る"（『中庸』）、すなわち生命の‘自然さ’にあります。

2）宗教；理学はすでに述べましたが超越的人格や死後の世界を信じません。神を自然と合理の下に置く点で、スピノザの神観に似ます。"神が存在するならひたすら私の徳を寿ぐはずだ"祈福と迷信に惑わされず、どのような形態の土俗神、民俗神にも疑いのまなざしを向けました。もしも理学が宗教ならば、日常がその聖化の空間でした。別に司祭や教会、ドグマを必要としなかったのです。朝鮮後期、カトリックとの遭遇が受容と反発の極端に分かれるのは当然の結果かもしれません。

3）権威；理学は理想主義を宣布します。儒教のエリートたちは君主の地位は尊重しましたが、権力の行使は特権ではなくてヒューマニティ、人間性の具現のために、公共の目的のために使う時のみ正しいと信じていました。『朝鮮王朝実録』にはページを繰るたびに君主の恣意を制御しようとする、儒教エリートたちの忠告と批判の声を聴きます。16世紀、栗谷は宣祖（第14代国王、在位1567-1608）に向かって"自ら考えて国を治めるに力不足と思うなら、賢く有能な人物に全権を委託なさいますよう（若し自ら才を度りて以て国を治むるに足らざれば、則ち必ず己より賢なる者を得て、之に任せて可なり。『経筵日記』巻29)"と言えたのです。この体制がどれほど効率的だったかについては論争を呼びます。とはいっても少なくとも一つのことだけは明白です。市民の不服従と批判意識が民主社会の基礎だというなら、儒教理学はその流れに、より親和的であるということです。

3、

日本と朝鮮は全く異なる儒学を経験しました。先に書いた理学の設計は江戸時代の日本に深く浸透するのは難しかったと思われます。最近渡辺浩教授も改めて確認されましたが、丸山眞男教授の立論は日本社会に及ぼした儒学の影響力を誇張しているのではないかというのです。私は理学が日本から‘滑り落ちた’理由が、理学の原論と関係するのではないかと思います。現実適応的態度と神道という民俗の地、そして幕府の武家体系は理

学の原論と折り合えなかったのではないでしょうか。

　以上のような事情のためか、日本の学者たちは理学に、主に外面的な儀礼と強制の側面を読んでいて、いささか驚いたことがあります。陽明学が登場したのは何故か。"理が人を殺す"（戴震）は清国の溜息だし、朝鮮の抑圧的礼教がその弊害を露呈していることも隠せませんが。

　しかしこのような通念とは異なり、理学の原論は自発的徳性を鼓吹しています。その趣旨が'性即理'というキャッチフレーズに凝縮されています。'性即理'の宣言は人間内部には道徳的判断とそれにしたがって行動する力があり、それは自然が準備したものだと教えています。私たち各自の性格は一体に、孟子が言ったように曲がる指のようにねじ曲がっているけれども心理的、社会的妨害物を適切に除去すれば、人間精神は麻痺（不仁）が解けた指のように自由に、そして本来の力と可能性を表出するはずだと信じたのです。理学の目標は論語で言うところの為己之学、即ち"自分自身の実現"であることを忘れてはなりません。

　4、

　この本の中心は第2章にあります。理学の根本プロジェクト、その骨格を描きました。退渓・李滉（1501-1570）は日本の儒学に影響を与えた人ですが、朱子学の人間学を最高度に完成させようと奮闘した人でもあります。

　この章を2、3回熟読してから次の第3章、南冥・曹植（1501-1572）という武人的個性と出会うことを勧めます。理学は一枚岩ではありません。同じ本を読んでいるのに修道士と武人の道が分かれることが理解できるでしょう。

　第5章は現実の君主としてこの企画を政治に具現しようとした正祖（第22代王）の実験を取り上げました。印象的なスケッチにとどまっているので、君師と呼ばれる政治－学問の統合モデルの成否は、次の機会に本格的に取り組むことを予定しています。

　第1章では青年栗谷の入山経験に立ち会います。朱子学と仏教の永遠論がぶつかる真剣勝負の現場を見ることになります。デジャ・ヴ（既視感）、或いはどこかで見た光景かもしれません。栗谷の道は先に朱子が歩いたの

ですが、後には禁忌視されました。禁じられても仏教を知らなければ朱子学は理解できないはずです。

　第4章は朝鮮儒学の二大論争の一つ、人物性同異論の骨組みです。これに接近するには理学の人間学に対する深層的な共感が必要ですが、永遠の存在論的基盤はややこしくて馴染みのない主題です。検証はこの論争の外側でなされるべきだと考えます。たとえば現代の倫理学や精神分析、それに脳科学などの助けが必要です。興味のない方はこの章は読み飛ばしてもいいでしょう。

　第6章では西欧のカトリック神学を論争の場に引き入れ、その経歴のせいで迫害と流配の刑を受けた茶山・丁若鏞（1762-1836）に会うことを願います。

　第8章は理学がどのようにして武器や商品という現実的な力に抵抗するかを読むことが出来るでしょう。

　それでもやはり、宗教的な理想よりも現実的な力学を尊重する傾向が、朝鮮朝の後期になると目についてきます。この世俗的傾向を実学と呼びます。その原論を第7章に整理してみました。

　実学の徹底した哲学化は大韓帝国の末期、崔漢綺（1803-1877）という思想家によって独自の体系化を得ることになりました。彼の著作には‘気学’という名がつきますが、それがピッタリです（第9章）。

　以上のパノラマを通じて、儒学が理学を個性的に分化していく過程、続いて気学と拮抗しながらそれを包摂していく道程を確認できるでしょう。この本は朝鮮儒学の歴史的展開を扱いました。異なる個性たちの類型的対比は同時期に刊行された韓国語版『なぜ朝鮮儒学なのか』の最後の章「朝鮮儒学の地形図」に整理されています。

　5、

　特にお二人に感謝します。この本は御二人の献身的努力がなければ出版にこぎつけなかったでしょう。

　東北大学の片岡龍教授は翻訳者を推薦し、出版社と交渉してくれました。日本の読者たちのために訳注と解説、付録などを作成してくれたのも彼です。この献身的労苦に深い感謝の念を伝えます。東日本大震災以降、彼が

ぶつかった生の現場の重みを引き受け、学問と連携していくことも手一杯なはずなのに、緊急でもない本に縛られて苦労させて申し訳ないと思わずにはいられません。

朴福美先生はこの複雑で難解な文を翻訳する苦労を苦労としませんでした。私があいまいに表現したところを喚起し、意味と脈絡をチェックして最適の翻訳語を探す努力をして下さったことに深く感謝します。

この本は2010年、韓国の文学翻訳院が選定した海外翻訳支援プログラムに選定されてその支援を受けました。長い間待って下さってありがとうございます。

20世紀が儒教を捨てたように、まさにそのために21世紀は儒教を再び呼び戻すかもしれません。光は洞窟の外にあり、生を改善するには他の言葉を身につけなければなりませんから。『誰が文明を創ったか』のウィル・デューラントの警句がいつも新鮮です。"道はいつでも昔の道だ。間違いだけが新しい"

朝鮮儒学の巨匠たち

目次　9

目　次

日本語版への序言　　　　　　　　　　　　　　　　　　　　　1

はじめに　　　　　　　　　　　　　　　　　　　　　　　　11

16世紀　百花の庭園

1章　1554年　金剛山、若き栗谷とある老僧との対話　　　17
　　母を失い、金剛山に／老僧との哲学的激突／仏教は儒教の半分か？
　　／言語、二元化の罠、そして真実との間／僧侶たちと交わした詩何
　　篇かにこめられた意味／生は'知識'なくして完成されない

2章　退渓の『聖学十図』、朱子学の設計図　　　　　　　59
　　儒学、そのよそよそしい顔／退渓が『聖学十図』を著すまで／朱子
　　学の綱領――人間は自然の中にある／人間の自然、本体／人間の疎
　　外、現在／人間の努力、勉強／敬とは何か／近代、そして朱子学の
　　意味

3章　南冥・曹植、刀を帯びた儒学者　　　　　　　　　111
　　「文献不足徴」、忘れられた儒学者／青白い刃先のような儒学／遊侠
　　の性格、老荘と韓非子に傾倒する／哲学を廃せよ／南冥の勉強法／
　　敬一つで繰り広げる戦闘的修養『神明舎図』／朝鮮儒学の破格

17世紀　哲学的な激突とその深まり

4章　人物性同異論の論点と解き方　　　　　　　　　　149
　　大要と基礎／哲学的な契機／視覚と論点／醤油の比喩／異議と課題
　　――自然的本性に対する尊重と実学

18世紀　上からの改革論

5章　君師正祖、再び朱子学を高く歌う　　　　　　　　187
　　タバコで憂さを晴らす君主／かまびすしい考証に、稗官小品の文体
　　とは、俗学たちは消えろ／再び朱子学が道だ／標準化と再解釈を通
　　じて朱子学に新たな生命を／朱子経学のアポリア、'利益'と'武力'
　　という禁忌語／正学、書物と現実の緊張から生まれた学問

6章　朱子学と茶山、そして西学が分かれる所　　213
朱子学の神学的地平／朝鮮儒学の簡略な歴史／茶山と西学の差異／
茶山と主理の朱子学的な差／茶山の勉強論——発見から開発へ

7章　実学、或いはゆらぐ理学の城砦　　235
問題と構想／朝鮮儒学の論点、主宰／実学の一媒介としての人物性
同異論／実学の哲学——理学から気学に／理学の解体、そして実学
のコード／実学、半分ぐらいの、志向としての気学

19世紀　道学の守護者たち
8章　韓末の儒学の選択、抵抗または隠遁　　261
朝鮮儒学者の栄光と汚辱／理気論、或いは'生に意味があるのか'
の問い／西学、理の無為に向けての挑戦／艮斎の応答——主気の再
確認／人物性同異論の幾つかの突破口／韓末における主理、主気の
行動路線

20世紀　地球共同体に向かう夢
9章　恵岡・崔漢綺の気学　　291
恵岡思想の端緒——経験／背景——朱子学の先験的形而上学／なぜ
よりによって神気か／経学を放棄する／新たな文章スタイル／気、
それ自体に／経験的認識論の試み／理学から気学に／恵岡気学の座
標と意味

解説　朝鮮儒学の現代的意義〔片岡龍〕　　319

付録1（室名別号索引）　　335
付録2（人物生没年）　　338
付録3（朝鮮王朝歴代王一覧表）　　344
付録4（思想用語解説）　　345
付録5（成語出典表）　　353

本文索引　　360

はじめに

1

　朝鮮儒学は現在ではなじみが薄くなった意味への冒険、その挑戦の記録だ。

　にぎやかな噂とあれこれの憶測が儒学を取り巻いている。理解よりも批判に熱心な先賢たちに嫌気がさして、直接朝鮮儒学の巨匠たちの声を聞こうと思い立ってから久しい。

　この本は朝鮮儒学史ではない。儒学者たちを網羅しているわけでもないし、彼らの学閥や家門の系譜も問わなかった。教科書や百科事典のように、整理された知識の缶詰を求める人は失望するはずだ。

　私は朝鮮儒学の最高知識人たちの門を叩き、彼らの核心的アイデアを探ることに徹底した。彼らが熟練の手腕で投げる謎のような言葉の‘基本の意味’は何なのか。その深層と脈絡、それに何を目指しているのかと根掘り葉掘り確認し、記録した。

　山の頂上に立てば四方が一望でき、その下の低い嶺は足元にあるだろう。そして驚くことには頂上と頂上の間は指呼之間、とても近い。頂上の彼らは時空を越えて、親しい友のように話かけ、杯を交わしている。たとえると栗谷（ユルゴク）の朱子学は仏教との対話だし、茶山（タサン）の学問は朱子学と西学の間に開いた道であり、恵岡（ヘガン）の気学は近代の思惟を包摂している。朝鮮の儒学は我々の通念よりスペクトルが広いし、河底に竿が届かないとあわてる子供になりかねない深さもある。

　新しい酒を古い皮袋に……私は彼らの個性の深みとその時代の風景を、もう解放されてもいいだろうと声を高める古い言葉たち、主気と主理、理学と気学の古い枠組を使ってお見せしようとしている。

　私は“誰が正統か”を問わなかった。思想の進歩にも目をつぶった。自然がそうであるように、歴史も単線的に発展するよりはアップ、ダウンの循環と拍動、永劫回帰の中にあると考えるからだ。朝鮮儒学の巨匠たちは

それぞれの個性で存在し、その時代に応答する。彼らは知性の硬直とは無縁だから語りかけてくる。"真理は久しいものだ。ただ誤謬だけが新しい"と。

2

十余年前、『朱熹から丁若鏞へ』（世界社）を出版したことがある。その後記に"これから『丁若鏞から朱熹へ』が必要だろう"と書いた。このテーマの原稿にかかったのが、学位論文を書いた直後の1994年だから15年、少なくない歳月を費やした。私は怠け者だし鈍いし、その上散漫に過ぎるからだ。この15年の間考え方も表現スタイルもかなり変化したので、削ったり補ったりの整備に夏の2ヶ月間が一気に過ぎた。結局栗谷と老僧との対話は全面的に書き直した。時間はかかったが、書き直してよかったと思う。

この本が専門的に過ぎると思う方は『なぜ東洋哲学なのか』（文学村）を先に読んでくだされ ばと思う。そこには朱子学の根本概念である理と気についてのくわしい解説がある。老荘と仏教、そして法家の思惟は朝鮮儒学の外郭と座標を示すものとしてスケッチした。それも或いは退屈でまとまりが無いと思う方は、一緒に出版された『なぜ朝鮮儒学なのか』の最後の章、「朝鮮儒学の地形図」を勧める。この本の骨子が圧縮、要約されている。

3

漢文を読んで解釈するのに、自分が21世紀の韓国語で考えていることを忘れたことはない。学生たちも同じ呪文を耳が痛いほど聞かされる。"曖昧よりは間違えろ！"そうは言っても漢文解釈は層位とスタイルを持つから、別の解釈が開かれている。

この本は最小限のタッチで古風を生かした場合があり、奇怪と思えるほど型破りで、原文を推測できないものもある。二層を一時に提供しようとして、煩雑に過ぎると最初のものを引っ込めたこともある。翻訳全てを私が直接したのではない。先学たちの苦心の翻訳をそのまま借りるとか、少し整えて使ったものも多い。この場を借りて感謝の言葉を申し上げる。細かい理解と分析が必要なものは私自身が行った。

はじめに　13

4

　巨匠たちの声を直接聞くという口実のせいではないが、先行研究を疎かにした。本はまだ続くといえば許してもらえるだろうか。対話とは各自が'はなし'ながら、自分の主張を混入させることだとすれば、私の話が準備されて始めて研究史の検討が可能になり、他の話と本格的に対話できると考える。参考文献と索引も、批評と補完以後を約束して、今回は空けておいた。

5

　韓国学中央研究院、以前の韓国精神文化研究院が、貴重な余暇と空間を提供してくれた。それはみんな国民の汗であり、期待であることを忘れまいと思う。韓国学大学院の学生たちとアイデアを点検し、研究をフィードバックできて嬉しい。その痕跡がこの本のあちこちに散らばっているはずだ。

　昔の本を翻訳し、原文を自由に検索できるようにしてくれた韓国古典翻訳院、以前の民族文化推進会に格別の感謝を表する。おかげで苦労がだいぶ減った。

　気まぐれな性格を我慢してくれた文学村出版社、そして面倒な注文を気持ちよくこなしてくれた呉ギョンチョルチーム長と高ギョンファ氏の努力を讃えたい。私が求めていたチームワークだった。原稿をめくりつつこの中の一つや二つは学んだことがあるという話に、わけも無く感激したこともある。この本を長らく待ってくれた匿名の読者何人かに、遅くなった挨拶を差し上げたい。

　そして家族、何もそんなご大層なことをしているわけでもないのに、とりわけ蒸し暑かった夏を、一人原稿に鼻をうずめて過ごさせてくれた妻と息子に、申し訳ない気持ちを伝える。心は見えないという言葉で慰め、或いは約束とする。

2008 年 9 月
初秋の北斎研究室で　韓亨祚　記す

16 世紀　百花の庭園

1章　1554年　金剛山、若き栗谷とある老僧との対話

栗谷は天才の評判が高い。『栗谷全書』巻頭にある坡州「花石亭」の詩[1]を、誰が8歳の洟垂れ小僧の作品だと思うだろうか。彼はあの難しい漢文を、小説でもあるまいに、一度に十五行しか読めないと謙遜（？）するのだ。黒大豆のような漢字に鼻先をうずめるようにして、解釈に汗を流す私は挫折を味わった。

昔も今もそんな才能に世間が抱く期待は決まっている。科挙に及第し、高い官位に登ること。王が下さった御賜花（紙花）を被り物にさして三日間街頭パレードをした後、王から官名の書かれた命令書をいただくことが朝鮮の学者たちの共通した夢であり、すべての家庭が息子にかける期待だった[2]。

ところが栗谷はこのような世間の期待に反抗した。まるで公務員試験に受かるためにと大学に送ったのに、哲学科の周りをうろちょろする思春期の青年のようだが、栗谷は人の道はよい職業や出世、絢爛たる知識の中に

1　"林亭　秋已に晩く、騒客　意窮まりなし。遠水は天の碧に連なり、霜楓は日の紅に向かう。山は吐く孤輪の月、江は含む万里の風。塞鴻何処にか去く、声は断ゆ暮雲の中（林亭秋已晩、騒客意無窮。遠水連天碧、霜楓向日紅。山吐孤輪月、江含万里風。塞鴻何処去、声断暮雲中）"「花石亭」、『栗谷全書』、巻1。

2　科挙及第は、価値が多元化せず、職業の選択が自由でない社会で、学者階級が自分を表現する唯一の通路だった。それはまた自分と家門の身分上昇のための最も効率的な手段でもあった。文集や碑石には、彼が何を考え、どんなことをしたかよりは、彼が身につけた、あるいはもらった職位が何々であったかを、長々と連ねている。科挙については、有り余る逸話やエピソード、説話などが伝えてくれる。学識や才能はあるのだが、運が悪くて落ちる気の毒な話。偶然の事件や神霊の助けを得て及第する話。これに加えて現在の世態を顔色なからしめる、巧妙で精密なカンニングや代理受験、採点と審査の不条理などなど。

はないと考えたのだ。"13歳のとき進士の初試(初級試験)に合格したのに、同輩たちとは違って格別喜ばしい様子はなかった"という。幼いころから彼は儒学の用語を借りれば、支配のための権力（為人之学）と成長のための学問（為己之学）の間で葛藤していた。

母を失い、金剛山に

16歳の栗谷はある日母の死、つまり'不在'に直面する。漕運職にあり、租税米などの運送をする父親について海州を廻ってきたのだが、危篤状態と聞き船を麻浦に向けたところだった。朝鮮女人の鏡のようだと賞賛を浴びる母親、申師任堂（1504-1551）の臨終に間に合わず葬らねばならなかった悔しさと思慕の念は、栗谷の精神に深く濃い影を落とした。生きる価値を疑い、鬱々とし、ついには儒学者にとって禁忌とも言うべき入山を決意し、人里はなれた寺院に向かう。

栗谷の回顧によれば、学問にも科挙にも没頭できないところに母の死を迎え、その後の何年かは"昔の人たちの文章をふざけた気分で読み散らし、時間をやり過ごした"[3]そうだ。そんな迷いのある日、ふいに空っぽの胸をかき抱いて'学問'への覚悟を新たに誓う。今やもう権力ではない学問を求めて巡礼の旅をする、社会的成功よりも社会的'意味'に挑戦する生き方を選ぶのだと。

学問の道について語るとき、彼はいつも決断から説く。19歳で金剛山から下りてきて、自らを戒めた「自警文」の冒頭には"まずはすべからく志を大きく立てるのだ。聖人としての標準を定めようとするのだから、毛先なりとも聖人に及ばなければ、自分の仕事は終ることがない"[4]と書き留めた。子供たちの知を目覚めさせる『撃蒙要訣』の冒頭も「立志」から

----

3 「与崔立之」、『栗谷全書』拾遺巻3。
4 "先須大其志、以聖人為準則、一毫不及聖人、則吾事未了"「自警文」、『栗谷全書』巻14。

始まっているし、王に膨大な性理学の学問体系を要約して提示した『聖学輯要』の冒頭も、修身の第一歩が立志であり、また気持ちの引き締め方であると力を込めて述べている。

　16歳で母に死別してから迷い悩んだ2〜3年間、そして新たな覚悟で学問の道に踏み出したこの年代が、彼の人間と思想を読み解く鍵だと私は考える。
　彼の巡礼は二度の転向を経る。母の'死'を通じて増幅した精神的葛藤に耐えられず金剛山に入ったときと、'生'を説く儒教的真理に対する実存的自覚とともに下山したときだ。この二度の転向は一年あまりの短い期間でなされた。

　そのようにして栗谷は下山した。仏教が提示した'無意味'の解き方が彼の要求を充分に満たせないと思ったとき、社会と責任という'意味'の世界に戻った。一年余りの彷徨を終えて儒学に回帰する中で作られた詩は、彼を苦しめた精神的衝撃と彷徨からかなり抜け出しているし、精神的余裕も感じられる。

　　　道を学ぶにとらわれた気持ちがあってはならぬ　学道即無著
　　　縁の導くところをたどり遊ぶのみ　随縁到所遊
　　　しばし青鶴洞に別れを告げ　暫辞青鶴洞
　　　白鴎州を見物に来た　来玩白鷗州
　　　わが身は千里の高みの雲上界にあり　身世雲千里
　　　宇宙は海の果てでつながるよ　乾坤海一頭
　　　草の庵に宿る憂き心無き一夜　草堂聊寄宿
　　　梅花を照らす月、これこそ風流なれ　梅月是風流[5]

　偏見や執着から脱して真理を求め、そんな精神で仏教と老荘の世界である青鶴洞に遊び、いま再び儒学の白鴎州に戻ってきた。

5　「与山人普応下山、至豊厳李広文（之元）家、宿草堂」、『栗谷全書』巻1。

'生'の実存問題を解決するために気の向くままにさすらい、いくつもの哲学を巡礼したのだが、後にこの入山の事実が幾度も嫌疑と批判の対象になった。だがこのときの彼は、ひたすら道を求めるのみ、他のことは一切気にしていない。

その後、栗谷の仏教体験は忘れられた。政治的党派意識は彼の体験を誇張するか目をつむるばかりだし、退渓をはじめとする道学者たちは、栗谷が異端に身をおいたことを'失節'以上のものと考えたくなかったらしい。陶山・退渓は23歳の青年栗谷に次のように忠告している。

> あなたが仏教の本などを読んで、それに中毒したという話を伝え聞き、残念に思って久しい。そうなのだがこの春に会ったとき、その間違いを隠さずに口にしたし、また今送ってくれた手紙二通を読んでみると、あなたが"ともに道を歩んでいくにふさわしい"(『論語』子罕)人物であることがわかった。ただ恐れるのは、新たに接した味はなじまず、慣れ親しんだ場所は忘れがたいということだ。五穀が熟しもしないうちに、卑しき稗の秋が押し寄せるのではないかと恐れる。これを避けるには何より'窮理'と'居敬'に勤めることだ。その方法は『大学』にあり、『大学章句』が明らかにしており、『大学或問』が余すところなく解説している。[6]

栗谷は自分の'過ち'を告白した。が、迷ったことのある人間のみが真実に近づける。私は彼の仏教体験を過ちではなく、この上ない財産だと考える。この余人が経験しがたい遍歴は栗谷の朱子学を成熟させ、同時に政治的な堕落を防いでくれた一塊の尊い膠だった。

6　"足下読釈氏書而頗中其毒、心惜之久矣。日者之来見我也、不諱其実、而能言其非。今見両書之旨又如此。吾知足下之可与適道也。所懼者、新嗜靡甘、熟処難忘、五穀之実未成、而稊稗之秋遽及也。如欲免此、亦不待他求。惟十分勉力於窮理・居敬之工。而二者之方、則大学見之矣、章句明之矣、或問盡之矣"「答李叔献」、『退渓集』、巻14。

政治　入山は‘方法として’あらゆる世俗的な価値を否定する行為である。彼はのちに政治に参加し続けるのだが、この通過儀礼があったからこそ利己的な誘惑と歴史的偏向に大きく影響を受けずにすんだ。‘死’のかなたを見る人間は、大体において世俗の絆にそれほど縛られておらず、異なる価値によって‘生’を営む力を豊かにさせる。

学問　朱子学は本来、仏教に対する対抗意識から生まれた学問だ。仏教を知らずして朱子学は理解できない。栗谷は仏教を経験したからこそ朱子学の問題と解決、そして独特の理論体系をさらに深め、明確に知り得た。残念なことに栗谷以降、仏教の地に踏みこんだ儒学者がいない。朝鮮の儒学が姑息で偏狭になっていったのは、仏教との対面をきれいさっぱりやめてしまったからだと私は考える。

老僧との哲学的激突

　入山の動機は理解できた。ところで彼はなぜまた世俗に、儒教に回帰したのだろうか。私はここにいつも引っかかる。遺憾ながら栗谷はここを直接に、仔細に書き残さなかった。その当時の儒家独善的な雰囲気、異端の魔女狩りで仏教に対する論議自体が封鎖されていた可能性が高い。

　ところが運の良いことには、このあたりを推察できる一つの象徴的な逸話を文集にみつけた。それは金剛山を遊歴していた頃、ある庵で老僧と交わした問答だが、この短いエピソードは栗谷の内部で起きていた実存的苦悩とその転機を圧縮して見せてくれる。このような体験は東アジア文明史においてよく起きたのだが、朝鮮の儒学の場合では珍しい。1554 年、彼は 19 歳だ。

　老僧とのエピソードは短いが含意に満ち満ちている。これを念入りに分析したい。10 年余り前分析してはいるが[7]、このときは秘密の一端を垣間見た喜びに欣喜雀躍、興奮しすぎたらしい。今見ると、藪道をかき分けているうち横道にそれたことを知らず、とんでもないところに入り込んでい

たりしている。はじめから書き改めたい。

　私が楓嶽山を遊覧していたある日、一人深い谷間を何里か歩いていると、小さな庵があった。老僧一人、袈裟をまとってきちんと座っているのだが、私を見ても立とうとせず、口も開かない。庵を見回したが何もなく、かまどは火の気が消えて何日かたっているらしい。問うてみた。"ここで何をなさっておいでですか？"

　老僧は笑みを浮かべるのみ、答えはない。

　また問うた。"何を支えに飢えを忘れておられますか？"

　老僧は松の木を指し示し "あれが私の食べ物ですよ"

　私は彼の識見がどのくらいのものか知りたかった。"孔子と釈迦、二人のうちどちらが聖人ですか？"

　"儒学者さん、私をからかいますな"

　"仏教は夷狄の教えゆえ中国（ここでは東アジア文化圏を指す）では実行できませぬ"

　" 舜 は東夷の出身で、文王は西夷の出身ゆえに、この二人もやはり夷狄になりますかな？"

　私は言う "仏教の核心的な教義がわが儒家を凌駕しないものを、しいて儒学を捨て、仏教を求めめさるか？"

　老僧が言う "儒家にも '心、それがすなわち仏だ（即心即仏）' という言葉がありますかな？"

　私は言う "孟子が人間の本性は善であると唱えつつ、口を開けば 堯 や舜。（これと）'心、すなわち仏' とどこが違いましょうか？　そうは言ってもわが儒学の見解は（はるかに）'実' があります"

　老僧はこれに納得しない。しばらくしてから聞いてきた。"'色でもなく空でもない' はどういうことですかな？"

　答えるに "これもまた相対的な意識の特定なる様態、'前境' であるにすぎません"

7　韓亨祚「栗谷思想の儒学的意味」、金炯孝ほか『栗谷の思想とその現代的意味』韓国精神文化研究院、1995。

老僧がにやりと笑うのを見て続けた "'鳶が空に舞い、魚は深き淵に躍る'、これは色ですか、空ですか?"

老僧いわく "色でもなく空でもない、真如の本体であるものを、こんな詩でどうしてこじつけるのですか"

私は笑いつつ "言葉にして口に出したものならば、それはもう相対的な認識の境界にあるのに、どうして本体と言えましょうか。ならば儒家の核心は言葉で伝えることはできないのに、仏教の真理は文字の周辺にあるということになりますか?"

老僧は愕然として我が手をとり、"あなたは市井の凡庸な儒学者ではないようです。わたしのために詩を作り '鳶が舞い、魚が躍り出る' という文句の意味を解いてください" というので、絶句一首を書いてやったら(しばらく)眺めてから袖の中にいれると壁に向かって座り、背中を向けた。わたしもその谷間を出てきてしまった。話に気がとられて彼がどのような人物かよくわからないから三日後にまた行ってみたところ、庵はあるが老僧の姿はなかった[8]。

魚が躍り、鳶が飛び、上も下も同じだ　魚躍鳶飛上下同
こうしたものは色でもないし、だからとて空でもない　這般非色亦非空
無心に一笑してわが身を顧みるに　等間一笑看身世

8　"余之游楓嶽也、一日独歩深洞中。数里許得一小菴。有老僧被袈裟正坐。見我不起、亦無一語。周視菴中、了無他物。廚不炊爨、亦有日矣。余問曰、在此何為?僧笑而不答。又問食何物以療飢?僧指松曰、此我糧也。余欲試其弁、問曰、孔子・釈迦孰為聖人?僧曰、措大莫瞞我僧。余曰、浮屠是夷狄之教、不可施於中国。僧曰、舜、東夷之人也。文王、西夷之人也。此亦夷狄耶?余曰、仏家妙処、不出吾儒。何必棄儒求釈乎?僧曰、儒家亦有即心即仏之語乎?余曰、孟子道性善、言必称堯舜、何異於即心即仏。但吾儒見得実。僧不肯。良久乃曰、非色非空、何等語也?余曰、此亦前境也。僧哂之。余乃曰、鳶飛戻天、魚躍于淵、則此色耶空耶?僧曰、非色非空、是真如体也。豈此詩之足比?余笑曰、既有言説、便是境界、何謂本体也?若然則儒家妙処、不可言伝、而仏氏之道、不在文字外也?僧愕然執我手曰、子非俗儒也。為我賦詩、以釈鳶魚之句。余乃書一絶。僧覧後収入袖中、転身向壁。余亦出洞、悦然不知其何如人也。後三日再往、則小菴依旧、僧已去矣"「楓岳贈小菴老僧(幷序)」、『栗谷全書』巻1。

夕焼けの森、樹木の中に一人立つ我　独立斜陽万木中

　このゲームを見ていると、禅家でよくある師弟間の法力比べが思い浮かぶ。今、栗谷と老僧はそれぞれ儒教と仏教の価値を肩に負い、ひとしきり正当化の激戦中だ。この戦闘の序幕と終幕を理解するのは別に難しくない。難しいのは実際に刃を当てあう場面だが、これには詳細な哲学的分析と解説が必要だ。便宜のために核心部に番号を打つことにする。

(1) 栗谷　"孔子と釈迦、二人のうちどちらが聖人でしょうか？"

(2) 老僧　"儒学者さん、私をからかいますな"

(3) 栗谷　"仏教は夷狄の教えゆえに中国では実行できませぬ"

(4) 老僧　"舜は東夷の出身で、文王は西夷の出身ゆえに、この二人もやはり夷狄というのですか？"

(5) 栗谷　"仏教の核心的な教義がわが儒家を凌駕しないものを、しいて儒学を捨て、仏教を求めめさるか？"

(6) 老僧　"儒家にも'心、それがすなわち仏だ'という言葉がありますかな？"

(7) 栗谷　"孟子が人間の本性は善であると唱えつつ、口を開けば堯や舜。（これと）'心、すなわち仏'とどこが違いましょうか？そうは言ってもわが儒学の見解は（はるかに）'実'があります"

(8) 老僧は納得せず、しばらくしてから聞くことには"'色でもなく空でもない'はどういうことですかな？"

(9) 栗谷　"これもまた相対的な意識の特定なる様態、'前境'であるにすぎません"

(10) 老僧　にやりと笑う。

(11) 栗谷　"'鳶が空に舞い、魚は深き淵に躍る'、これは色ですか、空ですか"

(12) 老僧　"色でもなく空でもない、真如の本体であるものを、こんな詩でどうしてこじつけるのですか"

(13) 栗谷　笑いつつ"言葉にして口に出したものならば、それはもう相対的な認識の境界にあるのに、どうして本体と言えましょ

うか。ならば儒家の核心は言葉で伝えることはできないのに、仏教の真理は文字の周辺にあるということになりますか？”

（14）老僧は愕然として我が手をとり、詩一首を乞う。

仏教は儒教の半分か？

先に論争を仕掛けたのは栗谷だった（1）。老僧は煩わしかったのか、さらりと身をかわした（2）。こちらを見ろといわんばかりに、今度は栗谷が力いっぱい守りの手薄な部分を突いてみた（3）。手ごわい相手だった。老僧は刀を構え、乱れた栗谷の隙を狙ってきた（4）。老僧の手並みが一戦を交えるに充分と見た栗谷は、正式に挑戦状を掲げた（5）。ここまでは偵察戦で、本格的な勝負はこれからだ。それを段階別に分析してみよう。

（5）栗谷 “仏教の核心的教義が、我が儒家を凌駕しないものを、しいて儒学を捨て、仏教を求めめさるか？”（仏家の妙処は、吾が儒を出でざるに、何ぞ必ずしも儒を棄て釈を求めんや）

栗谷は今、仏教の核心的教義が儒教を越えるものではないと言った。この言葉は老僧のみならず、現代人たちにも衝撃的だ。少し考えても儒教は社会的人格の完成を目指しているし、仏教は個人的な解脱を夢見ているではないか。栗谷はいかなる点で二教が遭遇する場所があるというのだろうか。

驚くべきことに、実際儒教と仏教は到底和解できない差異があるにもかかわらず、根底の地平を共有している。儒教でもとりわけ朱子学がそうだがそれは朱子学も仏教も‘発見の体系’だからだ[9]。発見モデルは達成されねばならない全てが“すでに自身の中で、本有を通じて完成している”という発想を土台にしている。そうすると人間の役目は、がちがちにこわ

9　朱子学の‘発見’の特性については「2章　退溪の『聖学十図』、朱子学の設計図」に、合わせて特に「6章　朱子学と茶山、そして西学が分かれる所」で詳細に扱う。

ばり覆われた本性の疎外を克服して、本来の光と力を回復しようとする努力として集約される。

仏教がそういったものであることは、たいていの人が知っているだろう。仏性が人間だけでなく森羅万象、万物にあるということ、だから戒・定・慧という三学を通じて修行すればいつの日かに悟りを得るし、そうやって自我ではなく無我である仏性が自由を生きるというのが仏教の教えだ。

儒教もまた"その初原を回復する（其の初に復す）"という'発見'の構想の上に組み立てられている。その細部の設計とインテリアはこの本の全体を通じて読み取ることができるはずだが、たとえば2章で扱う退渓の『聖学十図』の三番目の絵を見てほしい（82ページ）。朱子（1130-1200）は『小学』の巻頭言（「小学題辞」）で、自分の新たな体系が'発見'を土台にしていると宣言してから踏み出している。一生分の精力を注いだという『大学』の解釈学もまた、宇宙的な共有である本然の性を人がその内部で自覚し、その光を消さないように維持し、保護するものとして設定したことを御覧あれ。

仏教の圧倒的影響を受けて朱子学が発見のシステムを採択したことをおさえておきたい。朱子は仏教の挑戦を受け止め、'新たな儒教 Neo-Confucianism'を形成する過程で、皮肉なことに自分の企画を仏教にならい、発見システムを取入れた [10]。朱子自身、この点を誰よりも良く知っていた。もちろん公言はしていない。それどころか仏教との違いをきちんと指摘し、

---

10 6章で検討するが、茶山・丁若鏞はこの新たな儒教が唱導した発見の企てがどうにも気に食わなかった。彼の関心は瞑想ではない政治にあったし、観照する生 via contemplativa よりも行動の生 via activa を目指したからだ。彼はついに朱子学を'つまりは仏教の亜流あるいは延長'と断定し、その理論的定式化である理気論を槌で打ち砕いてしまった。その廃墟の上に新たな構想として'開発の体系'を打ち立てたのだが、茶山は自分のこの開発モデルが純粋な独創ではなく、'本来、孔子・孟子が構想した儒学'という意味で'洙泗学'という名をつけておいた。茶山はこれで結局人間内部に発見することで完全になる中心（体）はないということ、人間の道は、事と関係とにおいて、最善を尽くして徳を蓄積して完成する'外面の道'であることを明らかにした。

ぎゅっと引いた線を声高に唱えた。朝鮮の儒学も一緒になって声を高める。これをもって朱子学がまったくの仏教の亜流だと言われても困る。朱子学は自身の体系の中で半分ぐらいを仏教に負っているだけだ。残りは？　儒教の固有の価値に、老荘の財産で肉付けした。儒教は責任としての道徳（理）を、老荘は宇宙論的な展望（気）を提供した。だから朱子学を三教統合の集大成だという。

　いまは理解できる。栗谷が老僧に"儒教が仏教の核心を包括しているのであって、だからはるかにグレードアップした体系"だと自負したわけを。

　(6)　老僧　"儒家にも'心、それがすなわち仏だ'という言葉がありますかな？"（儒家にも亦た即心即仏の語有りや）

　老僧も栗谷の問題提起をよく見抜いたものだ。彼は儒学者の唐突な質問を避けてはいない。年齢を忘れて応酬するこの情景は、まるで60歳前後の退渓先生と30歳になったばかりの高峰・奇大升（1527-1572）の間に交わされた学問的討論のようだ。老僧はすぐ反問した。"1）儒教根本の趣旨が仏教とつながっているというのも怪訝だが、とりわけ2）儒学が仏教よりも一段上とは、わたしはそれには同意できない。3）たとえば儒教にも'自分の心が仏だ（即心即仏）'という教訓がありますかな？"この短い問いには無数の意味と脈絡がしこまれている。その地層を掘り起こしてこそ、二人の対話を適切に理解できるはずだ。

　さて、老僧が八万大蔵経の長広舌のなかでも、しいてこの即心即仏をもって反撃したのはなぜか。
　'即心即仏'は中国禅の標語だ。禅伝統の中でも'漸教'を建前とする北宗と異なり、'頓教'を代表とする南宗の教えであり、南宗の中でも'日常'の中で活溌溌とした精神の自由を鼓吹する馬祖道一（709-788）禅の核心標語だ。
　馬祖の禅は、修業にあって戒律を守るとか経典を読むのはあまり助けにならないばかりか、かえって目標に至る道を妨害すると考える。それは"砂

を蒸して飯を炊き、瓦を磨いて鏡にしようとするほど愚かなことだ"という。

馬祖が学人たちを目覚めさせるためによく使った言葉が、まさにこの'即心即仏'である。'即心是仏'、'心即是仏'とも言う。これは人が仏になるためにどんな人為的努力も、訓練も、言説も必要ないというすべらかな教えだ。必要なものは？　ひたすら自分自身が仏だという自覚、即ち'発見'一つあればよい。人々はこの言葉を信じない。疑い、恐れ、自分を忘れて外をちらちら見る。南嶽 (677-744) はこの'逃避'の危険を喚起して、'疑惑'に一針を加える。"まことの原理は座ったり横になったりにかかわらず（禅は座臥に非ず）、至ろうとする場所には一定の枠がない（仏は定相に非ず）"馬祖によれば人の道は、あらゆる人為的選択と意図的努力を'放下'して判断を中止し、全き混沌を受け入れることである [11]。

老僧はこの'頓教'の教えが儒教にもあるかを問う。栗谷は果たしてど

11　それを端的に示す逸話を一つ紹介する。若い馬祖が師匠の南嶽に会ったときの事だ。南嶽は早々に精神の自由は相対的な'分別'を徹底して洗い出してこそ得られるということを立証し（慧能"甚麼物か恁麼に来たる？"南嶽"一物を説似すれば即ち中らず"）、六祖慧能から印可を承けていた。その目に、ある日禅坊で坐禅に熱中している若い僧が映った。ひとめで大器だとおもいそっと探ってみた。"いま何をしているのかな？""ごらんのように坐禅をしています""坐禅をして何の役に立つのかな？"馬祖は変な事を聞く人だというように"仏になりたいからですよ"と答えた。翌日南嶽は馬祖の禅坊の前にあらわれ、砥石で瓦を研ぎ始めた。"まあお坊様、何をしているのですか？""瓦を研いでいるじゃないか""何になさるんですか？""鏡をつくろうとしてね""とんでもない。瓦を研いで鏡になるものですか"南嶽は待っていたかのように言い放った。"瓦を研いで鏡にならないなら、どっかり座って仏になれるとなぜ信じられるのかね"気が遠くなった馬祖がひざまずいて教えを乞うや、南嶽は以下のように言った。"車が進まなければ車輪を換えてやるべきか、牛を鞭打つべきか。まことの原理は座るとか、横になることに関係せず（禅は坐臥に非ず）、目指す場所は一定の枠がない（仏は定相に非ず）。お前の突き詰め、区別する心、取り捨てる態度をもって'仏'が窒息しているのが分からないのかな"『伝灯録』を含む公案のアンソロジーである『禅門拈頌』『馬祖語録』で伝えられる有名なエピソードだ。南嶽は伝統的方法で坐禅に熱中する馬祖に向かい、精神の生地にはどんな「痕跡」もなく、習性化した分別の自動反応を終わらせてこそ、内部の心の本性が自由を取り戻すのだと悟らせた。

う答えるだろうか。

　儒教に関しての老僧の識見がどの程度かは、いま分からない。この対話についてだけなら'中級'程度かと思う。対話を進めていくのは栗谷であり、老僧は異議を提起したり他に視線をそらそうとするが結局成功せず、栗谷に引っ張られてしまうのを見ても分かる。

　老僧は多分'常識'に立脚しているのだ。現在の私たちのように、儒教とは礼に代表される慣習を学び、家庭と社会の健全なる一員として生まれ変わろうとする教えだと理解している。このような局面で論じようとすれば、儒教と仏教は互いに'氷炭相い容れず'、白い氷と黒い炭だから道は全く異なる。ところが朱子学が自らを礼学のみならず、仏教のように心学、すなわち'心の学問'として自己規定することに注目したい。この自己規定が、二教の接点を少しでも近くで見たいと我らをせき立てる。

　老僧の水準がもう少し高ければ、儒教と仏教が衝突する地点で、さて勝負をつけてみようぜと袖を捲り上げることができる。
　'即心即仏'のカードを取り出したのを見ると、彼は栗谷にいくつかの点を解明せよと迫ったらしい。"儒教が仏教を包括し、さらに仏教よりも優れた教えというなら、少なくとも次の四点について解明してもらいたい"四点を条目別にしてみた。

ア）目標：儒教と仏教の目標は同じか。儒教も仏になることを最高の理念とするのか？

イ）条件：儒教もこの理想に到達するための人間の条件が完全だと見るか。すなわち'発見'の企てに徹底しているか。儒教も人間がすべてを備えていると見るのか。仮に言えば仏性の存在を信じるのか。

ウ）方法：南嶽と馬祖の対話に見るように、悟り、あるいは仏性との遭遇には手段がない。外面的な作法や守らねばならない規律はもちろん、どんな知識や分別でもこの目標には至れない。ひたすら対面、あるいは覚醒の道のみだ。儒教もこのような方法を使うのか。でなければ儒教にはもっと有効な方法があるのか。

エ）活用：仏教は自由を最善の価値としている。だから方法として社会と絶縁し、家族と離別する。悟りを得た彼が何を行うかは未定だ。それを規格化し統制するならば、すでに自由はないからだ。儒教も悟った者にはこの役割を期待するか。

（7）栗谷　"孟子が人間の本性が善であると唱えつつ、口を開けば堯や舜。（これと）'心、すなわち仏'とどこが違いますか？　そうは言ってもわが儒学の見解は（はるかに）'実'があります"（孟子、性善を道い、言えば必ず堯・舜を称す。何ぞ即心即仏に異ならん。但だ吾が儒は見得ること実なり）

　栗谷は老僧の問いの中で、ア）の目標とイ）の条件に重なる部分があると考えた。付け加えるならば1）仏教が仏陀を最高値としているように、儒教は堯・舜を理想的人格としていて2）佛教がその完成の可能性を'仏性'の人間条件に求めるように、儒教は'性善'の人間条件に求めているということだ。それともう一つある。3）前に私が'発見の企て'と呼んだもの、すなわち条件の中に目標が完全に具備されているということ、これだ。仏教はこれを即心即仏、'われがまさに仏だ'という言葉に集約し、儒学は堯・舜を自身の本性を回復した人として規定する。
　栗谷はまだ目標にいたるウ）方法とエ）活用については言及していない。ここが仏教と儒教が分かれる地点であろうが、老僧にはこの地点まで問うとか論義を拡大させる余裕がない。若すぎる儒学者が前触れもなく現れ、"儒仏はア）目標とイ）条件を共有している"というので、開いた口がふさがらないのだろう。

　読者のためにも栗谷の心の中にさらに踏み込もう。

　同じ聖人といっても、堯・舜と釈迦では少し距離があるはずだと思う人が多いだろう。堯・舜は文明を開いた人たちであり、仏陀は自身を克服した人ではないか。堯・舜が社会的人間を完成したというなら、仏陀は個人的に超脱をなし遂げた人間ではないかとなる。それでも共通点はあって、

1章　1554年　金剛山、若き栗谷とある老僧との対話　31

狭い自我の監獄を打ちこわし、全体あるいは永遠を生きた人たちだ。栗谷はいま、この地点から論議を始めている。

　孟子を見よう。

　孟子は遥かなる春秋戦国時代の混乱期、人間が極限の醜い姿をさらしていた時代に孔子が唱導した儒学の真実、すなわち人間性が本来善であることを信じて善を肩に負い、伝え広めたドン・キホーテだった。彼はぶれない確信となえない勇気、加えて優れた弁舌で当代の主流だった悲観論の津波に立ち向かい、人間のエネルギーが根本的に社会的であることを弁護して立ち上がった。その中心に性善がある。
　『孟子』全篇に通底するこの人間学は次のように要約できる。

　　(a) 人間は健全な社会性（善）を本性として持っている[12]。(b) それ
　　が正しく発現されていないのは環境と誘惑、そして間違った習慣のせ
　　いだ。(c) しかしその障害も本来の社会的志向を完全には遮断できな
　　い。(d) 社会性の拡充が伴って、内的本性に対する確信はいっそう深
　　くなり、結局そのエネルギーの宇宙的起源とも出会うことになる。(e)
　　社会的志向はウィルスのように相互感化を推し進めて、その拡充の極
　　地で文明の秩序と平和が達成される。ここで個人の成就と社会的目的
　　は一致する。それは同時に自然の目的とも合致する。

　これは『孟子』に出てくる宣言などを整理してみたものだ。具体的典拠は省略する。この五段階のポイントは人間本性は善ということ、すなわち"人間は本来社会性を志向している"ことを確認し、説得するところにある。孟子は告子をはじめとする当代の人性─悲観論者（人間の本性を善とみない者）たちに向かって、次のような例を挙げた。（この話は後に朝鮮儒学の論争の中心を占める。四端七情論から人物性同異論、さらには恵岡（ヘガン）の反論

────────────────────────────────

12　このとき善は個人的でありながら、共同体的であり、同時に形而上的である。理気論
　　はこのような思惟を定式化している。

に至るまで、論議の中心にはこの逸話がある）

　思いがけず幼い子がゆっくりと井戸のほうに這っていく。子には自分の行動がもたらす結果についての自覚がない。経験がないから判断ができず、だから恐怖もまだ形成されない段階だ。誰かがこの光景を見たとしよう。

　ドキンとした彼は‘即時に’子を助けようと駆けつけるはずだ。この行動には子を救い出して村の人たちに賞賛を浴びたいという名誉欲も、子を助けて報償を得たいという計算も、あるいは助けなかった場合にふりかかる非難についての憂慮も介入していない[13]。危険の認知、助けねばという衝動、そして実際すぐさま助け出す行動はつながっていて、ここに切れ目はない。万一その衝動と行動の間に隙間が生じれば、彼の本性の自発性は傷つき汚染される。その間隙は現実的な考慮、私的関心の介入から来るし、増幅もされる[14]。

　孟子はこの社会的衝動に注目するよう薦める。“人間の基本衝動には色情の欲情だけではなくあわれみの情（惻隠の心）があり、不義を恥じ憎む情（羞悪の心）があり、他人に対する配慮の情（辞譲の心）に、合理的判断力（是非の心）などの真情、すなわち‘人間の衝動’がある。身体が四肢を具えているように、人間は誰でもこの四つの情を持っている。万一持っていなければ、彼は人間ではない”人の道はこの衝動を尊重し、培い、実現を妨げるものを除去していく道程である。その道程の終着点に聖人、堯・舜がいる。だとすれば？　堯・舜は己れの中の‘自然’を完成した人間であるといわねばならない！

　堯・舜と釈迦はこのように見るとき、同じ類型と言えるのか？　かなり違うけれど、それでも自分の中の本性を発見し、狭い利己の監獄を壊した自由な人たちだから、ともに聖人と呼ばれるのだ。二つの人間性モデルは異なるが‘発見’を土台にしている点では似ている。その知性をもう少しはっきりさせてみよう。

13　『孟子』公孫丑上、第6章。
14　朱子学はその偶然的（?）介入を‘気の用事’（気の事への作用）と呼ぶ。

仏教 釈迦はどのような人なのか？　大乗仏教と禅の一般的見解によれば、彼は‘悟り’によって自由になった人だ。悟る以前、彼は罪と不自由に苦しんだ。彼を縛りつけたものは貪・嗔・痴（貪欲・憤怒・無知）といわれる内的‘毒素’だった。仏教修練の目標は貪欲と挫折による憤怒を減らし、終局的にその根っこにある‘自我の頑強で久しい関心’を看破し（般若）、その作動を解体することにある。当然自我と仏性は敵対し、対立する。仏教の歴史はこのため、‘無我’が最終的教説となり、これを一貫して強調してきた。例を挙げれば阿毘達磨だが、私たちが使いなれた表現法で‘自分’を消し、文章を新たに書く方法を開発し、その脱自我の分析命題を瞑想の道具とした。大乗仏教、特に‘中観’は‘分別’という人間の慣習が不幸の源泉だということを確認する。そして‘である（有）’と‘でない（無）’という二角の枠に引っかかってぐるぐる廻る（輪回）娑婆の人生を根本的に革新するために、ラジカルな‘判断中止’を提唱した。禅は分別を遮断するために話頭（公案）に集中し、その拡大鏡の焦点で燃え上がる仏性の火花を待った。加えるならばその仏性の自覚、すなわち見性で何が起きるかは誰も知らない。本当のところ何事も起きない。悟ったという先師たちの話は退屈だし、見え透いている。けれどもここに、晴れわたった空に雷のような奇跡が押し寄せる。"春には花が咲き、秋には月が昇る" 仏性は自由を得て、最高に仏性の自然さを獲得する。その活動は自我の脱却をともなうから、自身の行動ではない永遠の活動として現れる。

　しかし行為の当事者はその活動を自分のものと確認することはできない。無我なのだから、それを享有する主体がなくなったのだから。聖書の表現を借りれば"パウロ、もうあなたは生きていず、神様が生きている" そんな時節が来た。だとすれば？　仏陀もまた自己の中にあった仏性の‘自然’を完成した人物だったであろう。

　儒教 朱子学の企てもこれに似る。彼らが発見したところによれば、人間は肉身（気）とともに、宇宙的本性（理）を分け与えられた。そこで曰く、性はすなわち理である（性即理）。この宇宙的本性をどこで見ることができるのか。幼い子の危険に際して自動的に作動する同情の念と、そのための瞬間的な行動を通じて見る。だがこの宇宙的本性は肉身の要求でコチコ

チに固まり、性格の偏向で覆われて、'本来の光と力'（本然の性）を自由
に発現できない。

　人間の道はだから、遺伝的制約と心理的妨害物を除去する事、すなわち
'気質の矯正'（気質を矯む）として落着する（これが後に栗谷の修養論のキャッ
チフレーズになった）。気質が矯正されれば？　たとえば肩こりがほぐれる
と手足が自由に動くように、'本然の性' が発揚するだろう。この '初め
への回復'（其の初めに復す）でもって人間としての仕事は終わる。

　聞くになぜか仏教が唱導する '悟りを通じた仏性の解放' の企画と似て
いないか？

　目標のみならず、方法も似る。不純物の除去あるいは矯正法のなかで、
核心の一つは疑いの余地なく仏教に学んだ。これは朱子をはじめとする宋
代の儒学者たちが仏教の道を経た結果であり、痕跡だ。

　たとえれば心の 'ざわつき' を静めることがある。栗谷は修養の第一歩
としてざわつく心を静めるように薦めた。ざわつきは自己への気遣いとひ
そかな蠢きの結果物たちだ。そうではないか。瞬間に数えきれないほど行
き来する考え、想念、挫折と夢の記憶、未来への不安と期待が……湖水の
底をさらうように、古い倉庫の入り口に漂う埃のように、ぼんやりと濁っ
て心本来の光を閉ざしている。この '散乱（乱）と混迷（昏）' のただな
かで本性はさらに隠れ潜み、息を詰まらせ、光は薄れていく。朱子学はこ
の '混乱' に陥った心を引き上げ、清く透明にしようという試みである。

　引き上げてみても心はいつも外が気になり、家を出て行く。それが又問
題だ。朱子学は "家を出て行った心を取り戻して来い（放心を求む）" とい
うプラカードを門の前に掛けている。いまここに、意味が具現されたこの
聖所を拒み、人間の心は放蕩者のようにいつも外をほっつき回る。それを
ぐいとつかんで '心をふたたび自分の腹の中に引き戻す' 修練を基礎とし
て薦めた。心を混乱から引き上げ、家出した心を取り締まること、これを
総括して '敬'、あるいは '居敬' といった[15]。

　'敬' は本性をおおう障害物を取り払う作業だ。この作業に伴い、板の
継ぎ目から光が差すように本性の自覚が少しずつ、はっきり大きくなって
いく。1558 年、58 歳の退渓は青年栗谷に "（この年になって）ようやく透
き間の端から光が少し見えた気がする" と謙遜している[16]。退渓が陶山に

隠居したのは、この光を全体的に確認する、すなわち自分の中に住む本性を全体的に確認して、その本性を自由に生かすためだった。

話が長引いた。又整理してみよう。

仏教と儒教が似ていると感じないだろうか。

重ねて言うが二体系ともに'発見の企て'が土台だ。そうだ、これを伝統語法では'体用'論と呼ぶことを記しておく。'体用'論というのは本性という根本土台（体）からそれを妨害する条件を除去するとき、心身が初めて適切な運用（用）を回復するであろうという説明体系を総称する。朱子はこの根本土台に対する関心と培養なしでは、意識と行動を矯正する外面的、二次的努力はなんら有効でなく、かえって間違った習性に陥りやすいことを遅まきながら発見したので、'中和新説'を提唱している。

儒教と仏教はともに'体用'論の構造の上にある。ここは根本部分の共有だから無視したり見逃したりしてはならない。朱子自身がこの点をよく知っていたからこそ、時に輪を掛けて仏教を批判した。批判や非難は互いに近づいたときに栄えるものであって、遠ければ何も起こらないという人間ごとの真実がここにもあてはまる。

栗谷はまだ儒教と仏教がどこでどのように異なるか言っていない。その異なる場所に彼が自負する儒教独自の次元があるはずだ。これは後で検討

15　詳細は第2章。付言すれば、退渓と栗谷の間に若干の見解の違いがある。退渓が『聖学十図』を作ると、栗谷は「第八心学図」において、どうして'求放心'、すなわち'家を出て行った心を取り戻すこと'を最終的な位置に置いたのかという疑問を提起した。栗谷はこの修養が、これから進むべき基礎訓練だと考えたのである。これに対して退渓は"一見、基礎修養のように見えるが、しかしこれは修養の全スケジュールと過程を貫いており、終着点でもある"と説いた。

16　"戻ってきて自らこれまでの久しい彷徨を歎き、静かな場所で隙間から漏れる光をわずかに眺める。あなたに勧めよう、しかるべき時に正しい道を追求し、行き止まりの村（仏教を指す）に踏み込んでしたっと歎かないことを"（帰来自嘆久迷方、静処纔窺隙裏光。勧子及時追正軌、莫嗟行脚入窮郷）「贈李秀才叔献」、『退渓集』続集巻2。「瑣言」、『栗谷全書』巻14。

しよう。

　その前に皆さんは、果たして栗谷が提示したこの共有地点に同意することができるだろうか。私たちはさておいて、老僧がこのような栗谷の考えを納得するだろうか。彼は首をかしげて異議を提起する。

言語、二元化の罠、そして真実との間

　(8) 老僧　納得せず、しばらくしてから聞くことには "'色でもなく
　　空でもない' はどういうことですかな？"（僧 肯 わずして、良久し
　　くして乃ち曰く、色に非ず空に非ずとは、何等の語や）

　老僧は栗谷の話をよく理解できなかった。なぜ理解できないと断定するのか。'良久しく'、つまりその言葉を聞いて時間を置き、それから不意に'非色非空'という切り札を出したからだ。切り札は大体ディテイルを理解していないとか、局面の転換が必要なとき、あるいはその両方であるとき使う。老僧は栗谷がどんな腹づもりで孟子と性善を持ち出したのか、なぜ儒教が仏教よりもアップグレードしたビジョンであるかについて聞かない。単刀直入に、仏教が狙う最終的境地のほうに論点を移す。

　老僧の切り札は'言語'だ。言語が真理を保障できないという強いカードだ。'非色非空'は日常の言語と分類、規定、そしてそれを通じて形成された規範一切を拒否する身振りだ。仏性は、そして仏性の'発見'は、人間が因習的に構成する一切の外殻を暴いて無力化させた時、はじめてのぞき見ることができるとする禅家の原論を老僧は確認している。

　禅が採択する故意の奇行と、偶像破壊的な行動を見よ。そして'無門関'という入り口も出口もない洞窟での修行は、社会と絶縁して言語の道が途絶えたところ（言語道断）を確保するための極端な参究の努力だ。その極点で話頭法（公案）が開発された。'話頭'は因習にとらわれず、日常の言語に侵犯されないために'無意味'に集中し、それを徹底して押し進める修練法だ。なぜそんな方法をとるのか。一切の分別 vikapa は惰性とエゴの痕跡だから、例外なく仏性の息の根を止めると考えるのだ。その分別

の戦士たちがまさに言語であるから、言語を殺さなければ仏性の解放はない！

老僧は、真実は言語で見せることはできないと力説して、言語に徹頭徹尾たよる儒教と、言語にたよらない禅を明確に線引きしようとしている。

老僧の戦略に動員された'非色非空'の文字的意味をもう少し検討しよう。

'色'と'空'は『般若心経』の核心語だ。'色即是空、空即是色'という神秘の語句はわれわれの耳にもなじんでいる。この句は私たちが知っている世界（色）が本当のところ幻想（空）であることを表明している。私たちが知る世界は自我のために不当に干渉され、歪曲されている。自我の粘着はほとんど無意識に行われるので、実相を知るのが並大抵の面倒さではない。真実を知るためには高度の瞑想が必要だし、粘着をはがし取るには無意識的訓練も動員しなければならない。

その'悟ったとき'、自分の長い間の無意識的習性を覗きみたとき、何が起こるか。世界の赤裸々の実相（これは仏教の専門用語だ）はどのように現れるのか。自我に汚染されず、言語の運命である二元化にからめとられない客観的な契機等（法）の相互連関的（縁起）な舞踏として現れるだろう。'空'は世界は自分の所有ではないということ、ゆえに自我を不当に介入させないことを意味し、さらにその無我を通じて現れる巨大な舞踏の壮観までを含んだ言葉だ。自我の介入を除去すれば、客観世界は神聖なる肯定を得る。己の関心を捨てたから、世界は排斥するのであれ引入れるのであれ、そもそも対象にならないのだ。

このとき私の心身の活動は客観の因縁法が演出する舞踏と区分されずに、巨大な一体化の流れにチューニングされる。ここには当然だが、'色'も'空'も踏み込めない。なぜか？'色'や'空'は自我の粘着を除去するための方法的、道具的装置だったからだ。釘を打ち終えれば槌はおとなしく工具箱に収まらねばならず、川を渡り終えればいかだは燃さなければならない。だから'色即是空'を言い、次には'非色非空'を言い、終局では'非色非空'も沈黙する。

この無我を通じて開かれる自由の増幅、縁起の舞踏は仏教が目指す最上

層だ。その祝福は自我から脱却した者に与えられるから、決して自身のものとして確認されることがない。これが仏教の逆説だ。

　ともあれ老僧が‘色でもなくて空でもない（非色非空）’によって言わんとすることは明らかだ。真理とは規定や因習で摑みとるとか、知識を使って何とかすることができる場ではなく、外物はむしろじゃまになるということだ。ゆえに C. G. ユング（1875-1961）が言うある種の‘全体の経験’を得るためには、一切の知識と分別的な習性をそっくり明け渡さなければならない[17]。

　これに対して、儒教はまったく道を異にしたではないか。伝習された慣習（礼）を行動の原則にし、古びた経典を標準的価値として流布したではないか。その‘知識’を現実化するために、‘善を択び悪を去る’の意識的苦闘を幼いときから促す体系ではないか。そこに自由と解放はない。二元的分離をした上でいったん行った選択を守りつづけるこの人為的、適応的な方式（‘善を択んで固く之を執る’『中庸』）は、必然的に葛藤を誘発し、葛藤あるところに真理の全体性は期待できない。それなのに儒教が仏教の師匠格だと言い張るなんて、こんな言いがかりもないものだ。

　　（9）栗谷　“これもまた相対的意識の特定なる様態、‘前境’であるに
　　　　すぎません”（此も亦た前境なり）

17　『荘子』にもこうした話がある。‘混沌’の話である。耳も目もない彼に、友達が一日一つの穴を穿って、世の中を見えるようにしたが、一週間目に死んでしまったという話。仏教はこの混沌のエネルギーを、ある種の規範的形式下に統合しようとするいかなる試みも、危ういものと考えた。とりわけ小乗の盲目的坐禅とスコラ的教学とを批判して台頭した大乗仏教、特に中国の禅は、この危険を鋭利に自覚していた。先の馬祖と南岳の話を、もう一度思い起こしてほしい。坐禅という意識的作法を通じては、けっして仏になることはできない。経典の知識に依存することは、慧能と知訥（チヌル）（1158-1210）の表現を借りれば、‘砂を炊いて飯を炊くように’愚かなしわざであって、それではけっしてめざすところに到達することはできない。むしろ、目標に到る道を妨げる。

1章 1554年 金剛山、若き栗谷とある老僧との対話 39

　栗谷はこの詰問に対して、儒家のカードを取り出すより先に、老僧の虚を突く。老練なものだ。老僧が全体の経験は一切の知識と慣習が接近することができない領域だと力説するや、栗谷は‘非色非空’もまた言説であり、それは言説である限り自我にすでに汚され染まっているのだとはじき返した。

　‘前境’とは‘私の前の風景’を意味する。もっとはっきり言うなら、それは自我を基盤として表象された意識の構成物を示す。
　表象とは“私によって、私と向かい合うことで始めて現れる世界”をいう。道を少し迂回してみよう。カント（1724-1804）によると私たちは‘もの自体’を知ることができず、ただ自分によって‘再現’された物のみを知ることができる。この宣言は認識論のコペルニクス的転回をもたらした。彼に続いてショーペンハウアー（1788-1860）は、世界は自分の表象であり、それは自分の‘意志’による構成物に過ぎないと確定した。私が見る‘事物’は本来の事物自体ではなく、私の欲望と意志によって引っぱり出されたあわれな象だというのだ。元暁（617-686）がゴクゴク飲んだ、しゃれこうべにたまった水のように、三界は唯識であるに過ぎない。言い換えれば世界は、私が見る世は‘あるがまま（如如）の客観事態（法）’ではなく‘自我によって歪曲された鏡、たわんだ磁場のイメージ（相）’だ。だから客観実在はない（この原理がポストモダンの定礎でもあるということを皆さんはわかるはずだ。仏教とポストモダンを並べて検討する論議が、流行の一つになったことは偶然ではない）。
　老僧はイメージでない実在の世界、自由の飛翔を描写するために‘非色非空’を詠じた。なぜ‘非’を使ったかといえば、それは自我の痕跡を消し、呪縛を解いてこそ開く世界だからだ。その世界は強いて翻訳するならば、もはや‘私が生きるのではなくて釈迦が生きる生’を示すものだった。
　ところでいま栗谷は‘非色非空’を口にする瞬間にも、それが言述である以上、自我による表象の分別性を切り離すことができないとやり込めている。
　少し休むことにしよう。この論争は一般の人たちには専門的にすぎるし、高踏的だし、奇怪な非現実の論議で酔いそうだ。分かる。けれども儒教と

仏教のビジョンが現代の私たちのものとは全くの別物で、彼らの関心は私たちが夢見ることもできない場にあることを知れば、弁明あるいは慰めになるかもしれない。彼らは‘超越’を夢見る人たちである。彼らが夢見る最高の生は何か。それは意味ある生き方、真の自由を現世で成し遂げようと追究する永遠の挑戦者であることだ。儒教も仏教も‘私’の自動介入とエゴの活動を減らしてはじめて世界が顕現するだろうという。何だかもっと理解が難しくなった。到底まるっきり、鬼が稲籾むいて食べる音かなと、さっぱりわからないだろう。それが当然であって、私たちは大昔から自我の活動を通じ、それを強化しつつ生を営んでいるのだ。現世の条件を受け入れて、世俗での成功値を引下げてまで奮闘してきた私たちには、この永遠の追及者たちがよそよそしい。しかし生のかなたに意味を追求しようとする探求者たち、巡礼者たちは、このきらびやかな論争を非現実的には思わないはずだ。

　話を続けよう。言語と超越の相関を取り巻く弁証は、仏教伝統の論題だった。“果たして言語が絶対の境地を指示、あるいは保障できるか？”仏教は指示や保障はできないほうに手をあげる。なぜか？　先のショーペンハウアーの洞察を借りれば、言語は根本的に欲望の投射であり、自我の構成物だからだ。そのために自我に染まった言語で無我の地平を知らせることは、相互矛盾に聞こえる。仏教が‘言語嫌悪症’を主軸とするのもこれがあるからだ。いや、仏教だけではなく、東と西の精神的、宗教的伝統などがこの認識を共有していると言っておく。
　‘非色非空’は言語を捨て、判断の習性を全面的に中止せよという勧めだ。ところが今栗谷はそれもまたある種の判断であり、あらゆる判断は発語者の要求と挫折を反映するという点で、自我による汚染と世界との二元的隔絶を避けられないという原論を引っ張り出して、老僧を脅迫している。“それが言語である以上、全体を現すことはできない。真正なる無我は、言葉に侵されない完全な沈黙の中なら可能だ”

　しかし、必ずしもそうとは限らない。‘非色非空’が‘願望’ではなく、‘歌’であってもよいではないか。絶対に向かう夢は欲望の中でも最も無知蒙昧

な欲望であり得るが、それは無我を通じて享受する祝福の歌でもあり得ないだろうか。このとき言語は分裂ではなく遊戯になる。また老僧は、いまわれわれが夢見るところをただ‘指示’しているだけなのに、栗谷は永遠の渇望を‘分別’していると言い張っているのではないか。この分かれ目はなだらかすぎて、判定がややこしい。この二者は文面上では区別できない。直接その人間を見、脈絡を推し量り、また水準を見抜く力量が備わらなければ判定できない。だから禅師たちは言葉だけで悟ったか、悟っていないかを知ることができないと言い、直接向かい合って競う法のやりとりを、すなわち真剣に対決することを好んだのだ。

（10）老僧　にやりと笑う（僧之れを哂う）。

　老僧は栗谷の反論を予想していた。たとえば『荘子』の‘魚のやな・ウサギの罠’が引用され続け、‘月をさす指先’が云々され、『中論』におけるように矛盾と逆説の語法が仏教書籍を埋め尽くすようになるのも、真実と言語が永遠に合致できないのに、頼むところはその不完全な手段しかないという原初的な困惑があるからだ。
　絶対は沈黙の中にあり、全体を顕現させる言語は結局失敗する運命にあるが、しかし言説の指示なくどうしてその場所をうかがえようか。目標がどこにあるか知ってこそ、それがどのような世界であるかを聞かせてくれてこそ、そこに向かって発心し、精進できるではないかというのだ。仏教はこのジレンマの前で‘片手で与え、片手で奪う’戦略を駆使する。言語は真実を上滑りするしかないが、言葉を使って危うくなったら、ハイデッガー（1889-1976）とデリダ（1930-2004）がそうしたように、‘意を得て言を忘る’、‘書いて消せ’ばいいではないか。『金剛経』は言う。“筏なしにどうやって河を渡るのか。ただ渡り終えた後に、それをしょって行こうなんて絶対に考えるな”
　元暁は特にこの戦術を自覚してうまく使った。すなわち‘与えて奪い、建てて壊す’（立てては破し、与えては奪う）。彼は自分が立てた膨大な口説が、役に立つ仮建築物にすぎないといつも注意した。“忘れるな。真理は言語を離れているが（離言の真如）、また言語に依存して（依言の真如）い

42

ることを…”

　‘即心即仏’を強調した馬祖もまた、‘書いては消す’ことを同時に活用した。学人がなぜ‘即心即仏’を叫び歩くのかと聞くや、馬祖は“泣く子をあやすため”と答えた。子が泣かないときはと聞くと“心でもない、釈迦でもないと言うさ（非心非仏）！”と答えた。しかし必ずしも‘非心非仏’のみを消すのではない。危険性を知って火を使えば、やけどはほとんどしない。実際馬祖の弟子の中に大梅（752-839）という傑出した人物がいた。馬祖の‘即心即仏’に大悟覚醒して自身に出会い、一人大梅山で草根木皮を糧に隠遁した。何年かすぎて、馬祖の弟子一人が山の中で迷っているうち大梅にでくわした。“師匠はいま、何を教えていらっしゃるか”“最近は‘即心即仏’ではなくて、‘非心非仏’だと教えていらっしゃいます”これに対する大梅の返事がこうだ。“あの年寄り、人をだます癖は相変わらずだな。いくらそう言おうと、わたしは即心即仏だ”話を聞いた馬祖が感嘆して言った。“大梅山の梅が熟した。行って、たらふく食らえ”

　栗谷は‘非色非空’を危険だと警告するが、老僧は注意してつかえばそれほど問題はないと応酬する。熱い金物はわかって触る分にはひどく傷つくことはない。“わたしは危険性も有用性も分かっている。それなのにお前は考えもせず捨てると言い張るのか”老僧の笑いの中にはこのような言い分が含まれている。

　　（11）栗谷　“‘鳶が空に舞い、魚は深き淵に躍る’は色ですか、空ですか”
　　　　　（鳶飛んで天に戻り、魚は淵に躍る、此れ則ち色か空か）

　栗谷は老僧の笑いを見るとやみくもに‘鳶飛んで魚躍る’を掲げた。その意味をあらかじめ言っておくとこうだ。1）よろしい。認める。あなたが‘非色非空’を‘指示’として使ったことを……2）ところでその絶対の地平は、仏教の占有物ではない。絶対の地平は儒学が追究する最終地点でもある。3）ただ語法が互いに異なる。仏教はこの地点を‘否定’で表現するが、儒教は‘肯定’の語法を好む。4）あなたはこれに同意しないように思えるが、だから儒教が一段上だ。

"'鳶が空に舞い、魚は深き淵に躍る'は色ですか、空ですか" なるほど、そうだったのか。わたしはこの場面でひざを打った。栗谷はこのカードを使いたかったから、あらかじめ老僧に探りのジャブを放ったのだと。老僧はひたすら仏教の志向が儒教とは異なる超世俗的地平にあり、その絶対の境地は儒教のような日常的訓戒と社会的規律程度に見くびってはいけないと、足払いを掛ける。栗谷はいまその超越性の地平が、すなわち二元化されない全体の経験が、仏教だけではなく儒教の最上の価値であり、最終目標だと宣言している。驚くではないか。われわれもまた老僧のように儒教を'健全なるエチケットの体系'程度に理解してきたから、栗谷の宣言に衝撃を受けて唖然とする。

'鳶飛んで魚躍る'は『詩経』の一説で、『中庸』が宇宙的生命の創生と躍動を歌うとき引用している。表面上は自然のありふれた風景を詠じているように見えるが、儒学はこの言葉を天と地で成される生命の神秘、その饗宴の賛歌として読んだ。"あるべきあらゆるものは目の前に豊かに繰り広げられているから、ここに不足はない" 栗谷は言う。宇宙ははるかなる昔から、陰陽、五行が秩序とパターンにしたがって限りなく生まれ、成長、結実、休息を繰り返している宇宙的生命のダンスホールだ。人間もまたその永劫回帰の舞踏中で、天地の血と肉の一片を掴んで生まれ、育ち、結実してから、消えるのだ。

栗谷は言う。"この宇宙的舞踏は'色'であるとも、'空'であるとも言えない。'色'と'空'は自我の汚染を軸とする方法的対極項ではないか。この宇宙的舞踏は自我に限定されないから、対極を乗り越え、拘束されることもなく、自分の道を行くのみだ"

整理すればこうだ。'色に非ず空に非ず'で老僧が言いたい境地と、栗谷が'鳶飛んで魚躍る'で言いたいものには重なる部分がある。核心は自我の固着であり、言語化の誘惑から抜け出した後に現れる世界だ。仏教はそれを'あるがままに(如如)'、'まことそのままの世の中(真如、法界)'といい、儒教は'宇宙的生命の舞踏'と呼んだ。

（12）老僧 “色でもなく、空でもない、真如の本体であるものを、こんな詩でこじつけるのですかな”（色に非ず空に非ず、是れ真如の体なるに、豈に此の詩の比するに足らんや）

　老僧は‘鳶飛魚躍’のカードを手に現れた栗谷の戦略的意図を読み取れなかった。単純な風景の描写と思ったのだ。“おやおや、‘非色非空’の真如の本体を、どうしてこんな平凡な句節と比べて論じるというのか”と、詰問している。この言葉を吟味してみよう。‘自然の体’（真如の体）とは『大乗起信論』の語法だ。‘真如’とは‘本来そのようだ’の意味であり、‘体’とはある種のエネルギーの中心があることを知らせる言葉だ。‘本来そうだ（真如）’という言葉は‘そのようで、そうだ（如如）’と同義語で、世界が自我によって介入されない、歪曲されない姿を‘形式的に’記述している。絶対の地平は強いて言葉にするなら‘そのようで、そうだ（如如）’あるいは‘まことそうだ（真如）’という言葉が最も近く、落ち着く。なぜか？‘そうだ’という言葉は世間に対しては全幅的に肯定でありながら、自我の介入が最小化された言辞だからだ。与えられたものを拒否しないという意味で、ニーチェ（1844-1900）はこれを‘神聖な肯定’、或いは‘運命を愛す’と呼んだ。未堂・徐廷柱（1915-2000）老は、あらゆる人間的痕跡を覆いつつ降る雪の中で、“これでいい、これでいい”と何回か詠じ、ふっとこの世界を見たであろう。

　その‘真如’には当然だが、‘体’がない。境界を引くことができないからだ。それにこの経験は自我によって確認できないから、‘体’を言うことができない。それでもある種の統一的経験である限り、暫定的に‘体’を言うことができる。老荘が道を言うときにいつも‘強いて言えば（強謂）’と副詞をつける理由がここにある。
　ところで‘真如の体’は自我によって構成されたものでもなく、自我によって偏向されたものでもない、自分自身の固有の活動で現れる。その姿はしかし、いいかえれば自我の分別が近づき難い絶対客観の世界、すなわち‘法界’だ。
　この世界が繰り広げていく姿がどれほど荘厳であることか、華厳の海に

一度入って見られたい。一が全体で（一即多）、全体が一であり（多即一）、一なのか全体なのか、お前が俺か、俺は誰か、到底理解できないこの不可思議の世界をのぞいてみたことがあるか。それは禅家の表現を借りれば'私が井戸を見るのではなく、井戸がわたしを見る'世界であり、'泥土で作った牛が長江を渡り'、'糸を張らないコムンゴ（琴）が散調を奏でる'、わたしのような偏狭で固着の身では見当も付かない世界だ。

　老僧はいぶかしげに聞き返す。いったいこのような絶対解放の永遠の世界（法界）を、何ゆえ鳶や魚の動きを詠ずる浅薄な（？）詩と同列に扱うのかと。

> （13）栗谷　笑いつつ "言葉にして口に出したものならば、それはもう相対的認識の境界であって、本体と言えましょうか。ならば儒家の核心は言葉で伝えることはできないのに、仏教の真理は文字の周辺にあるのですかね"（余笑ひて曰く、既に言説有れば、便ち是れ境界なるに、何ぞ体と謂わんや。若し然らば則ち儒家の妙処は、言もて伝うべからざるに、仏氏の道は、文字の外に在らずや）

　今回は栗谷が笑った。その笑いには二つの意味がある。1）言語と絶対の関係についてであり、2）儒教の現実性についてだ。

　1）言語はどうやっても絶対の世界を滑り落ちるので、否定的言辞を使おうが肯定的言辞を使おうが格段の差はない。例を挙げると仏教は'非色非空'を使うが、儒教は'鳶飛魚躍'を使う。仏教といえども否定の言辞だけのはずがない。中観は'四句百非'をぶつけてくるが、『大乗起信論』は'一心'と'真如'で引き込むではないか。馬祖は二つを同時に使う。'即心即仏'に加えて'非心非仏'だ。栗谷の腹の内はこうだ。

> "絶対的地平は言語によって汚染されもするし、そうでないこともあります。それは仏教でも儒教でも同じです。ところがご老僧はしきりに、仏教的否定を通じてのみ絶対的地平が確保できると言い張られますが、それは儒教をよく御存知ないお言葉です。儒教はいつも日常

的言語を使いますが、日常的言語を通して目指すのは相対ではなくて絶対です。その絶対は日常性を伴っているから、むしろ仏教よりはるかに次元が高く、現実的です。これこそわたしが仏教を捨てて儒教に向かう根本的理由であり、老僧を説得したい動機でもあります。ご老僧は儒家言語の日常性を、破片化した意識の観点でご覧になるのですが、言語は以前言いましたように、それ自体では分別 vikalpa の言語であるか、解放 moksa の言語であるかを‘即自的（an sich アンジッヒ）’に確認できません。解放と絶対を語る言語さえもそうです。超越的地平を語る‘非色非空’も相対と拘束の機能をもつし、日常的言票である‘鳶飛魚躍’も絶対と解放の空間に対する賛歌でありえます”

栗谷の話は続く。

　“‘鳶飛魚躍’を単純な風景描写と見てはいけません。この句のポイントは、鳶と魚を見る話し手の精神風景と考えることです。いま鳶と魚を見る話し手が自身の中になんら二元的葛藤を残さないことで、外的対象とともに躍動的一体感を楽しんでおり、それは深遠なる宇宙的意味を帯びています。そこでは主観あるいはエゴが消えます。仏教が狙うところもこの辺りではありませんか。この場は儒家の理想である天人合一、『荘子』の表現を借りれば‘天地も我と並び生じ、万物も我と一に為る’（斉物論）という境地、張　載（1020-1077）が‘気’を通じて具現しようとしたところ、そして朱子が‘理’と‘性’と‘仁’を統合させて、それを宇宙の本源力である‘元・亨・利・貞’と等値して、理解させようとしたところです。その宇宙的統合の地点は、言語でつかみ出すことができない神秘の領域なので、単なる‘鳶飛魚躍’という不完全な象徴以外には推し量る方法がありません。そこはあまりに大きく同時にあまりに小さく、中にあるかと思えばいつの間にか外にあるからです”

栗谷の笑いの中にはこれ以外に、2）儒教の現実性に対する自信が加わる。しかし老僧との対話ではこの部分に言及する機会がなかった。彼は後

に他の僧侶たちと交わした詩の中で、この点をはっきりと、そして丁寧に明らかにしている。

　（14）老僧　愕然として我が手を執り、詩一首を乞う

　老僧は目の前が真っ暗になった。目の前に立つ青二才の儒学者の見識が、並大抵でないことをようやく認めた。

　老僧は若い儒学者に、'鳶飛魚躍'にこめられた'儒教的真実'を教えてくれと頼んだ。詩を一瞥した老僧は紙切れを袖の中に入れると、くるりと後ろ向きに座ってしまった。短く含蓄的な詩では、栗谷の論理展開に通底するものを知るのは難しかっただろう。知りえてもどうするのか。お互いの道が違うのに……。

　栗谷が数日後、ふたたび庵を訪ねたが、老僧の姿はなかった。僧は儒家の真実にこれ以上の期待を持たず、これまでのような修行僧の日常に戻っていったのだ。

　だから栗谷が書いてやった詩は老僧にというより、彼自身により大きな意味をもたらす。それは栗谷が到達したある種の洞察、そしてこれから進むべき精神的指標を象徴的に表出している。

　　魚が躍り、鳶が飛び、上も下も同じだ　魚躍鳶飛上下同
　　このようなものは色でもないし、だからとて空でもない　這般非色亦非空
　　無心に一笑して、わが身を顧みるに　等間一笑看身世
　　夕焼けの森、樹木の中に一人立つ我　独立斜陽万木中

　この詩を見よ。栗谷は自分の身体が、"天地の間の舞台でわずか百年の具体的な時間（身世）を分け与えられたのみ"だと言う。あわせて人間は独立的存在だが、同時に事物と他人の中で生きていくように運命づけられていることも明らかにしてある。あらゆる事はこの中でなされるだろう。あー、ところでそこが何の必要があって'陽が傾く中（斜陽）'なのか。これは社会の中での自分の実現が並大抵ではないだろうということを暗示

しているのか。でなければ、老僧との問答が偶然に陽が落ちる頃だっただけなのか。

僧侶たちと交わした詩何篇かにこめられた意味

こうして短い哲学的対話は終わった。けれどもその激突は儒教と仏教の全体系が俎上に上っているから、決して軽いものではない。

軽くはないが、どこか惜しい気はしないだろうか。栗谷と老僧の真剣勝負は、二つの体系が共有する地点を巡って繰り広げられた。老僧は'共有するはずはない'といい、栗谷は'ある'といいつつの激論だった。そのためか大切な他の側面、すなわち儒教が仏教と別れる地点を明確にできなかった。短い対話は栗谷の語法を借りれば、'仏教の教えが儒教の中にもある'は弁証したが、'それでも儒教がずっと充実している'を見せていない。なぜか。わたしは老僧がこの問題に正面から向き合う準備ができていなかったためだと考える。

道が跡絶えたわけではない。それは栗谷が下山した後に書かれたものだが、他の僧侶たちと交わした詩が何篇かある。詩はどれも'もうここらで仏教を離れ、儒教にお戻りください'と薦める部分を含んでいる。これらの詩を通じて、栗谷が仏教と決別する過程を、そして儒教の優越した価値に対する彼の信頼を窺い見ることができる。

'無'の企画について

栗谷が、五台山は月精寺の僧侶が無を追究することについて、それを残念に思う詩から紹介する。

五台山の麓の月精寺だから　五台山下月精寺
門の外、清き小川は休みなく流れる　門外清渓不息流
おかしいぞ、お坊さまが実相に迷われるなんぞ　可笑衲僧迷実相
無の文字だけをひたすら、無駄とも知らず追究なさる　只将無字謾推求[18]

この詩のポイントは‘無’の一文字にある。

無 仏教をなぜ一言で無の企画というのか。仏教は一切の‘否定’を通じて悟りを得、仏性の解放と自由を狙う。そのラディカルな‘否定’は、基本的に1）自我のうごめきに向かっているが、同時に2）それが表象している世界をイメージ、或いは幻妄として拒否する。3）一切の因習と外的影響力から自由になろうとし、4）家族や社会への責務から離れ、完全なる孤独の中にとどまろうとする。そのために5）あらゆる社会的なものの最後の土台である言語の影響力を、無意識の次元に至るまで排除しようとする。これらが無の企画を構成するコードである。

有 儒教は無のコードと反対側にいる。1）自我の動きを警戒する点では仏教と手をつなぐ。しかし2）自我が空っぽで動く心配がないときも、事物と人間たちの世界は実在するから3）社会の構造とメカニズムを理解して適応することが重要で、4）‘本性’の発見と実現は、家族と社会への責務の中でのみ可能だから、5）世界を正確に表現して、正しい価値観を盛り込む適切な言語の習得が、人間の道を決定すると信じる。

ここで二教の違いが明らかになってくる。儒教と仏教はともに発見の企画として、前文で考察したように1）目標と2）条件を共有するところがあるが、いま見たように3）方法と4）活用の側面でまったく異なる道を目指すことがはっきりした。

われわれは実在する世界に住んでいる

栗谷は、世界を単純に幻想（無、幻、空）、すなわち意識が作り出す物だと見る仏教に同意しない。彼は天地が人間と関係なく歴々として実在しており、わたしたちはその中で生を営んでいるのに、なぜそれを否定するのかと問い返す。見よ、‘霜落ちて全山やせ細り、風暖かく百花が咲くでは

18　「贈山人」、『栗谷全書』巻1。

ないか'。

> この道は本来、根は一つなのだが　此道元一本
> 人の心は行ったり来たりするものだが　人心有去来
> なぜか細い道に入り込み　如何入他径
> 十年も頭の向きを変えられないのか　十年頭不回
> 霜降れば全山やせ細り　霜落千山痩
> 風温めば百花が開くものを　風和百花奔開
> 神秘なる理知を瞑想で悟られますよう　玄機宜黙識
> 絶妙な運行は誰かが誰かに催促した結果かな　妙運孰相催 [19]

　栗谷は嘆息する。"季節の循環、人間たちが作る社会、その制度と慣習、赤ん坊の笑いと挫折の涙まで…このすべてが実在する。そしてその過程を主導する原理や法則など（玄機）がある。人間の道はこれらを理解して、尊重するところから出発する。人間はこの宇宙的過程の中に、その一部として存在するからだ。ところがこの、明々白々たる実在の事態を前にしてもひたすら'ない'と叫ぶ。目をつぶって道を探しているのか"

有の世界、その形態とわめき声を返りみよ
> 石と水がぶつかりあうと　石与水相激
> 谷間、谷間に澄んだ音が、雷のように響きわたる　万壑清雷鳴
> お聞きしようか、雪衣上人どの　借問衣上人
> これは水音か、石音か　水声還石声
> そなたがここで洞察の言葉一言下せば　爾若下一語
> 物我の心を忘れた方だ　便了物我情 [20]

　仏教は'音'が自我の承認とキャプチャー（知覚）を通じてのみ聞こえると考える。慧能の有名な逸話がある。五祖（弘忍 602-675）から衣鉢を

19　「次山人詩軸韻」、『栗谷全書』巻1。
20　「贈山人雪衣」、『栗谷全書』巻1。

伝授されて、長い沈黙と蟄居の末に世間に出て行くと、ある寺の入り口で言い争う二人の僧侶がいた。一人があそこに"旗が翻る"と言うと、もう一人が"いや、風が翻るのだよ"。これを聞いていた慧能が一言"いや、旗も風も翻っていない。あなたがたの心が翻っているだけだ"と、けりをつけた。

　仏教は、無我を成就したければ自我の影響を減らすし、自我の監獄から解放されたければ一切の音と色彩を遮断すべきだと力説する。彼らは肉体を死んだ灰のように考え、感覚に傷ついてはならないと諭す。この実践的関心から提唱された標語が'事物は無い'だ。

　栗谷はしかし、このすべての風景、外の事物たちは歴々と実在すると言う。なぜそれを恐れるのか。なぜ事物がお前の本性を覆い隠すとばかり考えるのか。外物なしに生存できないし、私たち自身が外物の一部ではないか。気の宇宙の中で、わたしたちはその外物とともに生きる方法を学ばねばならない。"外物、すなわち事物と関係を絶たずに本性を養う（不絶外物能養性）"この警句一行が、栗谷の長い苦闘の終着点、決まり文句（locus classicus）だ。

無の理想は完成したのか、すなわちわれわれは'空っぽ'で完全になれるか

　参廖という僧侶がいた。彼は僧科に合格したのに、修行の方が大事で合格を足蹴にしたという。栗谷はその僧侶が、感覚的誘惑には落込まないだろうし、心身の静寂と平安は手に入れただろうが、人間のやるべきことをやり終えたのかと問う。'日常'と'責任'がまだ残っているのだ。

　（…）
　高尚な人とて、世俗の騒がしさを冷笑し　高人冷笑世人忙
　わびしい住家を王宮と思う　一視衡門与書堂
　すでに六根は寂滅に戻っており　已判六根帰寂滅
　五濁はおのずから清まったはず　応教五濁自清涼
　峰を越えゆく雲ゆえに、姿形を求め難く　雲行嶺外難尋迹
　水に浮かぶ月ゆえに、その光はつかまえ難い　月印波心豈捉光

さてこそ我ら、儒家のまことの楽地のごとく　何似吾家真楽地
虚遠はもうおしまい、平常の実践はいかがかな　不求虚遠履平常 [21]
（…）

　外物に関心を払わなくなった人、わたしたちはそんな人を外見で見分けられない。判断の枠に閉じ込めることができないからだ。'峰を越えいく雲だから、姿形を求め難く、水に浮かぶ月ゆえに、その光はつかみ難い'がこの意味だ。しかし生活は有の中に存在するものを…。栗谷は参廖上人に、人間と天地を離れてどこに足を踏み入れるのかと聞いている。'虚遠を追究する'で、虚は実在しない対象に恋慕するという意味であり、遠は日常を無視して高遠なる思想を夢見るという意味だ。栗谷は、世俗に埋没してもいけないが、高遠なる空中の楼閣を恋慕することもまた道ではないと警告する。栗谷は僧侶たちにいつも『中庸』を読むように薦めた。『中庸』は、道が'平常'にあるということ、すなわち人間の道は日常性のなかで、具体的に人間関係と責任を通して、一歩ずつ踏みしめる道程の中にある、と力説している本だ。

'本性' は自分の外で実現する

　栗谷が、己の儒教の帰着点を錐でギリリと差し込むようにして示す詩がある。金剛山を一緒に遍歴したことのある僧の智正（チジョン）が、ある日山寺にいた栗谷を訪ねてきた。詩が年代順に整理されているが1557年、山を降りて三年目、退渓に会いに行く一年前だ。

（…）
時に玉のはたき（払子）を振り回し、同じか違うか判断し　時揮玉塵弁異動
論じ弁じるさなか、矛盾がここかしこ纏れるよ　談辺矛盾紛縦横
惜しいことには大師の迷いに変化なく　憐師惑志未曾変
大道を放り出しわき道に、早道を探されるのか　不遵大路求捷径
法輪、心印、もともと目印なきに　法輪心印無徴

21　「贈参廖上人」、『栗谷全書』巻1。

三界と六道、どなたが証拠だてられよう　三界六道誰汝証
我が儒家に真正なる楽しき境地あり　吾家自有真楽地
外物を絶たず、性を養うことができます　不絶外物能養性
高遠を求め特異を立てるは中庸ではなく　求高立異総非中
省みて誠であれば、その誠一つで聖に至るものを　反身而誠可醒聖
大師この言葉を聴き、始めは訝しげ　師聞此語始聴氷
そのうち誰かにゆすられ、酔夢から覚めたよう　漸似酔夢人呼醒
頭を垂れて『中庸』を求められるので　低頭請読子思書
仏徒の身で儒家の行いをなさるのですね　欲以墨名儒其行[22]
（…）

　ここでの核心は‘外物、すなわち事物との関係を絶たずに性を養う’だ。栗谷哲学の全体系を、この言葉が地盤のように支えている。本性は虚明、すなわち空っぽにすることで完成せず、自身を‘幽閉’するような内面性だけでは充分に養えない。人間の本性は鳶飛魚躍の躍動のように自然と生の具体性の中で、関係と事を通じて社会的に発現され得るし、成就され得るのだとこの一節で集約している。

生は‘知識’なくして完成されない

　こうしてみると、栗谷が提示したキーワードは他でもない‘知識’だ。このキーワードが、儒教と仏教を分かつ分水嶺であるといっても言い過ぎではない。

　社会的責任を全うするためには積極的‘学問’が必要だ。それは自分自身と外界の知識を獲得し、判断力を養う積極的活動だ。『撃蒙要訣』の序文は次のように始まる。

22　「贈山人智正」、『栗谷全書』巻1。

"人がこの世に生まれ出て、人としての役目を果たそうとすれば、学問が必要だ。勉強とは風変わりで特別な何かではない。日常生活での関係や取引において事を適切に処理する方法を学ぶことに尽きる。山寺で行った粗食をするとか、世の中を支配する力を得ようとするものではない。勉強をしなければ心は雑草で覆われ、この世は真っ暗になる。だから本を読み、知識を求める。知識が道を照らしてくれるはずだ。ひたすらそうしているうちに精神の根がしっかりと張り、活動は中を得る"[23]

　やっぱり、一人で生きるのなら別だが、共同体で生きるなら人は多くのことを学ばねばならない。伝習される慣習と儀礼、歴史的事実と政治的激変、そして現在の生の条件とその改善について、人は沢山のことを知らねばならないし、探求は継続されねばならない。ルールを知らねば適応できず、ビジョンがなければ現在以上は望めない。
　栗谷はこの外面的知識の探求、すなわち窮理と格物致知なくしては本物の"人間になれない"と言う。ここが、仏教と朱子学が根本的に衝突する地点だ[24]。

　栗谷はこうして、儒教文明が蓄積してきた知識の集約について語り始める。例えば人間の感性（詩）と歴史（書）について、宇宙の変化（易）について昔の本は伝える。政治の得失（春秋）と、儀礼と制度（礼）はまた、

23　"人生斯世、非学問無以為人。所謂学問者、亦非異常件物事也。只是為父当慈、為子当孝、為臣当忠、為夫婦当別、為兄弟当友、為少者当敬長、為朋友当有信。皆於日用動静之間、随事各得其当而已。非馳心玄妙、希覲奇効者也。但不学之人、心地茅塞、識見茫昧、故必須読書窮理、以明当行之路。然後造詣得正、而践履得中矣"『撃蒙要訣』「序」、『栗谷全書』巻27。

24　居敬と窮理は、鳥の両翼、車の両輪と同じである。居敬は、仏教が狙う意識の澄明をもたらすが、そのように獲られた心が、もしも世渡りに必要な知識と行動に結びつかなければ、なんの意味があろうか。二者は相互補完的である、（"涵養には須く敬を用いるべく、進学は則ち致知に在り"）。居敬なき窮理は、私利に流れて世俗化してしまい、窮理なき居敬は、閉ざされた法悦に陥ってしまう。

抜かすことができない。話しは人間が果たすべき責務のスケール（大学）について、そしてその実現の端緒（孟子）と、具体的行動指針（論語）について、そしてこのすべての行為の超自然的土台（中庸）についての語りへと引きつがれる。この基礎知識のコーパス（総体）の上に時代的変化を読み、時務を解決するための具体的応用知識を開発して補完しなければならない[25]。

　栗谷はいう。'知識'がなければ一歩も踏み出せない。また知識が完全でなければ、吾らの行動もまた完全ではない。そうではないか。新たな仕事にぶつかって、何も知らずにいらいらしていると、無駄な手を打つとか、とんでもないことを言うとか、役にも立たない行動で狼狽した記憶などが誰にもうず高くあるはずだ。やはり学ばなければならない。善意にばかり頼ることはできず、善良な人間性が問題をおのずから解決してくれるのではない。

　彼はあらゆる事態には原理があり、その究極に知識があると言う。その地点、すなわち'中、或いは至善を掌握して実践で完成すること、（致中和、止於至善）'が人間生涯の事業である[26]。

　知識は自分の中に本来備わっているが、外部への探求によって初めて'照らされる'。知識の極点が透明でなければ、本性はまだ闇の中にある！"仏教は本性の中に何もないというが、それは水が透明なことは知っているのに、冷たいことは知らないようなものだ"[27]

　栗谷は言う。自由とは知識に向かう激しい苦闘の極点で、もうこれ以上考える必要もなく（不思而得）、力の限り努力する必要がない（不勉而中）地点に至って始めて獲得されるものだ。わたしたちはその時に向かってひたすら進むだけだ。その境地は孔子が70歳になってようやく得た。だか

25　栗谷は、経典そのものの解釈に厭きたらず、つねに当代の現実問題とつなげて説明した。つなぐ手がかりがなければ、それは経典に意味がないか、われわれがきちんと読めていないと考えた。経筵に集まった人々は、今日は栗谷がどうやって何の関係もなさそうな故事を'現実と関係させるか'と、クイズを待つ心で参加したという。

26　"居敬によってその根本を立て、窮理によって善を明らかにし、力行によってその真実を実践する。この三つが終身の事業である（居敬以立其本、窮理以明乎善、力行以践其実。参者、終身事業也）"『撃蒙要訣』「持身」、『栗谷全書』巻27。

ら‘悟り’一つ得たとて、やたらと“心の欲する所に従って、矩を踰えず”を唱えてはならない。一回の悟りで、又精神の洗浄を通じて虚名をしばし維持しているからと、人間のことが終わったように御大層ぶるな。

　話が終わりに近づいた。栗谷生涯の課題はこのように、透明な空的自我をもって事態の原理を探求し、その知識を土台に現実を革新することだ。二十歳になったばかりの彼は放浪と苦闘を経て、生涯進むべき事業の土台を打ち立てた。生のむなしさに耐えられず、生を離れて無意味（無）に身を投じたが、生の要請によって再び意味（有）の世界に戻ってきた。彼の政治的参加と隠遁、そして哲学的論弁は、この発見と決断を延長したものであり、派生したものだ。

　二つの事項を付言しておこう。

栗谷と退渓のスタイル

　栗谷は知識に透徹しようとした。だから『聖学輯要』の半分以上を歴史と政治に割愛した。退渓の『聖学十図』はこれと異なり、居敬を軸にしている。すなわち自分と絶対との間に学問の中心を置いた。退渓は歴史と政治については寡黙で、居敬の果てに現れる超越の光を待ち、虚静のきわみで自然と一体になることを夢見る。その知識は朱子学の膨大で難解な言語体系を主軸にする。彼の日常は陶山の散策と、周辺の親しい人間関係を範

27　“仏教は空寂を根本にしますか？（問、釈氏以空寂為本）”“仏教が空を言うのは間違いとは言えない。ただ空の内に多くの道理がある。空と見るだけで、実なる道理があることを知らなかったら、なんの役にも立たない。喩えると、池の中にある清らかな水のようなものだ。凍えるほど冷たく澄んでいて、見た目には水がないようにみえる。彼らは何もないと言うだろうが、冷たいか熱いか触ってみないので、内に水があることを知らない。仏教の見解はこんなもんだ。いま、学者が格物致知をたっとぶのは、この実なる道理にいたる為である（曰、釈氏説空、不是便不是。但空裏面須有道理始得。若只説道我見箇空、而不知有箇実底道理、却做甚用得。譬如一淵清水。清冷徹底、看来一如無水相似。它便道此淵只是空底、不曾将手去探是冷是温、不知道有水在裏面。仏氏之見正如此。今学者貴於格物致知、便要見得到底）”「釈氏」、『朱子語類』巻126。

囲としている。栗谷は宣祖（第14代国王、在位1567-1608）の登場を機会に退渓を政治に繋ごうと手を尽くしたが、退渓は"能力も無いのに迷惑ばかり掛けるし、身の健康もまた損なうはず"と言い、陶山に退去してしまった。

栗谷は経典の解釈を取り巻く退渓の造詣に感嘆し、南冥の身の処し方と気高い気尚を賞賛したが、二人とも政治的問題を扱う知識と技術は不足と見た。

栗谷の識見をうかがわせる逸話がある。栗谷が世を去る一年前の48歳、1583年のことを書いた思庵・朴淳（1523-1589）の記録があり、これを要約する。

"その年、栗谷は病魔と闘っていたが、兵曹判書の官位を引き受けた。冬、北方で女真族たちが兵を動かして、国境を脅かした。北道兵使の李済臣が、北方防衛策二十余ヵ条を進言するや、宣祖はこれを検討してみるように朝廷に回した。大臣たちはどうすればよいか分らない。軍事についての識見がなかったのだ。当代一の文章家、天才と言われた柳成龍も筆をもてあそぶだけで、ついに草案は成らなかった。朴淳が兵曹判書を呼んで議論してみようと言うと大賛成して、胸をなで下ろした。栗谷がやってきて筆を執りつつ、みんなが意見を開陳すれば要約し、整頓すると言ったが、誰も口を開こうとしなかった。栗谷は李済臣の建議を一つ一つ順番に検討して可否を決定し、草案を書き出した。事はすぐに終わった。出来上った草案を回し読みしたが誰からも文句は出ず、一文字の修正もなくそのまま王に送られた。宣祖は一目で栗谷の作業であると見破った。朴淳はその日の日記にこのように書いた。'誰が栗谷を志は大きいが、才能は中途半端と言ったのか。その才能をためしたこともないのにいい加減な評をするのか。彼が施行し、処置するのを見るに、ひどく難しい問題でも静かに推し進めること、雲が虚空を行き渡るようで痕跡がないから、まったく世にまれな素質だ'"[28]

知識、両刃の剣

　老僧は、そして仏教は、栗谷の規範的接近（アプローチ）に同意しないはずだ。知識と規範は内部の自由以前に外部が与えた形式であり、制約ではないか。慣習とは一社会が、或いは一文明が部族と共同体の存立のために、最善の選択を構成員たちにあたえる、価値と行動の総体であると翻訳できる。因習は個性を殺し、他律は自由と両立できない。仏教はこれを憂慮してひたすら内面性だけで自由を謳歌し、正直であるために一切の関係をエポケ、遮断するのだ。非色非空は遮断の方法として最たる技だ。

　二つの道は悲鳴を上げるしかない構造だ。そしてこの論点は現在的でもある。たとえれば、学校の規律によく従い先生の言いつけに従順な模範生になるべきか、もしくは因習に抵抗して枠の外で考え、内面の声に正直な道を選ぶべきか。栗谷はこの二つの道が実は一つに統合されていると言うのだが、しかしそうとばかりもいえない。

　儒教の歴史でこの不協和音、或いは不一致が鋭く論議されたことがあるし、朱子学と陽明学はこの問題故に分化した。道問学（どうもんがく）（後天的な学問に従う）を言う朱子と、尊徳性（そんとくせい）（先天的な徳性を尊重する）を言う陸象山（りくしょうざん）（1139-1192）が、当時すでにぶつかっている。朱子は格物を通じて客観的知識を蓄積しなければならないと強調し、陸象山は精神は自ら‘準則’を備えているとして迎え撃った。“六経は個々人の心の注釈に過ぎない（六経は皆な我が註脚）”いま老僧は陽明学にしたがって、精神の自己形成的理性に全的な主宰権を与えよと力説している。陸象山や陽明学が、朱子学側から絶えず禅学ではないかと疑われ悩まされたのは、だから必然だ。

　どちらに賛同されただろうか。老僧と陽明学の主張のように、人間は内部の‘本性’或いは仏性の自覚を持ってすでに完全であるか。そこに何らの干渉もしてはならないのか。でなければ栗谷の信念のように、本性は‘知識’と‘行動’につながるときにのみ完成するのか。

28　「諸家記述雑録」、『栗谷全書』巻38。

2章　退渓の『聖学十図』、朱子学の設計図

儒学、そのよそよそしい顔

　延世大学の李光虎教授から聞いた話だ。だいぶ前に仕事で、ソウル大学の哲学科で行われたマスター論文発表の場だったが、朱子と退渓が言う'天人合一'を口にするや、分析哲学専攻の李明賢教授が"それはまた、巫女の厄払い呪文みたいで意味が分らんじゃないか"と話の腰を折り、李光虎教授は"論語の一行も読んだことがないのですか"とやり返す一幕があったという。

　このさわぎは、いま東洋哲学がおかれている状態をよく示している。東洋哲学は相変わらず秘儀的な靄の中にあるわけだ。靄の外側を没理解と偏見、内側を根拠のない賞賛と崇拝が取り巻いている。靄の中と外をつなぐのは説得と理解だが、その道は細く険しい。専攻者たちも認めているが、東洋哲学は難しい。数十年へばりついていても、靄の中にある中身がチラリと見えるか見えないか。この点では儒学も、老荘も仏教も似たようなものだ。

　なぜそれほど難しいのか。何よりその'思惟'の方法に慣れていないからだと思う。

　世界を見る視線と生に対する態度には、大きく分けて二種類あるように思う。物質的態度と、宗教的で禁欲的な態度だ。

　前者は近代的コードに属し、後者は近代以前の永遠の哲学の思惟である。今を生きるわたしたちは近代性の原理に従い物質的な生を生きているが、近代以前の東西の古人たちは精神的態度で、永遠の生を追究した。儒教と

老荘、仏教はこの点で別物ではない。この三教は近代のどんな思惟とも似ていないし、むしろストアやキリスト教、スピノザ（1632-1677）とライプニッツ（1646-1716）の前・近代と、そしてニーチェとハイデッガー、ディープエコロジーの反・近代的な思惟などのほうが、より親しい。

　近代を生きている私たちは、前・近代と、反・近代の思惟に接近するのは難しい。その別世界を探求し、理解するためには'方法的な洗脳'が必要だ。あえて告白すると、朱子学はわたしがこの間、意識的また無意識的になじんできた近代的発想をエポケ、括弧でくくっておけばおくほど、自分を開いて見せてくれた。

　そもそも価値観が異なり、思惟に縁が薄く、だから思惟に関する言葉が難しい。朱子学を読む難しさを大きく三つにまとめてみた。

　対象　現象界ではない本体界、そのヌーメナ（イデア、物自体）の世界を指示し描写する言葉が複雑で上すべりし易い。精神の見えない地平とその訓練を扱う言語だからだ。事物の表面的関係やその分類になじんだわたしたちの、日常的思惟の用語とあまりにかけ離れているから困惑する。

　体験　その言語は単純な説明或いは描写にとどまらず、心身の訓練とともに形成される意味という、体験的地層を持っている。概念が深さを持っているとでもいおうか。だから発語者と聞く者の関係を考慮せずには、この概念の確実性と正当性を客観的に論議するのが難しい。

　歴史　体験を内包するこれらの概念は、多くの思想家が個人的体験を含んで解釈し露出したため多様化の一途をたどった。彼らは新たな概念を創案するよりは、伝統的用語に自分だけの意味とニュアンスを加えたから、異見は解消されず空回りが多い。朝鮮儒学の論争が終息しない理由だ。同じ概念である理気と性情を言う場合、彼らは理気＝性情で語っていると受け止めてはいけない。そういった勘違いを避けるため、わたしたちは'別の言語'で彼らの思惟を具体化し、あるいは区別してやる責任がある。

儒学がよそよそしいのはなぜか。誰でも現世的な生の基盤を疑うのは革命的に難しい。難しいのは、世俗的価値を考慮しない考え方に慣れていないからだ。

朱子学は生の目標を聖人に置く。ありえない、信じられようか。それも個人的次元ではなく社会的、集団的成就を夢見る（『大学』の巻頭にある綱領がその宣言だ）。宗教的な厳粛性というか、禁欲的な態度が朱子学を取り巻いているではないか。朱子学は世俗と功利を何より嫌悪し忌避するから、近代と‘本質上’なじまない。この点は隠してはならない。適当に塗り込め、境界を崩してしまえば事態を直視できず、健全な折衷を閉ざしてしまう。

綱領が異なるから節目が異なって当然だ。この後で具体的考察に移るが、朱子学は聖人を志向することで人を見るに全く異なる視点を提示し、事物には全く新しい態度を開発した。人文学の‘体’がそうであったから、社会学、政治学、経済学などの‘用’も新しい構成を持つようになった。それは‘礼の社会学’‘名分の政治学’‘道徳の経済学’と呼んでいいだろう。ここで細部は論じられない。

ここでは朱子学の人文的構想だけを扱うことにしたい。と言っても、これも簡単に要約するのは難しい。

朱子の学問は、近くには唐末から北宋にいたる、新たな儒教運動の多様な分派を総合したものだが、遠くには儒教・仏教・老荘、三教主流の伝統を、理気という新たな定式で統合したものでもある。朱子学がこのように‘折衷的’だったために、同じく朱子学を標榜しながらも退渓と南冥、栗谷が別といえるし、またその後多くの理論の違いと学問的論議を惹起していった。

それにもかかわらず朱子学には要領、或いは核心的構想がある。この項では朱子学の原論について述べたい。窓口は退渓だ。

退渓は多くの詩と手紙、上疏文などを残したが独自の著述は少なく、主に‘編集’に力を注いだ。だから栗谷は退渓には‘特記すべき叙述物がない’とまで言う。退渓の著作と言うのにためらいもあるが、代表作は最晩年の『聖学十図』だ。この叙述は朱子学の遺産である多様な言述やこまご

ました立論をすべて掻き落として核心のみを残した、まさに朱子学の文法、設計図に相当する。退渓70年間の勉強の蘊蓄がここに集約している[1]。

退渓が『聖学十図』を著すまで

　退渓は晩年に陶山（トサン）に隠居して、王が呼んでも出て行かず、粘り強く官職を辞したいと訴えた。その願いが受け入れられたのが65歳、ようやく世間の誹謗にさらされず、山野で学問に専念できるようになった。その喜びと抱負を「陶山記」と「陶山雑詠」、そしてハングルの歌辞「陶山十二曲」に歌っている。同年、文定王后（ムンジョンワンフ）（1501-1565）が死んだため、王后の権勢を頼んで士禍を主導し国政を壟断した弟、尹元衡（ユヌォンヒョン）（？ -1565）が罷免されるや、朝廷にしばし清新な気風が吹き込んだらしい。明宗（ミョンジョン）（第13代国王、在位1545-1567）はまたもや退渓を呼んだ。翌1566年正月、退渓は召命に応じてソウルに出発したが、健康が悪化したため永川（ヨンチョン）で養生してから豊基（プンギ）まで行ったが、そこでついに引き返すことになった。明宗は王室付きの医者を送って診察させたりし、退渓を召命できなかったことをひどく惜しんだ。"賢い方を呼んでも来て下さらない（招賢不至嘆）"という詩題を出したり、退渓が住む陶山の家と風景を描かせ、それを屏風にして手元に置き、賢人への思慕と心残りを慰めたりもしたという。

　退渓が命がけで引き下がろうとしたのは、健康が原因とも言い切れないようだ。退渓自身は実権を取り戻した明宗に期待しても、退渓の出仕が適切でないと考える人たちも多かったのだ。豊基にとどまっていたとき、弟子の月川（ウォルチョン）・趙穆（チョウモク）（1524-1606）が'詩を送って師の出仕を戯れ弄んだ'という。ところがすぐに趙穆にも恭陵参奉の官位が下された。退渓はそれを笑いつつ、次のような戯れを詩に託して送った。

1　付言すると、彼の有名な四端七情論も、この設計図の中で、意味と位相をもつ。全体がわからなければ部分もわからず、輪郭を知らなければ細かい番地数も探せない。例としては退渓が自己の独創的な理発論を、「第六心統性情図」の片隅に、はにかむように書いているのを見よ。

林を飛び立つ鳥一羽、うっかり網にかかるや　有鳥辞林被網羅
見張り鳥がカラカラ笑うよ　林中一鳥笑呵呵
だが分るものか、まだ罠があって　那知更有持羅者
君の巣すっぽり覆い、ピクリともさせないかもな　就掩渠巣不奈何[2]

　弟子に"お前だってやられたじゃないか"と笑う退渓の、ゆるやかな姿が目に浮かぶようだ。師と弟子の間に行きかう信頼と共感の深さを、楽しく伝えてくれる詩ではないか。
　翌1567年6月、退渓は明の使臣の接待に力を尽くすようにという召命を受け、再び上京するが、明宗は四十歳代初めの盛りの年齢でこの世を去ってしまった。退渓は王宮に入って哭拝すると、出棺も見ずに帰郷してしまう。

　新たに登極した宣祖（第14代国王、在位1567-1608）も退渓を呼んだ。彼は言葉を尽くして辞退したが、翌1568年7月には宣祖に国王の仕事について助言する「戊辰六条疏」を上提する。この書で退渓は、血統よりは宗統が、私的な血縁よりも公的な国事がより重要だと言い、俗学と異端に陥らずに聖学を磨くように薦めた。学問を通じて自分の中心が定まるとき、"水は湿ったところに流れ（水流湿）、火は乾燥したところに進み（火就燥）、雲は竜に従い（雲従龍）、風が虎を追うように（風従虎）"賢明なる臣下たちが集まり、ずるい輩は息を潜めるから、見るに値する政治が期待できるだろうと言う。そのほかにも経筵での何回かの講義と、時事に関する何件かの意見陳述をした。

2　「豊基館　答趙上舎士敬（時士敬寄詩来、頗譏余行。適聞其有恭陵参奉之命。故詩中戯云）」、『退渓集』巻4。

第二西銘図　上図

第二西銘図　下図

　退渓は宣祖が自分の言葉にそれほど耳を傾けないことを知った。宣祖自ら聡明であることを自負するところがあり、臣僚たちもまた原則をモットーとする退渓を歓待するはずがない。退渓はまた辞任を決意し、誠心誠意の『聖学十図』を差し上げる。この本は聖人になるための学び方について、指針と設計を十幅の図解に込めたもので、退渓生涯の学問的苦悩と成就が圧縮されている。

　『聖学十図』は朱子学の大量の論説を選び抜き、余計なものを振り落と

し、要点だけを残した著作だから圧縮は必然、薀蓄含蓄で文意を推し量るのも容易でない。宣祖が朝廷にあふれる学者官僚たちに『聖学十図』の講義を頼むと、みんな首を振りつつ後ずさりしたという。"退渓一生の薀蓄を、私どもに理解できましょうか"と。わたしはこの言葉に少し慰められた。それほど難しい、暗号のような本だ。この図に接近するためには退渓の忠告に従い、さまざまいろいろ'思考'しなければならない。

『聖学十図』に込められた朱子学理念と聖学の見取り図は、第1、2、3、4、5図の前半部に集約されている。簡単にいえば「第一太極図」は宇宙の根源について説き、「第二西銘図」は人間の宇宙的位相について、「第三小学図」は人間の現実的堕落について、「第四大学図」は社会的責任のスケールについて述べる。ここまでが設計だ。「第五白鹿洞規図」は具体的に実行するときの徳目とその実践だ。退渓はこの五つの図を総括して、"天道に根本して人倫を明らかにし、徳業に力を注ぐことを明らかにした"と書いている。簡明かつ正確な総括をなさるものだ。この整理にも明らかだが、一つだけは記憶してほしい。朱子学は人間の責務（人倫）を個体的、生物学的観点ではなくて、宇宙的観点における人間の永遠の活動と意味（天道）に関連させていることを。

第6図からは'心の学問（心学）'を扱う。5図までが聖学の見取り図だとすれば、第6図から10図まではその見取り図に従って家を建てる仕事に相当する。退渓はそれを碁盤に例える。即ち第1〜5図までが碁盤を描く仕事で、第6〜10図は描かれた碁盤のうえで碁を打つことだと言う。

付け加えれば、「第六心統性情図」は心の宇宙的機能と構造に対する説明であり[3]、「第七仁説図」はこの宇宙的心が、人間を通じて愛と自己節制で表出される姿を描く。「第八心学図」はそのような心の開発に関連した項目を列挙する。「第九敬斎箴図」と「第十夙興夜寐箴図」は、心の修練法を収める。第9は状況と領域別の修練法で、第10は時間別の修行指針だ。もう少し付け加えると「第九敬斎箴図」は心の内と外で、静寂なと

3　奇大升と議論した四端七情論の成果がここに反映されている。ここで退渓は宇宙的な心が身体に基づいた一般的な情緒と意志とは異なる、神秘的・独立的な活動力を持っていると主張した。

きと活動するときなど、それぞれの状況にしたがってこの心を維持し、強化する方法である。「第十夙興夜寐箴図」は眠りから覚めて寝床に入るときまで、時間の進行に従い心を敬虔に省察して、集中休息のやりかたを教える。

　退渓のもくろみどおり、この十幅の図は朱子学の修己、その自己開発の見取り図と方法を余すところなく見せてくれる。現代人がこれに接近するには1）この簡明な図に濃縮された多くの思考とアイデアをていねいに説明し、あわせて2）その訓練に本格的に飛び込むとき現れる効果が、その深さと熟練度の数百層、数千層をなすことを証拠付ける必要がある。

　この文章はまだ2）をいう段階ではなく、1）も全体を網羅する実力と紙面に不足する。そのため第1〜5図を中心に、朱子学が構想した聖学の見取り図を概観するだけで満足したい。

朱子学の綱領——人間は自然の中にある

　退渓が宣祖に啓上した『聖学十図』の序文、すなわち進箚は次のように始まる。"道に形象無く、天に言語無し！"進むべき道は目の前に鮮明なわけではなく、あの天は何もおっしゃらない。どこかに行くはずなのに、自分は人間としてここに立っている。自分はいるべき其処に進まなくてはならないのに、道はるか、陽は傾く。キリスト教の神のような、人間をよく知る誰かがいて"息子よ、わたしを信じてこの道を進みなさい"と教えてくれれば楽だが、そんな超越者の優しい導きはない。退渓はこの言葉で人間が直面する現実とその困惑を整理している。

　だからといって絶望することはない。形はなくても道はあるはずだし、それは発見の努力と健康な若者の勇気を待っている。

　道はどこにあるのか。それは神の手の中ではなく、'自然'の中に紛れている。この一行を深く、じっくりと省察しなければならない。道は自然の中にあるから何時でも発見できるが、われわれの日常的な目は習慣に染まり欲に覆われているから、そこに、目の前に伸びる道が見えない。道の

'発見' のため指針に従い、刻苦勉励するのだ。

　朱子学の道は自然の道だ。'自然' は神秘的言辞だ。人間が宇宙の子供であることを思い起こしてほしい。この自然という言葉で、西欧・ギリシャのデモクリトスや近代物理学のように、分節された単位の集積や偶然な衝突の場を連想してはいけない。

　老荘と朱子学が考える自然は分節できず、全体として変化し運動する有機的生命の、断絶なき拍動だ。朱子学の語法を借りれば宇宙の各生命たちがそれぞれ別のサイクルで誕生し、成長し、成熟し、そして消滅する（元亨利貞）過程と循環のフィールドだ。別の言い方では互いに異質な要素たち、互いに対立する厄介な関係の愛と憎悪を通じて繰り広げられる、多様性のプールでもある。

　だからといってこの '自然' が人間の道を教えてくれるのかい？　この発想は現代の私たちにはなじまない。近代的思考では、自然はわたしたちの外にある客体、観察し利用する対象である。自然が天人合一、すなわち発見と遭遇を通じて自分の道を教えてくれる師匠、或いは羅針盤であるなんぞ夢にも考えられない。

　現代的教養はまた、朱子学の '自然と人間、存在と当為の連続的発想' に納得がいかない。わたしたちは今行動の基準や価値を、個人の主体的選択事項であると信じているからだ。あるいは個人が過度に露出されて全体を危うくし、他人の利益と衝突するとき、社会的な調停と強制が介入すれば解決できるとするが、そこに社会哲学と政府権力の悩みがある。ところが朱子学の考え方はまったく異なる。彼らは何と、価値は自然の中にあり、人間の道は"人間以前に与えられた意味を発見し、それに向かって進むところにある"とはっきりいう。

　この天人合一、或いは〈自然と人間は同型〉論とでも言いたい思考については説明が必要だ。

　1）意識が事物を他者化させる間にも、身体と事物は時として分けることができないほど深く関連しているから結局一体だ。私たちは飲食を通じて大地と、呼吸を通じて天とつながって生命を維持するではないか。意識

する主体は心身だ、という自然の要請とその必要に従って、道具的に臨時的に表出した自然の力が私であるに過ぎない。このように自然と人間は一体であり、だから自然の道と人間の道は根源において、或いは究極的に区分できない。

2）道は存在と当為を連続的に考える。これに反してカントは道徳を義務だと考えたし、現代倫理学は、存在から当為を引き出す東洋の自然論は間違っているときっぱり言う。しかし老荘とか仏教、朱子学や陽明学は逆に、こんな説法に頭を傾げるだろう。当為は自然からくるし、当然は所然に基盤している。そうではないか。わたしが腹が減ったという‘事実’が、何か食物を見つけて食べるという‘当為’を現示する。それが具体的思考ではないか。これについて朱子学は次のような語法を使っている。“船が水の上を行く。だから、船は水の上に浮かばねばならない”

次のような心配もある。

3）“人が自然であるならばそれは人間の生理、すなわち欲望と衝動であるはずだ。それを自然だからと容認すれば、人間事の葛藤と混乱を座して被ることになる”荀子の礼や法家の法の体系はこの憂慮の上にある。外面的強制は人間の自然を楽観視しないから強化され繁栄した。ところが儒家の主流は人間の自然を根本的に信頼する。朱子学もまた性善のヒューマニズムの土台に立つ長大な建築物だ。性善は人間の自然、その根本は取り立てて問題がないということ、いや、その衝動に耳を傾け成就させることが道だという。彼らはいわゆる悪は、身体の自然生理内部から来るのでなく、むしろ外側から来ると力説する。この発想を納得できるだろうか。朱子学だけでなく、老荘と仏教、禅、陽明学がともに、世俗の漠然とした知識で考えると筋道が立たないし、正直さにおいてはむしろ空想的に映るのも、この点が知られていないからだ。

4）朱子学はこのような疑問に、次のように反問する。“自分の性理を知る人間がいるか。血液の循環や心臓の機能は知っていても、人間の‘本

性’言いかえれば成長の方向について知っている者がいるのか。自分がどこから来たか、宇宙が生命を通じて現示する意味が何であるか、立ち止まって考えてみた人間がいるか”

アフリカのある土着民の警句“我らがどこから来たか知らないなら、我らがどこに行くかを知るはずがない”のように、朱子学はわれわれの欲望を本性と同一視するなと注意する。欲望と本性の二者は隣接しているのに、天と地ほども遠いのだ。

現代の社会心理学者であるフロム（1900-1980）もまた、臨床の精神分析を通じて二者間の距離を克明に浮き彫りにした。“欲望と本性は近いというよりはむしろ遠いが、資本主義がその距離をいっそう増幅させている”という。フロムは、欲望が欲望である限り尊重されるし、それを制限なしに充足させる事を善とするようになったのは、東西を問わず典型的な近代的思考だと断定した。近代以前の考え方にはなかったというのだ。さらに言う。“全員の欲望を充足させてやるという約束、そしてその充足が幸福をもたらすという‘偉大なる約束’は果たされない。なぜなら人間の欲望は、全てが価値あるものではないからだ[4]”

5）朱子学は東西の賢者たちと共に‘近代’の反対側に立ち、声を一つにして‘本性’を言う。だから朱子学は近づき難いし、納得は更に難しい。本を広げればいつもある朱子学の基本語彙たち。性と道、天と自然、命の前で目をぱちくりさせて背を向けた人がどれほど多いことか。これら用語たちは上のような比擬的思考、天人合一、〈自然−人間同型〉論的な思考の下でのみ姿を現す。朱子学は、強調するのだが、宇宙論的展望の下で人間の位相と責任を問い、その土台で人間のことを企画したラディカルな思惟であると噛みしめておきたい。わたしたちは宇宙にある自分の存在を知らず、自分の中の宇宙を考えない。自然を知らないから、自分を知る手立てがない。わたしたち各自はいま、‘無知’の中におり、道はまだ霞の中

4　エーリッヒ・フロム『生きるということ』[日本語訳は佐野哲郎訳、紀伊國屋書店、1977]。

にある。それなのにその無知を認めないし、省察のために立ち止まろうと
しないのか。

万海・韓龍雲（1879-1944）のため息のように、われわれは日の陰る夕方、
家に戻る道が分らないと泣く幼子なのかも知れない。あるいは山で道を失
い、雑草が足首にからんでよろめき、日の暮れるのをうらめしげに見る旅
人だろうか。悲しいことだ。道をしらせてくれる天はしかし、人間のさす
らう姿を見ながらも沈黙しているから、脱出の路は自分の力で見つけ出す
しかない。'天無言語'（「進聖学十図箚」）、天に言語はないから超越的人格
からの啓示はない！　人間自ら道をひたすら探すのみ。

人間の自然、本体

道の始まりは、来たところから出発するしかない。『聖学十図』の最初
の絵が、人間の宇宙的起源について語ってくれる。

退渓は朱子の言葉を引用して「第一太極図」が"道理の大頭脳処であ
り、また時代を引き継いで変わることのない人間学術の源泉（道理大頭脳
処、又以為百世道術淵源）"だと高く見立てた。作者は濂渓先生と呼ばれた
北宋の周敦頤（1017-1073）だ。周敦頤のこの文を退渓は19歳のとき『性
理大全』で接して以来生涯研究し、後に弟子たちにも必ずこの源頭から教
えた。楽に読める内容ではない。全宇宙を貫いて追い立てる高遠、漠々と
した言辞だから近代的思考にそぐわないことを知りながらも、そうなのだ
からどうする？　これを前もって言わなければ、勉強するものがどこに向
かって、何のために行くのかがわからないからだという。全文を紹介する。

第一太極図

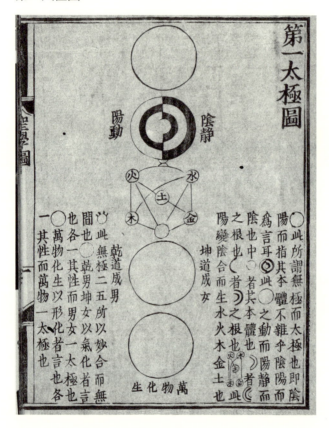

無極而太極。太極動而生陽、動極而静、静而生陰。静極復動、一動一静、互為其根。分陰分陽、両儀立焉。陽変陰合、而生水火木金土。五気順布、四時行焉。五行一陰陽也、陰陽一太極也、太極本無極也。五行之生也、各一其性。無極之真、二五之精、妙合而凝。乾道成男、坤道成女、二気交感、化生万物。万物生生、而変化無窮焉。惟人也得其秀而最霊、形既生矣、神発知矣。五性感動、而善悪分、万事出矣。聖人定之以中正仁義、而主静立人極焉。故聖人与天地合其徳、日月合其明、四時合其序、鬼神合其吉凶。君子修之、吉。小人悖之、凶。故曰、

立天之道、曰陰与陽、立地之道、曰柔与剛、立人之道、曰仁与義。又曰、原始反終、故知死生之説。大哉易也、斯其至矣。

翻訳は以下。

　無極而太極（無極にして太極）！　すなわち無限で偉大な究極の存在がある。

　其の究極の極は発散の動力で陽を生む。発陽が限界に至れば収縮が始まる。収縮は停止と回帰で陰を生むのだが、それが限界に至れば、又発陽に進んでいく。このように発陽と収縮はお互いの根になって交代する。陰と陽が彼らの指定された機能（分）を執ることで二太極（両儀）が確立された。

　陽は陰と結合（合）することで変化（変）を生む。これを通じて水、火、木、金、土（の五行）が生れ出た。このように五つの気が調和を為して拡散し、四季が進行した。

　五行は結局陰陽で整頓でき、陰陽は結局、究極の極の産物だ。偉大な究極の存在は、根本的に限界と終点がない。

　五行は形成されつつ、それぞれ独特の性質を持つ。これは極性がない原理と陰陽という、二つの力のエッセンスが神秘的に結合した結果だ。

　天は男子を産み、地は女子を産む。男女の二つの気が反応して影響を及ぼし（交感）、多くの事物を変化、誕生させる。この生成は生成に引き継がれ、変化は限りがない。

　ここにひたすら人間だけが最もよく精製された体質を得て、万物の霊長になった。身体が備わって精神は意識活動を展開する。五感が刺激を受けて働きつつ、善と悪の分別、そしてさまざまの行動様態が繰り広げられた。

　聖人たちは自分たちの生を中庸、正直、愛と正義をもって規律した。彼らは平静を中心的態度として保ちながら、人類に可能な最高の標準を提示した。それをもって彼らの徳は天と地の調和を維持し、その明敏さは太陽と月のようで、行動は季節の運行のように筋が通り、神々

のように幸福と不幸を掌握した。

　高貴な君子たちはこの徳を磨くことで幸運を得、卑しい小人はこの徳に背反することで不幸にまきこまれる。

　だから言おう。"天の道は運動と停止（陰陽）を表し、地の道は強さと柔らかさ（剛柔）を見せてくれる。そして人間の道は愛と正義（仁義）を具現する"又こんな言葉もある。"事物をその始まりに遡及し、終わりに至る観察をすれば、生と死の万事を理解できる"

　偉大なり、易の真理よ。この上なく完全なるお言葉。

　翻訳はジョセフ・ニーダム（1900-1995）『中国の科学と文明』にある英訳[5]を参考にしたが、果敢に意訳した。ここにある「太極図」は朱子が友達の呂祖謙（1137-1181）とともに編集した朱子学の教科書『近思録』の巻頭にも載せられている。それほど重要な作品だ。

　"無極が太極"という宣言は、宇宙の永遠なる主人（本体）がもつ逆説的性格を教えてくれる。この実在があるから宇宙、そして人間がいる。それは'一'としてこの過程全体を統合し統括しているが、この実在を方便的に宇宙的創造力と呼んでおこう。宇宙的創造力は、時間的には始まりも終わりもなく、空間的には極微から極大に至る無限な活動力だから無極だ。しかし、その無限の力が一定の中心を持っているという意味では、無極を太極と呼ぶ。

　無極と太極はこの主人（本体）の異なる面貌を見せてくれるのだが、朱子学は太極の名称を好んだ。それは永遠の創造力と、その中心に注目したことになる。この太極の自己運動をもってして、世界が始めて存在することになった。だから"太極が陰陽を生んだ"と言い得る。陰陽はこうして出現した宇宙であり、太極は陰陽に隠れている宇宙ともいえる。スピノザの言葉を借りれば、太極は能産的な自然で、陰陽は所産的自然となる。陰

5　Joseph Needham, *Science and Civilisation in China* (Cambridge University Press, 1977), V.2. pp.460-462［日本語訳は吉川忠夫等訳『中国の科学と文明』第2巻、思索社、1974］。

陽は一つの現象に含まれる対極的活動と、活動過程での変化と移動を含む。

　そうではないか。あらゆる具体的なものは事物であれ現象であれ境界をもち、境界は当然に他の事物や現象に接触している。事物は対を伴ってこそ存在するのだ。程明道（1032-1085）はこの単純な事実を発見した途端、立ち上がって踊りだしたという。反対側との共時性、そしてそれらの相互作用で世界は構成されており、又運動している。構成と運動の二つを包括する用語として、リズムを言えようか。

　世界はリズムだ。生命は息を吸い込んでは吐き出し、食物を食べては排泄する。目は閉じては開き、朝に起き夕に眠る。腕は曲げては伸ばし、心臓で吐き出された血は再び心臓に戻る。昨日一日中喜んでいた人が今日はむっつりで、明日は悲しい出来事が待っているかもしれない。そのように人間の生とは、不意に生まれでて忽然と消えることになっている。歴史も一治一乱の循環であり、『三国志演義』は中国が分裂と統合の拍動であると話を切り出す。ウィル・デューラント（1885-1981）は『世界の歴史』の１巻、序文で巨視的文明の歴史が自由と平等、社会主義と資本主義の交代だと喝破した。

　それゆえ、すべての存在は陰陽のパターンを見せる。大小の水準と多様な領域で繰り広げられるその対待の様相は、それぞれが独立的でありながらも、同時に全体の中での部分である。腕の筋肉運動と心臓の拍動は異なるが、しかし結局自分の体と心の全一性をなす。身体とその各器官のように、宇宙もそのように成り立っている。だから言う。"万物は五行の複合であり、五行は結局陰陽の活動だ。その陰陽の活動もまた、宇宙の全体的創造力と中心の結果だ。ところがその創造的中心は目に見えない（五行一陰陽也、陰陽一太極也、太極本無極也）[6]。

　太極は宇宙的な中心であり、人間の起源であるという意味で"本体"と呼ぶ。この用語は古代や中世的神学ではよく使われたもので、哲学でも形

6　退渓は、このような思惟は『周易』にも表れているが、"ただ周易は卦爻の二進法的記号論に注目し、一方、太極図説は造化、つまり生命の発生と宇宙の変化という側面に注目した（但易以卦爻言、図以造化言）"と付言する。

而上学の名の下で長い間論議してきた。それが近代になると思惟の地平で、意識的に排除されている。現代哲学はこのような不可視の対象に使う曖昧模糊とした言語を、批判的に点検することが哲学の使命とさえ思い込んでいる。

　こう弁護してみても、朱子学は相変わらずとっつきにくい。朝鮮の儒教文明が、近代西洋文明をあれほど拒否したのには、それなりの理由があるのだ。朱子学は存在から意味を排するなぞ想像もできず、とりわけ人間を単純に動物的要求とその充足の展望で扱うことに我慢できなかった。朱子自身も当時の功利主義者の陳 亮（ちんりょう）（1143-1195）と本格的な論争をしている[7]。朱子学は人間の問題を便利と自由の側面ではなくて、道理と責任の軸で考えるからだ。

理と気は混ざらない→不雑

　本体は宇宙の中心で、人間に与えられた道理と責任の根源でもある。それを性と言う。「太極図」も言う。"そこに太極があるが、それが純粋至善なる性だ"朱子学の性は現代人が考える'本性'とかなり違うことを重ねて脳裏に刻もう。朱子学の性は理でもあるから、身体の生理的原理や自然の欲望を示すものではない。身体の自然的欲望は気に属する。

　性は気の肉体とは異なる地平にあって、義務と責任の領域だ。だから人間の生理的衝動や傾向性と混同してはいけない。理と気は時として最も遠くにある。朱子学の標語は"性即理"である。性は肉体の気とは異なる地平にあるという意味だが、ゆえに朱子学を性理学ともいう。

理と気は二元化されない→不離

　だからといって理と気が完全に、現実的に別個のものとして区別されるものではない。人はここで道を失う。失っても考えよう。宇宙的意味と責任が肉体を通さず発現できるのか、できないのか。朱子学の言いたいのはここだ。敷衍すれば、次のようなことだ。

7　H. C. Tillman, *Utilitarian Confucianism — Ch'en Liang's challenge to Chu Hsi* (Harvard East Asian monographs, Harvard University Asia Center, 1982)

肉体の活動を宇宙的意味であると、省察なしに同一視してはいけない。なぜなら人間は遺伝的制限と後天的慣習、自己開発の努力の程度で宇宙の意味と責任を放棄しており、それについての省察も不十分だからだ。そのため理と気が混ざり合わない（不雑）、即ち省察なしに理と気を一体化するなという警告をする。しかし一方で意味と責任の具現は、具体的肉体を離れた非人間的強制、或いは死後の別世界で達成するのではなくて、ひたすらこの現世で、肉体の訓練と浄化を通じて達成するという点も記憶してほしい。この督励が'理と気は分離されない（不離）'即ち二元化できない、ということばに溶け込んでいる。

　朱子学は、人間は宇宙的創造力と生命力（太極）の全体を、損傷なく与えられているという。なぜなら最もよい材料、'最も優れた陰陽五行の気'を使ったからだ（陰陽五行之秀気）。だから"形態を備えつつ精神を発現する（形既生矣、神発知矣）"。このとき理と気は合する。他の言葉で言えば、人間は気である肉体、即ち形体と精神の活動を通じて、宇宙的生命力を最高に発現できる条件を備えている。その発現については、後に心統性情論などで本格的に論議する。

　けれどもこの自然の祝福を、現実的には誰もが享受するのではない。例外的な英雄の聖人たち、堯舜のような何人かはいるが、大方はこの本源から一定の逸脱と制約の下に生まれる。肉身を得て生まれるとき、各自知的能力と情緒的地図が異なるし、後天的環境と個人的習性、そして自覚的な努力の程度によって、宇宙的意味と責任を具現する程度と地平は異なってくる。だから責任の自覚と訓練、そして自己啓発が必要になる。そうやってわたしたちは、始めて'人間になっていく'。

　聖人とは肉体の制約を克服し、性格を矯正し、宇宙的責任のプログラムを完成した人たちである。彼らこそ人としての標準（人極）であり、人間の役割モデルだ。「太極図説」は『中庸』に従って、"聖人たちが天地のように隆盛なる徳、日月のように明るい知恵で、四季のように確固とした秩序に従って、神のように完全で、自由だ（故聖人与天地合其徳、日月合其明、

四時合其序、鬼神合其吉凶）"と讃えた。この事態を朱子は簡略に"聖人は太極の全体を得て、天地との間に間隙がない（至聖人定之以中正仁義、而主静立人極焉、則又有得乎太極之全体、而与天地混合無間矣）"と描写してもいる[8]。

　聖人は"天地と一つになって、どのような間隙もない"。聖人は事との関係において、自身と他者の間にどんな壁もない。だから天地、日月、四季、鬼神と共に手を携え流れていくのだ。人為と熟考が排除されるので、この無為は'踊る'と描写された。「第七仁説図」はこの境地を"わたしが万物とともに一（万物与我為一）"と記し、又同じところで"事物とわたしが一（物我為一）"とも表現した。ここでの'一'は算術的な数量の一つとか、或いは物理的な境界を崩すという意味ではない。いってしまえばビールのジョッキを手にして、'俺たち一つだ'と叫ぶ一つに近い。そこで一つならば、それは又一つではない。合一した状態での一つという命名は、実際のところ何の意味もないからだ。退渓が朱子に習っていう天人合一がこの境地だ。

8　このような説明は修辞的で、現代人に具体的な衝撃（感発）を与えるには弱いだろう。合一、または間隔がない（無間）という言葉について説明しておこう。この言葉から物理的な合体を連想しないように注意しよう。韓国語の場合も、'あいだ'が生じたというのは、対立し葛藤するようになったということを指す。日常的には家族や愛する人の間で'無間'を経験する。親しい仲であれば、私のボールペンを勝手に持って行っても'新しいのを買おう'と笑ってすますが、嫌いな人の場合は、私とは何も関係がない事にも興奮したり、横目で睨んだりするものである。

第七仁説図

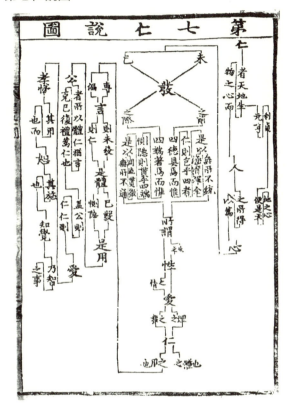

　そのとき聖人の停止と活動はほとんど自発的で自然のリズムがある。これは至善であるのみならず、美学的な美しさを備える。それを朱子学は'鳶飛魚躍'(鳶が空に舞い、魚が池で飛び跳ねる)、生命の自然な躍動に例える。強制されず、自身の内的衝動と力によって、最善の行動を溌剌と宇宙に示現すること、これが自然の生命の最高境地であり、同時に人間の最高境地だと教えてくれる[9]。

9　第1章で、栗谷がこの切り札を儒学の最高境地として老僧に出したことを確認した。繰り返し強調すると、朱子学を単なる道徳的な説教の体系と誤解してはならない。朱子学の核心、または理念は社会的な規律の体系すらも超えた所にある。

ところがこの限りない自然の生命の発揚は、自分の内部に何の妨害物も
ないときに可能だ。普通、心はガラクタでいっぱいだ。いままで経験した
ことのカス、たとえば欲望、怒り、恐怖、恨みなどが記憶として残り、事
物を見る目を曇らせる。カスは人への態度を歪曲させ、対象に集中し没頭
させない。そんなすべての残りカスは結局‘貪欲’に帰着する。怒りとか
猜疑心、嫉妬は挫折した貪欲であり、恐怖や恨みも貪欲の後ろ姿だ。

　この妨害物を処理すれば、心は本来の静かさと安全を回復する。この静
虚の素質（体）を手に入れれば、諸般の心身の活動（動）が邪魔立てなく（直）、
適応と反応（用）を行うようになる。

　素質の自然な運用を体用と呼び習わす。‘基体の確保と、それの自然な
適用（用）’に関する論議は、朱子学の中心論題の一つだ。内的中心と外
的調和という意味で、これを中和と解釈したりもする。内的中心に何があ
るかといえば、そこには静謐（静）があり、又人間性の核心である愛（仁）
がしめている。静謐と愛の潜在があるきっかけで自然に発現されれば、同
情と配慮（惻隠）の情として現れる。ここでびっくり、自然と道徳には切
れ目がなく、一致する。切れ目、隙間がないという、これが退渓が陶山で
本と散策を通じてあれほど生じることを願ったスパークだ。

　儒教の道徳は通念とは異なり、倫理的というより美学的性格を持つ。道
徳とは‘孔子のたまわく’とか、‘先賢たちのお言葉に’あると思うのは
通念にすぎない。道徳とは自分を捨てて他人に尽せという積極的な意図や
計算の結果でもない。道徳は本能の自然な情感として、目的なく発現する
何かだ。それは一種の遊戯であり、芸術だ。昔孔子は“沂水で沐浴して歌
いながら帰ってくるんだ”という曾晳の気持ちに同意したし、孟子もまた
水に落ちた幼子を、目的とか見返りなしに助けに駆けつける自然な発露と
しての惻隠として、性善を証明しようとした。このように儒教は、自然と
規範が統合的、連続的地平にあることを確信する。道徳学、倫理学を美学
と自然学の下に置く、これがまさに儒教の礎石だ。‘発見の企画’がこの
礎石の上に立つ。中国の牟宗三（1903-1995）は儒学を道徳の形而上学で
論じるのだが、わたしは儒教を栗谷が‘鳶飛魚躍’という言葉で喝破した
ように、美学的倫理学で読むことを薦める。

人間の疎外、現在

天地の心も仁であり、それを生まれもった人間の‘性’もまた仁に向かっているはずだが、なぜ現実でこれを充分に発現できないのか。これこそ朱子学が設定した中心議題であった。この解説を充分に吟味すれば、朱子学が人間の現実を見つめる独特の視線を推し測ることができよう。その視線は“人間の現実が宇宙的本源、或いは本体から逸脱している、或いは本体を混濁させている”と要約できる。人間は‘堕落’[10] しているということだ。

10　この堕落は、キリスト教の原罪とは異なるものである。両者ともに知的・道徳的欠陥の先天性を認めているが、朱子学ではこの欠陥が普遍的とは考えず、また例外なく必然的とも考えない。何より朱子学は、この欠陥が特別な存在の恩寵によってのみ矯正できるという考え方に、最も強く反発するだろう。矯正の責任は、自由な個人の選択と努力如何にかかっている。“恩寵はない。唯一、自己の自覚と努力のみが汝をその欠陥から自由にし、本来の自発性と宇宙的合一を成し遂げるだろう”

第三小学図

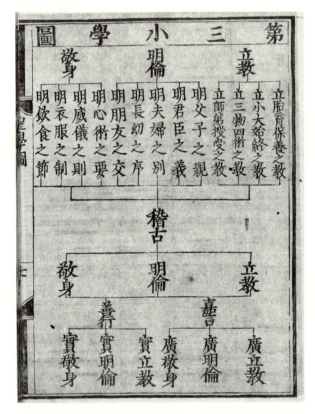

　「第三小学図」に載せられた朱子学の題辞にこの考え方がよく現れている。朱子は『小学』[11]を編集して二つの序文を書いた。一つは書題で、編集の経緯と因縁を語り、もう一つは題辞で'なぜ小学が必要か'についての哲学的説明、或いは綱領に該当する。彼は題辞で、人間に学問と道徳的自己開発がなぜ必要かを述べている。
　「小学題辞」で朱子はこのように言う。

　　元亨利貞、天道之常、仁義礼智、人性之綱。凡此厥初、無有不善、
　　藹然四端、隨感而見。
　　愛親敬兄、忠君弟長、是曰秉彝、有順無彊。惟聖性者、浩浩其天、

不加毫末、万善足焉。

衆人蚩蚩、物欲交蔽、乃頽其綱、安此暴棄。惟聖斯惻、建学立師、

以培其根、以達其支。

小学之方、灑掃應對、入孝出恭、動罔或悖。行有余力、誦詩読書、

詠歌舞蹈、思罔或逾。

窮理修身、斯学之大、明命赫然、罔有内外。德崇業広、乃復其初、

昔非不足、今豈有余。

世遠人亡、経残教弛、蒙養弗端、長益浮靡。郷無善俗、世乏良材、

利欲紛拏、異言喧豗。

幸兹秉彝、極天罔墜、爰輯旧聞、庶覚来裔。嗟嗟小子、敬受此書、

匪我言耄、惟聖之謨。

　誕生と成長、結実と消滅（元亨利貞）は永遠なる自然の過程（天道）
であり、愛、正義、礼節、知恵（仁義礼智）は人間の核心的（綱）本性だ。
人間はその初め（其初）において、例外なく善だから、その本性は状
況に従って、同情、羞恥、謙譲、知識の四端としてむくむくとわき上
がる。

　両親を愛し、兄を敬い、君主に忠誠を尽くし、年長者の前でつつま
しいこと、これらの態度は変わらぬ徳性だから、逆らわないでひたす
ら従順であることだ。聖人は自分の本性を完成して、広くも広い天に
なったのだから、ひたすら己の本性を自覚してそこに忠実であるのみ、

11　『小学』は朱子学の設定した'人間になる'ための基礎的訓練を盛っている。その
'小さい学問'とは、日常において適切な行動を習って涵養する為の指針であるが、
その編集は1187年、朱子58歳の時、弟子の劉清之とともに、散じていた儒教の断片
的教訓を集めて編んだ。一説では、編集は弟子に任せて朱子は序文のみ書いたとも
いう。本文は全六篇。内篇には立教、明倫、敬身、稽古があり、外篇には嘉言、善行
がある。1) 立教は、胎教からはじまる教育の原則と規範、2) 明倫は、五倫つまり儒教
が重視する人間関係の基本範疇において守るべき原則と規範、3) 敬身は、心と体の
もち方から衣服、飲食にいたるまでの敬虔な態度、4) 稽古は、堯舜から孔子にいたる
までの古代の理想的な聖王と賢者の行跡を模範として提示、5) 嘉言は、言葉どおり
に教訓的な格言、6) 善行は、模範的行動の事例が書かれている。

これに加えるものはない。普通の人々は愚かな上に物欲が邪魔するから、自分の存在の本質を堕落させ、堕落の中に安住している。

聖人はこれを大いに気の毒に思い、学校を建て師匠を選び、その（埋められ捨てられていた人間の中の善なる）根を育て、その枝が伸びるようにした。小学の目標は灑掃応対（水をまいて掃除し、呼ばれれば返事をすること）、入孝出恭（家では孝行し、外では他人を慎み敬う）、動くにいささかの行き違いがないようにしようというのだが、そうやって行った残りの力で誦詩読書（詩を詠じ、読書すること）し、詠歌舞踏（歌い、踊ること）して、思（省察的思考）うにすぎることがないようするのだ。

窮理し、修身することが'この学問'の偉大さであり、明らかな明命が赫然と光り輝くから、うちと外がない。徳が高々とそびえ、業が広がるからその初めを回復する！　昔も不足はなかったし、今もつけ加えたものはない。

そのような時節ははるかに遠のき、人びとは逝ってしまった。経典は散らばり、教えは力を失った。幼いとき真心の教育を受けられなければ、長じていっそうでたらめで、崩れた人間になってしまうのだが、いま村や街に善なる俗がなく、世間に良材が乏しい。利欲が目もくらむほど渦巻き、異説がここかしこに飛び交っている。幸いなことにここに秉彝、すなわち人間の善なる本性があって、天がある限り墜落も堕落もしない！　ここに旧聞を集めて後裔たちを目覚めさせようとするのだが、アー、小子たちよ！　謹んでこの本を押し戴きなさい！（ここに書かれたものは）この年寄りの聞き飽きた小言ではなく、聖賢たちの偉大なる志なのだから…。

朱子は言う。聖人ではない"普通の人々は愚かで、そこに物欲が手伝って自分の存在の本性を堕落させ、その堕落にただ安住して生きている（衆人蚩蚩、物欲交蔽、乃頽其綱、安此暴棄）"これが人間の'堕落した現実'を眺める朱子学の視線だ。朱子学は仏教に習って、その起源或いは中心を無知、或いは愚かさに求めた[12]。

考えてみれば誰であろうが、自分の愚かさは認めたくない。『中庸』(7章)は"誰もが賢いふりをするが、穴に落ち罠に引っかかることを知らない（子

曰、人皆曰予知、駆而納諸罟獲陥阱之中、而莫之知也）と、嘆いた。

　儒教は普通の人々が自分自身を生きておらず、他人と事物に支配された生を生きていると考える。現在もそう考えている。徹底した技術と資本の時代が、人間をいっそう自身から、隣人から、自然から、生の意味から遠ざけてしまっている。かつてなく個人の意思と行動が権力と産業、マスコミによって助長され操縦される時代である。われわれは巨大な幻想の中で、抽象的且つ他律的に生きているのかもしれない。それなのに私たちは自らを自由だと考えている。

　この自暴自棄の闇を掻き分けて聖賢が立ち上がった。学校を作り、師匠を選び"本性の根を励まし育て、その枝を伸ばすようになさった"。教えるのは小学と大学だ。ここでは昔の聖人の教育の最終的目標、或いは理念を'復其初'（その初めを回復する）に設定している。朱子学の教育は蓄積や発展になく、ひたすら発見を目指す。だから"昔非不足、今豈有余"（昔も不足はなかったのに、今もつけ加えたものはない）と付け加えたのだ[13]。

12　蛪蛪は'汚い虫が這う姿'である。黄帝の時には、中華文明の外の野蛮も意味した。非自覚、無教養、非成熟、非文明のコードを持つ。

13　"昔も不足はなかったのに、今なぜ余るのか"、この言葉は解釈がややこしい。『聖学十図』を英訳したマイケル・カールトン Michael C. Kalton 教授は、こう翻訳した。"（古代にそれほど学校教育が必要であったのは）それは昔の人々に何か特別な欠陥があったせいではなく、また今だからといっても（教育が必要ないぐらいに）より完全であると考えることができようか" Michael C. Kalton, *To Become A Sage* (Columbia University Press, 1988), p.68。これは苦心の翻訳だが、方向性が間違っている。主眼点は'昔も今も教育が必要である'ではない。この文章は、すぐ前の'復其初'に対する説明で、朱子学的な教育の性格をよく示すフレーズである。ここで、昔と今の対比は、古代と現代の時代区分ではなく、教育を受ける'前'と、教育を受けた'後'を指す。文章の意味はこうだ。"朱子学的な教育は、教育前に何かが足りないから加えるのではない。それと同様に、教育後にも何かが新しく加わったのではない"

古代人であれ現代人であれ、われわれはすべて‘その初め’を完全に有している。それが‘未発’、‘仁’、‘中’、‘体’、‘性’、などと呼ばれる本然の生命の意思だ。それは本来、渾然至善なもので、そこに“いまだ悪はなかった（未嘗有悪）”。ところが完全だったその初めが、身体を持ったことによる妨害（形体之累）と性格（気質）の偏向、そして物欲（物欲之私）によって今現在は覆われ（蔽）、乱れ（乱）た状態にある。私たちは本来の、その初めを忘却（昏）している最中だ。そうなのだ、私たちは自分自身を知らない。この忘却と闇によって、心がこの本有能力である‘明徳’、固有の明るさと力を失った。あらゆる悪はこれが原因だ。朱子学が設置した教育と自己訓練の目標は、このような闇に覆われ混乱してはいるが決して消えることはない、まさにその本性の明るさと穏やかさを取り戻す（復其初）ことだ。

　朱子学のこのような‘心’の認識は、私たちが常識的に知っている‘心’と別物だ。近代以降私たちは心を個別的欲望の主体と見ている。心は一次的に私的欲望の充足を目的に事態を判断し、行為を選択する器官だと理解している。朱子と退渓の学問に接近するためには、近代というマトリックスの箱から抜け出て思考することに慣れなければならない。
　朱子学によれば、人の心は本来“光を発する”。だから明徳と呼ぶ。人の心は目の前に展開する、いや、自分とともにある事態を‘それ自体で’理解している。その光を発するとき、心は均衡と安全を得る。この光はしかし人間の偏見と意図、先入観などによってたやすく屈折し、歪曲される。中（庸）は本当のところ易しいものではない。そうではないか。過去の記憶ども、好きだったり嫌いだったりする人たち、傷つき挫折したこと、ありとあらゆる記憶の残りかすたちが巣くっていて、本来ある心の光を覆う。朱子学はこれを気質の覆い（気質之蔽）、或いは気質の拘束（気質之拘）と名づけた。この基本障害物に加えて、対象に対する私的意思と貪欲が加勢してその光をいっそう厚く覆う[14]。わたしたちの日常は本来の光を取り戻すよりは、習慣的にこの闇を強化している。朱子は『大学或問』で次のよ

14　“但為気稟所拘、人欲所蔽、則有時而昏”『大学章句』経1章。

うに言う。

　　まして私たちがこのように偏向した気質で、事物の限りない変化に
　接すれば、その目が色を願い、耳が音を願い、口が味を願い、鼻が匂
　いを、四肢が安逸を願うので心の本来の明るい徳は害されるが、それ
　は言葉で言い尽くせない。この二つ、すなわち偏向した性格とそこに
　接する事物が相乗作用を起こして、反復しつつ固着していくのだが、
　同時に徳の明るさが日ごとに少しずつ昏昧になっていく。その結果心
　の神霊（霊）が知るところは個別的情欲と利害関係のみになる。こう
　なると人の形はしていても禽獣に近い[15]。

　ここで性格の弊害（気質之蔽）と反復固着（反覆深固）を少し詳しく見
ておこう。この二概念は後の人物性同異論で核心論題になるので、その準
備にもなる。
　‘性格の偏向’とは、わたしが危険を冒して翻訳した朱子学の専門用語
‘気質’であって、英語の気質とは全く異なる。朱子学の気質は、各自が
宇宙から独立した固体として持つ生の意思と、それを中心に形成された自
我を包括的に示す。
　重ねて言えば性格（気質）は、個人が遺伝的に引き継いで後天的に強化
した‘性格’であって、その現実的自我は宇宙的本然を充分に実現できて
いない、一定の歪曲と逸脱の地平を持つ。
　性格（気質）は「西銘」と退渓によれば、‘石のようにがちがちした自我’
でありがちだ。それは他者との疎通を閉ざし、隣人を必要からでなく、手
段として対するようにそそのかす。事態を判断し態度を選択するにおいて、
この自我は自己中心的で、他者の利害や感情を考慮しない冷淡な態度を持
つ。人間の歴史はこんな石たちがぶつかって砕けゆく、悲劇と騒音の終わ
らぬドラマと言えなくもない。

15　"況乎、又以気質有蔽之心、接乎事物無窮之変、則其目之欲色、耳之欲声、口之欲
　　味、鼻之欲臭、四肢之欲安佚、所以害乎其徳者、又豈可勝言也哉。二者相因、反覆
　　深固。是以此徳之明、日益昏昧、而此心之霊、其所知者、不過情欲利害之私而已。
　　是則雖曰有人之形、而実何以遠於禽獣"『大学或問』。

ところで朱子学は、このガチガチ感と無情さ（頑石）が本質的だの、必然的だのとは考えないし、人によって石の硬度は異なるとも言う。気質の暗さと障害は、理である‘本性’の外にある偶然な事態と考える（朱子学は人間の‘原罪’を認めない）。勿論その障害がまったく無い、いうなれば聖人も存在する。又普通の人たちも、その石の硬化程度は千差万別だ。もっと大切なことは、誰でも己の石の硬化を緩和できるのだ。要するに、今ある障害の強固さと闇の深さに関係なく気質は変えられるし、又変えねばならない。

　退渓が死ぬまで神明のごとく押し戴き、毎朝勇壮な独頌で一日を始めた本、『心経』には『論語』の‘子絶四’がある。孔子が絶ってしまい、達成を願った四つとは何か。“無意、無必、無固、無我”がそれだが、朱子はこの警句に次のような解説をつけている。

　　　この（孔子がお話になった）意は私的意思、或いは欲望という意味であり、必はその欲望の充足にむかって進むことであり、固は事態をひたすらその私的欲望充足を願って判断する固着であり、我はこの過程を通じて形成される私的自我である [16]。

　朱子はこの四つは、つながりあう進行過程だと言う。また結論された私的自我は、更なる私的意思と欲望を駆り立てるので、この世に限りなく‘継続循環（循環不已）’する過程で私的自我は強化され、心は硬化していくという。
　朱子学の理解する世俗の生、禽獣の地平は以上のようなものだ。退渓はこの私的自我が形成され強化される、ハムスターが乗る回転車のような状態を、最初の一回転から根本的に変革しようとする。変革は言うまでもないが、宗教的で禁欲的、超越的性格を帯びるだろう [17]。

16　“意、私意也。必、期必也。固、執滞也。我、私己也”『心経附註』巻1、子絶四章。

人間の努力、勉強

　このように気質が原因して、その気質を通じて形成強化された石の硬化をやわらげ、最終的に凝固そのものを‘溶解’させようというのが朱子学の勉強、工夫だ。凝固を溶解した人間は、本来付与された自然を成就する。朱子学の理想は自由ではなく、自然である。とはいっても、自由と自然は出会うはずだが。さてその道は、心も身体も訓練を必要とする。体の訓練は小学で、心の訓練は大学で担当する。「小学題辞」を再び見よう。

　　　小学の目標は水をまいて掃除し、呼ばれれば返事をすること（灑掃応対）であり、家では孝行し、外では他人を慎み敬う（入孝出恭）、動くにいささかの行き違いがないようにするものだ。その行って残った力で詩を詠じ、読書（誦詩読書）し、歌い、踊（詠歌舞踏）って、考えと意思が規範を超えないようにする。

　ところで小学がなぜそれほど重要なのか。「第三小学図」には、大学を目標としても小学が土台だという朱子の言葉がある。

17　退渓が理と気を決然たる二物として‘両断’したのは、まさにこの世俗的な生と宗教的な生の間の深淵をはっきりさせる為であった。高峰と栗谷は、この二者の間を‘分離と同時の連続’の側面から、ともに言わなければならない、つまり不雑と不離をともに言うべきだと強調するが、退渓は断固として二者を分ける方に立った。退渓は高峰に“どうして外感があれば形気なのに、その発が理の本体であることなどあろうか（安有外感則形気、而其発為理之本体也）”（『退渓先生文集』「答奇明彦　四端七情分理気弁　第一書」）とあきれていた。したがって、彼は“泣いたり笑ったりするわれわれの七情が本来善である”という高峰には賛成することができなかった。退渓は気質が本然の‘変形’であるよりは‘阻害’と考えた（この発想を高峰は到底理解できなかったし、栗谷もそうだった）。退渓は“気質は本然の性じゃない！　だから、そこから発した七情はたやすく邪悪に流れる”という。これに対し、高峰は“では、七情は無用の長物、本性の外のものということですか”と詰問する。高峰はわれわれの七情もまた宇宙的なエネルギーの発現であると認めることを求め、退渓は七情を宇宙的な召命の阻害になりやすいと恐れるのである。

幼くて小学を習得しておけば、放心を収拾し徳性を培える。更に難しい大学の勉強の基盤もまた準備できる。（これと反対に、小学に自足して）長じて大学に進まないならば、道理（義理）を熟考し、仕事（事業）を処理するに際して、小学の成就を発揚する道がない。だから幼学の士をして、必ずまず庭に水をまき、箒で掃き（灑掃）、出て行き引き下がり（進退之間）、礼儀と音楽（礼楽）、矢を射て馬を走らせる（射御）、文字を書き数字に習熟する（書数之習）ことに最善を尽くす。成長後には明徳を明らかにし、民衆たちを導き新たにし（新民）、彼らが至善の境地に至るように（止於至善）督励することだ。これが順序からして当然ではないか[18]。

　この身を挺する基礎訓練は時期を失って、遅すぎていても補強されねばならない。それでこそ大学の勉強が力を得て、確固たる土台になると強調する[19]。

　それでも勉強の主眼は大学であり、大学の核心は心だ。心の明徳を明らかにすることが『大学』の巻頭にある。だから朱子学を心学と呼ぶ。心学は気質に覆われた心の障害物を取り払い、生来でない硬化を溶いて本性が自分の光を発し、麻痺（不仁）を解いて自由な機能を取り戻す学だ。

　それならこの‘灰に埋もれた火種、泥土に覆われた珠の玲瓏さ、埃にまみれた鏡’の明るさと、自由な交感の機能をどうやって取り戻せるのか。

　朱子学によれば、性格（気質）の偏向と固着がいくら大きくても、心（明徳）の本来の光は消滅せず、機能は麻痺しないと考える[20]。

18　"是以方其幼也、不習之於小学、則無以収其放心、養其徳性、而為大学之基本。及其長也、不進之於大学、則無以察夫義理、措諸事業、而収小学之成功。今使幼学之士、必先有以自尽乎灑掃応対進退之間、礼楽射御書数之習。俟其既長、而後進乎明徳新民、以止於至善。是乃次第之当然、又何為不可哉"「聖学十図」、『退渓集』巻7。

19　"曰若其年之既長、而不及乎此者、則如之何。曰是歳月之已逝固不可追、其功夫之次第条目、豈遂不可得而復補耶"同上。

しかしながら（心の）本来の明るい素質（本明之体）は天から得たものだから、最後まで闇に閉ざされて（昧）しまうことはない。だから例えその昏蔽（闇と障害）の極にあるとしても介然之頃、或いは 即然之頃（不意に射す光のように急に、一瞬間）に'覚醒'があれば、この間隙で本体が光り輝く[21]。

　すなわち、その気質の闇の中でもある瞬間、覆われた闇の隙間を突いて自身の内部にもつ光の中に入り込むとき、そのとき内在する徳性の光がはっきりと（洞然）現れる。それはまるで仏教の悟りや禅家の頓悟のようなものだ。悟りや頓悟といっても、この経験がいつも神秘的で理に反するわけではない。誰でも経験できる。人との深い付き合いを避け、仕事も休んでゆっくり休息するときに、内外が静謐であるときに、わたしたちはその光を見ることができる。何の偏見も意図もなく、無心に事物と接するとき徳の活動を見ることができる。それはわたしたちの心理的、情緒的、意思的障害さえなければ、本来の光と力を発揮するはずだ。

　それゆえに、朱子学の企画は徹底して内面的で、中心が'自覚'にある。だから私たちは結局何もしなくてよい。「小学題辞」で"昔も不足はなかったし、今もつけ加えたものはない"という言葉を思い出そう。『大学或問』はまた言う。"明徳を明らかにするというときに、これは本来の性以外に何か作為を加えたものではない"[22]。この自覚の企画が朱子学を仏教に近づけ、原始孔子、孟子の儒教とは距離を置く地点だ。あわせて、近代の人文学や社会科学とまったく道を異にした地点でもある。

　自覚された状態で、明徳はつぎのような本来の特性を回復する。"明徳は、人の天に得る所にして虚霊不昧、以て衆理を具えて万事に応ずる者なり"[23]

20　"但為気稟所拘、人欲所蔽、則有時而昏。然其本体之明、則有未嘗息者"『大学章句』経1章。

21　"然而本明之体、得之於天、終有不可得而昧者。是以雖其昏蔽之極、而介然之頃、一有覚焉、則即此空隙之中、而其本体洞然矣"『大学或問』。

22　"所謂明明徳者、而非有所作為於性分之外"『大学或問』。

23　『大学章句』経1章。

ざっと翻訳する。"心が本来持つ明るい特性（明徳）とは、人が宇宙の天から貰ったもので、'空っぽで（虚）''霊妙で（霊）'そこに原理の束（理）が備わっていて、万事に（適切に）応接していく"この一句は朱子畢生の苦闘が薀蓄された『大学章句』の巻頭を飾る宣言的命題だ。

'虚'はある種の不在とか欠乏を示すが、ここでは具体的に心の内的妨害物や残りかすがないことを意味する。カールトン教授がこれを理解した。彼はこのように言う。

> The 'emptiness' of the mind refers to its being empty of any definite object, including the self (no innate self-centeredness) or any other object; hence it is universal in scope, able to respond to anything appropriately. T'oegye is thus inclined to attribute emptiness particularly to the 'principle' aspect of mind in view of the transcendent all-inclusiveness and non-specificity of principle.[24]

カールトン教授は、虚が自我をはじめとするどんな事物も心の中に無い、という意味だという。これは適切な解釈だ。そしてそれを"人間の心の中にどんな本有的自己中心性——いうならばエゴ中心性——も存在しない"と指摘したことも卓見だ。そうなのだ。朱子学は、そして退渓も利己性と自我固着、自己中心性が人間の自然な本質であるとか、生まれつきの本性ではないと考える。この発想を理解できるだろうか。朱子学と退渓学はここを乗り越えさえすれば心理的、情緒的、知的抵抗は消えると思える。乗りこえるためには、朱子や退渓の文字を文字そのまま、言説を額面どおりに素直に読み取ればいいのだが。

宇宙は本来感応するもの。多様なエネルギーが親しく交わり入り乱れる、宇宙の舞踏場みたいなものだ。信号がくれば受けとり、信号を与えれば反応が戻る。人と人の間、人と事の間、人と事物の間がそのようにプログラムされている。これを'神霊的だ'という。人間の心は一定の契機と信号

24　Michael C. Kalton 前掲書、p.224。

によって自動的に反応し、適応する神秘の作用を持っている。自動的反応といってもご大層な形而上学ではなくて、日常的経験に紛れていて、道でヨチヨチ歩く幼子を見ると笑顔になるとか、立って泣く子がいれば"おまえ怪我でもしたのかね、お母さんどこに行かれたの？"と手をとって、きょろきょろ見回すことだ。このような交感を朱子学は仁と呼び、その宇宙的能力が麻痺した状態を不仁と呼んだ。不仁は漢医学では手足の'麻痺'を意味する。何度も言うようだが、退渓一生のプロジェクトは朱子学を通じて心の麻痺を、石のようにがちがちになって動かない心を治療して、自然との交感と疎通を回復しようという計画なのだ。心の麻痺が融けるとき、人は'鳶飛魚躍'、川を飛び跳ねる魚、空高く舞う鳶のように、あるいは道端の幼子のように、本然の生命の交感を自発的自然として発揮しているはずだ。

　ゆえに朱子学における倫理学の課題は 1）一次的に心の障害を克服して、次に 2）'心に備わる理'を照らし、理があるがままに現れるようにすることだ。1）を居敬、2）を格物と呼ぶ。

　この格物は外的対象に向かう情熱ではない。王陽明が竹を見上げたのは、道を間違ったからということになる。現代の社会科学や自然科学は、客観的に社会現象や自然現象の原理を探求していくが、格物とは心の障害の隙間を突いて現れ出た明徳の光をいっそう輝かせ、それを持続させようという努力に近い。そのテーゼは基本的に自己関与的でありつつ、救済論的だ。そのようにして得た知識は、言うならば聖書でパウロが"今は青銅の鏡のようにぼんやりしているが、いつかは真正面に見る"その顔に向かって進む道だ。

　そんな意味で、格物の努力がもたらす知識は蓄積的ではなく、対面的だ。対面的であってこそ朱子が『大学』の解釈で、苦心して詰め込んだ文句を斟酌程度でもできるというものだ。万一それが増えたり減ったりする蓄積であれば、その極処を言えないはずだ。また、その極処がどこであろうと'たどり着く（無不到）'というような疑似－人格的・神格的な表現もできない。

　格物致知の努力が深まれば、ある日豁然として貫通に至る。"事物の中

と外、深層と表面（衆物之表裏精粗）がすべてここに来ていて（無不到）、自分の心の完全な土台と機能（吾心之全体大用）が、もれなく明らかになる（無不明）”ことを理解する[25]。重ねて言うと、ここには蓄積されたものはない。ただ自分の心の体用が明らかに摑めた（明）だけで、それとともに事物たちの実際が歪曲されずに、あるがままが表面化しただけなのだ。

　ようやく‘あるがまま’にたどり着いたとは。それほどにわれわれは己の障害なしに、事物に直接対面するのが難しい。心の障害がなくなることと、事物の実際が現れることは平行して進む。退渓は宣祖に差し上げる箚子の最後の部分“『十図』では言い尽くせないので、わたしが付け加えて申し上げる言葉”で、修行の道を心の至虚至霊と、理の至実至顕とに方法的に分離し、その一致と合一の課程を提示した。

敬とは何か

　心の覚醒を得るために、本来の明るさを維持するために、気質にこびりついた垢をはぎ落とし、石のように固まった自我を溶かすために、今こそ自分の心の至虚至霊が、理の至実至顕を迎えいれるためにどのような訓練を、どのようにすればいいのか。その‘方法’が気になる。ほかでもない敬が、このすべての勉強の中枢だ。退渓はこの敬が心の覚醒とその維持のみならず、小学と大学のおびただしい勉強領域と手続きを貫いていて、一時も離れてはいけない原理だという。

25　“是以大学始教、必使学者即凡天下之物、莫不因其已知之理而益窮之、以求至乎其極。至於用力之久、而一旦豁然貫通焉、則衆物之表裏精粗、無不到、而吾心之全体大用、無不明矣”『大学章句』伝5章。

2章　退渓の『聖学十図』、朱子学の設計図　95

第四大学図

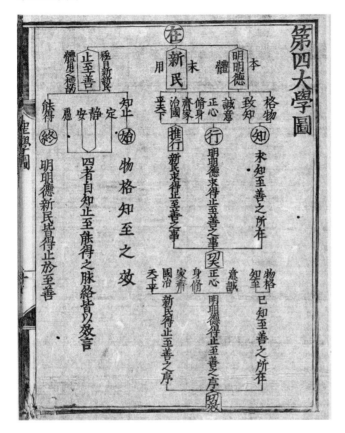

　敬は本来は敬天などの用例に見るように、具体的対象に向かう'尊敬'や'恭敬'の意味だ。この用語に朱子学が新たな意味を与えた。朱子学の敬は尊敬や恭敬する対象ではなくて、自分の心、内に向かっている。内面の自己意識的統合を目指す上で、事物を透明に眺める精神の覚醒状態とその維持という意味に敬を特化したことになる。
　もう少し詳しく見てみよう。「第四大学図」では朱子の『大学或問』にある次のような文を利用している。即ち『小学』『大学』の学問的手続きと相互関連を述べ、二学問に通底する訓練方法として敬を提示する。敬が

どのように修己から治人まで、すなわち格物致知から治国平天下までを貫き通す（一以貫之）中心的原理であるかを述べている。

1）或曰、敬若何以用力耶。朱子曰、程子嘗以主一無適言之、嘗以整斉厳粛言之。門人謝氏之、則有所謂常惺惺法者焉。尹氏之説、則有其心収斂、不容一物者焉云云。

誰かが聞いた。"敬はどのように訓練するのでしょうか?"朱子が答えた。"昔、程子は事にのみ集中してほかを見るな（主一無適）と忠告したが、整頓され、平安で、厳粛な態度を維持せよ（整斉厳粛）とも勧めた。その門人の謝氏もいつも目覚めている法（常惺惺法）を提唱した。尹氏は心の自覚を取り戻し、そこにどんな私的関心も忍び込ませるな（其心収斂、不容一物）"と強調した。

2）敬者、一心之主宰、而万事之本根也。知其所以用力之方、則知小学之不能無頼於此以為始。知小学之頼此以始、則夫大学之不能無頼於此以為終者、可以一以貫之、而無疑矣。

敬とは我が心の中心（主宰）であり、万事の根本だ。敬の具体的訓練を修練していけば、なぜあえて『小学』の勉強に依拠し、『小学』でこそ学問の基礎が打ち立てられるかが納得できるはずだ。そして『大学』が『小学』に依拠して出発し、完成することも理解できる。『小学』も『大学』も、敬が一貫していることは明らかだ。

3）蓋此心既立、由是格物致知、以尽事物之理。則所謂尊徳性、而道問学。由是誠意正心、以修其身、則所謂先立其大者、而小者不能奪。由是斉家治国、以及乎天下、則所謂修己以安百姓、篤恭而天下平。是皆未始一日而離乎敬也。然則敬之一字、豈非聖学始終之要也哉。

（『中庸』にある）'徳性を尊重しつつ、具体的な探求を経る（尊徳性、而道問学）'というのは、このような敬を通じて心の自覚を確立し、これを基盤として格物致知して事物の原理（事物之理）を尽くすことを意味する。（孟子が言った）'まずはその大きなものを立てれば、小さなものはこれを侵犯できない（先立其大者、而小者不能奪）'という宣

言も、このように敬を通じて心の自覚を確立し、これを基盤として誠心誠意で人格を陶冶していくことだ。（『論語』の）'人格を陶冶して百姓を安らかにする（修己以安百姓）'とか、（『中庸』の）'自身をしっかり守り、天下の平和を企てる（篤恭而天下平）'ことも、敬を通じて心の自覚を確立し、これを基盤として斉家治国し、天下に感化が波及することを意味する。そういうわけで敬という一文字が、聖学の全体を貫通する中心ではないか。

　文は三つの部分から成る。1）は朱子の先輩たちが残した敬の実行法を列挙する。敬ではない他の道について言っているようにもとれるが、同一の実践的効果をもたらす。いえば"どの門から入ろうが、家に入れば主人に会えるようなものだ"。2）は敬が真正なる主体性（一心之主宰）であり、これが確立されなければ、どんな意味のあることも成しとげられないと言う。3）この中心が立って初めて格物致知以降、治国平天下まで進むと約束する。この心の中心は'この道'を留守にしてほかの道を伺い見るような、私的欲望と疑惑を根本的に遮断する機能を果たす。だから敬は一日も、一瞬も離れてはならない聖学への一歩であり、また終わりでもある。

　敬の方法と節目は1）に要約されている。朱子と退渓は代表的4目を挙げている。

主一無適　"一つだけ掴めばいい、他に往くな"と翻訳できる。最近の言葉では'集中'だ。具体的な助言はこうだ。仮に"本を読むときには本を読み、服を着るときには服を着る""事務も一つをやり終えてから次の仕事にかかれ""心は'ここ'にあるべきで、二、三箇所に分けてはいけないし、心は'ここ'にあるべきで、東や西に迷うな"などだ。
　一体に心は不安定（思慮不定）だ。だから一つの考えが終わりもしないのに、他の考えに幾筋にも分かれ広がる。これが我々の病弊の中ではもっとも重い。わたしたちの心はいつも、どこか'他のほうに逃げる'。
　朱子は『朱子語類』「読書法」でこんな忠告をしている。"人は本を読むとき充分に集中できない。どれほど読んだか、いつになったら全部読み終

えるのかといらいらする。目は文字を見ていても、心はすでに本にない"心不在！ そのように他念が雑居しては心の敬をつかめない。「第九敬斎箴図」が敬を維持（持敬）する意味と方法について集中的に教えてくれる。

第九敬斎箴図

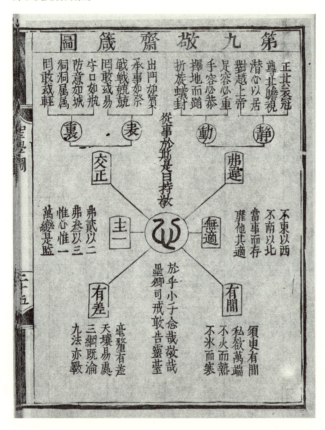

不東以西、不南以北。当事而存、靡他其適。弗貳以二、弗参以三。惟心惟一、万変是監。従事於斯、是曰持敬。動静弗違、表裏交正。須臾有間、私欲万端。不火而熱、不氷而寒。毫釐有差、天壤易処。三綱既淪、九法亦斁。

東に行くときは西をふり返らず、北に行くときは南に蓋をしておく。いま自分の前にある事に集中するのみで、ほかの考えに心を動かされない。二つに心を割らず、もろもろの想念に惑わされない。わたしの心はたった'一つ'のときのみ、限りない変化を掌握できる。この原理に透徹すること、それを'敬の維持（持敬）'という。動くとき留まるとき、敬を外れなければ内と外が助け合って完全になるだろう。しかし一瞬でも敬を忘れれば、私欲が万端にわきあがり、火がなくても（その心が）熱く、氷がなくても（その身体が）凍りつく。小さなことでも敬が食い違えば、天と地がひっくり返ってしまう。そのとき三綱は崩れ、九法も傾き倒れるだろう。

　引き裂かれず、散らばらない心の中心でこそ、わたしがいま対している位相と与えられた事態を鏡（監）のように透明に理解し、そこでこそ判断が健全で行動が適切になる。この中心（中）を失えば、またたく間に私欲があらゆるところからわきあがり、心の中は"火をつけなくても熱く、氷がなくても冷たく"揺すられるが、この不安定さと硬直が、天地をひっくり返す混乱につながる。

　日常において私たちがどれほど'散漫'であるかを知る人は多くない。'そのことと事物自体'に集中することは、本当のところ難しい。純粋に集中するためには、いかなる目的意識も忍び込んではならない。本を読みつつ'これをどうして金にするか'、'教養のためにだけ読むのだ'といった人の（為人）意思が介入すれば、その専一は破られ、散らばる。心が他の意図や情念、欲求、偏見などに捉われていれば、本の内容が目に入るはずがない。

　事物を見るときも同じだ。私たちは風景をあるがままに見ることさえ、なぜか難しい。一つの事物に対する'視線'は、その事物と出会いもしないうちに他のほうに滑っていく。見、聞き、食べたい思い（嗜欲）が激しく、与えられた機能（天機）が浅いほどに対象をあるがままに見るのが難しく、集中は疲れる。集中こそ、エゴと習慣の滅却が必要だ。滅却の程度で集中は深まり、持続すればその間覆われていた'体'が姿を現し、'中'が安定し、

‘未発’が具体的感覚と深みを得るようになる。

整斉厳粛 “姿勢を整え、心を厳粛に持て”という意味だ。先の主一無適にたやすく近づけないので、近づくための行動指針を与えたものだとも言う。“衣冠を整えて…”という言葉があるように、整斉厳粛は主に外面的礼儀や行儀といえる。これを通じて内面が安定し、統一された中心を得るようになる。こうなれば、非僻(邪悪)が侵犯したり介入できないという。この指針もまた「第九敬斎箴図」の巻頭にある。

> 正其衣冠、尊其瞻視。潜心以居、対越上帝。足容必重、手容必恭。
> 択地以踏、折旋蟻封。
> 出門如賓、承事如祭。戦戦兢兢。罔敢或易。守口如瓶、防意如城。
> 洞洞属属、罔敢或軽。

> 衣冠を整え、敬虔なまなざしで、心は揺らぐことなく、あたかも上帝にお目にかかるよう。慎重に踏み出し、手はつつましく握る。足は降ろす場所を選んで踏み、アリの巣もつぶさぬように行け。家を出れば他人を客のように対し、事を行うに、祖先を迎える祭祀のように誠意を尽くす。戦戦兢兢(注意深く、恐れを持って)、どれ一ついい加減にしない。ポカンと開いた口は瓶の栓でふさぎ、衝動の跋扈は城壁のように堅固に防ぐ。洞洞属属(真実に、敬虔に)、どれ一つ軽率に行わない。

ここで疑問が一つありそうだ。私たちが慣習的礼儀を整えたからと、たとえば衣冠を整えれば真正なる敬、内的中心の統一性を期待できるだろうか。予想できるように、客を迎えるとか祭祀を行うときでも心がついていかなければ、それは敬の道とはいえない。謹厳とか端正がいつでも敬にはならないのだ。けれども朱子の先輩である程子はそれが“敬に至るための入り口ではある[26]”と強調した。

---

26 『心経』。

常惺惺法 主一無適が集中ならば、この常惺惺法は覚醒の方法だ。朱子は『大学或問』でこのように言った。"惺惺とは心が昏昧でないことを言う。そうであってこそ敬だ。整斉厳粛が敬ではあるが、心が万一昏昧で、理の火がぼんやりしていれば、無理してとどめてもそれがどうして敬といえようか"[27] 先にも言ったように、心の中心が確固とし、事物を見る目が透明でなければ、すなわち心の内外がともに明るくなければ、外面的な整斉厳粛だけで真正なる敬の自覚と保持を期待できない。

惺惺とは"いつも目覚めている"という意味で、朱子学が仏教、正確には禅から借用した方法だ。それは外にでていた心（放心）を取り戻して、自分と周辺に生き生きした意識を持つこと、すなわち非自覚から自覚に引き戻すための覚醒の方法だ。今までの論議に参加した人であれば、朱子の本源の発想法はもとより敬を通じた修練まで、仏教と禅の影響を決定的に受けていることを読み取ったはずだ。朱子自身がこの点を認めている[28]。

『無門関』という簡明な禅の語録集がある。その中で第12則の公案がこの惺惺法の主人公だ。そこに瑞巌和尚の自問自答がある[29]。

端巌和尚は毎日一人で"ご主人殿"と呼びかけて、"はい"と返事した。"しっかりしなくてはならない（惺惺著！）""はい""これからは他人に騙されてはいけないよ！"といっては自分が返事する。"はい、分りました"

なぜ彼は自分を呼び、返事する一人劇を作りだしたのだろうか。その答は編集者の無門慧開（1183-1260）の最後の編にある。"道を求める人々がまことの知らせから遠ざかるのは、分裂した自我に固着しているから。無始以来の生死の根本を、愚かな者たちが'本来の自分（自己）'と呼んでいるなあ"（頌曰、学道之人不識真、只為従前認識神。無量劫来生死本、癡人

27　"朱子曰、惺惺乃心不昏昧之謂、只此便是敬。整斉厳粛固是敬。然心若昏昧燭理不明、雖強把捉、豈得為敬"『大学或問』小註。

28　"学問須是警省。且如瑞巌和尚、毎日常自問、主人翁惺惺否。又自答曰惺惺。今時学者却不能如此"『大学或問』小註。

29　『無門関』第12則、巌喚主人。

喚作本来人）

　仏教と禅は意識の疎外を集中的に照らし出す。意識を疎外すると、われ
われの日常的な意識と生はわれわれ自身のものではなくなる。私たちのほ
とんどは自覚のない状態にあるから、操り人形やロボットのように生きて
いることになる。その無知（無明）から目覚めることを仏教や禅は慫慂す
るのだ。

　　　人々は首をかしげる。"わたしはこの身体の主人だ。道を歩こうが
　　　映画を見ようが、人目につかない場所で失礼をしようがわたしの勝手
　　　だ。社会的禁忌と罰さえなければ、何も遠慮のない自由な存在だ"仏
　　　教はしかしこれが並大抵でない錯覚だと、ちくっと刺すような忠告を
　　　する。川辺で平べったい小石を拾って投げ、水面を跳ね飛ばすとしよ
　　　う。小石に意識があればその曲芸を、石たる己の意思と推進力の結果
　　　だと信じるかもしれない。わたしたちもまた、小石のように生半可な
　　　錯覚と陶酔の中に生きている。仏教はその事実を悟るためには、厳格
　　　な戒律（戒）と並はずれた瞑想（定）と洞察（観）の力が必要だという。
　　　八万大蔵経と、一千七百の禅の公案が、この目標達成のための補助装
　　　置としてある[30]。

　朱子はここに、仏教の三（戒・定・慧）学すべてを朱子学に取り込んだ
わけではない。外に出かけていた心（放心）を呼び戻し、自分と周辺に対
して生き生きとした意識を持つこと、すなわち非自覚から自覚に戻すため
の方法として惺惺を借用している。

　借用はしたが、朱子は自分のやり方が仏教や禅とは別物だと、事ある毎
に強調する。仏教はこの心の覚醒状態、それ自体を重視するが、儒教は覚
醒を通じて世界を透徹し、事態を公正に処理するのだと付け加える[31]。

....

30　韓亨祚『無門関、あるいはお前は誰だ』如是我聞、1990、80頁。
31　"或問、仏氏亦有此語。曰、其換醒此心則同、其為道則異。吾儒喚醒此心、欲他照
　　管許多道理。仏氏則空喚醒此心、無所作為。異処在此"『大学或問』小註。

つまりこの心が'自覚'の状態にあってこそ、そのとき初めて'活'、つまり何物かに吊り下げられる操り人形ではない、真に'生きる'人間になる。この自覚の状態が維持されると客慮は侵犯できず、真ん中に万理が森然と現れ、これに伴なって応事接物が'自然に'欠けることなく発揚される。

朱子は仏教が心の覚醒状態維持に力を入れるが、それを基盤として'知識（道理）'を探求し、その知識を実際の生で完成していく社会的実践を欠如していると批判する。居敬はあるが、窮理と力行が及ばないということだ。

其心収斂　不容一物　漢字そのまま心身の'収斂'だ。それはある種の緊張であり、敬虔であり、防御である。収斂、心身を引き締めることは、初めの主一無適と通じる。社稷壇や祭祀での態度である整斉厳粛にも近い。そこでは非僻が介入できないように、この収斂の堅固な状態では、ほかの事どもが忍び込むとか邪魔が入らない。だから"一つのものも許されない（不容一物）"と付け加える。これは又、常惺惺の覚醒状態で外物が侵犯できないことに通じる。

このように見ればこれら四つ、すなわち敬の方法としての'主一無適'、'整斉厳粛'、'常惺惺'、そして'其心収斂、不容一物'のそれぞれは意味がすこしずつ異なるが、互いに通じることがわかる。これが'敬を維持して（持敬）'、'敬の中に住む（居敬）'方法の大綱だ。

この敬が朱子学の修練全体を貫いている。だから"学、つまり敬は学ばなくてはならないことの始まりであり、終わり"だという。この敬は"一心が主宰を確立し、万事の根本を立てる"これ以上はない方法だ。

結論的にこのように言える。"心が自覚と覚醒状態になければ、どのような意味のあることも達成できない"この覚醒を維持すれば、人間関係や仕事、個人的な生や社会的実践が'正しさ'を得る。正しさが前提にない

行事が時として偶然に節度に適ったとしても、価値はない。覚醒なしでは合理的計算（功利）や、人為的調整（按排）も危険だ。朱子が陳亮との論争で、あれほど力を入れて抉り出したものがここにあり、退渓もやはりその趣旨に全幅の同意をしている。

敬の持続的保持は人生において何が追及するべき価値であるか、人は何のために進まねばならないかをはっきりさせてくれる。彼は敬を保持して"その大きなものを立てた（先立乎其大者）"この中心が明確でありさえすれば、功利や名利などへの誘惑が己の道を妨害するとか、道そのものに疑惑がおこらない。'自分との出会い（修己）'があって初めて私たちは'他人との意味ある出会いがもてる（治人）'。人との関係や仕事のスケール、成就したものの大きさは、個人の力量と状況がかかわる。しかしその幅は副次的だし、個性は無限の可能性を持つ。朱子学は人間モデルを型にはめていない。これを忘れまい。

近代、そして朱子学の意味

締めくくりをかねてこのような聖学の理念と設計図が、現今の支配的原理である'近代性'とどのように異なるかをみよう。

儒教的徳性の鼓吹においては二つの特徴を抑えておきたい。

1）皆さん御存知だろうが、朱子学は儒学の伝統に従い、修身の人格涵養を政治的参加より優先する。政治参加派や実用主義者たちはあきれるだろうが違う見方も必要だ。

退渓の「戊辰六条疏」が忠告したように、絶対的権力をもつ君主が好き嫌いで物事を決定せず、偏見を持たず、私的利害関係に没頭しないならば、政治の刷新が約束できるのではないか。同類相従で'その人'の周辺には似たような価値観と徳性をもった人たちが集まる。君主の好悪と偏見、関心によっても似たような性格の臣下たちが集まるものだ。退渓はそれを、同声相応じ、同気相求む、"水は湿ったところに流れ、火は乾燥したとこ

2章　退渓の『聖学十図』、朱子学の設計図　105

ろに進む、雲は龍に従い、風は虎を追う”と表現した。

　友人を作るとか政治参加以前に、己の身を整えるべき理由がここにある。孔子は“自分の身を正しくすれば、政治をするのに何の難しさがあろうか（子曰、苟正其身矣、於従政乎何有）”といった。続けて、“万一自分の身を正せないならば、どうして他の人々を正せるだろうか（不能正其身、如正人何。『論語』「子路」）”とも言った。政治の目的が、果たして人を正すことにあるのかと笑ってもいいだろう。しかし小さな人間関係であれ、大きなビジネスや政治の領域であれ、結局問題は人ではないか。ベンチャー企業家である安哲秀（1962-　）社長は“企業の存在には金儲け以上の崇高な意味がある”と、人を選ぶ原則をこのように話したことがある。

　　　人を選ぶとき物質的な達成感よりも、精神的な達成感を少しでも大
　　切に思う人をわたしは好む。この差はとても繊細な問題だ。大部分の
　　人は紙一枚の差でも、物質的な達成感が上まわる。しかしわたしは個
　　人的に、例え紙一枚の差だとしても、精神的達成感を重視する人を好
　　む。それが前提となれば、物質的な達成感との調和も自然に成し遂げ
　　られると思うからだ[32]。

　この言葉は無限競争を生きる、赤裸々な利益の現実を無視した理想論だろうか。価値観が生き方を決定しているが、商いは飽きずに細く長く続けるものだ。利己的な性格があからさまな人間では、企業家として遠く高く到達するのが難しいのが現実でもある。何よりも他人の立場に立って考える徳性があるかどうかのようだ。自分とともに他者を理解し、自分が身を寄せている全体、共同体を意識できる人が認められ信頼される。徳は現実的に機能するし、実用的でもある。CEOがこのような価値観と生の態度を持っていれば、構成員たちはその原理に従って選ばれ、組織されるだろう。そのような土台の上で構成員たちの内的満足度は、物質的な達成感をより重視する企業よりはるかに大きく、彼らの間の意思疎通は円滑であろう。危機に際しても組織内の結束と和合がしっかりしていれば、難関を乗

32　安哲秀『CEO安哲秀、魂のある勝負』、キムヨン社、2001。

り越える結集力も大きいはずだ。破産直前の会社が職員たちの協力と犠牲で更生したという話も、最近少なからず聞く。やはり問題は'価値観'と'態度'だろう。実務はその土台（体）の上で、いくらでも効果的に構築していくことができる。

　2）朱子学は上に向かう'尊敬'と、下に向かう'配慮'を、どちらも人間内部の自然性の発露と考える。このテーゼを最近の世間はあまり信じない。孟子が告子と会い、この問題について激しくぶつかり、説得のためにたくさんの言質が消費されたことを思い浮かべる。朱子学はなぜか、尊敬と配慮の同一視を屁理屈としない。

　逆に考えてみよう。人間はホッブズ（1588-1679）が言ったように、自己保存だけのために動き、合理的計算によってのみ行動するという、そんな小利口なチンパンジー（禽獣）に過ぎないのか。町の通りを歩いていて、誰かとすれ違ったとしよう。人を認知した瞬間、ほとんど自動的に、自分がもしかしてその人の行く道を邪魔するのではないかと思う。邪魔しそうであれば避けるし、そうでなければそのまま行く。これが恐怖や認定など、計算による行動だと見ることもできる。勿論行く手を遮ろうものなら、飛んでくるこぶしが恐ろしいからとも言えるだろう。しかし見知らぬ人に対する'人間らしい'譲歩と見てもよいではないか。相手が5、6歳ぐらいならそれはいっそう自発的で、自然な配慮だといえるのではないか。私たちはあまりにも長い間、そのような自然な感応を忘れて生きているのではないか。勿論生の各場面は熟考が必要だし、葛藤と消耗の日常を避けることができないのが現実だが、心身の訓練を通じて自分の中の自然を意識的に開発していけばいくほどに、生がいっそう豊かになることは間違いない。朱子や退渓は反問する。"おまえは生の意味と価値をどこにおいているのかね？" "どうして自分の善なる本性を信じずに、自分をそれほど価値のないもののように扱うのか？" この徹底した資本と産業が、マスコミたちが欲望を操縦し、他律に支配される時代に、本性を涵養する文化を掘り起こし、育てることができるだろうか。この逆風に立ち向かっていくには、いわゆる英雄的選択と執拗さが必要だ。だから『中庸』は言う。"高い官位と報酬を拒絶するのはたやすい。白い刃の上を裸足で登っていくのもや

さしい。しかし日常の中で、自分の本性を守り育てることはまことに難しい"

　儒教的価値と近代的な生をざっと対比した文を終える。

　3）朱子学は外的、社会的条件を問わない。人間本来の善なる本性は恭敬、努力、覚醒、勇気などの姿で現れるが、この発現は富貴と貧困、順境や逆境の外的条件に左右されない固有性がある。といっても朱子学が富貴を軽蔑し、貧困を褒め称えるだろうと考えてもいけない。人間はただもう与えられた条件に従い、必要な価値を実現するのみだ。張載は「西銘」で淡々と言う。"富貴は順調なら、そりゃもういいじゃないか。貧困は苦労はするが、結局自分を成長させるのに役立つだろうな"そういいつつ朱子学の有名な句、死生観で締めくくる。"生きては道理、死んだら平和。それだけだ（存吾順事、没吾寧）"

　儒教は社会主義にも資本主義にも加担しない。社会主義は全体の意思を強調し、資本主義は個人の要求を重視する。儒学は個人と共同体、部分と全体との関係を全く異って設定する。これを圧縮した言葉が'理一分殊'だ。張載の「西銘」と栗谷の「理一分殊賦」はつぎのようにいう。

　　　天地間の生命体は宇宙的な創生の結果である。だからわれわれ全員は一組の両親の兄弟だといえる。兄弟は家庭の中で区別されずに家族共同体を作るが、しかし私たちは各自、区別される個別的人格である。家族共同体を理一といい、個別的人格を分殊という。前者のみを強調してはいけないし、後者のみに固執してもいけない。

　私たちがもし理一、'宇宙の下では一つの家族'だとのみ考えるなら、すぐにそれは抽象や画一化に落ちていく（これはたやすく強制と抑圧になりうる。社会主義は全体主義の近くにある）。朱子学は道の普遍性の中で人間の規範を否定した老荘を'抽象'に押しやり、人類に対する差別のない愛（兼愛）に人々を駆り立てた墨翟を'画一'と規定した。老荘をロマン主義者とすれば、墨翟は社会主義者に該当する。だからといって分殊、自分が独

立的な個体であることのみを言い立てれば、世の中は利己的な人間たちの葛藤と闘争の場、ホッブズが言った"人間は人間に対して狼"という、終わりのない決闘の場になってしまう。"向こう脛の毛一本で天下を救えるといっても、わたしはそれはやりたくない"という楊朱の徹底した利己的態度（為我）を朱子学は非難する。朱子学は、個人的自由と功利に立脚した近代以降の資本主義も、楊朱と同じ系列に置き、批判してやまないはずだ。

儒学は老荘や墨翟の道を越えたビジョンを求める。社会主義でも資本主義でもない、ロマン主義でも、自由主義でもないこの特異な理一分殊の路線を、どう表現すればいいだろうか。'共同体主義（コミュニタリアニズム）'が一歩踏み込んで来たけれど、分らない。その模索が人間の'本然'に対する自覚と'自然'に対する認識論的転換を内包しているかが……。

朱子学の'第三の道'はこうだ。

　　人間は宇宙的仁の普遍性（理一）の中にいる。その愛と配慮の中で、物は自分（我）と区別できない。愛は分離する力ではなくて、統合する力だからだ。故に理一という。しかし愛が老荘のように無限の混沌として現れるとか、墨子のように無条件で無差別の普遍的愛としては現れない。それはいつも個別者（分殊）として、彼が接する血縁的、社会的な脈絡の下で、具体的で、状況的に、当然段階的に、等差的に発現する。そうでなければならない。言うならば、人類を愛する前に自分の両親を尊敬し、子供の面倒を見なければならない。私たちが普遍性を言いたければ、この具体的感性を開発し、徳性を育て、それをさらに拡張しなければならない。愛はそれゆえに等差的性格を持っていて、具体的に拡張され成熟していくあるものだ[33]。

退渓は求仁の実践という功を積んで初めて"私は天地万物とともに一体"という言葉を、具体的経験として言えると指摘した。状況があったのでた

33　「理一分殊賦」『栗谷全書』巻一。

またま実践したような、段階的な努力のない実践が人類を愛すると叫ぶのは結局 "外物を自分自身と同一視する深刻な病巣（認物為己之病）を作ってしまう" と警告した[34]。

退渓は『聖学十図』を献上する直前、王の前でこの「西銘」を考証しつつ講義したが、この点を丁寧に説明している。

　　横渠（張載）の考えも次のようなものでした。仁というのはたとえ万物とともに一体とはいえ、けれどもそれは前もって確保されたものではなくて、必ず自己を原本として主宰し、それから近づかねばなりません。そうしてこそ、物我が一理として絡み合うことが切実（親切）な意味を持ってきます。胸にいっぱいに満ちた同情心（惻隠之情）とともに、そこがどこであれためらいなく突き進むこと、これがほかでもない仁の正体（実体）です。万一この理知（理）を知らずに、'天地万物が仁の中で一体'であると反省なく断定してしまえば、いわゆる仁という具体性を獲得していないわけで、それが自分の実存的な身体と心に、何の絡み合いがあるでしょうか[35]。

このような聖学の'根本主義的'思考は社会主義、資本主義のどちらの手も取らない。二体系ともに人間の私的欲望の上に立てられた理念と体系だからだ。自由主義にも同意しない。朱子学はひたすら自覚の下での内的本性との合致を、真正な意味で自由と考えるからだ。それは近代の産業と

34　'認物為己'とは、みずから主宰を立てなかった時、たとえば非自覚的な状態において外物が自分を支配し振り回すような状態になることをいう。このとき、人間は一種の自動人間となる。普通の人たちはこんなふうに生きている。主宰がないからでもあるが、具体的な訓練なしに'宇宙が我であり、我があなたである'などとぼんやり想像してみても、この状態を逃れられない。

35　"今横渠亦以為、仁者雖与天地万物為一体、然必先要従自己為原本、為主宰、仍須見得物我一理、相関親切意味。与夫満腔子惻隠之心、貫徹流行、無有壅閼、無不周徧処、方是仁之実体。若不知此理、而泛以天地万物一体為仁、則所謂仁体者莽莽蕩蕩、与吾身心、有何干預哉"「西銘考証講義」、『退渓集』巻7。

技術に同意しない。人間の欲望のために、事物と他者を道具視するのは堕落の兆候であり、限りない不満と闘争をよびこむからだ。近代の経済的理念と体系には、もっと強く反発するはずだ。動機が利益である文明は健康ではない。朱子学は最小限の経済、言うならば'道徳的経済'の体系を好むはずだ。朱子学は近代産業や資本主義と和解できるだろうか。できるとすれば、朱子学が多くのものを削り捨て修正した後になろう。

　だから、総体的に朱子学は反近代的思惟であり、理念であり、体系、文明だ。それは古びているが、最も新しいともいえる。それは近代が埋めてしまった'本性'に注目し、それを根源的に思惟しつつ、それを充分に実現させる方法を提示する。『中庸』の巻頭は"天命之謂性、率性之謂道、修道之謂教"（天命をこれ性と謂い、性に率うをこれ道と謂い、道を修むるをこれ教と謂う）で始まる。今わたしたちに押し寄せる問題が差し迫っては'生命'と'疎外'だとすれば、朱子学は老荘や仏教、陽明学とともに、自身の深い知恵を聞かせてくれるだろう。

　ところがその声を、資本の専横とエンジンの騒音が執拗に妨害している。けれども仁は根絶やしにはできない。人間の'本性'だからだ。

3章　南冥・曺植、刀を帯びた儒学者

「文献不足徴」、忘れられた儒学者

　南冥は退渓とともに、嶺南（慶尚道の別称）地方の士林（儒学を信奉する集まり）を両分した人物だ。そんな人物がこの間忘れられていた。いや、埋められてしまったと言うのが正しいかもしれない。私自身退渓と栗谷は知っていても、退渓と並び称された南冥を知らなかった。

　なぜだろうか。いくつか理由があるだろう。

　1）決定的には、政治的な浮沈だ。南冥の弟子たちは壬辰倭乱のとき、ともに剣を取って戦った光海君（第15代国王、在位1608-1623）が王位についてから繁栄した。しかし仁祖反正（仁祖を立てるためにおきた政治変動）が起こって光海君が退くと、彼らは責任を問われて或いは死に、或いは流配された。特に一番弟子格の来庵・鄭仁弘（1535-1623）が昏主の光海君と手をとり、廃母殺弟（義母を幽閉し、弟を死なせる）した逆賊と見られたため、師である南冥もその汚名を着せられた。その後の朝鮮の政治と思想はよく知られるように、退渓の南人と栗谷の西人が主導していった。南冥学派の人物たちは姿を隠したり、退渓とのつてを頼ったりして散らばった。

　ここまではよく知られているし、研究もまた活発だ。けれども南冥が忘れられた本当の理由は別にある。

　2）南冥は知られることを望まなかったから忘れられた。南冥もまた‘為己之学’を生き、死んだ人物だ。要するに彼が忘れられたのは‘彼の学問

の性格’に原因がある。

　彼は文章や著述をほとんど残さなかった。玩物喪志といって詩を作ることをやめ、世間には塀を立てた。手紙を残さず、程子・朱子以来何一つ加えるものは無いとて著述もしなかった。だから『南冥集』は軽い。詩と書、疏箚などを合わせてわずか二巻だ。それも来庵の失脚以降、政治的嫌疑を受けまいと後人たちが多くもない文章を断ち切り、剥ぎ取りして南冥の面目は吹き飛んでいる。

　こんな有様だから何をもって南冥を記憶できようか。‘文献不足徴’（文献、徴するに足らず）、その空白は後世のくだくだしい非難と弁明が取り巻いている。まるで雲に覆われた峰のように南冥は隠れている。‘論文’の対象としては不都合きわまる。

　この難題を『学記類篇』で突破しようと思ったこともある。この本は南冥の読書ノートだ。南冥が性理書を読みつつ、印象的な章句をそのまま‘引用’したもので、弟子たちがそれを分類、編集した。
　わたしはこう考えた。“南冥は学問的資源を宋代の先輩たちから得た。彼が読んだ『小学』や『大学』、『近思録』と『性理大全』が、そのまま彼の学問的資源ともなる。彼が感銘深く読み、記憶した章句であれば、もうそれは南冥のものといえる。だからこれを中心にして、南冥の学問を再構成できるのではなかろうか”しかしすぐにこの考えをたたんだ。『学記類篇』はやはり周辺であり補助であって、中心材料にはなり得ない。

　わたしは多くもない南冥の声に耳を傾けることにした。聞くほどにわたしは、彼が多くはしゃべらなくとも、自分を知らせるほどには充分に語っていることを知った。

青白い刃先のような儒学

『南冥集』を広げればすぐに迫ってくるのが'刀'のイメージだ。退渓の諡号は文純で、南冥の諡号は文貞だ。純は'穏健'の意味を、貞は'妥協なき'意味を含んでいる。後に星湖・李瀷（1681-1763）は退渓を'尚仁'（仁を尚ぶ）、南冥を'主義'（義を主とす）として対比したことがある[1]。これは二人の違いをよく表現していると思う。'仁'は愛と寛容、'義'は節制と断固を意味する。'仁'は文治を言う儒学者らしいし、'義'は賞罰に厳格な武人によく合う。

一刀両断の克己

南冥はいつも刀を差して歩いた。『言行総録』にある話を一つしてみよう[2]。李陽元（1526-1592）が慶尚道の観察使となったので南冥を訪ねていったのだが、刀をさしているので不思議に思って聞いた。"刀が重くはありませんか？"南冥は諧謔と諷刺を好んだ。これまた一般の儒者のイメージではないから疑いを呼んだのだが、"なにが重いものか。君の腰に巻いている金帯の方が重そうだが……"言わんとするところを察した李陽元が恥ずかしそうに言った。"才覚もないのに重責を引き受けて、身の置き所がありません"

彼は自分の刀に"内明者敬、外断者義"という文字を刻んでいた。前文は自分の内的本質に対する注視と自覚をいう。後文は注視と自覚を持続して得た事物の是非、善悪に従い、行動を'断固として'行うという意味だ。尤庵・宋時烈（1607-1689）が指摘したように、南冥の一刀両断は明らかに刀のイメージだ。このイメージが彼を法家扱いし、不純という非難をさせた。朝鮮朝の時代を一貫して、南冥には法家でも不純でもないという弁明が必要だったし、これらを匂わせる文字は削り且つ訂正された。けれどもわたしは、刀のイメージこそ南冥の真骨頂だと思っている。

1 　李相弼『南冥学派の形成と展開』ワウ出版社、2005、177頁。

2 　「言行総録」『南冥先生別集』巻2。以下同じ。

『南冥集』のページをめくると、ひやりとした感覚が背骨を伝わってくる。弟子に与えた刀の、柄に刻まれた五言絶句を見よう。

炎（訳者注：鞘？）の中から白き刃先を抜き出せば　离宮抽太白
霜の光、月まで輝き届くよ　霜拍広寒流
牽牛、北斗が浮かぶ広くも広き天空に　牛斗恢恢地
心はゆるく、刃先はゆるがぬ[3]　神遊刃不遊[4]

刃先と霜柱、白く冷たい光、心に一点の濁りも許されない、判断に瞬間もためらいを許さない決然とした意思が、この詩に感じられる。

南冥50歳の己酉年（1550）、知己たちと紺岳山の麓で水浴びの後詠じた詩がある。

40年を汚れ続けたこの身　全身四十年前累
千石の清き水に残らず洗い流す　千斛清淵洗尽休
埃が五臓に生じるならば　塵土倘能生五内
この場で腹裁き、水に載せて流そうぞ　直今剖腹付帰流[5]

これを儒学者の詩と思う人がいるだろうか。彼はいつでも自分の腹を裁ける刃物一本、磨きつつ生きたのだ。

尤庵・宋時烈の南冥評とは、"一刀両断で克己した"というものだ（「神道碑銘」）。南冥の修養論は単純明快である。朱子学が構築した煩瑣な読書と事物の知的探求、こまごました行動規則など煩わしかったのだろう。「経伝」という詩では、この世の5台の車いっぱいの本は、すべて一つの目標、無邪に向かうと詠じた[6]。だから"邪を防ぎ、誠を保存せよ"（閑邪存誠）

3　おそらく初歩者のように実際に刀を振り回すのではないという意味だろう。
4　「書釼柄　贈趙壮元瑗」、『南冥集』巻1。
5　「浴川」『南冥集』巻1。
6　「五車書在一無邪」「経伝」、『南冥集』巻1。

という「易伝」(『周易』乾卦文言伝) と、伊川の格言「四箴」を好んだ。この単純明快で直接的でありながら、その険しさが千丈の崖に臨むような修養法が南冥学問の要だ。

武士的、法家的な解決法

彼の刀は‘外’に向かっても内に向かうと同じく突き出される。

何点もない彼の賦に「軍法行酒賦」がある。昔、漢の高祖の死後、呂太后が政権を篭絡するや、高祖の孫の劉章が酒宴の場を利用して、呂氏一派の独走を一挙に押さえ込んだことがある。劉章は酔ってふらふらする呂氏の手足の一本を、酒道に背くという口実で一刀の下に断ち切った。仰天した呂氏一族はその後、劉章怖さに隠れ歩き、そうやって呂氏王朝になりかけた国を救った。南冥はこれを次のように賞賛している。"はるか昔、ある時代に堅固な要塞を鎮圧したのだから、あの礼儀の手本みたいな人間[7]と較べてみたらどうだろうか。ここで分るのだが、人は義気があらざるを得ず、義気がない男は他人の食い物になることを[8]"

彼は世の中の問題も同じく刀で治めることを願った。たとえば内部の紀綱を刀で正すし、外敵の侵入もまた刃物で撃退しなくてはならないというのだ。

南冥56歳、丹城県監に任命されるや、王に辞退を申し上げる疏がある。文定王后を‘一介の寡婦’に、君主を‘幼い孤児’と表現して朝野を驚愕させた問題の「乙卯辞職疏」だが、この中に辺境の守りを論じた部分がある。対馬の倭寇が押し入ってくる恥辱にも、これを防ぐ将軍はおらず、軍卒は散らばり、王の威厳がとどろかないと憤激する。彼はこれを‘策問の題’で具体的に取り上げて、一戦を交える気概ある人物を待ち望んでいるとした。

7　漢の儀礼を制定し整備した叔孫通を指す。
8　「軍法行酒賦」、『南冥集』巻1。

今（…）島の蛮族が騒動を起こしている（…）何の理由もなく他国の将軍を殺し、悪心を抱いてわが君主の威厳を冒涜した。済浦（仁川）を返してくれというのは（…）朝廷の意思を試すものであり、大蔵経を30部印刷していくということは（…）わたしたちを愚弄してみたものだ（…）それにもかかわらず朝廷はぶるぶる震えてなすすべを知らず、'喪中で政治を論じることができない'と嘘の言い訳をしている。敵を征圧しようという主張も、敵の攻撃を防ぐ計略もないというのか。宋の韓琦のように、叛賊の使臣を都城の門の外で切り捨てることはできなくても、なぜ世の中を汚す盗賊に礼物を与えよとの命を下すというのか[9]。

　南冥は朝廷の卑怯で凡庸な対処に鬱憤を抑えられなかった。'巾幗を受ける恥辱'、男に女の髪飾り布を贈るほどの侮辱にもかかわらず、通訳官は賄賂で朝廷の情報を引き渡し、官吏は"みだりに辺境の蛮族を刺激すまい"という口実で懐柔策なぞ検討し、'国の外の凶悪無道の輩'を懲らしめることもできない、という。

　これは退渓の対処法とは驚くべき違いだ。10年前に明宗が即位した頃、倭寇が蛇梁鎮に侵入してくるや、朝廷は対馬との交流を断絶してしまった。翌年彼らが再び使臣を送ってきて通交を要請してきたとき、退渓は倭の使臣を追い払わず、日本と講和を計ってみようという上疏をした。彼は蛮族を扱う中国の経験と知恵を例に取りながら、和親が王道政治の包容的な原理だとして説得した。そうやって「対馬、宗盛長に送る返書」と「日本国、左武衛将軍　源義清に送る返書」を作成した[10]。

　退渓は融和と寛容の文士的対処法をとったのだが、南冥は倭敵の侵略は断固として懲らしめるべきだと、武士的解決を望んだ。彼は"倭寇の使臣

9　「策問題」、『南冥集』巻1。
10　琴章泰『退渓の生と哲学』ソウル大学出版部、1998、37〜38頁。

の首をはね”戦いを宣布し“賄賂を受け取った通訳官の首もはね、国の機密が漏れないように”すべきだと力説した。

退渓と南冥の違いは学問と修養論に限らず、このように事態を把握して問題に対処する政治的選択にまで、あまねく渡る。退渓が筆を執れば、南冥は刀を執るのだ。

南冥の刀はそのまま朝廷の官僚たちにも向かった。彼は妥協と調停を語るには適さない。彼の対処は冷徹で険しい。これは幾つもない彼の疏に、はっきりと現れている。

彼はその時代を“紀綱がなくなり、元気が萎えてしまい、刑政が乱れた”乱世と診断した。“飢饉が重なり、倉庫は空っぽになり、祭祀も省きがちで、税金と貢物に規律がなくなり、辺境の防備はおろそかになり、賄賂が日常化し、誹謗や謀略が極度に達し、悔しいことだらけで、贅沢もまた盛んだ……国の根本はすでに滅び、天の意思は去り、民の心もすでに離れてしまった[11]”。その形勢をたとえて言えば“大木が百年の間虫に食われつづけ、樹液はすでに枯れ果てたのに、つむじ風と激しい雨がいつかは襲い掛かって来ることさえ忘れてしまったようなものだ”南冥は国が“この状態に至って久しい”と、嘆息した。

そんな状態でも“官職の低い者は下手でヒッヒとにたつきつつ酒色を楽しみ、高い官職の者どもは上であやふやを繰り返し、ひたすら財物を狙い、魚のはらわたが腐っていくようなのに、それを正そうとしない”。

南冥は「戊辰封事」で、下級官たちが引き起こす弊害を深く憂慮した。実質的な権勢を彼らが握っていて、その壟断と専横が“国の喉下を断ち切る”から、彼らを制御する方策を急ぎ求めるべきだと進言した。彼は君主にこのように薦めた。

11　「丁卯辞職呈承政院状」、『南冥集』巻2。

舜王が四凶を除去したように、孔子が少正卯を切ったようになされば、充分に悪を憎む法を尽くせるし、民百姓たちは心中大いにおそれるはずです[12]。

　この言葉は朝鮮朝の儒学者たちの一般的な語法とは、衝撃的に異なる。彼は国王に朝廷の紀綱を正すために、刃物を使うように薦めているのだ。

　わたしはこの項を読もうと本を広げて、冷たく白い刃先がうなじに触れたような感覚をおぼえた。彼はいわゆる徳による穏健で融和的な感化を言わず、刑罰と威厳で紀綱から立てなおすことを要求する。

　やはり南冥は仁より義の個性だ。彼は善を好むよりは"悪を憎む方法を尽くさねば"ならず、それゆえに"民百姓が心のそこから、大いに恐れるようにしなければならない"と力説した。そのように教化より規律を強調したので、人々は彼に法家の嫌疑をかけたりもした。農厳・金昌協（1651-1708）は南冥を、李斯を輩出した荀子になぞらえたりしている。

　　南冥・曹植、一斎・李恒、大谷・成運は当時等しく名声をはせた。南冥は特に師道を自認した。門徒たちが隆盛なことは、退渓とともに嶺南地方を両分するほどだった。しかし南冥は学問を知らなかった。ただ在野の士として気骨があったのみだ。その言論、風采が人々を突き動かしもしたが、病弊もまた小さくなかった。その門下で遊んだ人々は大体'尚気、好異'すなわち気勢を尊び、とにかく他人と異なることを好んだ。はなはだしくは鄭仁弘、それほどでないのは崔永慶だ。荀子の門下に李斯が出たように、（南冥の門下生がそのような性向を持つようになったのは）根源がある……南冥の病は'矜'の一文字にある[13]。

....

12　「戊辰封事」、『南冥集』巻2。

13　"南冥、一斉、聴松、大谷、一時同有盛名。南冥尤以師道自任。門徒之盛、幾与退渓分嶺南之半。然南冥実不知学、只是処士之有気節者耳。其言論風采、雖有聳動人処、弊病亦不少。游其門者、大抵皆尚気好異。甚則為鄭仁弘。不甚則為崔永慶。荀卿之門出李斯、未為無所自也…南冥病在一矜字"「雑著」内篇2、『農厳集』巻32。

南冥は法家的性向を一脈持ってはいた。言い切ってしまうがそれは隠すべき欠点ではなく、積極的に発揚されるべき部分だ。

朝鮮朝の政治は礼教と徳治を軸にした、文治的気風を主調にしている。南冥の武人的気性と法家的要素がその短所を矯正し補完して、健全な均衡を得ることができる得がたい資産であった。その実際の効果はまもなく勃発した戦争、壬辰倭乱で証明できる。忘憂堂・郭再祐（マンウダン）（カクジェウ）（1552-1617）をはじめとする彼の弟子たちが、直ちに義兵を率いて倭敵と戦い、国を守る大きな力になったのだ。

わたしは南冥が残した遺産の中で尚武的気質（尚気）と法家的展望が貴重だと思う。

振り返ってみれば、秦始皇の没落とともに法家が禁忌視された。これ以降、東アジアでの法は正義と権利の守護者ではなく、不当な刑罰や強制として認識されてきた。法家的実用性を言っても、まだわたしたちには他人事だ。私たちは実定法より自然法を信奉してきた。法治よりは人治を、制度よりは人間に依存する。これは孔子以来の悠久な伝統だ。孔子は法を立てて人々を規律すれば、恥を知らず法の網をくぐる算段ばかりするといい、外的強制を忌避した。孟子もまた教育と教化を怠り、実定法を通じて規律しようとするのは'人に網を投げて捕まえる（罔民）'ものとして、法が為政者の横暴の手段に変質することを警戒した。

情感的紐帯と信頼感に立脚した社会は、はるか昔の農耕共同体に起源した夢であり、理想だ。いや農耕社会さえも一次集団である家庭の外で社会関係を結ぶときは、特定の規約と秩序のルールを守って共同体の秩序を維持したのだ。そこが家庭の親睦と献身の原理では充分に制御できない、二次関係の現実である。

朝鮮朝は自発的紐帯の情緒と義務感に劣らず、人為的形式と制度も必要なことを悟るべきだった。礼の自発的な教化を待っても、匿名性に守られて逸脱する可能性が高いから、利己主義が澎湃たる社会を充分に制御できない。自発的規律とともに他律的強制を、道徳的責任とともに実用的成果を合わせて図るべきだった。万事を関連する目標の下に実証的に検討し、判断する実務的訓練が切実だった。公的法律と制度は合理性

の重要な鍵だ。

朝鮮朝後半、この面を補完しようとする覚醒的な知識人グループが出てきた。私たちはそれを実学という名で呼ぶ。覚醒的な面を見れば、南冥の刀が実学の接木になった可能性もある。朴丙錬教授は南冥・曹植に実学の端緒を求める果敢な試みをした[14]。勿論実学の興起に南冥が直接影響を与えたのではない。けれども問題は思考のパターンであり、志向の類型である。南冥の学問と実践が政治的な要因によって断絶されることなく、退渓と栗谷のそれと批判的に接木されていたなら、朝鮮の学術と知性は高揚され、文化と政治が豊かになって、われらの歴史の流れまでも変えてしまったかもしれない。

これから検証するのは次の三つの問題だ。

1) 性格が宿命である。この'刀の学問'の背景にある南冥の気質と性格、そして選択を検討し、2) 当代のライバル、退渓の学問とどのように異なるかを概観してから、3) 最後にその刀の学問の内容を点検してみたい。

遊侠の性格、老荘と韓非子に傾倒する

南冥は不幸な時代を生きた。趙光祖（1482-1519）の急進的改革が挫折して、儒学者たちの気持ちがくじけていたとき20歳だった。明宗即位とともに尹元衡が主導してまた血の嵐が吹いたのが46歳、仕事盛りの年齢だったが臣下として出て行くことができなかった。文定王后が死んで朝廷と官路に新風が吹きそうなときが65歳だ。出仕には遅すぎる年齢で、今さら期待はしなかった。ただ一度上京して君主に会ってみたが、格別な希望を見出すことはできず、翌日すぐ南の寓居に帰って行った。南冥は死ぬまで出仕を望んだが、いつも時代を悲観してとどまった。"すぎた50年の歳月を、官職につくために無駄に過ごしてしまったので"と、盧公信

14　朴丙錬「南冥・曹植の政事思想と思想史的位置」『精神文化研究』68号、韓国精神文化研究院、1997。

（盧欽、1527-1601）にあてた手紙で嘆息している[15]。最後まで出仕しなかったのは出処に厳正だったからといえようが、過ぎたる潔癖とも言える。

傲慢と潔癖

南冥は孤独な処士として生涯をすごした。南冥学派は彼を理解したから、志を同じくする人々と交友の形で、或いは小さな結社で存在した。彼は世俗の‘埃’と‘泥’を並外れて嫌悪した。人々は彼を評して"清秀かつ高潔で、炯炯たる眼光は塵世俗世の人物ではなかった"という。

彼がいつだったか蓮の花を詠んだ詩がある。

　　花蕾はすらり、葉は蓮池に満ち満ちて、華蓋亭亭翠満塘
　　神々しき香気、誰が匂わせるか　徳音誰与比生香
　　ごらん、黙々と泥にあるとも、　請看黙黙淤泥在
　　向日葵のごと日差しにまとわりつきはせぬものを　不啻葵花向日光[16]

彼は出世とか名を得るために、ひまわりのようには生きないのだと、泥から離れられなくとも泥の上に‘高くそびえ’て自足すると誓っている。彼は弟子たちにもそんな壁立千尋の姿勢を堅持することを願った。弟子であり、孫娘の婿の東岡・金宇顒に"金玉のように、一点の汚れも受け入れないように身を処せよ[17]"と、教え諭した。人はすべからく"東岱（泰山）に上がり、万品を足元に見下ろす気性を持たねばならず、そうした後にこそ行うことがすべて自然で役に立つ"のだ。

金孝元（1542-1590）に送る手紙には、世俗を超えた宗教的殉教の姿勢をドキリとするほど感じる。"今、時代の風潮は汚毀されてひどいの一言に尽きる。頭が割られ四肢がもぎ取られようとも、壁立千尋の気性をもっ

15　「与盧公信書」、『南冥集』巻2。
16　「詠蓮」、『南冥集』巻1。
17　「言行総録」。

てこの風潮に立ち向かう。そうして始めて吉祥なる人間になれる"

南冥のこの秋霜烈日の気性はどこから来たのか。まずはその気質だ。性格が運命を決定するというではないか。彼が32歳の時書いた回顧録には、己の性格を"薄情な気質を持って生れた"と次のように述懐している。

　　わたしはうまれつきの資質がひどく鈍いうえ、師や友たちの戒めもなくて、他人に傲慢であることで高尚だと思っていた。他人に傲慢だけでなく、世の中にも傲慢な気持ちがあった。富貴や財利を目にすれば、まるで藁くずや泥土のように蔑視した[18]。

老荘と韓非子に傾倒する

薄情な気質は両面の顔を持つ。寛容とは距離があるが、富貴と財利については厳正な態度をもつ。これだけでも稀な美徳ではないか。人間界の葛藤と混乱が、富貴と財利に対する貪欲から生じると考えれば、この薄情な気質一つですでに大半を成就したことになる。彼自身このことをよく知っていた。

この気性は彼をして老荘と韓非の類の文を好ませた。出世への傲慢な態度は、世の功名心を浮雲のように考える老荘と同類だし、その遊侠は戦争の技術と権力のメカニズムを披瀝する韓非の類に惹かれたはずだ。実際彼は若い頃"広く経典を求めて、諸子百家に通じた"という。"陰陽、地理、医薬、道流の大綱を渉猟し、弓馬、行陣の法、国境の防備、辺境の守りに注目し、究めぬものがなかった[19]"

　　呼ばれても立ち上がらず、一生をかけて千年の昔を駆け上り見渡そうという気性の読書だから、素朴な文体が心にかなうはずがない。彼は『左伝』と柳宗元の男性的文体を好んだし、自分の文章も自然に世

18　「書圭庵所贈大学冊衣下」、『南冥集』巻2。
19　「言行総録」。

間とは距離のある奇高なものになった[20]。

南冥は文章を順序だて、整えるタイプではなかった。着想を得れば風のように走り、稲妻のように早いので、手を入れる間がなかった。奇異な表現と深い含蓄（奇辞奥義）は、老成した儒学者たちも、満足に読みこなすことができなかったという[21]。今に残る文章を読んでみても、そうだろうと思う。

道学への転機、『性理大全』の一節

南冥は科挙試験に何回か失敗している。自分の文体が科挙の文章の形式に合わないことを悟り、平易で簡単且つ中身のある本を求めて試験に備えたのだが、そのことで人生の転機を迎える[22]。『性理大全』は、宋や元の朱子学の金言を集大成したアンソロジーだが、その中に元代の魯斎・許衡（きょこう）のつぎのような吐露がある。"進み出て官位につけば国の為に大いに役に立ち、引き下がって隠居すれば自らを守ることを知らねばならない。大の男は当然だがこのように生きるべし。官位についてもなすべき仕事はなく、退いて隠居しても守るものがなければ、志して学んだことがなんの役に立つのか"一見ありきたりのこの言葉に、南冥は強い衝撃を受けた。"自分を振り返り、恥かしさに気が遠くなるようだった"と書いている。

南冥は科挙試験を放棄して引き下がり、学問の道を選択した。それはたやすい選択ではなかった。科挙の試験とは暗誦して詠ずるオウムの真似ごと、文字を連ねる手際のテストであり、結局自分を商品化する恥辱だからみんなが喜んで臨んだわけではないが、しかしそれが儒学者たちに開かれたたった一つの'就職'の機会だった。父親と伯父が官僚として立身したし、一人残った母親の期待も大きかったが、南冥は科挙試験を放棄してしまう。それは進んで困窮の道に入ることを意味する。

20　「言行総録」。
21　「言行総録」。
22　「書圭庵所贈大学冊衣下」、『南冥集』巻2。

南冥は困窮を運命として受け入れるのだという。いや、困窮こそが学問のためにまたとない基盤であるとまで持ち上げた。そしてこの頃、顔回を生き方の模範として選び出し、役割モデルに決めている[23]。彼は言う"人々は一般的に困窮を気に病むが、わたしにとっては困窮こそが精通の道だ。何度も科挙に落ちたから困窮が我が物になったが、いまや行くべき道に本地風光を見るようになったし、不意に父親の咳払いを聞くことになった[24]"

　引き下がるとは川で釣り糸を垂れる、そんなのどかな悠々自適の生活ではない。それは自分を守る道だから修練は日ごと、毎瞬間であり、ここに休息はない。その道は克己の苦行だ。苦行は武士たちの鍛錬に劣らず厳格だ。感覚的欲望を制御し、利己的衝動を無化させるに、水の漏る隙間もあってはならない。一瞬でも乱れれば、ほとんど"天地がひっくり返ってしまうからだ"。

　動物的衝動の中で最も強いのは、孟子が喝破したように食と色だ。マルクス（1818-1883）は食べ物を通して世の実情とその変化を描き出したし、フロイト（1856-1939）は性欲が行動の動機であり、文明の基底だと考えた。この食と性に向かう激戦の場を、私たちは生と呼ぶのではないか。他人が食と性の充足を求めて東奔西走しているときに、南冥は引きこもってこの獣を征服しようとした。

....

23　「陋巷記」、『南冥集』巻2。

24　「書圭庵所贈大学冊衣下」『南冥集』巻2。'本地風光'とは禅宗の言説である。心身の修練を通して近づくことのできる仏と性品の本源の光景、言説を超えた絶対を、感覚的に表現した比喩であり、象徴である。彼はこれを借りて、自分が学びを通して近づくべき儒学の道、その本源をすでに覗いたと自負しているのである。彼がこの文章を書いたのが33歳であったことを思い浮かべてみよう。この際、聞いたという父親の咳払いの音は、おそらく科挙を諦めて道学の道を選んだ自己に対する亡くなった父親の承認を、彼が確信したと思われる。彼の母親もまた南冥の願いを受け入れ、彼を自由にさせた。

色　東岡・金宇顒に南冥が言ったという言葉がある。"天下で一番通過が難しい関門が女色だ。おまえたちはこの関門を通過する自信があるか。この関門は鉄や石も楽々と溶かせるのだが"南冥は弟子たちに、妻子とみだりに混ざり合って暮らさないようにと忠告もしている。"資質のよい人間も、妻子の沼に落ち込んでしまえば、最後まで人間になれない"[25] 南冥に子供が何人かいるが、日常生活での夫と妻の礼儀に厳粛だったという。最後の別れの場にも妻を近くに寄せ付けず、隣室に待機させた。それほどに'夫婦の安静'を守っては、夫婦仲がよい筈がない。案の定『言行総録』には、彼が生涯夫人と"細やかな情はなかった、けれども深い交わりは絶たなかった"と書いている。孔子の三代も夫人との仲はよくなかった。儒学と女性はどう見ても交わるのが難しいようだ。厳正さと愛情深さは共存が難しいらしい。

食　南冥は弟子徳渓・呉健(1521-1574)に"食べ物を背筋から食べないで、のどから食べるのだ"と面責している。食べ物の前で平静を維持するのは難しい。腹がすき、貧乏まみれではなおさらだ。彼はこの原初的欲望をどのように克服したのだろうか。その家族は、彼のこのような禁欲的姿勢をどのように思っていたのだろうか。

『南冥集』を探って見れば、彼の困窮ぶりは涙をさそう。その上病魔まで重なる。母と妻は永く病に臥せり、自分も頭痛にいつも悩まされた。滅びていく家を眺める気持ちは、いっそ死んでしまいたいほどだと口にする。そんな苦痛の中で自分の生きる価値を守っていくことが、どれほど難しかったことだろう。妻の実家や何人かの知人に食料と薬材の世話を受けながらも、ときおりお礼に生鱈一匹とか、干し柿一包みを送ったりしている。干しなまこを苦労して手に入れて送り、"年取られた方のお口に合うか心配"というとき、それとないユーモアの余裕さえ感じられる。

わたしが『南冥集』で大きな感銘を受けたのは高邁な哲学でも、厳しい気性でもなく、全州の府尹（地方行政官）に送った一通の手紙だ。

25　「言行総録」。

藁葺きの我が家は小川の近くにあって、台所で仕事をする子が時々小魚を取るのですが、網がないので水辺で汗かくばかりです。絹糸があれば網を編んで魚を取れるでしょうに。雑穀飯も充分食べられないのに魚だなんて、身に過ぎた欲ではありませんか[26]。

　そんな貧しさ、困窮の中でも、彼は貰うこと与えることに厳しく節度を守ったという。節度の基準が気になるが、どこにもそれを書いたものがない。ないと一層のことありがたく教訓的なものに思える。東岡・金宇顒の兄が送るいろいろなものを受け取っては"一年以上充分食べていけるほど多く頂いて、どうやって感謝すればいいかわからない"といいながらも、一生の付き合いだった三足堂(サムジョクダン)・金大有(キムデウ)(1479-1551)が"毎年米俵を送ってあげなさい"と家族に遺言したという話を聞いて、静かに断ったという。

哲学を廃せよ

文章を書かない儒学者

　南冥は欲望を制圧する'体感修練'を強調する。これ以外はすべて'暇つぶし'だから、勉強の邪魔だと考えた。

　暇つぶしの筆頭はなんといっても文学だ。文学は科挙を通じて官吏になるための道具であり、文人たちとの交友手段であった。南冥は儒学者たちの詩作が、道学の大きな障害であると考えた。彼自身が詩は絶ったようなもので、弟子たちに「詩荒誡」を与えて作詩を禁じた。

　聴松(チョンソン)・成守琛(ソンスチム)が詩で近況を知らせてきて詩の返事を求めるや、次のように困っている。"詩が玩物喪志であり、驕慢の罪を加えるものと考え、この数十年詩を詠じませんでした"このとき53歳だから、30歳くらいから詩をほとんど絶っていたようだ。玩物喪志は勉強の道具が逆に邪魔になるという意味だ。たとえれば、学習の助けになろうかとコンピューターを

26　「与全州府尹書」、『南冥集』巻2。

買ってやったら、ゲームに熱中しているようなものだ。

儒学は本来が‘文以載道’（文は以て道を載す）と言い、文章が真理を入れた容器だと認識する。真理だからあれほど大切にするのだ。本来の機能は堕落もするから、文章が真理から独立して1）それ自体が目的である技芸として発展する。2）科挙試験などの世俗的手段に変質し、でなければ3）儒学者たちの教養と趣味のためのやり取りに動員される。南冥はこの三つすべてを憎み、だから文学を捨てた。

文学だけが玩物喪志ではない。哲学も玩物喪志でありうる。すべての経典と言説は心身の訓練を通じて、道を実現することを目標にする。哲学は道の実現方法と階梯、順序に対する論議だが、論議が実践のない理論に終わるとき、これまた他人を意識した認定と権力の産物、‘為人之学’に堕落する。南冥がこれほど理気、性命に対する口耳の談論を警戒した理由がここにある。だから彼自身ほとんど文章を残さなかったし、哲学的討論をしなかったし、ひたすら直接的修練に没頭した。

南冥は嶺南地方の右側で起きている哲学的論議を深く憂慮し、同じ年齢の退渓に率直に忠告している。

退渓の四端七情論弁
この論争で二人の個性が画然とする。退渓の哲学的論弁をめぐる経緯を短くまとめてみよう。

朝鮮儒学者たちの読書の幅は広くない。朝鮮初期の性理学が定着し、士林が形成される時代はとりわけ狭い。『小学』、『大学』を含む四書、『心経』『近思録』、そして『性理大全』だ。これは南冥が認識したものと同じである。ここで最も重要なものはやはり『性理大全』だろう。この本は明の成祖・永楽帝が胡広など42名に命じて編集させた性理学の結集書である。『四書五経大全』とともに思想の統一を目論み、官学の標準を打ち立てるために編纂した。一部は宋代の学者たちの主要な著作を網羅し、二部は主題別にさまざまな学者たちの見解を分類し、集約した。『性理大全』が朝鮮に伝来したのは、発刊4年後の世宗（第4代国王、在位 1418-1450）元年だ。

明の成祖（永楽帝、1360-1424）がプレゼントしたこの本を、世宗が何部か印刷して国内に流布させ、その結果この本は朝鮮性理学の百科事典的、標準教科書的なものになった。

この本は名前どおりに、性理に関するあらゆる言説を一籠に盛り入れてあるから、雑駁でまどろっこしいことこの上ない[27]。

朝鮮の儒学者はこの本を通じて性理学を理解し習得した。だから朝鮮儒学の著述物は『性理大全』の'解釈学的再編'の結果だと言っても言い過ぎではない。退渓の『西銘考証講義』と『啓蒙伝義』がこれであり、南冥の『学記類篇』もこの本を読んで作られた。退渓は自分の観点を通じて'再編'を企て、南冥はこの本の銘句を利用して'読書ノート'を残した。要するに朱子学の学習過程で南冥は'警句'を抜き出し、退渓は'論弁'した。異なる二つの個性は、互いを好まなかった。

退渓は出かけて論弁を楽しむスタイルではなかった。いや、まったくその反対だ。彼自身"仕方なく論弁に応じただけだ"と吐露している。発端は秋巒・鄭之雲（1509-1561）だった。師の指導も得られず朱子学を独学していた秋巒兄弟は、たびたび黒い壁に突き当たる。一体何を言っているのか分らないのだ。"弟と一緒にこの学問を講学しているうち、議論が天人の道に至れば、学問に依拠するところがないから推測（窺測）できずに嘆いた"彼は悩みつつそれなりに理解したことを書き、図にして退渓を訪ねていき、退渓はその中途半端な図を修正してやった。その経緯を秋巒が回顧している。

　　　『性理大全』の「論人物之性」を読んで朱子の説を採り、諸説を参考にして図を一枚描き問答を作った。'天命図説'と名づけて毎日弟と論じた。最初は他人に見せるつもりはなかった（…）ああ、痛ましくも、（慕斎・金安国兄弟の死で）この図が叱正を受けられなかったし、わたしの学問は日ごとに荒蕪していき、自力で立ち上がることが

27　したがって、中国では清代になって、これを整理し圧縮した『性理精義』を新たに編集した。

できなかった。昨年の秋、退渓・李先生がどう勘違いなさったのか、二三回不肖の名を口にされたと聞いた。わたしが沐浴斎戒してうかがうと、先生が欣然としてお迎えくださった。'天命図'に話が及んだので、わたしはありのままにお話して証正してくださるようにお願いすると、先生はすぐに許してくださるようすであった。わたしは引き下がって自らを祝賀して、"わたしが二人の先生を失った後、もう立派な師友を得ることができないと思っていたのに、今退渓先生を得て、わたしには心配がなくなったなあ"と言った。いつも行き来して、この図について質問し、先生は古説によって証拠立て、先生の意向を参考して抜けているところを補充し、あふれたところを切り落とし、ついに欠けたところのない図を完成させた（…）[28]

　退渓は秋巒の『天命図説』を改訂したとき53歳だった。ところがこれが退渓の意図とは異なり、当代の儒学者たちの間に広くゆきわたり、朝鮮儒学の一大哲学的討論を引き起こす。若い高峰・奇大升が『天命図説』にある"四端は理発であり、七情は気発だ"という一説を問題にして本格的に異議を提起したことで、あの有名な四端七情論争が始まったことはみんなよく知っている。この論弁は二人だけで交したわけではない。朝鮮知識人たちの共通の話題であり、哲学的主題だったのだ。

哲学は道学の堕落だ

　みんなでどちらが正しいかを言いあっているとき、南冥は一人、この'論弁自体'を憂慮した。そしてこの哲学的論争の意味と価値を全面否定して立ち上がった。南冥は同年生れの退渓に次のような手紙を書き送った。重要な文章なので全文を載せる。

　　これまで心でのみ付き合いつつ、一度もお会いできませんでした。この世に留まる日数もあまり残っていないので、結局精神的な付き合いで終わってしまうのでしょうか。世事によくないことは多いのです

28　鄭之雲『天命図説』序。

が、それでも心に引っかかるほどではないのに、唯一嘆かわしいことがあります。先生が一度宜春（慶尚南道宜寧郡の昔の名称、退渓の妻の実家があったという）においでになれば、積った思いを語る日もあるだろうと考えていたのですが、そんな噂もないので、これもまた天の意思次第です。

　最近の勉強するものたちを見るにつけ、手ずから水も撒かず、箒の使い方も知らないのに口だけは天理を論じ、中身のない名声だけでも手に入れようと人を誑かしています。ところが逆に他人に傷つけられて、その悪影響は広く他の人に及びます。先生のような年長者が叱りつけて、やめさせておくべきでした。わたしのような人間は心の保存が雑で、学びにくるものも珍しい。ですが先生のような方は自ら上等の境地に達し、仰ぎ見る人がまことに多いのですから彼らをきちんと抑え、諭してはいかがでしょう。どうかわたしの胸中を察してくださいますよう。これで終わります[29]。

　語調は丁寧だが、辛らつな叱責だ。南冥は引き続きこの問題を取り上げて、弟子たちを戒めている。

　南冥にとって哲学的論弁は、士林の没落以降にあるという意識だ。趙光祖などの新進の士林たちはいわゆる'小学君子'と言うように、水を撒き箒で掃く、すなわち日常を道徳的に身体化して訓練、武装した人たちだった。彼らが本物の道学の模範だったのに、彼らはもう行ってしまい、その空いた場所には浮わついた言葉ばかりが栄える世の中になってしまったのだ。"身体の訓練を経ずに言葉ですれば、もう道学ではない。それは道学の疎外であり堕落である"彼は道学が闇に埋もれてしまった晦盲の時代を、

29　1594年9月18日に送った手紙である。二人は同い年で64歳の時だった。"百年神交、直今違面。従今住世、応無幾矣。竟作神道交耶。人間無限不好事、不足介懐。独此第一含恨事也。毎念先生、一向宜春、猶有解蘊之日、尚今未焉。斯亦并付之命物者処分矣。近見学者、手不知洒掃之節、而口談天理、計欲盗名、而用以欺人。反為人所中傷、害及他人。豈先生長老無有以呵止之故耶。如僕則所存荒廃、罕有来見者。若先生、則身到上面、固多瞻仰、十分抑規之如何。伏惟量察。不宣。甲子季秋十八日甲末、楗仲"「与退渓書」、『南冥集』巻4。

このように嘆息する。

　　魯国の野に　麒麟むなしく老い　魯野麟空老
　　岐山に　鳳凰飛び来たらず　岐山鳳不来
　　輝く文物も今やお仕舞い　文章今已矣
　　わが道　いずこに恃むべきや　吾道竟誰依 [30]

　この嘆きは深い。士禍（朝鮮朝前期に朝臣や学界の反目、勢力争いなどで
災いが及ぶ事件）のただ中で、誰が士林の命脈を保っていくのか。儒学者
とは内的に厳正な自己訓練を通して公的自我を確保し、外的には救世の意
思で権力の専横に立ち向かう堅固な人格を意味するのに（南冥の修養論、
或いは実践論はまさにこの目標に向かっている）、この目標に較べてみるとき
退渓は今、道を外れつつあるのではないか。へし折られた士風を奮い立た
せる期待を一身に浴びているのに、'実践的知性人'を育てるよりは'理
論的教養人'を育てるのに没頭しているのではないかと南冥は問う。

　　名のある儒学者たちは日ごと進み行くばかりで、遠くに避けること
　を知りません。若い人たちが性理を口にすれば、相槌を打って宗匠に
　なったような気分です。名望がふいに負担になっても、人々が取り巻
　くので逃げられません。逃げた豚を追いかけるようにわぁーとついて
　まわるのでは、一体どこに身を置けばいいのでしょうか [31]。

　南冥は退渓が'身にそぐわぬ'名声を得て、今その陥穽から抜け出るこ
とができなくなったと気の毒がる。それに彼は今、退渓を'逃げ出した豚'
になぞらえ、'世の中を誑かし、名を盗むな（欺世盗名）'と警告している。
こんな悪口雑言で非難されても付き合うようなら、それは本物の聖人君子
か阿呆だ。退渓もひどく傷ついた。
　退渓は南冥の叱責を受けて鄭 子 中（鄭惟一、1533-1576）に"名を盗み

30　「無題」、『南冥集』巻1。
31　「与呉御史書」、『南冥集』巻1。

人を誑かすつもりはなかったが、性理を語るうちに中身のない言葉が四方に流れたようだ。彼の言葉を薬石として、もっと実践躬行に努力しよう"と書き送っている。けれども親しい知人や弟子たちには、不快な心中を隠さなかった。

二人の対面はなかった。あまりに異なる環境、あまりに異なる気質、あまりに異なる生を生きた二人。お互いを尊敬しつつも恐れる関係。退渓は穏健な性格だから直接ぶつかることを避けたが、南冥は剛直な性格だからはばかることなく忠告した。その趣旨は儒学の'学問観'の核心に達している。'知行'、言い換えれば'知識と生'という根源的問題だ。

南冥の勉強法

'小さな勉強'をいい加減にするな

学問は日常的行為の習慣から出発する。『論語』を開けば広く知られた"学んで時にこれを習う、亦た説(よろこ)ばしからずや"に出会う。ここで学ぶとは'理論'ではなく、一種の'技術'だ。見習い大工がかんな掛けを学び、漁夫が魚取りを習得するような次元の話だ。ただその技術が君子不器(君子、器ならず)だから、農業や陣取り法ではなく、'生の技術'という差はある。

まず最初に身に着けねばならない技術はあの灑掃応対(さいそう)だ。朝起きて水を撒き、庭を掃き、布団をたたむ。そして家庭と社会で、立場と関係の違い別に他者と会う'節度'を訓練する。家の年長者が呼べばすぐに仕事の手を置いて駆けつけ、行儀よく言葉を待つ。他人の前で自分の意見を表現するときの一定の礼儀と手続きを身につける。恭敬と礼節は儒家が考えた学問、すなわち生の技術の基礎であり、土台だ。易しそうだが、きちんと身につけるのは至難の業、生涯学び続ける技術だ。

南冥の小学の勉強は峻厳なことで定評があった。以前にも言ったが、まるで乾坤一擲の決戦前夜さながらだ。生涯刀と鈴を身につけて歩いたのも、緊張と警戒を緩めないための方便だったのだろう。洗面たらいをささげもって一晩明かしたという記録もある。弟子の来庵・鄭仁弘があごの下

3章　南冥・曹植、刀を帯びた儒学者　133

に刃物を差し込んで修練したのも、師匠南冥の気風を受け継いだからだ。

　このような訓練は南冥の日常にそのまま反映されている。"明け方、鶏がなくと起き上がって衣冠を正し、帯を結んで席を整えまっすぐ座り、肩と背中は張っているから、眺め見るに絵か彫像のようだった" "先生が一人書斎にいらっしゃるときは、清潔ですっきりしていて、本や物が安定感をもって整頓され、決まったところに置かれている。一日中姿勢正しく座り、斜めにかしいだり物に寄りかかる姿をかつて見たことがない[32]"

　勿論このような身体の引き締めと規律で学問は終わらない。儒学が提示する学問のスケール、規模はもっと大きく広い。しかしこれは前者の土台の上にのみ望める可能性だ。'小さな学問（小学）'の土台なくして高邁なる上達を追及する知識や理論は、不実でなければ欺瞞として振り落とされる。南冥は学問を全体として見るとき、小さな学問の占める比重がほとんど6割だという。小学をきちんと身につければ、人間がするべきことのおおよそはこなせる。彼は'学問'について問う省庵・金孝元にこのように教えてやった。

　　　公（金孝元）は生れもって温厚で善良だから、よい人間程度では終わりません。水を撒き、ほうきで掃いてから応対することは幼いときから充分身につけたものです。勉強がすでに'六分の道'（小学）に向かっているので、これからは『大学』を勉強しつつ、暇ひまに『性理大全』を一、二年探求なさいますよう。いつも『大学』の家に出入りしていると、燕国にいき、楚国に行っても本国に帰って留まるようになります。聖人になり、賢人になることもこの家の中で成されたのです。朱子は『大学』から生涯力を得たといいます。どうして後の人を騙す言葉でしょうか[33]。

　南冥は省庵に'小さな勉強'を充分に身につけよと勧めた。そのつぎに'大きな勉強'に入るのだが、『大学』を設計図にして具体的細目は『性理

32　「言行総録」。
33　「答仁伯書」、『南冥集』巻2。

大全』に集中せよという。たったそれだけ、進展していく勉強の方法と手順については特別な助言はない。なぜだろうか。朱子をはじめとする宋代の学者たちが、この道をすでに踏んでいたからだ。

　　宋の賢人たちが考え、明らかにしたものが整えられ尽くされていて、水を入れても洩れない容器のように隙がありません。従って後世の学者たちは、そこに力を入れる程度がゆるいか、猛烈であるかにかかっているだけです。入る道が分らず、違う階段を上っていくような心配は毛の先ほどもありません[34]。

だから後代の学者たちは、彼らの言葉に耳を傾け、その指針に忠実に従い努力すればよい。彼は弟子の東岡・金宇顒にも同じ忠告をした。

　　漢唐の儒学者たちは道徳の‘品行’が大体はあったのだが、道徳の‘学問’を研究しませんでした。濂洛の賢明な方たちが出てきてからは、著述物と集解の中に階梯と道筋が太陽や星のように明るく照らし、初歩の学者たちも本を開けば道理がはっきりと見えます。だから高名な師匠が耳もとで教えてくれたとしても、昔の賢人たちの教えより少しも勝るはずがありません。孟子が生きていた時代でさえ学びを求めれば、師匠にしたいほどの人があふれていたものを、今はそんな程度に留まりましょうか（その頃でも自分が学ぼうとさえすれば、師匠はあり余ったのに、今はそれよりはるかに状況がよいのです）。ただ学問を求めることに切実さがないだけです[35]。

南冥は宋代の濂洛諸賢人の著述と集解があれば道学の階梯と道筋が太陽と星のように輝くから、初歩の学者たちもよく理解できると強調した。自分もその著述と集解を通じて大体の進むところを知ったと書いている。知ることは難しくない。問題は‘丹誠’すなわち、実践力だ。この指針と助

34　同上。
35　「奉謝金進士肅夫」、『南冥集』巻2。

言を理解できないのは、それらが難しいからではなくて、接近するものの丹誠と奮発が充分でないからだ。それでは？　理論的論議、曰く可、曰く否とあげつらうことはこれ以上必要ないという話になる。彼は"周子、程子の立言に毛の先ほども加えるものは無い"と、それ以上の忠告をするとか、議論を立てようとしなかった。

本をきっちり、隅々まで読むな

　このような態度は'経典'に対する姿勢にもそのまま表れている。彼は経典の内容を一つ一つ解説するとか、細かな注釈をつけなかった。

　その読書法は退渓と対照的だ。南冥は経典の内容を根掘り葉掘り理解する必要はないし、自分が知らない項目もあると率直に認める。"たとえば'語録'や『易経』には難解なところがあるが、無理してその意味を求めず、そうなのかなとやり過ごす"注釈も細かく突込まない。ひたすら根本的な趣旨の掌握に努力する。

　　　　"先生が本を読むには章句に捉われず、あるときは十行を一気に読み下しても、身に切実なところにいたるとぐいと身を入れ、ほかのところは適当にやり過ごした"

　退渓は知人たちとともに、経典の細かな章句を漏らさず理解して論ずることに、大いに力を注いだ。『心経』一つとってもおのおのの章句から問題になりそうな部分をより出し、かみ砕くごとく解いていく。必要とあらば'朝鮮語訳解'さえも動員する努力を見せた。退渓学問の一番の源泉はここにあるといわれるほどで、南冥の読書方式とは対照的だ。南冥は経典の一字一句の繊細な理解や解釈に精力を消耗しない。文字を一度に十行ずつ同時に読んだというのだが（栗谷も文章を一目で十五行ずつ読んだという）、これは大意を看破していく方式だ。そうやっていて"身に切実なところに至ると、ぐいと身を入れ、ほかのところは適当にやり過ごした"

読書の究極、『大学』の16字を身体で受け止める

　彼は松坡子に次のように書き送った。

昔も今も学問する者たちが『周易』の考究をひどく難しく考えるの
は、四書に慣れていないからです。学問する者たちが、四書を深く読
んで身に着けるのは当然で、それができていれば真積力久、長く積み
重なれば道の行き着くところが分り、それとともに『周易』を理解す
るのも易しくなります。

　一体に本を細かく深く読むだけでなく、内容を体得しなければ道が
理解できず、その反対も同じです。緻密さと体得、ともに充分になっ
て初めて骨子を見抜けます。『大学』についてはいくつもの経典の中
心を成し、綱領でもあるから、すべからく『大学』に精通すれば、他
の文章も理解しやすくなるはずです。

　また敬は聖学のアルファでありオメガだから、初級学者から聖賢に
いたるまですべて、主敬を道に向かう方策にします。学問をしながら
敬を主にする勉強が不足すると、学問が嘘になります。孟子がおっ
しゃった“学問する道はほかでもない。失ってしまった心を救うにあ
る”が、まさに主敬の勉強です。昔の諸先賢たちの文章は多いけれど
も、この一言で極まり、尽くされます。学問する人々が自分の心を‘収
斂’して長く失わないならば、邪悪な心は自ずから消えて、あらゆる
道理がなぜか通じてきます。

　これはわたしの出任せではなく、先賢たちが残された教訓ですし、
わたしが毎回学問する人々に伝えて教え諭す言葉です。世の学者たち
は四書が平凡すぎて嫌気がさし、俗儒たちは章句まで記憶して、暗誦
するごとく本を読んでいます。彼らは見聞を広げる文章などを好み、
そんなものに努力を傾けようとするのですが、これがいわゆる索隠行
怪であって、真理の身体（道体）を知ることができないのみならず、
最後までそこに至る門さえ探し出せないのです。

　朱子は“一生精力を傾けたものが、すべて『大学』にあった”とい
われたし、程子は“『論語』と『孟子』をきちんと勉強していけば、
六経は学ばなくとも理解できる”とおっしゃいました。学問する者た
ちが文字を広く見る勉強は、このようにするのです [36]。

3章　南冥・曹植、刀を帯びた儒学者　137

　この文章を通じて、南冥が勧めた読書の範囲と方法がわかる。目録は省略する。経書としては当然四書が中心で、これに『近思録』と『心経』を追加した。この程度では不足なら、もう一巻『性理大全』を参考にせよという。だからこれ以上多くの本を読む必要はないと考えたのだ。死後発行された『学記類篇』は、彼の哲学的著述と誤解されているが、『性理大全』のたくさんの言説の中で‘十行ずつ読んでいって不意に出会った切実な語句’を抜粋して書き記した備忘ノート、或いは読書記に過ぎない。彼は『近思録』と四書を精密、親密に読めば結局それが‘一つのポイント’に収斂するのだと教えてくれる。

　その勉強の終わりに学人は、『大学』の巻頭にある荘厳なる16文字に遭遇するはずだ。“大学の道は明徳を明らかにするにあり、人々を新たにするにあり、究極の善にいたるにある（大学之道、在明明徳、在新民、在止於至善）”ここが読書と修練の終極点だ。南冥は生涯を学問しても、この言葉の実体とは遭遇できなかったと謙遜している[37]。

敬一つで繰り広げる戦闘的修養『神明舎図』

泥にまみれた白いアヒル一対を見て

　人間は元来宇宙の光を抱いて生れた。その太陽のように明るい本性が、

....

36　“古今学者、窮易甚難、此不会熟四書故也。学者須精熟四書、真積力久、則可以知道之上達、而窮易庶不難矣。蓋精而未熟、則不可以知道、熟而未精、則亦不可以知道。精与熟俱至、然後可以透見骨子了。但大学、群経之綱統、須読大学、融会貫通、則看他書便易。且敬者、聖学之成始成終者。自初学以至聖賢、皆以主敬為進道之方。学而欠主敬工夫、則其為学偽矣。孟子曰、学之道無他、収其放心而已。此是主敬工夫。古者、群聖賢之書雖多、而於此一言、至矣尽矣。学者苟能収斂此心、久而不失、則群邪自息、而万理自通矣。此非我妄言、乃聖賢之遺訓、而毎於学者、以是告焉。世之学者、其於四書、厭其尋常、読之無異俗儒記誦章句之習而求者。喜於聞見之書、好着枉功。此所謂索隠行怪者。不啻不知道体而已、終不能覬覦其門戸矣。朱子曰、平生精力、尽在大学、程子曰、語孟既治、則六経可不治而明矣、学者博文之工夫、当如是矣夫」「示松坡子」、『南冥集』巻2。

37　「無題」、『南冥集』巻1。

無知と非自覚に埋もれてしまった。学問や修練はその明るい本体、知識の光源を取り戻す作業ということに落ち着く。『大学』はこの永遠の課題を‘明明徳’と呼んだ。"元来備えている明るい徳を、今は無知と習慣に覆われているその徳を、再び明るくしていくこと"として翻訳することができるだろう。

　勉強はそんな点で補い拡張する開発ではなくて、己に倶わる力と機能を取り戻す発見であり、回復だ。
　南冥の次の逸話をありふれたものと見てはならない。南冥が兎洞の雷龍亭に寓居したときのことだ。アヒル一組を飼ったのだが、仕事に忙しくてほったらかしにしていたところ、泥にまみれて汚れてしまった。きれいな水で洗ってやると真っ白な地色が現れた。南冥がこれを見て感嘆した。"なんであれ、‘自養’に心しないわけにはいかないな"この逸話は人間の明徳と闇、そしてそれを元に戻す過程を適切にたとえている。

　南冥はこの本体を、刀で守らなくてはならないと強調する。断固たる内面の刀で、外部の誘惑と内部の欲望を断ち切ること、その訓練を通じて間違って形成された価値と習慣が次第に改まっていく。この刀の修練法が彼の『神明舎図』にこめられている。

　この絵は彼の唯一の体系的（?）叙述といえる。神明舎という名称に注目してみよう。神明とは心が持っている 1）超越的であり、2）主宰的であり、3）照明的である特性を示す。3）についてはすでに言及している。心が自分の照明を維持するとき、邪が侵犯できないし、このとき本来の誠が保存される。この‘閑邪存誠’が『神明舎図』のキャッチフレーズだ。誠は宇宙的創造力であり、人間内部の宗教的本質だ。だからそこに天徳という敷衍説明がついている。
　この発想は南冥の独創ではなく、儒教の永い歴史の知恵であり、朱子学の根本的な助言でもある。近代物理学と個人主義的伝統に染まった私たちは、こんな発想からして近づき難い。私たちが儒学をよく理解できないのも、この礎石、或いは源頭に接近するのが難しいからだ。

3章　南冥・曺植、刀を帯びた儒学者　139

　南冥はこの超越的本質を性という名の下に抽象化し、哲学的に論弁するよりも、それを活動的人間の心に直接戻すことに力を注いだ。この点で象山と陽明学の接近に、ある部分通じるところがある。

神明舎図

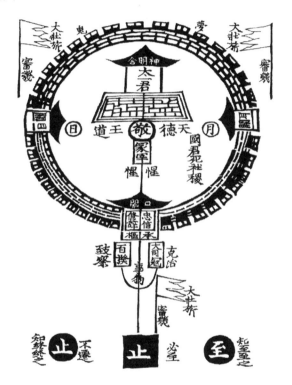

　図を見よう。心に'太一君'という名前がついている。神明が住むところである心は、君主として天下をコントロールする力と権威を持つという意味を内包する。太一君の名もまた、道教的趣があると非難されたが、南冥としては人間精神の超越的本質とともに、どんな誘惑と堕落からも自分を守る、不屈の'主宰性'を強調するためにこの用語を採択した。
　真ん中には敬ががんばっている。本体を守る護衛大将が敬だ。心の覚醒である惺惺が散り散りになれば、本体は消えてしまうか損傷を負う。覚醒

を通じて得た、内外を主宰する手綱を心が放せば、彼は生きていてもすでに死んだ命、操り人形の人生を生きるしかない。

　このために彼は心身のあらゆる資源を動員して、覚醒を打ち破り奪い取ろうとする‘外敵’と対峙し、彼らを厮殺、つまり殲滅する。また図を見よう。心の外側には三重の城砦が頑丈に、物々しく取りまいている。外敵が侵入する通路は九箇所で、人間の感覚的通路でもある。九箇所中でさらに大切なものが三官の耳と目、口だ。

　外的対象と環境は、これらの器官を通じて内部を刺激し誘惑する。君主である心が中心を失い、この誘惑に屈服して激動すれば、堕落と没主体性に陥るから、それはもう人間の姿ではない。この‘存在喪失’は、初期に命がけで防がなくてはならない。"動微勇克""進教厮殺"、動揺する心を勇気をかき集めて、直ちにめった打ちにして殲滅しなければならないのだ。それはまるで‘国君死社稷’、君主が社稷のために命を捨てるように荘厳な、心の自覚的状態を守るために命をかける仕事だ。南冥はこの覚悟を、乾坤一擲の戦闘での背水の陣だとさえ比喩した。"飯を炊いた釜も打ち壊し、駐屯した幕舎も燃やし、乗ってきた船にも火をつけた後、三日分の軍糧のみを持って、兵士たちに死なずんば帰らずの意思を見せなければならないが、このようにしてこそ殲滅できる[38]"

　そのようにして戦い取った勝利は、天下分け目の勝利だ。"三官閉塞、清野無辺"すなわち"感覚をふさいで守り、平野の軍糧全てを焼き捨てる"城の外側の大壮旆はまっすぐに立っており、内外の境界を伺うに、水の漏る隙間もない。

　儒教の歴史で、心の自覚と主宰を守るための努力を、これほど‘戦闘的’に提示した文章は珍しい。朝鮮儒学は勿論、象山と陽明さえもこんなに過激で猛々しい言辞は使わなかった。退渓が驚いて当然だろう。

南冥の戦闘的防備は陽明学的か
　南冥の修養論は簡明で直截だ。この点で朱子学的というより陽明学の性格に近いと指摘する人たちがいる。朱子学と陽明学はどのように違うのだ

38　「神明舎銘」、『南冥集』巻1。

ろうか。

朱子は人間の心を心理的、存在論的、価値論的観点で立体的に説明し、それぞれにあう修養論を細目別に、体系的に提示した。

朱子の複雑な道徳論と修養体系とは対照的に、陸象山（名は九淵）のそれは単純で直截的だ。一人の弟子が心、本性、感情、能力などの区分について聞いたとき、陸象山はこれをこっぴどく叱った。下らない分析より根本の培養、すなわち学びの源泉と根本に対する自覚や、それを実現しようという意思が大切だと教えた。勉強に必要な用語や分析、説明、定義は副次的なもので、本来の目的を損なう恐れがあると戒めたのだ。

象山は朱子が心を三つの水準と層位に区分することにも同意しなかった。あるものは本心のみ。宇宙と分離されない、本質上無限で永遠なる一つの本心だけがあると主張した。本心は一つだから、自身を明澄に自覚するときには上昇し、その光が暗くなるときは下降する。だから心は明るい、暗いがあるだけだ。人には朱子が言う道心とか人欲みたいなものは存在しないことになる。

象山の教えは‘心の自己自覚’一つに統合される。彼は宇宙と人間において最も大きいものは本心と言いつつ、"まずは最も大きいものを建てよ（先立乎其大者、則其小者不能奪也、此為大人而已矣）"という孟子の教えをよく引用した。人々が教えが簡単すぎると非難するや、象山は"簡単だ"とうなずいた。

彼は修養の核心が本心に対する自覚一つにかかっていると書いた。だから象山は心の理論と実践を区別しない。静的状態と動的状態に適応する訓練を別々に設定しない。かれは朱子が区分した‘存養’‘省察’‘慎独’‘克己’‘誠意’‘正心’などの多様な訓練が、単なる自覚の他の形態、或いは瞬間にすぎないと一蹴した。

陽明学の良知もまた象山の本心のように‘知識として、いつも光を発している’。良知は意思と衝動の善悪を即刻‘一挙に、瞬間に、時差なく、一せいに’自覚する。それと同時に善なる意思には好意を見せ、悪には抵抗する。だから知と行は同時的だ。そこには何の間隙もない。『大学』が言うようにそれは"よい色を好み、悪い匂いを嫌うようなものだ"。よい色を知覚すること（知）と、それを好む意思（行）は同時に成される。同

じように悪い匂いをかぐこと（知）と、それを嫌うこと（行）は直結している。原初的に知行は合一だ。修行は特別なものではなくて、この原初的な合一を間断なく、持続的に守ってやりさえすればよい。

　王陽明（1472-1529）の良知は自分の中の衝動と想念（意念）を照らす光だから、一般的な知識とは異なり蓄積ではなく深化する。それは一種の自覚的状態の自己持続だ。これがなすべきことのすべてだ。良知の自覚に必要なものは戒慎恐懼だけで、分野別の多様な修養法はむしろ厄介者扱いだ。陽明はこの点で朱子と方法が異なる。彼はこのような差異を新しい格物論を通じて披瀝した。

　陽明は良知の自覚が持続する限り、衝動と想念は善で正しい状態を維持すると書いた。良知の自覚の下で発現される思慮や情緒などの反応もまた、狂うはずがない。彼はこれを格物と呼んだ。

　この程度に概括してみたが、南冥の志向が朱子学よりも象山と陽明の系統により近いという推測も成り立つ。

　しかし、この問題は簡単に結論できない。南冥は、退渓が門徒たちと繰り広げた哲学的分析と論難を嫌ったが、だからといって読書はせずに、良知や本心のみ維持せよと勧めたのではない。彼もまた朱子学の教科書と言われてもよい『心経』と『近思録』、そして朱子学のアンソロジーである『性理大全』を生涯読み続け、学習し、自分の読書録『学記類篇』を残している。

　本を通じて、それも正統朱子学者たちの本を通じて道を行った点で、南冥は相変わらず朱子学者だ。彼が朱子を一度たりとも批判しなかったことを覚えておこう。それに彼はどう見ても'存誠'より'閑邪'に力を注いだ人物だと思えて、陽明学への接近を言うのがためらわれる。

　退渓と南冥の差は、読書範囲と読書方法にあるかと思われる。

　目録　南冥の読書目録は伝統朱子学者と同じだが、範囲は退渓よりも狭い。南冥は四書と『心経』『近思録』に集中していて、退渓があれほど重

要視した朱子の手紙類については何の言及もない。彼は『朱子語類』に理解できない部分が多いとも書いている。朱子の手紙類は、哲学的な問題に対して学友たちと交わした形而上学的解説と論弁を主軸とし、『語類』は朱子の哲学的構想についての解説と問答、それから各経典に対する豊富で精密な注釈の問答が続く。南冥はこの哲学的部分を重視していない。

方法　前にも書いたように南冥は、書物は修練のノウハウだから簡明でよいと考えた。複雑な分析は心身訓練の現場にそれほど急務ではないとか、玩物喪志の弊害があると考えたようだ。退渓はしかし、訓練の指針とノウハウが明確に提示されないと訓練の効果が上がらないとし、異端の道に踏みこむ可能性を憂慮した。それが二人に違う道を歩かせた。

朱子学の言説は二つの部分に分けることができる。一つは'批判'で、もう一つは'弁護'だ。朱子学の誕生を見よ。朱子は漢唐以来覆われていた原始儒教の理念を回復させねばならず、同時に儒教ルネッサンスのために当代の主流である仏教、特に禅と対決しなければならなかった。孔孟が言う徳性の訓練を通じた人格の完成というテーマは必須だから、そのために仏教の虚無的形而上学と超世俗的人間観を批判しつつ、儒教的社会性と日常性の意味を弁護した。朱子学は競争者を批判し、自分の代案を説かねばならない状況にあった。

退渓はこの道に忠実に従った。朱子が極力排斥した異端を自分も警戒し、儒教の代案である社会性と日常性を、知的理解と実践躬行の両面で総合的に具現しようとした。南冥はこれと違い、朱子が警戒した異端をそれほど意識しなかったし、儒教の代案は、知的理解よりは直接的実践のノウハウをキャッチするのに力を入れた。この選択の違いは二人の性格の違いだ。

振り返ってみれば朝鮮は、鄭道伝（チョンドジョン）（1337-1398）が『仏氏雑弁』を書いたとき、そして仏教を捨てて儒教の旗幟を打ち立てたとき、もう異端を意識する必要がなかった。問題は確保された儒教的価値をどのように実現するかだった。秋巒・鄭之雲は朱子が提唱した理論の中で、儒学者として彼が実践しなければならない具体的指針と、それを取り巻く最小限の土台

となる理論を知りたがったが、それさえも整理された形のものはなかった。そこで退溪が手伝ってやり、このようにして『天命図説』が生まれた。この本は 1）‘無極而太極’の本源で天地が創造され、形成された過程と 2）その産物の中の一つである人間の位相と意味、そして 3）それに従って人間が具現していかねばならない価値と、それにいたる実践方法を簡明に図説で集約している。このような図説の理解に苦労した朝鮮儒学は、簡明な指針書を何種類か作っている。図説と集約は朝鮮儒学の重要な特徴だ。秋巒の『天命図説』、退溪の『聖学十図』、栗谷の『聖学輯要』が代表的なものだ。

　図説はもっと単純にすることもできる。三つの領域の中で 1）と 2）は、3）のための理論の準備、或いは根拠の性格を持つ。南冥はここで 3）と直接関係のない、1）と 2）の理論的探求を警戒した。だからこの部分を切り捨て、修行に直接必要な指針を重視した。ひたすら 3）のみで自分の考えと経験を表したのだ。それも絵一枚で……『神明舎図』がそれだ。『神明舎図』は修養論を絵一枚で要約した、事実上唯一の南冥の‘体系的’叙述といえる。

　このように見れば南冥は陽明学者というよりは、朱子学の中で極端な簡明化の道を選んだ人物になる。

朝鮮儒学の破格

　南冥はその人となりと思想で、朝鮮儒学の典型を外れている。外れた程度と振幅は、朝鮮儒学の伝統に忠実な人々にとっては異端的逸脱だろうが、その規模を息苦しく思う人には革新的個性だ。解釈者の観点と性向によって、評価が異なるのは仕方ない。

　それはまた、朝鮮儒学の哲学的論争とその成果の評価に直結する。評価はまちまちだ。朴鍾鴻（1903-1976）教授は四端七情の論争が、その緻密性と持続性において世界の哲学史上例を見ないといい、高橋亨（1878-1967）教授は社会的役割を引き受けるべき知識人たちのエネルギーが、甲

論乙駁に7、8割が消耗されたと嘆息した。両論ともに正しい。ただ程度を推し量る視線が違うから、評価も変わるのだ。

　朝鮮儒学は哲学的すぎる上に、ひどく経学的だったりする。わたしは哲学的論争が無意味だと言いたいのではない。朝鮮儒学の論争は実質的、実用的な問題意識から出発した。それは生の意味と日常の美学に対する'永遠の関心'を扱うものだった。

　そういう時準拠すべきはテキストではなく、自分自身であるべきだ。孔子が昔警告したように"学んでいるのに考えないと退屈だし、考えて学ばなければ危なっかしい"これは主観と客観、テキストと解釈者の創造的対話を強調するものだ。朝鮮儒学はあらゆる準拠を切己（己に切実なこと）と体験に置いたが、その正当化のために過去のテキストと権威に依存しすぎた。経典のテキストが体験を裏切るとき、テキストを批判し、再構成する主体的破格が足りなかったということだ。

　経学の発展はそのまま経学の衰退を意味する。経学に対する理論的、注釈的作業はそのまま独自の権威と独占的論理をもった。権威と論理は、根拠を置いたはずの生と歴史の空間から遊離する力をもつ。これが経学の逆説だ。18世紀、実学の時代に正祖は"秦始皇が経典を焼くことで経術が生き延び、漢代以降経学が隆盛であることで経術が死んだ"と喝破した。このときの経術とは、経学'それ自体として'ではなく、'生のための道具'としての存在理由、或いは意味を含蓄している。経典が生のために奉仕しないときは経典を疑い、否定してよいのだ。

　解釈は解釈の原理に従ってテキストを変容し、再編する。退渓と栗谷はこのような解釈学的主体性に徹底したといえる。退渓の思惟は彼自身は自覚しなかったけれども、朱子学の範疇を越えていたし、栗谷は万一朱子が'互発'を信じたならば、朱子もまた間違っているといえる人間だった。しかしこのような批判的懐疑精神は、それ以降きちんと継承されていない。経典は不可侵の権威だったし、朱子の経典解釈もまた、一字一句も変更できなかった。このような態度は壬辰倭乱以降に対外的危機が深まるにつれ、一層硬直していった。わたしはそれを朝鮮儒学の不幸だと考える。

南冥は道学が理論や経学で対置されることを深く憂慮した。彼は理論的傾向が道学の阻害だと一目で看破し、その風潮が根づく前に病根を抜き捨てようとした。どうだろうか。光海君から仁祖（第16代国王、在位1623-1649）への政治転換がなかったならば、南冥の学風が働いて朝鮮儒学が実践的、実務的気風に進んだかもしれない。そこまで行かなくても、理論と実践の均衡を図ることができただろうと思う。だから一層惜しい。

17世紀　哲学的な激突とその深まり

4章　人物性同異論の論点と解き方

大要と基礎

概略と留意点

　朝鮮儒学の二大論争は、退渓と栗谷で頂点をなした四端七情論と、今この章で扱う人物性同異論である。四端七情論争は 16 世紀の中頃に起こり、人物性同意論は 18 世紀初頭に始まった。その間の百余年間に波風立たなかったわけではないが。さて、四端七情論議の結論はつかず、論点だけを浮き彫りにしたようなものだが、そのように進捗した論議の火種が、人物性同異論として再燃したというほうが正しい。四端七情論と人物性同異論は根がつながっている。

　栗谷の構想と定式化は、17 世紀を通してずっと思想界の主流として遇せられた。栗谷の門下生たち、沙渓・金長生（1548-1631）と慎独斎・金集（1574-1656）の父子、そして一時代を牛耳った風雲児である尤庵・宋時烈を通じて、老論の執権集団が精神的支柱として栗谷を受け入れた。しかしこの寡占状態は内実の堅固を保証しない。栗谷の主気は老論の外部から、そして内部からも挑戦を受けた。この絶え間なく受ける挑戦には、退渓の苦悩や志向が陰に陽に作用していた。

　17 世紀の思想界の流れを概観する。

　果敢な改革の構想を上司に伝え、十万養兵説を先頭にたって主張した栗谷は、壬辰倭乱勃発の 10 年前に息を引き取った。鄭汝立（1546-1589）の獄事で始まった粛清の嵐で東人は没落し、そして続いたあの身の毛もよだつ壬辰倭乱。戦乱の処理をして民心を落ち着かせたのは光海君だが、王

となった光海君を軸にする北人の勢力は、仁祖反正に倒された。以後の政局は西人が掌握する。栗谷の門人である沙渓・金長生、それを引き継いだ息子の慎独斎・金集、その高弟の尤庵・宋時烈が、孝宗（第17代国王、在位1649-1659）以降の時代を政治的な求心点として、政治と思想界を主導していく。尤庵と明斎・尹拯（1629-1714）の反目と不和が、西人を老論と少論に分裂させ、老論系は一層硬直して排他的な正統論に固執していく。これとともに栗谷の現実改革精神は本来の柔軟性を失い、イデオロギー化の趨勢を見せる。尤庵は張禧嬪（1659-1701）を契機に粛宗（第19代国王、在位1674-1720）との不和が表面化し、それが原因で流配される途中、道統の責務を遂庵・権尚夏（1641-1712）に托して逝った。'人物性同異論'は、老論の嫡流を自認する遂庵・権尚夏の門下で炎が上った。

遂庵・権尚夏は忠清道黄江の清風で講学していたが、そこには綺羅星のごとき学者が集まっていた。中でも八学者と呼ばれたのが南塘・韓元震（1682-1751）、巍巌・李柬（1677-1727）、屏渓・尹鳳九（1683-1767）、鳳巌・蔡之洪（1683-1741）、華巌・李頤根（1668-1730）、冠峰・玄尚璧（1673-1731）、梅峰・崔徴厚（1603-1670）、秋潭・成晩徴（1659-1711）だ。

論争は八学者の中、南塘・韓元震と、巍巌・李柬を中心に展開した。主題は人性と動物性（物性）の同異に関する問題、そして人間の心体の本質的性格である。人間（人）と動物（物）の本性は同じで、心体には悪の痕跡がないと巍巌は考え、人間と動物の本性は異なり、心体の内部には悪の種子があると南塘は考えて対立した。何人もの学者がこの二派に分かれ、論争は拡大していった。

南塘側の学者たちは、偶然に忠清（湖）地方に住んでおり、巍巌側の学者はほとんどが京畿（洛）地方の人物だった。そのためこの論争を'湖洛論争'とも呼ぶ。湖論の主張者には南塘と屏渓がおり、援護者は師匠の遂庵だ。洛論の主張者には三淵・金昌翕（1653-1722）、陶庵・李縡（1678-1746）と杞園・魚有鳳（1672-1744）、黎湖・朴弼周（1665-1748）などがいた。これが論争に関する大まかな通説だ。

ところで'人物性の同異'だなんて、このタイトルは一体何を論じたい

のだろう。そうなのだ、題目から連想されやすい幾つかの誤解、或いは先入観を警戒しなくてはならない。現代人はこの名称で次ぎのような連想をするようだ。

ア）人間と動物の本性は異なる：人間は言語と文化を持つ点で他の動物とは異なる。生理的特性は動物と似ることはあっても、思惟と精神の能力で人間は動物をこれほどに凌駕している。群れを成して文化と文明を建設した輝かしい能力を見るときに、人間を動物に比較すること自体が失礼ではないか。宗教家ならこれにもう一つ、人間がもつ高貴な道徳観を加えるだろう。生理的欲望に逆らって普遍に耳を傾け、全体のために命をささげる超越的特性が、人間と動物を区別する徴標だ。

イ）人間と動物の本性に異なるものはない：人間の知能は、本来脊髄の骨が進化したものだ。バナナをもぎ取ろうと椅子に乗るチンパンジーとコンピューターを叩く人間に本質上の差はない。ダーウィンが言ったように、人間は進化したチンパンジーに過ぎない。動物と同じく人間の本質は生理的欲求と欲望だから、道徳は生存のための道具であり、理性も意思の反映だ。人間の高貴さとは、種族の偶像が作り出した虚像に過ぎない。

　常識人はア）の肩を持つ。人間だから万物の霊長としての自負は自然だろう。しかし自負心も過ぎればマイナス面を露呈する。実際に人間の独立的位相だけを尊重して、人間以外の自然を利用し搾取する対象として眺めた結果が、現在の深刻な状態ではないか。環境汚染に生態系の破壊、ひいてはこの世界の絶滅まで予測されている。話題を変えて、ともかく湖論といわれる異論の見解はア）のわれわれの常識と重なる。勿論細部と脈絡は異なる。同論と異論の間も、形而上学的な前提が異なることを喚起したい。

　実のところ注目したいのは後者だ。洛論は"同論"と言うのだが、何が同じかについてイ）とはまったく違う話を聞かせてくれる。

洛論は人間も動物も、生理的水準と自己保存の欲望面で同じ、という教説ではない。人間と同じく動物も、高遠なる理念と道徳的本質を持つという、まことに高尚な形而上学だ。洛論は人間と動物のみならず、有情無情の全宇宙が永遠の本質を生来的に与えられた高貴な存在だと力説する。これは科学的な陳述というより宗教的教説であり、事実の判断というよりは法的判断であり、形而下の観察ではなく形而上の要請だ。宇宙は尊厳だ。

　だから洛論は湖論より理解し難い。研究者たちも洛論より湖論に惹かれる。人は一般的に普遍よりは個体、抽象よりも具体のほうがより明らかで確実なものと感じる傾向があるのだろう。'神聖'の思惟さえおぼつかないのに、動物も神聖さを持つというのだから、そんな話に耳を傾けられようか。これに加えて実学に対する先入観と、性理学に対する偏見も作用する。朱子学の空疎性と四端七情論の空理空談が、自主的近代化の思想的障害だったという反省もある。研究者たちは抽象的な理、或いは'見えない普遍'よりも具体的な気、或いは'見える個別体'から論議を始める湖論が少しはましだと判断するのだろう。老論派の主流が湖論だったことも、影響があるかも知れない。

予備―理気の構想

　湖洛論争は、自然学と形而上学が複合した論争だ。論議の前提と脈絡、そしてそれに動員される多様な証拠は、自然学的水準の平面的な整頓では終わらない。またその論議が純粋に形而上学的次元で、抽象的に展開されたという判断も控えたい。形而上と形而下は不雑であるが不離であり、一つでありながら同時に二つなのだ。

　この論争を理解するために朱子が整頓した理気の世界観を原論から見ていき、その構想の下で提示された理気の存在論的地位を確かめたい。

　ニーダムが適確に指摘しているが、朱子理気論の一次的構想は、道家の有機体的思惟が根底を成す。朱子は道家の宇宙論的視野を、社会的関係だけを扱う幅の狭い原始儒学に導入した。朱子の理気論的構想は次のように要約できる。

"世界は気で満たされている。それは同一性を維持する静的実態ではなく、運動と変化を属性とする生きているモーメントだ。宇宙の全ての変異、変形は生命である気自体のおのずからなる発現によるものだ。ここに超自然的な神の意思や、外部的立法の強制はない。変化と変異は気自体が持つ生命力の分化と、その相互影響の結果として存在する。だからこう言える。気のみが有為だ"

朱子は気の世界を、粥が沸く釜に例えた。釜の中に生命がうごめいている。一方が沸騰して、そして消えていくが、時間差で或いは同時に他方で粥がブクブク沸き始める。生命はこのような宇宙という釜の中で、ある客形（偶然的な形態）を与えられている一回的な存在だ。生命は集って固まり散らばるもので、廻り回る輪廻なぞはしない。宇宙の流れる気が、ある契機で偶然結合して生命になり、この生命は時が至れば再び宇宙空間に散らばってしまう。'精神'に一定の実体があって、これが生滅を繰り返しているとか、永遠に不死などとはとんでもない。

一時的客形を与えられた生命は、それなりの独特の個性を見せるはずだ。羽ある動物は飛び、足ある動物は歩くか跳ぶはずで、ひれ、えらをもつ動物は水の中で生きる。生命にはその生命を発現する独特の仕組みがある。周囲の刺激と環境の変化に対応する内的パターンを、私たちは本性と呼ぶ。

ところが朱子は、気の自然を全てとは考えなかった。気と並んで、朱子の存在論を構成するもう一つの要素がある。それが理だ。形態と運動は気に与えたから、理はそれ以外の、形而上にしか居場所がない。形態を超えたものに感覚的な知覚は及ばないが、だからといって純粋な抽象の領域と見るのも早とちりだ。理は気の中に、自然の事物と現象の中に息づいているのだ。理と気は同居しつつも混ざらない。だからこんな逆説を言う。"理は気とともに居ながらも、それでもともに居ない（不離不雑）"

一体、理とはどんなものか。朱子の考えを追いながら、整理したものを示す。

"宇宙のあらゆる事物と事件は、気の動的活動の産物だ。気の産物
　　である生命とか生気は一定の秩序とパターンを見せる。その秩序とパ
　　ターンは独特の価値志向を見せるのだが、それが健順五常だ。健順は
　　自然の両極的な性向（陰陽）から証顕する剛健さと従順さの徳に該当
　　する。五常は仁義礼智信だが、陰陽の分化である五行が顕現するのは
　　永遠の意味、性即理だ。仁は大まかには同情と暖かさ、義は公的価値
　　への献身、礼は社会的秩序と礼節、智は正しいか間違いかを判別する
　　理性であり、信は人間の相互信頼をしめす。理は生命に含蓄されてい
　　るこれら社会的価値への傾向性を、一つにまとめた名称だ。そして生
　　命の普遍的本性は本源に予備されたその永遠の意味、天の心、具体的
　　には仁義礼智の価値だから性即理！"

　この宣言を通して朱子は自然論と価値論を統合した。朱子は人文的道徳
律を宇宙的地平に引き上げることで、道教の宇宙論と仏教の形而上学を向
かえ撃つ、儒教独自の形而上学を打ち立てたのだ。
　朱子は道教と仏教を次のように批判する。"仏教は世界を幻妄と見る。
虚と見る。けれども存在は結局あるもの、実ではないか。厳正な秩序と命
のふいごがあるのに、なぜ幻想だと言いくるめるのか。宇宙は偶然が作り
出す非現実の影絵劇場ではない。道教は宇宙の変転と、生命の現実を実在
として積極的に認める点で、仏教よりは一歩先んじている。だが道教は、
この全ての過程の意味と価値を問わない。要するに道教と仏教は‘意味で
満ち満ちた宇宙の実在性’を充分に自覚できなかった"
　この覚醒が、栗谷を仏教から儒教に導いたことを１章で検討している。

哲学的な契機

　朱子は世界を動かす物質的動力を、気の働きに当てた。機自爾（後述す
る花潭・徐敬徳の語）！　そして理は、気の活動によって示される原理と
秩序、意味と価値の位相を持つ。

ところが、このような解釈に異議を提起する人が少なくない。彼らは理が実質的な力を行使する、本来の意味の主宰性を持つと反発する。“理は決して名目だけの絶対、朱子学の言葉で言うならば‘死物’に還元できない”これは一蹴してすむ問題ではない。儒家の理は形而上学の礎石である。理が気の活動に被動的に制限される‘意味’程度の存在であれば、道教の宇宙論と仏教の形而上学に対抗できないという、切迫した問題なのだ。

彼らは次のような典拠をあげる。朱子がよく引用した周敦頤の「太極図」では、“無極而太極”の次に“太極動而生陽”（太極動きて陽を生ず）が続く[1]。額面どおりに読めばこれはキリスト教の創造主のように、世界を動かす太極という理が、気の外で造物主或いは第一原因で存在しているという宣言に聞こえる。実際このように考える学者は多かった。彼らは、この文句を額面どおりでなく‘隠喩’として活看してくれという栗谷の、断っての願いにも耳を貸さない。確認しておけばこのように理に物理的、積極的活動力を与えよと主張する人々を総称して、主理と呼ぶ。

“世界を動かす本当の主宰者は誰なのか”この問いは、その後展開された哲学的論議の焦点。朱子と陸象山の分化、朱子学と陽明学、そして清の時代の実学にいたるまで。そして朱子学が独占した朝鮮における四端七情論争、退渓と栗谷の分化、人心と道心の区分、それに人物性同異論、未発心体有善悪論、大韓帝国末期の主理と主気の論議も主宰者が焦点となる。複雑で多様な錯綜の根本たる濫觴もまたここにある。

論弁のきっかけ—主宰
朝鮮儒学の哲学的論争に火をつけた花潭（徐敬徳、1489-1546）は、気の分化と運動にこだわる一方、理の主宰を自然論的流れの中に設定した。彼は分化と運動の過程で条理と端緒、言い換えれば一定なるパターンとルー

---

1 「2章　退渓の『聖学十図』、朱子学の設計図」‘人間の自然、本体’でこの句の意味を詳しく述べた。

ルを外れないところに、理の統轄（主宰）としての意味（価値）が宿るという。

　　気の外に理が存在するのではない。理とは他でもない、気の統轄（宰）
　を示す。この統轄とは、気が及ばない彼方から来る外部的力による統
　轄ではない。気の分化と交渉（用事）において一定の道を失わない（自
　発的）、秩序をしめす言葉だ[2]。

　花潭の‘主宰’は、事物の内在的秩序と同じ意味だ。花潭は気の自然性
の中に、人文性と道徳性（理）を設定した。たとえば両親に孝行し国に忠
誠を尽くすことは、腹が減れば食べ眠くなれば眠るといった自然的表現だ
と考えたのだ。彼は道徳を風流（プンニュ）と考えた。だから絶世の美人、黄真伊（ファンジニ）（16
世紀）の肌の匂いを一しきり笑ってやり過ごすことができたのも、その"身
体（気）は、とりもなおさず理性（理）"ゆえに可能だったと思われる。

　一方で退渓はこのような教説に放任、放縦の兆しを嗅ぎ取った。彼は身
体の生理的気を危険で不安定だと見た。そこで盲目の気を支配し制御する
もう一つの実質的な力を要請し、こうして理発を主張するようになった。
人間にあって四端と道心は気という大地的要素の産物ではなく、神的、超
越的機能であり、七情と人心に代表される生理的な軀殻から突き出てくる
永遠の意思だと信じたのである。
　退渓は理の無気力を容認できなかった。彼は世界を主宰する絶対者とし
ての理の、実質的権能を確認しようとした。論理的整合性は実存的確認の
要請の前に場を譲った。高峰・奇大升の整然とした論理に立ち向かい自分
の構図を守り続けられたのは、そのような確信があったからこそだった。
　杜維明（とぅいめい）（1940-　）と傅偉勲（ふぃくん）（1933-　）教授は退渓の構想が、退渓自身
が信じていたものとは異なり、朱子学を超えて陽明学と統合していたと見
ている[3]。当の退渓は朱子学からのはみ出しを意識できず、忠実な朱子学
徒を自認していた。余談だが朱子学の構想と、退渓が信じるものとのずれ

─────────────────────────────────

2　"気外無理。理者気之宰也。所謂宰、非自外来而宰之。指其気之用事、能不失所以
　然之正者、而謂之宰"「理気説」、『花潭集』巻2。

が、彼の文章を難しくしている。言いよどみ、度の過ぎた用心深さが時として撞着と混乱に陥らせる。立体的な錯綜を表面的に解くのだから、明確ですっきりした味が薄い。けれども名目を離れて彼の思惟の実質に出会うとき、その二分法にこめられた苦悶と情熱が理解に導く。

　理と気が現実的に二元化されていて、同等の権能をもって世界に作用するという退渓の独創的構想はたちまち反発を呼ぶ。高峰は一貫して朱子学の原論的構想に立脚し、退渓の実質二元論への逸脱を厳しく批判した。その舌鋒はしかし、退渓の宗教的、実践的真摯性に屈服し、敬意を表してそれ以上の論議の拡大はなかった。
　しかし栗谷は違った。栗谷は"太極動而生陽"を隠喩と認識し、天地間の運動を純全たる気の自発的分化と交渉によるものに転じたのだ。彼にとって理は'機自爾'の為すところ（所以）、或いは意味に限定された。"理は情意も意図もない浄潔空闊な、無為の世界だ"

　そういいながらも栗谷は、理が主宰の位格を持っていると強調する。縦を横と言い、ああ言ったりこう言ったり、わけが分らない。"おやおや、無為と主宰がどうして同時に成立できるのか。無為なら主宰であるはずがなく、主宰なら無為であるはずがないのに。どうすれば無為でありながら、同時に主宰だと抗弁できるのか"栗谷の体系が正統として確認された後にも、この問題は異説入り乱れる論争を引き起こした。人物性同異論の発端

3　"明確だ！奇大升の議論は、朱熹に倣っている。そして四端は間違いなく'中節'（節に中る）とする李滉の解釈は、孟子の本旨に接近しながら、朱熹の意図とは離れている。我々はここで知る事ができる。李滉は朱熹を超えてこそ、自己の理論上のアポリアを解決できたということを…。残念ながら李滉自身は自覚できなかったが、彼は朱熹を超えるか否かの分かれ道に立たされていたのである。もしも、李滉が孟子の提示した道に従うことが朱熹を超えることであると自覚し、換骨奪胎して新たに陸王の心即理説を理解したならば、彼は実にこの二つの流れ（すなわち、陸王学と程朱学）の心性論を総合することができたであろう。そうして、程朱の心性論を致良知の下に配置したはずである"（傅偉勲「儒家心性論現代化課題」『従西方哲学到禅仏教』香港：参聯書店、1989、286〜287頁）。また杜維明「朱子学に対する退渓の独創的解釈」『退渓学研究論叢』第9巻（西洋の退渓研究）、慶北大学校退渓研究所、1997。

もまた、この問いの延長上にある。この衝突と対立は宇宙を動かす究極的な力の性格と、位相に対する見解の相違に発する。

まず栗谷にとって主宰とは何だったのだろう。どうして理の無為無能をあれほど力説しながら、同時に主宰を言うことができるのか探ってみよう。

もちろん理は物理的な力を行使するのではない。動き静まるのは徹頭徹尾、気の役目だ。しかし驚くではないか。気の動静が、その多様な分化と錯綜にもかかわらず、最後まで条理（パターン）と端緒（ルール）を失わず、究極的な同一体として機能していることが……気自身は認識してもしなくても、理の秩序と意味を呈現している。荘厳たる宇宙は、絶対の深い意味を具現している聖所だ。誰が命じたわけでもないのにちゃんと発現する"不使然而然"（然らしめずして然る）ことが、理が世界に役事する方式だ。深く参究するならん、この舞踏の意味を。

天地間の生命たちはそれぞれでありながらも、有機的全体の指揮からはみ出さない。そのような意味で、宇宙的過程はオーケストラの演奏と言える。理はここで顔が見えない指揮者だ。これを主宰と言わずして何と言おうか。これは荘厳なる洞察だ。

自然は隠れているというよりは、'明確すぎて'視線を惹かないのかもしれない。自然論者は神秘と交歓し、連帯し、生の価値を探しだす人々だ。門を出て緑濃き森を振り返るとか、己の身体に深い注意を払えば、この存在とともに呼吸していることを改めて自覚することもできる。理の主宰は、当事者が意識しようがしまいが自若だ。天地間でもっとも開けた人間の気質、心のみがそれを自覚し畏敬することができる。

ここにもう一つをつけ加えて、栗谷の意図を充分に伝えたいと思う。理は無為だから人間とともにいるが、自然の創生過程と同じで人間を直接'物理的に'規律、統制することはない。理は言うならば生物学的真実として、人間の自然と幸福のための内在的プログラムとして機能する。栗谷が"心是気"（心は是れ気）と断言する心身の気が、自覚を通して隠されたプログラムを読み取り成就してくれればよいのだが、成就しなくても何の'強制'もないという話だ。いや、強制はできない。ここは現代の社会心理学者エーリッヒ・フロムに説明してもらうが、人間は無限に可塑的なわけではなく

'成長の方向と目標' を持っている。これこそが朱子学、ここでは栗谷が理を通じて言おうとするところだ。ところが個人の '性格' がこの予備された本性の道を失うとき、或いは社会的性格が集団的に、この予備された方向と目標に向かう個人を妨害するとき、一個人は無気力とロボットに堕して理の '疎外' を知らせるはずだ。これが栗谷の主気の言わんとしたところに近い。

　繰り返すがこの '主宰' は無為だから、物質と生命に向かって直接命令を下すことはできない。また心体がいつも惺惺（目覚めている）のわけでもない。それは隠されたプログラムとでも言おうか。自分の成長の方向と目標を、明確に意識している人がいるだろうか。宇宙がわが身を通じて具現しようとする意味を、鮮明に自覚する人がどれほどいるだろうか。あれやこれやのきっかけで不意に '天命' と遭遇しても、世俗のあれこれ雑事にまぎれて、わたしたちはその荘厳な志をふっと失ってしまう。また世の人が誰でもこのような無言の主宰の志に応えて、生を計画するのでもない。人は笑うかもしれない。そんな主宰なんてあっても無くてもの代物、知らなくても困らないし、また知っていても無視すればいいもの。従おうが逆らおうが何の応答もなく、賞も罰もないそんな臨在を誰が恐れるだろうか。
　この現実に傷つく霊魂は言う。"絶対の志を身体と精神（気質）の恣意的選択と活動に任せてよいと言うのか。それでは人間になれないし、悪が厳存する社会を有効に統制し、経営していけるはずがない"

　果たして神、或いは絶対は沈黙しているのか。その御方、或いはそれは漠々とした空間に存する、痕跡のない標識であるのみなのか。そんなはずはないと考えた人々がいて、栗谷の主気的体系は彼らから間歇的、且つ持続的に反発と批判を受け、懐疑の標的になった。この流れを '主気に対する主理の挑戦' という名で包括することができるかと思う。主理の挑戦を次のように整頓して、作業仮説とする。

　主理の挑戦には、大きく分けて四つの流れがある。
　1）まず当然だが、退渓学派による持続的な懐疑と挑戦。この流れは後

160

日^ソ西^{ハク}学とつながって力を得る。

2) 畿^キ湖^ホ学派の中でも人間（と物）の超越的神性を強調した洛論系列、そして農巌・金昌^{ノンアム キムチャンヒョプ}協（1651-1708）を宗匠とする洛学に同調する人々。

3) 少^{ソロン}論の何人かの思想家たちと、少論派で陽明学に傾倒した思想家たち。

4) 艮^{カンジェ}斎・田^{ジョンウ}愚（1841-1922）に対立した韓末の華^{ファソ}西・李^{イハンノ}恒老（1792-1868）と蘆^{ノサ}沙学派、そして寒洲学派がいる。

ここでは 2）を重点的に見たい[4]。準備ができたので、論議を少し専門的に進めていきたい。靴の紐をきちんと結んでついてきてくれるよう願うけれど、駄目だと思ったら引き返してもかまわないのです。

源流の人物たち

洛学の形成に先駆的な貢献をした人物がいる。彼らの共通点は、主気の規定を凌駕する理の '現世掌握的' 役割と位相だ。

拙^{チョルスジェ}修斎・趙^{チョウソンギ}聖期、1638 ～ 1687　ソウル南^{ナムサン}山に寓居し、在野の士として過ごした。三淵・金昌翕は彼を、世に隠れた学問の巨木であると高く評価する。科学と経世を包括する窮理格致の学問が深かったという。三淵の兄で洛学の宗主である農巌・金昌協も拙修斎に深い影響を受けた。後に論じる予定の滄^{チャンゲ}渓・林^{イムヨン}泳（1649-1696）は拙修斎の親戚筋だし、学問的な後輩でもある。

拙修斎はこのように言う。

以前栗谷の四七弁を読んで三年間研究し、ようやくその錯誤に気づいた。栗谷は不相離の渾論だけを見て、不相雑の分開である主理と主気の分岐点を見落とした[5]。

4　1）は「6章　朱子学と茶山、そして西学が分かれる所」で、4）は「8章　韓末の儒学の選択、抵抗または隠遁」で詳しくみることにする。3）はまたの機会に譲る。

5　「拙修斉趙公墓誌銘」、『三淵集』巻27。劉明鍾『朝鮮後期性理学』イムン出版社、1998、382頁から再引用。

趙聖期によれば退渓は、両側面を同時に見て論議に供したのだが、栗谷は一面に集中しすぎたというわけだ。彼の論理を整理すればこうだ。

　　“栗谷は心が気であることのみ知っていて、心が理気を合したものであることを知らなかった。心は理気を合したものだから、心の中には理発もあり気発もある。心は心体の中枢であるから、全ての活動は心を経て発現する。性理の要求が心を経て発現することもあれば、超越的本源が発現したりする。だから互発こそが人間の精神活動の実際だ。栗谷は気発のみに固執して、本源を逃した”

　　“太極動而生陽は隠喩ではなく直喩だ。理は必ず気に付いて顕現するけれども、実のところ気の主宰となって気に乗って動静する。気は本来理を根源として運行する。気は理の皮になってこれを包み、流れ行くのみだ”[6]

これは露骨な主理論だ。拙修斎は主理論を更に進める。

　　“人間の心に理が作用している証拠に、仁義礼智がある。仁義礼智の徳が四端として花咲いた。それは本源の純粋をその極地で発現している人間らしさの徴表であり、ここに天の究極的な意志が人間に宿っていることを知る”

拙修斎は栗谷の‘理無為　気有為’を次のように批判する。

　　万一、理に作為がなく、心の善悪が気の清濁にのみ原因すると考えた場合、理は善悪に具体的に関与できないから、無用の長物だ。そんな理がどうして万物、万事の中心、主宰といえるのか。無極の真が至虚であるが至実であり、本然の妙がいたるところに明らかに顕現しているが、それをこの先どこで確認するというのか。栗谷はここで間違っ

6　「退栗両先生四端七情理気説後弁」、『拙修斉集』巻11。劉明鍾、前掲書、382頁。

てしまったのでそれを回りくどく言う必要はない[7]。

農巌・金昌協、1651 ～ 1708　彼が洛学の宗匠だ。ハンギル社出版の『人性物性論』と『韓国人物儒学史』に農巌の章があり、文錫胤（1962-　）教授が湖学と洛学を論じる際に、農巌を重点的に論じている[8]。

　金昌協が畿湖学であることは間違いない。字は仲和、号は三洲と農巌の二つだ。清陰・金尚憲（1570-1652）の宗孫であり、文谷・金寿恒（1629-1689）の二番目の息子として、果川の明月里にある母方の実家で生れた。15歳で清観斎・李端相（1628-1669）の婿になり、彼を師として仕えながら講学した。20歳で「荀子性悪弁」を著し性悪説を批判したが、論旨が明確だという評価を受けている。24歳で尤庵・宋時烈について学問したが、後学とは言うが門下とか弟子の名乗りはしていない。51歳で著した「論退栗両先生四端七情弁」で、自分の学問的立場を明確にしている。

　農巌もまた、理の実質的主宰性に立って論議を展開する。"朱子が理に情意と造作がないと言っても、実際のところ理の必然と能然、当然、自然は気の上に間違いなく存在する"

　農巌は、栗谷もまた必然と当然を理に帰属させたが、それでも実質的主宰性としての能然を理に与えなかったと指摘する。栗谷の論議は、事物の標準と秩序を任意化したり、無視する憂慮があると農巌は考える。歴史と人間社会は、生身の人間が見せる混乱と葛藤、無意味などを押し戻すために、理の実質的主宰が必要だというわけだ。農巌は拙修斎の意見をそのまま追っている。

老村・林象徳、1683 ～ 1719　少論系だから洛学には属さないが、主張は洛学路線だ。本領は歴史だが老荘と仏教、文学など、関心と叙述の幅が広い。彼もまた前述の二人と同じ意見だ。"万が一、'気化而理乗'（気が自然に変化して、理はそれに乗るだけ）と言うならば、理という文字の妙

7　劉明鍾、前掲書、384頁。

8　文錫胤「朝鮮後期湖洛論弁の成立史研究」ソウル大学大学院博士論文、1995。

を求める道がない。また気という文字には権勢があるが、理の字には力が無いので、気としては命令を受けるものがなく、理としては主宰するところが無いように思える[9]"

老村がここでとりあげた比喩が面白い。

　　ここに鍛冶屋の輔（ふいご）があるとしよう。両側が自ずから回り、一日中休まない。見かけではその作り（機）が、本来そのようなものらしい。だからちょっと見には花潭や栗谷の見解が妥当に思える。けれども輔が目的どおりに動くためには、上に人が乗らなくてはならない。人が降りた瞬間、輔は止まる。同じように気の能然は本然の妙が乗っているから可能なのだ。妙が乗っていなければ天地は崩れ落ち、日月は光を失うはずだ[10]。

　今見てきた何人かの人物たちから分るように、朝鮮の儒学史は栗谷の主気的な整頓以後にも、それに対する反発と懐疑を周辺或いは底流として伴っていた。18世紀初頭になってこの批判的流れが表面化し、主流と本格的にぶつかるのだが、人物性同異論或いは湖洛論争はその対立し衝突する一場面であったと言える。

視覚と論点

　南塘と巍巌が激論を戦わしたのは1709年だ。彼らがまだ若き学者だったのに驚く。南塘28歳、巍巌33歳は円熟した年齢とは言えない。
　論争は1705年、南塘は烏棲山（オソサン）の浄巌寺（チョンアムサ）で勉強していたが、梅峰・崔徴厚が訪ねてきて一泊し、理気性理に関する討論をしたことが発端と言える。この出会いをきっかけに南塘は「示同志説」を著して自分の考えを整

9　「論気化理乗」、『老村集』巻4。劉明鍾、前掲書、410頁。
10　劉明鍾、前掲書、411頁。

理し、梅峰をはじめとする同門の友達に送った。これに対して梅峰が幾つ
かの疑問点を書き送り、その年の6月に南塘から返事が来た。ここまで
はまだ静かだ。

　翌1706年には南塘が巌村（アムチョン）の梅峰を訪問したのだが、このとき韓弘祚（ハンホンジョ）
が同席した。三者の出会いの成果を整理して、南塘が1708年8月に手紙
と別紙を送る[11]。論争は南塘の文を韓弘祚が巍巌に見せたことで始まるが、
それが1709年だ。巍巌は南塘の見解が自分とあまりに異なることに驚く。

　巍巌と南塘は一面識も無かったらしい。直接南塘に手紙を送らず、梅峰
に南塘の主張に対する論評と疑問を書き送った[12]。この手紙を梅峰が南塘
に見せてやった。是に対して南塘がすぐに反発した。しかし直接対決は避
け、梅峰に自分を弁護し、巍巌を批判する文を送ったのだ[13]。

　論争が激化する兆しを見せるや、中間にいる二人が斡旋して南塘と巍巌
の顔合わせが行われた。まるで朱子と陸象山の鵝湖（がこ）の会のようだ。二人は
洪州（ホンジュ）の寒山寺（ハンサンサ）で意見を開陳し、調整する機会を持った。一週間程続いた意
見交換だが、見解の差が更にはっきりしただけだった。

　この出会いを巡る経緯と経過、そして感慨を巍巌が「寒山紀行」という
詩に詠じ、南塘は是に後書きを寄せた。その後は直接手紙がやり取りされ、
師匠の遂庵・権尚夏（スアム　クォンサンハ）と江門（黄江の地名に由来）の数人の文人たちととも
に討論が繰り返され、論争は少しずつ拡散、熾烈化していった[14]。

　「寒山紀行」で提起された論点は、大きく二つに要約できる。

　①未発での気質性可否　巍巌は未発では気質性とはいえないとする。是
に対して南塘は理気が不離だから、未発時にも気はあると対抗した。巍巌
は気の不斉（不均一）は未発時には意味がないのであり、南塘の説は性に
善悪の有ることを言う荀子や揚雄の見解だと反論した。

....

11　手紙は『南塘集』巻8、別紙は巻9にある。
12　「与崔成仲」、『巍巌遺稿』巻7。
13　「答崔成仲」、『南塘集』巻9。
14　この概略は、文錫胤前掲書、134～135頁を参考にして整理したものである。

②五常の徳が人にも物にもおなじく与えられているかの可否　巍巌は五常の徳が、人と物に等しく与えられたと言う。人と物の徳に差があるとすれば気質の正偏通塞のみだが、それも五常の自若を損なわないという。対して南塘は理気は‘無間’、つながっているが、‘気則絶不同’（気は決して同じでない）というから、物がどうして五性を具備するのかと返した。“木石にどんな仁義を求めるのでしょうか”巍巌も負けていない。果たして貴公の主張のごとく理気に切れ目がないならば、物にのみ不備のはずが無いだろうと反発する。気が絶不同というが、同一の陰陽と五行を体質として持っているのに、五常のどれ一つとして抜かすはずはないというのだ。

　人物性同異論とは、②に留意した名称だが論弁の中心は①にある。論争は基本的に‘人間の神聖’に関する、神学的問いであることを注意したい。
　見ているだけでは論争の脈絡や展開を、正確に理解しつつ進むのが難しそうだ。二人の哲学的立場を、現代的言語で対比してみよう。

南塘・韓元震の主気的確認
　南塘の見解は次のように要約できる。

　　“あらゆる意味、価値は身体を通じて具体化する。ところが身体の構成は、生物の種類によって異なるのが現実だ。草木と人間の体質的構成が異なり、トラとアリの生理的構造が異なる以上、外界の刺激を受けて行動する様子がそれぞれ異なることはいうまでもない。だから現れる意味もまた懸隔の差がある。性とは‘気質の性’、即ち‘理が気に堕在した後’にのみ、現実的な具体性を確保できる。その大綱は変わりようがない。身体はすでに決まっている。牛に道徳を守れといえないし、犬に畑を耕せと言えない。犬は犬の本性を、牛は牛の本性を、人間は人間の本性をそれぞれの身体の組織と習性によって具体化していくのみだ。だからこのように断定できる。人と物は全て天の志で生れたものであり、生々の偉大なる徳の産物という点では、差は無いといえるだろうが（天命）、具体的な身体とそれを通じた意味、具現においては画然として異なると……前者の次元を理といい、後者の

領域を性という。確認するが、性を論じるときは具体的身体（気質）を離れて論じることはできない。栗谷も言ったではないか。理を言うならば万物が互いに同じだが、性を言うときにはあらゆる物が同じでないと。だから性は理と同格ではなく、また性は天命と一定の隔絶を避けられない"

こうして南塘は『中庸』首章の宣言文"天命之謂性"を、天命と性に果敢にも二元化させた。"人間の性と万物の性が同じでありえようか。人は人の性によって行い、動物は動物の性によって行う。それが本然だ。事物の取るに足りない存在と浅薄さは、人間の高貴さや完全さについていけるのか"

南塘は世界を動かす実質的な力である気を根本軸として、人性と物性を論議するという姿勢を堅持した。なぜか？　理は無為であるから、世界の区分や変化は気で論議するのがふさわしいと考えたのだ。'気局'、それは気の局限と具体化を通じてみた生命の様相だが、南塘はつぎのように整理した。いわゆる'性の三層説'と呼ばれる有名な論議だ。便宜上二番目から見ることにしよう。

2）因気質：このときの気は、身体的体質の構成を示す。気の分化と錯綜によって凝集した身体的構成を気質と呼ぶ。'気質'はまず生命の種的特性を決定して、意味と様態が具体化する。具体化は制約をも意味する。例えばヘビは足は無くても身体を這わせて進むが、どうやっても空は飛べない。サカナは浮き袋とえらがあるから水の中で息ができるが、水の外では使えない。人間は生物の種の中で最も優れた霊長類である。そうでありえたのは宇宙でもっとも純粋な'材質（気質）'をもつ身体を構成したためだが、こうして人間は思惟や知覚、行動で全ての生物の類をこれほどに超えることができた。要するに因気質は生物学的種の次元に相応する。

3）雑気質：このときの気質は同一の種の下での遺伝的特性と、後天的習性の差と個性を示す。同じヘビでもおとなしいヘビも毒をもつ恐ろしい

ヘビもいるし、野菜を好む者がいるかとおもえば、肉食を好む者がいる。聡明な人も愚鈍な人もいるし、徳行の厚い人がいる反面、前も後も区別がないやくざ者がいる。

蛇足だが、この時の雑気質が許す誤差は、因気質での気質の精錬度に比例する。セミのさなぎに較べてライオンが、ライオンに較べて人間がその習性や気質や行動様態ではるかに多様な振幅と偏差を見せる。これは文化を形成する能力とも比例する。

南塘の発想はかなり自然論的かつ経験的だ。だから人々は巍巌よりも南塘に、同論よりは異論に傾く。このような心情的な同調に力を得て、研究も同論より活発だ。
けれども南塘が朱子や栗谷の正統的継承者であるかどうかは、にわかに断定できない。在来の偏狭な正統論はもう忘れよう。また、正統性よりも独創性が尊重される現代には'逸脱'こそが独創性の徴表でもありうる。

南塘の思惟にもう少し付いて行こう。

先に身体といったが、これには説明が必要だ。朱子学は人間の精神的能力を身体的体質と同じくし、或いはその延長線上にあるものと理解する。時に精神と身体の能力を区別せず、'通体（丸のまま）'で使うのはこのためだ。霊魂と肉身、精神と物質、理性と感性のデカルト的二元論は、東アジアではよそよそしい。"心は気だ"

精神的気質は、他の身体を構成する気質とともに、特定の質料性を持つ。これが南塘の見解の中心だ。人々は異なる'質料性'を持つゆえに、形態と体力、知識と感性が均一でない。ために聖人と凡人、賢い者とのろま、計算に早い者と学問に敏い者など人は千差万別で、それは気質と呼ばれる生来の体質的構成に原因する[15]。

"人間は一人一人が異なって生れる"各々の精神は完璧な無、或いは白

紙ではない。うわべはひたすら静寂なようでも、そこに一定の刺激が与えられ、それに応じた反応をするのだが、反応の仕方に'個性的偏差'があるのを見よ[16]。これを見るに淡然虚明のごとき精神的空間が、無意識を含めて実は一定のコードで満たされていることが分る。これこそが、南塘が粘り強く強調したものだ。この反応の互いに異なる規制（仕組み）は一次的に遺伝によるが、そこに習慣的要素と文化的因子が加わり形成強化される。だから精神の内面コードは純粋ではなく、一定の不純物を含んでいる。もちろんその偏差の地形は互いに異なる。ここで南塘の有名なキャッチフレーズを出そう。"未発心体にも善悪が必ず存在する"

彼にとって'未発'とは現象学的可能性、或いは思惟と行動以前の潜在態を示す。行動に現れなくても'善悪の種子'（南塘自身の表現）は心の静的状態の中で自若である。南塘は自分の主張が"人間の心の中にいつも悪念が居座っている"意味ではないと付け加えた。善悪は潜在的コードで存在するものであって、現実の心理に実在してはいないというのだ。

この主張は栗谷の主気をさらに極端化したものだ。南塘は気は有為、理は無為という栗谷の大前提をもう一歩推し進めて、それなら"理は気によって実質的な制約と制限を受ける存在"ということを明らかにした。彼の考えにわけ入ろう。

"人と物は気の体質の差で別物となり、それに従って理は実質的に限定される。その結果、人が五常の全体を備えているとすれば、物は五常の一部を備えるだけだ。それなのにどうして人と物の性が同じだ

15　もちろん、この枠が固定的で不変的というのではない。人間の場合、その洗練した気質からいくらでも後天的、人為的な訓練を通じて、あるいは消極的に外的環境の変化を通してそれを改変できる。だが、これもまた容易なことではない。朱子はかつて『中庸』の"人が一なら私は十、人が十なら私は百を努力する"の語に、粛然として奮発をしたと述べたことがある。

16　南塘はこの具体的な'体質'の次元で未発を論じている。つまり、各生命の固有な行動様式と可能性を'未発'と見なした。すぐ後に検討することになるが、この根本の地点から南塘と巍巌の思惟が分かれた。

といえるのか"

　本来理気の構想は気の主導にもかかわらず、自若である理をこと上げする。理気は不離だが不雑だから、理はその超越的本質を、気の多様な偏差にもかかわらず、超越的に確保できた。ところが南塘は、この自若なる理を認めない。理気は無間だから別々に動けないので気と関係するか、気に限定された理だけが現実的にあるというのだ。だから"あらゆる性は気質の性のみだ！"これが南塘の主眼だ。

　南塘の学説に接したことのある人は、どうして南塘の三層説の一番目'超気質'を忘れているのかと問うだろう。ようやく超気質を検討できる。
　1）超気質：南塘はこの段階が抽象的普遍であるに過ぎないとした。気を超えた純粋、自若たる本源の理は'沖漠無朕'の形而上学的静寂であるに過ぎず、現実と実質的関係を結んで実質的権能を行使するファクターではないと考えたのだ。南塘は'理一分殊'での理一、そして'理通気局'での理通を'法的次元'に押し上げた。現実への影響はないが、論理的、理性的要請で引き入れた棚の上の宝物のように……[17]。

　このように理を法的次元に分離して、形而下と形而上の統合や不常離と不常雑の均衡を言う朱子や栗谷の体制から、主気にもう一歩踏み出す、鮮明だが危なっかしい一歩だった。
　朱子学は気質の制約を言ってきた。だから孟子の性善が肉身の現実的制約を考慮しない理想論であり、補完が必要だと言ってきた。しかし、この'制約'が宿命的だとか、元来与えられている宇宙的本体の光と自由を損なうなどとは考えなかった。南塘は今、朱子学の根本を揺るがしかねない領域に踏み込んでいるのだ。

17　このような二元化の思惟が彼を『中庸』の独創的な解釈に導いた。'天命之謂性'の天命とは誕生以前の普遍としての理一・理通の世界、超形気の次元を指す。だが、誕生以後は分殊と気局の因気質・雑気質の世界で、彼はただこの次元のみで性を論じるのが現実的だと主張する。

遂庵・権尚夏の同調

このような南塘の考えに、師匠の遂庵・権尚夏が肩入れする。遂庵は尤庵・宋時烈の後をついで、畿湖学の宗主になった人物だ。宗主ではあるが、学問的深さと厳密性では二人の弟子よりも劣っているようだ。例えばこんなことがあった。

ふたりの激烈な論争が一段落し、噂が周辺の門徒たちに広がっていた1716年、巍巖は門下生たちとともに遂庵を訪ねた。すると師匠遂庵は"わたしが子思の'天命の性'を'気質の性'だと言ったことがあるのか"と不平をこぼした。巍巖は"おや、先生の見解が本来そうだったと思いますが？"というや、遂庵は"わたしはそんな覚えはないのに、巍巖、君と君の周辺でそんなふうに噂をしたせいで、わたしが崔邦彦などの笑いものになった"となじった。巍巖は納得しがたくてこういった。"先生が'天命の性'は'気質の性'ではないと言われていたなら喜んで責めを受けますが、以前壬辰年（1712）の手紙には、'天命の性'が孔子の'性相い近し'であり、'上智と下愚は移らず'のその性だとおっしゃったのに、それでは相近と上智下愚不移の性は'本然の性'ですか、'気質の性'ですか？"というので、遂庵が言葉につまり、答えられなかった。

『寒水斎集』に壬辰年の手紙を探してみると、果して巍巖の言葉どおりだった[18]。遂庵はとぼけたのではなく、この問題の扱いが難しく微妙なことを傍証する。実際のところ'天命之謂性'を南塘のように'気質の性'と読む場合、体制内で深刻な問題が惹起される。引き続く'率性之謂道'が素直に読めず、抵抗するのだ。'気質の性'は不完全な性であり、不健全な要素を内部に含んでいる。だから矯正と除去の訓練が必要だ[19]。それが矯正なしに、与えられたそのままの性に'従えば'（率性）それは道を行うことなのか。そうだと言うならば、道徳と修養の大体が傷つく。そのと

18　「答李公挙」、『寒水斎集』巻32。

19　栗谷が学問を一言で'矯気質'、すなわち'気質の矯正'と定義したことを思い浮かべてほしい。

き儒学はもう儒学ではない。この問題を巍巌が集中して正しにかかっている。

師匠の困惑しきった沈黙を待ってのち、巍巌はこのように言う。

　　"万一子思の‘天命の性’が‘気質の性’ならば、舜も盗蹠（とうせき）も‘率性’（天命に従う）した人になるのでしょうか。果してそうでしょうか。朱子は‘万一、気を兼ねて謂うならばすでに率性であるとは謂えない’と言われたではないですか。先生の見解がそうでないならば、壬辰年の該当の文章を急いで訂正し、後学たちに見せるべきではないでしょうか"

このような詰問に対して遂庵はお手上げで、以下の弁明をした。

　　"あの深奥なる性命の理致を、わたしが理解できるものかね。学友たちがしょっちゅう聞いてくるから、仕方なく返事のようにして喋ったものだろうよ。この文章だけ考えなおすのではなくて、この間わたしが性を論じた文を全部より出して、削り捨ててしまいたいね"

巍巌は降伏宣言する師匠をさらに追い込んだ。

　　"子思の‘天命之謂性’という一句はどの先賢も二つに分けたことはないのに、先生は始めて上の部分（天命）は未生前の‘純善の物’として、下の部分（性）は已生後の‘善悪不斉の物’として分けたのですから、これが本当に疑わしいところです。文章の体制からいっても‘天命之謂性’を両分するのなら、残りの二句、‘率性之謂道’と‘修道之謂教’も両分すべきなのに、先生はこれをどうなさるつもりですか"

この問い詰めに対して遂庵はしばらく考えてから、"巍巌、君のさっき、あの質問も答えられない話頭だが、今の話頭も答えられないのだがね"すると一同爆笑となった。

そんなやりとりの末に巍巌は"退陶（李退渓）のような純深の学も理気源頭の一大公案を説明し尽くせず、遂庵のような宏傑の識も性命の実に対して、百世の定論を持ちこたえられないでいる"と嘆いた[20]。

　遂庵は論争向きの人物ではなかったようだ。遂庵の文集『寒水斎集』を一覧すると、南塘への手紙が多いが、大部分が南塘の長くて詳細な意見開陳に対する寸評と追認のみで、遂庵独自の発言は目につかない。

　未発の見解でも、南塘をそのまま受け入れている。未発見解には面白いいきさつがある。

　未発の心体に善悪があるかどうかが論争になるや、巍巌が遂庵に是非を正した。始め遂庵は"未発には善悪がないよ！"と返事した。遂庵のこの返事は、文面上は巍巌の見解を支持している。しかし脈絡が異なっていた。遂庵の考えは潜在的エネルギーが顕在化する前には、動以前の静の状態で

20　"丙申夏、此与晦甫及二参士友、同謁於先師。則先師首言曰、我何嘗以子思所謂天命之性、作気質之性乎。不佞進曰、先生之見、本不如此乎。先師曰、我言本不如此、而只被公挙輩流播、大為崔同知邦彦・金子益之所駁笑。我甚寃苦矣。不佞曰、先生之見、果本如此、則承学誠為万幸。但先生壬辰書、則以天命之性、作孔子所謂相近之性、上知下愚不移之性。相近之性、不移之性、是本然之性耶、抑気質之性耶。以論語本章程朱注、則分明以為気質之性。又天命之性、則朱子以為極本窮源、通天下一性、此将奈何。先生黙然良久。不佞又進曰、子思天命之性、若作気質之性、則舜・跖同為率性底人矣。是然乎。又朱子所謂若兼気言則已説率性之道、不去云者、将何以区処乎。先生之見、信如今日之教、則壬辰書中此一句亟改、而後可示来後矣。先師乃笑曰、元来性命之理、我何曾暁得。近被士友提問、強与之酬答矣。更思不但此一句也。凡係論性文字、并欲全串而刪没之耳。不佞又進曰、天命之性一句、従上聖賢、未嘗折作両頭。而今自先生為始、以上頭為未生前純善之物、以下頭為已生後善悪不斉之物。此小子不能無語氷之惑矣。然此則義理也。積久論執、今不敢更為請教。只敢問中庸開巻第一行凡参句、其文理語法、同乎異乎。若以為異、則小子不敢知。若以為同、則先生既以其第一句頭尾、判然作二物矣。其第二句頭尾率性与道、第参句頭尾修道与教、又当各為一事乎。先師沈思良久曰、公挙従前輒寛不可答底話頭為問。今此話頭、我亦不能答矣。因大笑。座中士友同進者五人、及洛人、則魚聖時有成・徐汝思宗伋、西北人則林勃・金鳳瑞諸友、亦共笑而罷矣。惜乎。以退陶純深之学、於理気之源、終未了一大公案。以先師宏傑之識、又於性命之実、竟未承百世定論。此豈非命也耶"「与宋務観」、『巍巌遺稿』巻10。

は善悪を言うことができないではないかというものだった。巍巌が考える心体の無善悪は現象ではない本体、超越的未発の境地で悪の痕跡がないというものだ。脈絡がどうであっても、南塘はこれを伝え聞いて異議を提起する。南塘は先にも見たが静の状態、エネルギーの積極的活性化以前にも予備的コードが森然として心体に刻印されていると考える。"身体を構成する気質にすでに清濁粋駁があるのだから、心体の善悪と美悪はどうすることもできない運命です。ですから未発でも悪がないとは言えません"この反論に遂庵は、それなりに一理ある話だと相槌を打った。その後遂庵は南塘の見解に立って巍巌の説得を始める。

巍巌の主理的反発

巍巌は南塘が本源の認識を誤解していると嘆息する。彼の考えを整理してみよう。

> "本源の世界、その仁義礼智の理は南塘が考えるように人と物の未生未発の境地、或いは超現実の法的抽象ではなくて、厳然とここに実在する世界だ。本源にあって仁義礼智は陰陽五行とともにある（理気同実）。陰陽の徳は健順であり、仁は木の徳であり、義は金の、礼は火の、智は水の徳ではなかったのか。万物は陰陽五行の変と合でもって生れるのであり、陰陽五行の多様な変奏が万物ならば、陰陽五行の徳、その全てが当然万物に与えられるはずだ"

本源において形而下と形而上は幸せな一致をする。わざとヘーゲル（1770-1831）をパロディー化するが、本源の世界においては"現実的なものは理性的なものであり、理性的なものは現実的なものだ"

南塘とは違って巍巌は、万物の生理的組織に対する遺憾や嫌悪がない。これが二人の考えをわける特徴の一つだ。巍巌の要約に戻ろう。

> "'天命之謂性'と言う。人と物は均等に天命を与えられた。トラが仁を具現し、アリが義を具現することを'不完全'だとか'偏向'しているとは言えない。彼らもまた天命を自分の役割に従って具現す

る天の息子、娘だからだ。陰陽五行があるところには、どこにでも仁
義礼智がある。たまたま複雑な陰陽の転変のさなかで徳性の実現が覆
われたり滞ったりはするが、それでも根本と根源にある五常の自若は
傷つかない”

　そして巍巌は言う。“理と気は同じ実だ！”整理するなら南塘が‘制約’
としての気質を言えば、巍巌は‘具現’としての気質を言う。南塘は人と
物が身体を受けながらも、本然の純粋を失うと考えたが、巍巌は身体は天
命を具体化する道具だと強調した。気質に制約があっても天命の自若を傷
つけないということだ。このように見れば南塘と巍巌は二人とも“流行と
ともに本然の純粋を失うこともある”と言う栗谷の発言を援用しながらも、
南塘は純粋を‘失うほう’に、巍巌は‘まだ失わずに保存するほう’に焦
点をあわせていることがわかる。南塘が酒が半分しか残っていないと言え
ば、巍巌はまだ半分も残っていると言いそうだ……。

　巍巌は南塘が大本と源頭を見ていないと嘆く。南塘は‘理一’の次元、‘理
通’を未生の法的次元で読んでいるが、巍巌は‘理一’と‘理通’が抽象
ではない、具体だと重ねて強調する。彼にとって‘理一’は‘分殊’、‘理
通’は‘気局’にと分離できない統一体だった。‘理一’と‘分殊’、‘理通’
と‘気局’は同一の現象を異なる角度から見たものであり、未生と已生と
か、抽象と具象とかに二元化できないものだ。巍巌はこれが南塘の未到の
処、錯誤の処だと批判して譲らない。

　　　“理の本源は実在する。沖漠無朕は南塘が考えたように、理の無
　　形無為と無造作を強調するためではなく、理の不動の動、動静ではな
　　い動静の妙を教えるための言葉だ。それは寂然不動だが感応して万象
　　に通じる（感而遂通）し、沖漠無朕であるがその空間に万象森然たる、
　　不可思議な実在だ”

　巍巌は遍満する‘絶対’を、気に制約される無気力な存在に引き摺り下
ろすなと強調する。見回しても何の痕跡もないが、そこはまた万象が森の

ように取り巻く奥妙なる存在、極限の静謐だが痕跡に従って役事する世界の実質的力を、どうして無気力な抽象の方に引き摺り下ろすと言うのか。ここは南塘と巍巌の考えが尖鋭に対立するところだ。

　それなら巍巌が退渓のように、理の能発を信じているのかと聞く人がいるだろう。そうではなかった。巍巌は退渓の理発が大本上の一つの誤りだと残念がった。巍巌はいつも栗谷の説に頼って、それを正論とした。滄渓・林泳とか、前に述べた拙修斎・趙聖期などの露骨な主理論にたいする巍巌の批判も、栗谷正論の延長線上にある。

　拙修斎は栗谷の見解通りに、あらゆるものを気の作為に任せてしまえば、理は善悪に積極的に関与できないから、これをどうするのかと悩んだ。滄渓はこれに輪をかけ、栗谷の決まり文句をパロディー化する果敢な主理を提唱した。理気に対する栗谷の定義は"発之者気也、所以発者理也。非気即不能発、非理即無所発"（之を発する者は気なり、発する所以の者は理なり。気に非ざれば即ち発すること能わず、理に非ざれば即ち発する所なし）だった。パロディーは"発之者理也、随而発者気也。非理即不能発、非気即無所乗"（之を発する者は理なり、随いて発する者は気なり。理に非ざれば即ち発すること能わず、気に非ざれば即ち乗る所なし）だ。これは世界の中で活動する物理的力の主体が気ではなく、理にあるという宣言だ。

　巍巌はこのような極端な主理に対して異議を提起した。極端な主理は、理を有為の作用を持った形而下的存在に引き摺り下ろす。理を高めようとして反対に低めてしまうと憂慮したのだ。巍巌によると理は己の手をとって強制し、命令する働きかけはしない。理は理解し難いだろうが、'命令しないのに、させる（使めざるを以て之を使む）'特異な存在だ。巍巌は主理的立場に立ちながらも、理発が極端に過ぎるのを警戒した。南塘と巍巌の論争が、栗谷の主気論的伝統の中の分化と葛藤だと読む理由（所以）がここにある。

　巍巌の主理的傾向は、心の解釈にはっきりと現れている。また整理してみよう。南塘は心が性を'制約'して'歪曲'する側面に焦点を置いたといった。南塘は気質の錯綜と凝集で、心は本源の元気の純粋性をきちんと

保存できなくなる。その結果心は刺激に対する反応や思惟、行動において、標準である中和をまともに発揮できないと考えた。

南塘においては、心と性はそんな点で分裂している。一つは主体という機能であり、一つは客体という理念だ。巍巌はしかし、心と性はこのように分裂できないと考える。彼は、心は性のま近にある！と説得する。明徳の本体を見よ。明徳とは性を湛えている虚霊なる器として、その本体は一点の傷もなく完全だ。そこには永遠の意思の実在としての未発がある。性がはるかかなたの抽象的理念ではなく、人間精神の実在としてまっすぐ立つとき、そのときが中であり、中があってこそ人間性の論議ができると主張する。巍巌は言う。"理と気が同じく実であるように、心と性は一致する（理気同実、心性一致）"そうでないとき理念とか標準とか価値というものは、非現実の空虚な言説に落ちてしまうのだ（懸空に理を説く）。

このような主張に、読者たちは直ちに陽明学を思い浮かべるはずだ。これは心即理の主張と軌道を同じくすることではないか。そうだといえるし、そうでないともいえる。この点は次に見ることにして、巍巌の心性一致をもう少し詳しく見ることにする。

実のところ南塘の未発は、難点を抱えている。何より未発という用語自体が『中庸』の原文脈にあるから、この意味から離れられない。人間の精神、心理的現実を客観的に記述する南塘の〈未発－已発〉構図は、『中庸』の未発の脈絡と食い違い始める。よく知られているように『中庸』は"喜怒哀楽の'未発'を名づけて中といい、発して節度に合うものを和という"（喜怒哀楽の未だ発せざるを之れ中と謂う、発して皆節に中るを之れ和と謂う）といった。この未発の中が'天下の大本'であり、発して節度に合う和は'天下の達道'であるが、（中なる者は天下の大本なり、和なる者は天下の達道なり）、この中和の実現で天地が自分の場（位）を占め、万物が育成されると保障した（中和を致せば天地位し万物育す）。

南塘が言うように、心体が未発の状態で善悪が混在する、そんな雑薄なものであれば、これがどうして天下の大本になれるというのか。それなら堯舜と同じに古代の大盗賊の盗跖も、未発の大本を具現していると言えるではないか。返事に窮した南塘は、朱子を応援団として引用した。事実朱

子は未発を二つの意味に用いた。南塘がそうだったように未発が‘日常的心理の潜在態’といい、また中庸の文脈で‘心体の本源的純粋性’を示すためにも使った。巍巌はしかし『中庸』の原文脈に執着する。その執着は永い熟考と沈潜の末、自ら得た力がさせていた。心を読む彼の標準的教説はこうだ。

　　　　“明徳の本体は聖者にも凡人にも等しく与えられ、血気の清濁は生まれつきの体質としておのおの異なる。明徳は本心であり、天君である。血気は百体に満たされているいわゆる気質だ。天君が主宰すれば心（方寸）が虚明で、血気は身体（百体）に退く。万一天君が主宰しなければ血気が侵犯し、そのため心は本来の明るさを失う。だから未発の真境は、本心が水を湛えたように清澄で専一で（湛一）、血気を退聴させたときとすべきなのに、血気が本心を侵犯して、本来の清明を失った（昏蔽）ときを示すというのか。わたしの疑問はここにある。ここで意見が合致すればこれ以上論議する必要はなく、ここで食い違えばいくら論議しても無駄だ[21]”

　巍巌はここで、心体の独立と主宰を強調する。宇宙にあって理の主宰を言うように、人間においても心の主宰を言うのである。この心は宇宙の志を押し戴いたものだけに、絶対純粋な本体であり主宰だ。気質は身体を構成するもので、心に影響を与える一方、心の主宰によって影響を受けもする。彼にとって心と、いわゆる気質は明らかに別物だ。彼は“心は単なる気質”と言う南塘の見解を否定する。勿論、理と気は同実であるから気だと言えるだろうが、しかし心はほとんど本源の元気であって、粗っぽい気質と同次元で論じられないものだ。

21　“蓋鄙見綱領、明徳本体、則聖凡同得、而血気清濁、則聖凡異稟。明徳、即本心也、天君也。血気、即充於百体者、所謂気質也。天君主宰、則方寸虚明、而血気退聴於百体。天君不宰、則血気侵汨、而方寸旋失其本明。然則未発真境、当論於本心湛一血気退聴之時乎、抑当論於血気侵汨本心昏蔽之時乎。鄙疑本末、不出此数句。於此契、則余可尽契。而於此未契、則多言亦何益哉”「答兪子恭」、『巍巌遺稿』巻10。別の箇所でも、このような趣旨を繰り返し強調している。

身体の気質と精神の気質を分けずに同じ地平で読むのは、南塘とか屛渓・尹鳳九であって、巍巌の見解は立つ所が違う。南塘は気質が体質を構成する質料だから、当然心にも一定のコードが生来的に刻印されていると考えた。その地平は善悪美醜の千差万別、有万不斉（万有りて斉しからず）だ。巍巌の心体には、そのような善悪の多様な地平は存在しない。虚霊洞徹なる、善悪にかかわりのない絶対が座を占めていると主張する。巍巌は南塘と彼に同調する屛渓・尹鳳九に“貴公たちは、心と気質を灑脱<ruby>灑脱<rt>しゃだつ</rt></ruby>したと自負するのか”と言って叱りつけた。

　巍巌は心を通じて人間の尊厳を読んだ。南塘と屛渓の主張のように、善悪が気の作為のみに任されているなら、即ち清気ならば善であり、濁気なら悪でしかありえないなら、真正なる主宰、道徳的責任はどこに求めるのかと気炎を吐く。

　気質に左右されない心の独立を言うことで、巍巌は肉体の決定と束縛に関係なく、真正なる人間の尊厳を言うことができた。彼は気に局限されない理、そこが未発と呼ばれる中の場であり、天命がひっそり息づく所だと強調した。“天命は聖凡と賢愚、堯舜と盗蹠を区別せず、みんなに平等だ。だから全ての人間は尊厳たる存在だ！”

　こんな話をどこかで聞いたことがありはしないか。そうだ。それは実質において陽明学の‘心即理’と区別できない。巍巌は‘心即理’を使わない。‘心即太極’と言い、‘理気同実、心性一致’をよく口にする。心こそは理の体用が現れて、沖漠無朕でありつつ万象が森然とおごそかなところであり、明徳の本体、未発の神秘が住まっているところだ。巍巌は南塘が本体の本源を最後まで悟ることができず、気の全面的決定に目を奪われていると残念がる。

　巍巌の考えを敷衍してみよう

　　“気質の清濁美悪というものは、心の独立的主宰によって一瞬間で無となる。気質に左右され、事物に引っ張り込まれても、一瞬心を取

り戻せば心体の自若と天君の純粋が明らかに顕現する。気質とはそんな点で単なる偶然的、非本質的要素であり、それがどれほど混ざり濁り醜悪でも、ついには心体の本来性を毀損できない"

　ここで脈絡を抑える余裕はないが、より深く知りたい方に後代の論争になった'単指'と'兼指'を説明したい。'単指'と'兼指'は現実の性である'気質の性'において、天命と気質の複合様相を言う用語である。予想されるように、二人が使うこの言葉の意味はかなり違う。南塘の'兼指'は人間の具体性、理が気に堕在した以降を示す。だから'単指'とは具体からの抽象を意味する。現実の善悪混在を離れた本源のその静寂、純粋と称される法的世界を剔出して'単指'と言った。南塘の三層説で、いわゆる超形気の領域が'単指'だ。彼にとって'単指'は、何ら実質的効能や位相を持たない。そんな本源をどこに使おうというのか。巍巌は南塘の論議がまるで"人でなしの仕業を平気でするごろつきが、もともと自分の心はそんなつもりはなかったと強弁するような論法"だと言った。これは理気を理と気に分けて心性を二元化させ、本源の主宰を失い、道徳の土台を突き崩す教説だと批判した。

　巍巌にとって'単指'は抽象ではない具体であり、虚像ではない生き生きした現実だ。明徳の本体は気質に侵犯されないとき、本源の純粋を発現する。ここがまさに'単指'であり、'気質との交渉を持たない'という意味だ。そうであるなら'兼指'の意味も自明だ。天君が一瞬主宰を失い、気質から干渉と侵犯をうけるとき、このときが'兼指'だ。とすれば巍巌にとっては'単指'も具体、'兼指'も具体だ。巍巌は'単指'の絶対に立ち、'兼指'の汚染を警戒して取り締まりをいう。一方の南塘は'兼指'のみが具体で、'単指'は抽象や要請に過ぎない。

醤油の比喩

　今まで南塘と巍巌の論議を比較し、解説してきた。要点を確認、整頓する意味で、論弁に援用された面白い比喩を一つ。日常的対話や弁論にも比

喩は役立つ。とりわけ形而上と形而下の錯綜をたどって検討するには、多様な比喩と類比が欠かせない。昔、退渓と栗谷が四端七情と人心道心を論じるとき、'馬と人'が登場し、栗谷が理気の不離と理通気局を強調するとき'瓶とその中に閉じ込められた空気''容器とそこに湛えられた水'を、仏教から借用したことがある。南塘と巍巌、そして遂庵たちが使った比喩は'醤油'だ。

以前　1）遂庵が未発の無善悪を口にして　2）巍巌の同意を得たが　3）南塘の反論に説得されて、見解を変えたと言った。巍巌に同意したとはいうが、同じ未発の無善悪であっても、遂庵と巍巌に内在する脈絡ははっきり違うことも見た。遂庵の未発無善悪は、善悪と言う已発の現実化以降のことであるのみ、潜在する未発に適用できない。事実、周敦頤も「太極図説」で"五性が感じて動いた後に善悪の幾しが分かれる"と言ったことがある。そんな趣旨を遂庵は、醤油の味にたとえた。"醤油の良し悪しは、味をみなくちゃ分らないじゃないか。同じように、未発では善悪を論じられない。味をみる前に、醤油の味が薄いか濃いかは論じられない"当然南塘は違ったことをいう。"もちろん舐めてみてこそ味が分る。しかし舐めなくてもどんな味になるかは、前もって決定されている"ここまでは導入だ。

　さて、それでは醤油の味はどのように決定されるのか、或いは何が決定するのか。ここで醤油の味は、'性'に該当することを伝えておきたい。醤油の味は大まかに水、大豆、塩の質が左右する。水は清浄な岩清水であることが前提だ。水がでたらめでは、この比喩は成り立たない。水は'理'、大豆と塩は'気'に当たる。予想されるように、南塘は醤油の味（性）を決定するのは大豆と塩（気）だと言う。大豆と塩で醤油の味はすでに決定していた。ここに本来の水は姿がない。勿論醤油の味を決める要素ではない。水はうまい醤油になることを望むだろうが、大豆と塩の現実が期待を背く。水、大豆、塩が混ざれば水は消え、味が薄いとかしょっぱい醤油があるだけだ。ところが巍巌は醤油をなめつつ、しきりにあの石清水の味だと言い張っているのではないか。

　巍巌にとってこの比喩は釈然としなかっただろう。巍巌は水が大豆・塩などと混って醤油になる比喩に言いがかりはつけていない。それなのに南

塘はなぜ本来の水に対して何も言わないのだろうか。巍巌はこの比喩より先に醤油がうまく発酵するかしないかにかかわらず、水の本体は彼此なく自若だと言いたかったはずだ。巍巌の視角では、醤油の比喩は適切でない。醤油には以前の水の味を求める方法がないのだ。

巍巌は他の比喩がほしかったのではないか。水が大豆や塩に混ざり合う醤油は、化学的変化を起こすから面白くない。物理的に混在し、且つ本来の特性と形態を損なわない比喩がよい。巍巌を盛り立てるために、湧き水や雨水を汲んできて反論してみよう。ごみで濁っているが静かにおけば澄む。この澄んだ水が本然の性、未発の心体であり、浮いたごみは気質と言うのではないだろうか。ごみがどんなに水を濁らせ、渦巻こうとも、水の透明性と純粋性は損なわれない。ごみは偶然入ったものに過ぎない。（この比喩は後日、洛論から発展した鹿門・任聖周が採択したものだ）

異議と課題——自然的本性に対する尊重と実学

南塘と巍巌の論弁を追いつつ幾つかの感想を述べ、残る疑問はこの後の研究のテーマとしたい。

1）人物性同異論を取り巻く歴史的実情に関する問題。通念では南塘と巍巌の学問的な議論に、湖西（忠清道）と京畿（ソウル近郊）の学者たちが仲間割れして、湖・洛の学派が成立したとなっている。ところが文錫胤教授が学位論文で新たな見方を打ち出した[22]。人物性同異論以前に、湖西の湖学と京畿の洛学が成立していたというのだ。この二学はそれなりの伝統の下に、独特の学風を打ちたてつつあった。湖学は遂庵・権尚夏を軸に、主気の人物性相異を固めつつあったとすれば、洛学は農巌・金昌協を宗主として主理の人物性相同を定位させていた。巍巌は湖学の成立に疑問をもち、批判的寄与をした人物だ。その考え方が偶然、洛学の宗旨に近かったにすぎない。言いかえれば、巍巌が洛学を主導したわけではない。これは

22　文錫胤前掲書。

面白い考え方であり、充分に論議すべきだ。

　2）湖洛論争を栗谷学派の内部問題としてのみ考えていいのだろうか。南塘も巍巖も実際に栗谷を論弁の根拠にしている。しかし二人とも栗谷の思惟の忠実な再確認者ではなかった。継承と拡張、発展と逸脱が同時進行しているからだ。南塘と巍巖の論弁は、小さくは栗谷学派内部の自己分化だが、それを取り巻く同心円には栗谷中心の独占的学説に対抗する、退渓の周辺的挑戦がある。もっと大きい同心円は、朱子学と陽明学の対置として読める。わたしはこのような多層位の同心円的構造を、カトリックの西学も含めて、主気と主理という古い構図によって整理している最中だ。この多層的対置の中心には、理の主宰を取り巻く認識がある。

　3）南塘は人間以外の存在を不完全と見るし、その醜さに対する嫌悪のようなものがある。気質が濁薄だから仁義礼智を充分に与えられなかったという考え方は、人間の高貴性を自然世界で独歩的なものとし、排他的に確認したい意図を秘めている。それだけではない。この嫌悪感はすぐさま人間にも拡散する。人間にも気質の偏差があり、気質による善悪が生理的に胚胎されることになって、人間に対する不平等と偏見を鼓吹するようになる。この発想は中原を支配する野蛮人に向かう嫌悪と深く結びついている。気質の決定は、人間が全て人間ではないという考えを含んでいる。夷狄は禽獣とほとんど同意語だった。老論の執権イデオロギーは反清を掲げる明への義理、その名分が支えていた。中原を武力で踏みつけて、小中華の屈辱を朝鮮に強要した野蛮な清の輩たちが、自分たちと同じ人間であることを、彼らはすんなりとは受け入れなかったのだ。

　4）わたしは朝鮮後期思想史で、通念とは異る事実を一つ確認している。一般的に朝鮮後期性理学は内面性から外面性に、抽象から具体に、普遍から特殊に、全体から個別的関心に展開されるというのが、いわゆる実学的前提での推測であろう。すると主理よりは主気の傾向が優勢になっていくはずで、またそのように言っている。ところが実情は異なる。
　実学の系統で最も伝統破壊的で、革新的で、果敢な動きをしたのは北学

派だ。経世致用学派たちが、性理学が疎かにしていた経世の側面を発掘、拡張したとすれば、北学派たちはその時代の頑強な通念に挑戦した者たちだ。宋時烈と孝宗の北伐論が名分の大勢を形成し、華夷論的区分が厳格だった時代に、北学は野蛮人に学ばなければならないと主張した。商業と経済、科学と技術に献身的努力をした洪大容（1731-1783）と朴趾源（1737-1805）の学派的、師承的淵源は何と洛学だ。北学派の先駆者格である洪大容は、金昌協の門人である金元行（1702-1772）の門人だったし、朴趾源は洛学の巨頭、魚有鳳（1672-1744）の孫弟子だ。そして彼らは血縁でもある。洛学の泰斗である金昌協と趙聖期は、自然科学的関心が目立つ。金昌協と趙聖期も、栗谷系統の主気的傾向を批判して退渓の教説に同調、あるいは好意的な主理的人物たちだった。この事態をどのように理解すればいいのか。湖論よりは洛論が、言い換えれば人物性の同一性を形而上学的に極力弁護したのは、より積極的に自然に関心を持ち具体的探求を進捗させた主理的人物たちであり、主気的人物たちではない逆説を [23]。

　実学の集大成者と称される丁若鏞（1762-1836）は、自然がそのもの自体で意味を持つというより、人間の生のための空間であり、生存と繁栄を可能にしてくれる材料として意味を持つと考えた。自然は天人合一の対象ではなく、人類の生存と福祉のために利用され、管理されるべき対象としての意味を持つ。丁若鏞に関する限り、この部分は間違いない。しかし万一、このような自然観こそが科学的思考と関心をもたらしたと判断するならば、それは正しくない。

　歴史をさかのぼれば丁若鏞が自身の学問の究極的依り所とした孔孟儒学は、徹底した人文主義的志向を持つが、科学には関心がなかった。科学は、人間と万物が根源において差がないと考える道家で花咲いた。糞や腐った

23　劉奉学「北学思想の形成」『燕巌一派の北学思想研究』（一志社、1995）が、この問題を直接論じている。彼は人物性同異論が哲学的論争でありながら、社会政治的な秩序の構想、ひいては対外的交渉の態度にまでつながっていることを実証的に論証した。彼は"すべての人の本性が、それだけでなく動物も含めて'同等である'"とする洛論の破格的主張が北学派の系譜学的な思想規範であり、ここから礼楽の現実化、科学的探求、対外的開放と学習の雰囲気が育つことが可能になったという。私も彼の意見にまったく同意する。

肥料にも道があると言うことで、中国の科学が始まったのだ。自然に対する偏見を払拭し、自然を畏敬して始めて科学は花開く。

　朝鮮後期の洛論と北学のつながりも、ここに求めることができるのではないか。洛論は万物の尊厳を人間と同じ水準に引き上げた。洪大容は『医山問答』で実翁の口を借りて、人は禽獣や草木よりも尊いという虚子の言葉を否定する。物の立場から見れば物が人よりも尊いということ、そしてあの天辺の天から見れば、人も物もともに尊いという論理を繰り広げる。朴趾源は洛論のように、水にも礼儀があると言った。水から見れば人もまた水の一つであり、人間の性が善であればトラの性も善だというのだ。このような発想を近代科学は相手にしないはずだ。けれども科学が必ずしも、'近代的'モデルとしてのみあるわけではない。とりわけこのような天人合一の自然観が、近代以降の新たな科学のための、大切な資源であるかもしれない。

18 世紀　上からの改革論

5章　君師正祖（チョンジョ）、再び朱子学を高く歌う

タバコで憂さを晴らす君主

　正祖（第22代国王、在位1776-1800）は学者であり、政治家であった。優れた学者だが、朱子学だけでは満足しない批判的懐疑主義者であり、政治家だが徒党を組む士大夫ではない天下の最高責任者、帝王だった。だからこそ正祖の'学問'が、当時の士大夫とは段違いの高みにある。

　朱子学は内面の道徳的完成を目指す道学、この理想主義を土台とする。しかし君主の前に立ちはだかる'政治'は、士大夫の権力を生む党派を操縦し、民生日用の問題を解決するのが現実だから、道徳や理想は重すぎる。道学の理想主義と政治の現実主義はたちまち衝突し、不協和音を奏でる。朝鮮の士大夫たちは、政治に理想主義を適用した結果、みんな引っくり返ってしまったといえば言いすぎだろうか。

　退渓（テゲ）は引き下がって隠居するしかなく、栗谷（ユルゴク）は必死で出て行ったが、疲れ果てて倒れた。とりわけて正祖は、安定した守りの幸せを味わうことができなかった。祖父の英祖（ヨンジョ）（第21代国王、在位1724-1776）の手によって父の思悼世子（サドセジャ）（1735-1762）を不条理な死によって失った。臣下たちは党派に分かれて激烈な分裂、対立を繰り返すし、自分はまたいつ終わるとも知れない暗殺の脅威にさらされていた。譲り受けた国は二度の戦争で民生は疲弊しているのに、政治は党派に引き裂かれている。丁若鏞（チョンヤギョン）の言葉のように"毛の先一本きれいなものがない"、そんな国だった。

　士大夫とは違い、君主の正祖には帰っていける山林がなく、引き下がる旧居がなかった。彼には、'出て行く'一本道しかなかった。進むにしても彼は、法家のマキアベリ的な権謀術数を選ばず、儒学の礼教と民本を実

現しようとした。そんな意味で彼は儒学の'学問'精神に徹底しようとした人物だ。成功したか。儒学の理念と方法に精通し、それを現実に適用するのは、昔孔子が一度夢見ただけで、歴史的にいまだ一度もきちんと実験されたことのない企画だった。

次がその'挑戦'をうかがい知る暫定的報告書だ。まだ『弘斎全書』どころか、経学の成果である『孟子』部分を一瞥しただけで、本格的論説をする場ではないが、正祖が学問をどのように認識していたかの一端は描けると思う。

正祖は生涯を書物とともに生きた、好学の君主だった。

わたしは若い頃から他に趣味がなく、書物ばかり読んできた。研究に没頭して心身の疲労がたまり、それがもう数十年になる。書物が原因の病が胸に詰まっているから、一睡もできず、夜を明かすこともあった。即位してからは書物を読む習慣が政務に移り、症状が一層ひどくなった。何とかして治そうと服用した檳榔の実と鉈豆だけでも斤単位、袋単位で計算できるほどだ。八方手を尽くして手に入れた薬だが、効果があったのは南霊草（煙草）だけだ。火の気で痰を攻撃するから胸のつかえが取れ、煙で作る液が肺をぬらして熟睡させてくれた。政治の得失を深く考えるとき、もつれた思いを澄んだ鏡のように照らして、核心を見せてくれるのもこの力だし、文字をたどっていると目眩がするような流れや系統も、秤の錘りのように重心をさがして平らにしてくれる[1]。

正祖の日常の一場面がくっきりと描かれているではないか。書物と人間に疲れ果てた身を煙草の煙で慰める姿は、まるで映画の一シーンだ。君主

1　"予自少無他癖、惟癖於看書。研究耽躓、積労心体、数十年。巻中之祟、遂至於膈常滞、而夜或徹。及夫臨御以来、看書之癖、一移之機務之間、為祟滋多。喫著檳藿、計以斛包。求薬百方、惟得力於是草。火気攻痰、而膈滞自消、烟津潤肺、而夜睡得穏。沈唫於彌綸之得失、則棼錯之擾、清鑑以操要者、其力也。推敲於丹鉛之甲乙、則鉥劌之煩、平衡以秤出者、其力也"「南霊草」、『弘斎全書』巻52、策問5。

の処理を待つ業務が山のようだ。重要法案の成敗の原因を調べつくし、施行を督励し、結果を点検する全てが、正祖の手にかかっていた。加えて政治的葛藤と党派争い、それどころか殺される危険さえあったから、そのストレスは想像を絶する。

それでも彼は書物を手から離さない。書物を通じて先賢たちの知恵を学び、古今の事跡を推し量り、政治的技術に適用することを日ごと怠らない。それが自分に課せられた仕事だからと覚悟して成された正祖の学問が、生易しいものであるはずがない。彼は経典のいくつもの層を緻密に省察し、既存の解釈を鋭利に問うていく。彼が投げる質問の矢は全方位的だ。誰も疑わない場所に刃を突きつけ、誰もが疑う場所を一挙に収容する自得を誇示する[2]。

かまびすしい考証に、稗官小品の文体とは、俗学たちは消えろ

こんな正祖だから、宋学以降に流行した漢学的気風に共感したはずだと思うのは早とちりで、その反対なのだ。彼は何よりも明末清初の考証と訓詁の傾向を憂慮し、警戒している。

俗学の弊害がはなはだしい。明末清初の諸家たちの憔悴した、風変わりな文体が出現してから、煩雑な文章や飾り立てた文章が勢いを得て花咲き、生い茂っている。諧謔と小説（小説や野史などの雑文）は蜜のように甘いらしい。宋代の儒学を陳腐だと決め付け、唐宋の八家を模倣だとあざ笑って、いつか百年余り過ぎた。奇怪さを競って日を追い月ごとに盛んになって世間が騒がしい。風俗が誘惑するから、内なる心は浮ついた考えばかりで、外たる社会では堕落した習性が持病になっている[3]。

2　「大学」、『弘斎全書』巻50、策問3。

俗学とは堕落した学問という意味だ。この当時、文章は唐宋の古文を捨て稗官に入りつつあり、'経学'は朱子学の正統から抜け出し、自由に考証が行われるようになっていた。正統な格式にとらわれない文体が、生活の卑俗で日常的側面を扱うことができるようになり、経学もまた厳格な道徳律を離れて、客観的探求の領域を開拓していた。

つまりは儒教文明に亀裂の入る音を、学問の前哨基地で感知していたのだ。正祖はこのような脱古典的傾向を深く憂慮した。この点で彼は天性の保守主義者だ。彼には民生の苦境や朝廷の紊乱よりも、文章を大切にする風習とか学術の危機が憂慮すべき根本問題であった。考えだすと夜も眠れない、うろうろと壁を伝い歩く心情を吐露している。

ところで今の経術が、なぜ昔のあり方からこれほど遠くなってしまったのか。物名の穿鑿に力を注ぎ、器物の詮議にうるさく、考証に縛られた弁論にへばりつくから、大義の帰結するところに踏み込んで著者の心を掌握できない。その弊害はまるで、女史が内容を理解せず詩を暗誦するようなもので、天人性命と聞けば陳腐と決めつけ、敬義存養をたわけ者とあざ笑う。天も地も恐れず大声で叫ぶことには、誰も発見できなかったのに'わたしが発見したんだぞ'と自慢するが、その実は荒っぽく浮ついた見識だから指摘を間違って逆の解釈をしたり、せいぜい前人たちが関心を持たなかった程度の些少なことにすぎない。

アー、墨汁は無言だから筆が駆り立てるところを受けて記し、紙は無情だから切られてもついていくのが今日の経術というものだ。わたしは新たな書籍の購入を禁じたが、禁じたいはずがあろうか。ただ、いろいろな書物を求めて読むだけの学問が、何か特段の助けにならない上に、浮薄な習性が体質化した結果、文辞や品行もみんなこんな有

3　"王若曰、甚矣、俗学之弊也。自有明末清初諸家、噍殺詖淫之体出、而繁文剰、燦然若華、詼諧劇談、甘於飴蜜。且宋儒為陳腐、嗤八家為依様者、且百余年矣。競相奇詭、日甚月盛、以孜孜於謔世炫俗之音。浮念側出于内、流習交痼于外"「俗学」、『弘斎全書』巻50、策問3。

様だ。机に積まれた稗官小説を恥ずかしいとも思わず、座席に広がった珍奇なおもちゃの趣向を高尚なものと考えている。このため風俗は日ごとによじれ、奢侈も盛んだ。異端と邪学が次第にその隙間に忍び込み、経術がこの先消える可能性もあるのに、これから世間の道理をどのように導き、人心はどのようになるべきなのか[4]。

学問が現実との緊張を失っていた。俗学に対する正祖の反感が膨大な注釈と煩雑な文章の遺産を掃き捨ててしまうほうがましだという、極端なことまで考えさせた。彼は言う。"秦始皇が焚書坑儒したため、かえって経典を保存する契機となった"漢代以降に経典に対する注釈が積み重なって、むしろ経典の意味が曖昧になり、知識の活用が阻害されたというのだが、これは経学の逆説を指摘した卓見といえよう。

　大体において学術を支えるのは書籍だ。しかしここに瘤やできもののようにくっついた（注釈や解説、論議のような）ものは役に立たないどころか、学術を乱し、汚すだけだ。秦始皇が経典を焼き払ったから経典が保存され、漢代の儒学が経典を注釈したから経典が衰残したというが、それはこのことを言っている。このごろ何人もの臣下が西洋の学説を排斥するのだが、わたしは正学を明らかにすることこそ、異端を退ける根本的な力になると考える。加えて明末清初の書籍が正学を荒廃させたと考えてきた。あれら俗学の、恥を知らず這い蹲るのが、

4　"爾今之所謂経術者、何与此大相遠也。鶩於物名、詳於器械、泥於考証、膠於弁博、而曾莫能究其大義之所帰、以獲作者之心。故其弊也、如女史之誦詩。天人性命、則目之以陳腐、敬義存養、則笑之為迂滞、而其所胡叫胡喊、不怕天不怕地。自詫以発所未発者、苟非粗見浮識之謬検錯解者、不過是前人不経意而仍旧貫処。（…）惜乎、烟墨不言、受其駆染、紙札無情、任其搖劈者、殆今之経術之謂乎。予所以禁購新書、豈得已也。惟其渉猟之学、無頼於実得、浮薄之習、回耐於近裏、則推之為文辞也行検也。無往非此箇様子、而堆案之稗官小説、略無愧色、匝席之珍玩淫技、認作雅致。風俗由此日乖、奢侈職是日盛、駸駸乎異端邪学之干其間、而経之術、或幾乎息矣。恤恤乎思深哉、将如世道何、如人心何"「経術」、『弘斎全書』巻51、策問4。

ただ知識の不足や見解が卑俗なせいだけであろうか。心からこれを反省して真の学問に進み、六経を寝場所にし、『左伝』『史記』を居室とし、八大家を門塀にするには越さねばならぬ渡しは広くも広く、霧のかかった海のようで、かき分けて進むべき道は乱れ乱れた栁糸みたいだ。度量の小さい人間にすれば大海を前にしたようなもので、ため息つきつつ引き返さざるを得ないだろう。

だから人々は（海を渡ることができない挫折感から）今、近くにある抜け道の一つを選び、その道を飾り立て、恥知らずにも大声を上げている。昔の人たちが大したことではないと判断して取り上げなかったものを、偶然拾い上げて大発見でもしたように自ら悟ったと大声で喧伝すれば、多勢でこれを真似るからけしからぬ。見識のある人がこれを見れば、井戸の蛙が俺が一番高く飛べると、力んでいる様子に見えないだろうか。

わたしに徳はないが君師の立場にあるのだから、このための旗を掲げて誓約を発し、真偽を確かめて是非を考え、混濁した一代の文風と儒学者の趣向を、軽薄から重厚に戻すことは職務上当然だ。このように考えて明末清初の諸家の雑書購入を禁止した。しかし購入の禁止は幹ではなく枝葉だ。どうすれば人をして実体験させ、世俗が小品を嫌うようになるだろうか。禁止しなくても経典ではない書物、正当でない言説を全て断ち切り、純粋に堯、舜、禹、湯、文、武、周公、孔子の道に邁進するようになるのか。世のあり方をただし、道を保護する要がここにある、ここにある[5]。

この判断には少なからず驚かされる。正祖は今、明末清初の考証学や稗官文章が、真正なる学問の茫々たる大海を引き受けることができなかった下種どもの‘逃避’、と言っているではないか。この怒りの声は、この間私たちが想像していた正祖のものとはかなり違う。

最近の文学史は、小品（小説）が事物のディテールをあるがまま描写して、具体的情感を自由に表現できるようにしたと賞賛してきた。そしてこのような事実性こそが、実学の革新を牽引する文学のフロンティアだと聞かされてきた。ところが実学の中心にいるべき正祖が、この‘事実性’の

風潮、自由な文体、実証的文献研究の手綱をしぼろうとしているのだ。正祖はとうとうあの有名な文体反正（学問の文体を正しく戻す）を打ち出し、これら‘俗学’を弾圧していった。

正祖は漢訳の西学書も俗学の範疇に含めた。西学に二つの流れがある。その一は西洋の科学文明で、その二は科学文明について入ってきたキリスト教だ。新進の学者仲間は明末以降流行した考証学とともに、北京経由の漢訳西学書に深く傾倒した。この書を読んでいなければ識者の部類に入れてもらえず、対話に参加することもできないほどだったという。西洋科学の斬新な理論と応用力に驚いた人びとは、西学の宗教的世界観とキリスト教的人間理解に関心を持つようになり、後にはこれを深く信奉する人たちまで現れた。

まちがいなく西学は朱子学の‘知識’の地平を広げてくれたし、朱子学が扱わなかった‘宗教’を引き入れた。ところが正祖は、この西学にもイエローカードを突きつけた。これは彼の協力者だった茶山の態度とは、まったく異なる。なぜか。

西学に一部の学者たちが傾倒したのには理由があった。朱子学は明確な自然論でもなく、明確な神学でもない模糊とした折衷の体系である。だから科学でもないし、宗教にもなれない。退渓と栗谷の哲学的論弁から人物

5　“夫学術之所頼而維持者書籍、而至其附贅懸疣、非惟不足維持、反有以汩乱之滓穢之。所謂秦人焚経而経存、漢儒箋経而経残者、此之義也。予於近日諸臣之力斥西洋説也、惓惓以明正学、為闢異端之本。而又嘗以明末清初之書、為正学之榛蕪。彼俗学之匍匐不知恥者、豈但曰識不逮而見太卑而已乎哉。誠欲使反而求諸就実之学、寝廟於六経、堂奥於左史、門墻於八家、則津渉浩如烟海、披剝紛如縷糸。斗筲之力量、不得不望洋回首。於是乎旁占一条便宜之逕、為可以粉飾塗沢、大言不慙。而前人之瑣細而不屑為者、依俙若偶有遺検、則竊竊然自以為知、叫囂挪揄、群起而摹揚之。唉哉、由識者観之、其不殆井蠢之相跨峙也乎。予雖否徳、忝在君師之位、為之建旗鼓申誓命、黜陟於真偽、格量其是非、而一代之文風士趨、改澆漓、帰敦朴、職固宜然。是以有明末清初、諸家雑書購貿之禁、而禁貿猶末也。何以則人踏実地、俗厭小品、無事於禁、而幷絶不経非法之書与言、純然用工於堯舜禹湯文武周公孔子之道歟。矯世衛道之一大機括、其在是也、其在是也”「俗学」、『弘斎全書』巻50、策問3。

性同異論までの論弁は、この曖昧さを解決ではなく折衷して最初の車輪を回したといえる。西学は朱子学に混在する科学と宗教を分離する、触媒的役割を果たした。自然学を分化させて自然科学的関心に導き、宗教は自然学のかなたに超越的神学を独立させた。

朱子学の自然と神学が挑戦を受けていた。自然と神学の中枢が動揺すれば、この上に立つ文化的アイデンティティ、社会的秩序もまた危うくなる。正祖はこのような逸脱と解体の兆候をつぶし、ここかしこ崩れて水が漏る状況を防ぐべく力を注いだ。正祖は‘朱子学を復旧’しようとしたのだ。正祖は正学である朱子学の守護者を自任し、俗学を批判して文体反正を主導した。

再び朱子学が道だ

正祖は滔滔たる実学の時代に‘朱子を学ぼう’と、改革君主のイメージにそぐわないことを言いだした。彼ははっきりと言う。

> 経術がほつれてきた原因はどこにあると考えるか。私は新しいものを好むことにその糸口があり、無作法な姿勢が極端な状況をもたらしたと考える。新しいものを好めば菽粟(豆・穀物類)の平凡さが嫌になる。厳粛でないから先賢を侮るようになる。これを変えるきっかけは多分、まことの経術に従事して‘朱子先生をきちんと学ぶこと’(善く朱夫子を学ぶ)にあるのではないか。どうすれば聖人以外の話、やましい文章を汚水のように吾等の外に流し捨て、一時代の風潮を九経の正しい脈絡と真正な伝統に力を入れるようになるだろうか。家ごとに師の場を用意して全ての人が講義を聞くように一変させれば、道にいたる効果を得ることができるだろうか[6]。

正祖は新たなものを警戒し、古いものを求める。“聖人の言葉でないもの(非聖の言)、永遠の価値を持たないもの(不経の字)は、もう捨てなけ

ればならない”と言いつつ釘を刺す。“道は朱子をよく学ぶところにある”こうして正祖は、自分が朱子学の正統主義者であることを明らかにした。

この宣言は、改革精神を朱子学への批判と克服に求めた人々を失望させるかもしれない。正祖が誰だというのか。朝鮮後期、改革による新たな時代を熱望した啓蒙君主ではなかったか。驚くことに彼は朱子学の中で、いや朱子学の根本主義の中でのみ‘改革’が可能だと信じ、それを実験した人物だった。

だからと老論（ノロン）主流や朱子学者たちは喜べない。正祖の朱子学はわたしたちが知っている朱子学ではなく、とりわけ老論が守ろうとした朱子学ではまったくない。

正祖は朱子学を‘それ自体を’墨守したのではない。言い換えれば朱子の一言一句を暗記し実行して満足したのではない。朱子を棚にいただいて礼拝することこそ、朱子精神にそむくという。彼は言う。

経典を尊重したければ、まず朱子を尊重することを知らねばならない。朱子を尊重するには要領がある。それは疑いがないところを疑い、疑いがあるのに疑わないことだ[7]。

学問の秘訣をこのように簡潔につかみ出した人がいるだろうか。私はこの段落で、正祖が学問の仕方を知る人物だと僭越ながら認めた。学問は知っていることと知らないこと、テキストと現実、そして権威と主体との戦いだ。この弁証法的過程はかなり疲れるものだし苦痛だから、た

6 　“経術所以受弊之源、子大夫尚能悉其由乎。予則曰好新以開其端、無厳以致其極。好新故厭菽粟、無厳故侮聖賢。此其転移之機、顧不在於従事真経術、而善学朱夫子乎。何以則非聖之言、不経之字、棄之笆籬、視同垢穢、而使一世之風声習尚、俛焉孳孳於九経之正脈真伝、以之家設重席、人操麈尾、而食一変至道之効験”「経術」、『弘斎全書』巻51、策問4。

7 　“常謂欲尊経者、当先知尊朱。而尊朱之要、又在於無疑而有疑、有疑而無疑”「大学」、『弘斎全書』巻50、策問3。

いていの人は避けたがる。ただもう押し戴いて仕えることで学問とする傾向は、生れるべくして生れたのだ。けれども盲従と墨守こそが学問の大敵だ。近代の百年は西洋の百貨を輸入流布させることで満足し、はたまた伝統の価値を推薦し追従することに目がないが、この二つとも学問の正道ではない。

　正祖は朱子をよく学ぶには、'疑う事'だと言う。この態度は正統の立場からすれば、不純な異端として断罪するに充分だ。けれども疑わずに学べるのか。正祖は学問の病弊中、最も重いものは疑わないことだという。正祖の基準では正統的で朱子学的だという人こそ、もっとも非朱子学的だという逆説が成立する。

　疑わない態度にしても二つの型がある。一つは経典が伝えるメッセージの'省察'に関心がないもの。もう一つは経典を出世や科挙の道具にすることだ。活発な哲学的論争があったではないかと言う人もいる。私は朝鮮儒学の全体を見るとき、理解と習得、そして論弁において批判的懐疑と徹底が足りなかったと思う。朱子学の根本前提にタックルするのをためらい、形而上学的設計そのものを疑う労を惜しんだ。何よりも論争を終らせる最終権威者が朱子で、その言葉に頼っていた点を胸を痛めつつ指摘したい。

　正祖は朱子学をオウムのように覚えて、盲目的に守ると言う人々に対してこのように言う。

　　　異端は言うに及ばず、この学問に従事するわが儒者たちさえ、孔子と子思の言葉を暗誦していても、孔子と子思の教えに背く。天人と性命の根源について虚空の花が香るような講義をしながらも、その行動をよく考察してみれば、書物の中の義理と一致する部分がほとんどないが、大体のところ皆似たようなものだ。
　　　事物がまだ到来しないときに存養するというが、それがどのような物か知らず、ひそかに一人省察することがどんなことか知らない。静かなときは昏昧で陰気で、まるで割れない石ころのように固まり、動くときは放縦で、飼い慣らせない猛々しい馬の勢いだ。天理は日ごと

消滅し、人欲は日ごとに繁殖するから'大本'が立たず、'達道'が行われない。はなはだしくは小人でありながら誰はばからず、忌憚のない心境に至る。子思が深い懸念と遠大な考えで昔の聖人を継承し、将来を開こうとした功績が、紙の上の虚ろな言葉になってしまうだろう。

　今、覚悟してこの習性を捨て、真実の心で見て読み、字句と訓詁を口と耳にのみ任せず、文辞と義理を必ず心身で体験し、孤独な（屋漏）探求に心を尽くし、純粋と詳細（精一）の要点を深く悟り、ついには善を選んで堅く握り、徳を磨いて道を形成する。聖人や賢人が粘り強く考え尽くし、心のもち方の法を伝えたことを生かしていくには、その道理をどのようにすればよいだろうか[8]。

どう考えても学問は、経典を暗誦して答案をうまく書くためのものではない。"字句と訓詁を口と耳にのみ任せず、文辞と義理を心身で体験し、孤独な（屋漏）探求に心を尽くし、純粋と詳細（精一）の要点を深く悟らねばならない"他者であるテキストを自分の心身に体験的に確認しようとするとき、省察と批判的解釈が目を覚まし、作動し始める。

テキストは状況と文脈をありのまま見せないし、適用の深さと可能性を全ては見せない。このことからも文章を額面どおり信じてもいけないし、聞いて覚えたと満足してもいけない。『論語』を例にとっても 1）当代の言語と文化、時代と習俗の理解なくては、孔子個人の生と価値を充分に読み取ることができず、2）その言説は直説だけでなく、風刺と比喩、譲歩と感嘆、ウィットとユーモアが混ざり合っているから、真の意図をつかみ

8　"然異端固不足道、而吾儒之従事斯学者、誦孔思之言、而反孔思之訓。天人性命之原、雖説得天花乱墜、夷考其所為、与夫巻中義理、無幾相合者、滔滔皆是。事物未来之時、不知存養之為何物、隠微幽独之地、不知省察之為何事。静而昏昧、有頑石不劈之状。動而放縦、有悍馬不羈之勢。天理日消、人欲日滋、而大本不立、達道不行。甚至於小人而無忌憚之境。其将使子思憂深慮遠継往開来之功、但為紙上之空言而止耶。今欲痛祛旧習、実心看読、字句訓詁、毋委信乎口耳、文詞義理、必思体于身心、克尽屋漏之工、深得精一之要、終底於択善固執、修徳凝道。而用不負前聖後聖喫緊為人之伝心伝法、則其道何由"「中庸」、『弘斎全書』巻50、策問3。

出すことは易しくない。3）真の意味をつかみ出したとしても、その知識と勧告は読者であるわたしと‘距離’がある。この不一致から努力や奮起のみならず批判と疑惑がもたらされるが、それこそが‘学問’が形成される場所なのだ。だからテキストは誰にとっても問題があるし、学問は個性的であるほかない。

　孔子は、自分は新しい文明の原理を創案した人間ではないと、手を振って否定した。彼の‘述而不作’（述べて作らず）は周代の礼楽と文物を土台にしてそこに現実的修正を加え、何よりも‘心（仁）’を盛り込んだものだ。

　朱子学の功績もまた、漢唐の訓詁の‘口耳の学’を修正し、心身に親切な‘修養の学’に戻したことにある。正祖はその‘為己’の精神の上に立つ朱子学の経学的な学問体系が、陽明学や明末清初の考証、訓詁に置きかえられない、唯一の正学であると考えた。この点は間違いない。彼は実学の時代に生き、民生日用に関心を注ぎ、科学的思考にも習熟した鉄人型君主だった。そうであれば朱子学をみはるかす、いわゆる実学的展望をもって一路邁進したであろうと断定したくなるが、しかし考えてみよう。朝鮮儒学者の誰一人として、人格と道徳を通じて得る超越的ヒューマニズムの希望を捨てていないことを。

　正祖は朱子学を越えようとするのでなく、朱子学の上にがっしりと立つ道を選んだ。彼のプロジェクトを‘朱子学の批判的復古’と呼べるのではないかと思う。正祖は西学の挑戦と俗学の興隆に押し潰されていた朱子学を、革新を通じて復古しようとした。この企ては孔子の復古に比肩されるに充分である。

標準化と再解釈を通じて朱子学に新たな生命を

　復古の企画は、朱子学の全面再編を意味した。正祖は朱子学を正統として尊重するが、曖昧な部分を明らかにし、抜けた部分は補充し、問題点を修正して‘朱子学に基盤を置く経学の新たなモデル’の定着、普及に力を注いだ。こうして経学を取り巻く不必要な論争を終息させ、またこれを日常的な品行と実用の指針とし、教育と風俗を変えようとした。

とりわけ朱子は、黄金を分けて秤にかけるごとき奥妙なる解釈を基盤とし、精密な意味を中心におき、問答を通じて補完した。真金から鉄を剝ぎ取り、良玉を石の中から選り分けて集註を編成したのだから、一文字も補うことができず一文字も減らせないというが、これは誇張とか自慢ではない。しかしこの書を読む者は大体において、大雑把で表面のみの理解に終わる。深く読み込む者は、或いは無理してへばりついているのだから、先聖と先賢の'万世のために太平を開く'真の悟り（真詮）を、紙の上だけの実のない言葉にしてしまう。そもそも知っていることが明白でないならば、施行されても篤実でありえない。俗儒たちを叱責できようか。

　私は君師の地位にあるので教育方法を切実に考え、遠くには道徳や性命、近くには名物、字句の一筋、毛先の一本まで残さず分析し、問題が残らないようにしたかった。しかし義理は無窮だし、人の見解には限界があって、今の今までそうなのかそうでないのか、ついていくべきかやめるべきかを決定できないことが、一つや二つではない[9]。

ここに正祖の学問観がはっきり出ている。整理すれば、1）朱子学は学問の標準だ。2）ところがこれに接近するのが難しい。朱子学は難しくて曖昧だから、接近する者たちは上っ面の理解やこじつけに陥ってしまう。3）そのため先聖、先賢が見せた万世の標準がその機能を発揮できずにいる。4）それを矯正するためには'きちんとした標準本'を作らなければならない。5）勿論これは朱子学の成果に立脚したものである。6）ところで経典の意味は無窮であり、私の学問的力量には限界があって、経典に

9　"況以朱夫子分金秤出之妙解、経之以精義、緯之以或問。真金去鉄、良玉出璞、而集註之篇成、則所謂加一字不得、減一字不得者、非夸耀矜大之言。而読之者類皆粗浅、窮之者間多牽強。先聖先賢、為万世開太平之真詮、未免為紙上之空言。夫既知之不明、則行之不篤、亦何責於俗儒哉。予在君師之位、念切教育之方。遠而道徳性命、近而名物字句、必欲其縷析毫分、靡有遺蘊。而義理不窮、人見有限。尚今置於然疑従違之科者、非止一端"「論語」、『弘斎全書』巻50、策問3。

内包された問題の全てを解決し整頓できないでいる。

　正祖は茶山とは違って、'朱子学の範囲内で'新たな学問の基礎を打ち立てようとした。彼は儒学の全ての経典について質問を投げかけ、既存の回答を点検し、自身の見解を明らかにした。投げかけた質問だけを見ても、経学的識見が朝鮮の帝王の中で第一人者であることがよく分るし、朝鮮の学者の中でも五本の指に入るはずだ。

　その情熱は彼の文集である『弘斎全書』を一瞥すれば分る。彼は臣僚、朝廷の文臣、成均館（ソンギュンガン）の儒生、そして各地方の儒学者たちに経学に関する自身の疑問を披瀝し、その答を要求した。政事よりも学問が日常的討論と論議の主題だった。同じ経典についても年を違えて討論され、ある問題は繰り返し問われ、ある問題は新たに提起された。経学に対する正祖の執着は繰り返すが、経学の標準を作ろうという、学者的でありながら君主的な、すなわち君師としての責任意識がさせるものだった。

　しかし臣僚たちの返書は失望ばかりをもたらしたはずだ。『弘斎全書』に載せられた臣僚たちからの返書は教科書的水準に留まり、創造的な見解や批判的疑問提起はほとんど見られない。なぜだろうか。後で編集者が教科書的に忠実な理解のみを残し、独創的で批判的文章は落してしまったのかもしれない。返事そのものがなかった可能性もある。この時代の学問水準がその程度だったなら、これは本当に悲しい。

　標準の柱石を建てるという正祖の志は果たされなかった。経学の全ての問題について限りなく問い討論したが、解決できたものよりできないもののほうが多かった。経学のある問題は枝葉末節的であり、ある問題は根本的だ。ある問題は解決できそうだったが踏み出せず、ある問題は朱子学、ひいては儒学の根本を揺るがすから、あえて提起しなかった。正祖の嘆息どおり、"遠くには道徳や性命、近くには名物、字句を一筋、毛先の一本までも残さず分析し、問題が残らないようにしたかった。しかし義理は無窮だし、人の見解には限界があって"結局完遂出来なかったのだ。

　時間の余裕さえあればこれを完遂できただろうか。もしかして朱子学のマトリックス内では、根本的に不可能だったのではないか。

私は正祖の企画の障害は、大きく分けて二つあると見ている。一つは朱子学の理論体系がもつ'スコラ的形式'であり、もう一つは朱子学が鮮明にする'道徳理想主義'だ。

　朱子学は複雑きわまる理論体系と、放漫な注釈の結合で構成されている。学問の目標が結局は品行を高め、実務を手助けするところにあるならば、複雑で難解な理論体系は助けよりむしろ妨害になる。陽明学がなぜ出てきたのか。朱子学は儒学の正脈を回復するために、仏教と道教との思想的対決に没頭し、そのために発達した精緻な思惟を誇る。理論は緻密となったが、同時に曖昧さや乱脈も肥大した。朝鮮儒学の歴史がこれをよく教えてくれる。退渓と栗谷の四端七情、人心道心に触発された人物性同異論にいたるまで、朱子学が提起した理論的問題は、正祖の時代になっても根源的解決を見なかったではないか。

　道教と仏教からの挑戦がなくなったとき、朱子学はその浮華の飾りを振り落とすべきではなかったか。そして本来の目的である修練の指針と実務的経営に回帰すべきではなかったか。これは同時に、朝鮮の儒学に投げられた問題でもある。もちろんこの要請に応じなかったわけではない。退渓が『天命図説』で発想の概略を整頓し、『聖学十図』では座右の指針を作成したし、栗谷は『聖学輯要』で修己治人のマニュアルを作った。けれども一方では理気性理をとりまく会話が、士大夫の風俗になっていった。実践よりも理論に重きを置き、本来の下学精神をなおざりにするや、見かねた南冥が大声で叱責した事もある。

　だが、そんな風俗が正されることはなかった。朝鮮後期、'より朱子学的になればなるほど'、異る見解は理念として固まり、学派は党派に変質し、経典の権威は現実を押さえつけた。

　なぜ現実が経典の上に立たなかったのか。なぜ朱子学の根本地点を果敢にタックルしなかったのか。たとえば"理が本当にここにあるのか"と問うのをためらったのか。

　一体、永遠に生れもせず死にもしない、絶対的存在とは何なのか。それ

はどうすれば確認出来るのか。この前提は仮説とか幻想、或いは要請に過ぎないのではないか。またその存在が人間と事物を生んで育てるというのだが、その正体は何であり、これを経験的に確認出来るのか。さらにこれが同時に、人間と事物の意味を構成すると言うが、この性即理の教説を経験的に確認できるのか。私に与えられた道徳的命令が、直接に動物の道徳的命令と連続しているのか。そして理は、人間の生理的要求と欲望を論理の外に置くが、生理的要求や欲望のない人間を欠けることなく理解できるのか。道徳と制度とは人間の必要と欲求を、社会的適応と調節を通じて秩序立てたいときに成立するものではないか。そんな点で性理と道徳を対立的に見るのは、やりすぎではないのか。

　このように問うて、たとえば人物性同異論‘自体’を批判することもできたのではなかろうか。

　人間と動物の本性が‘同じ’なんぞと、天が人間と動物にわけへだてなく健順五常の自然道徳性を与えたと言うのか。‘天命之謂性’だって？動物が人義礼智を実現するんだって……？　人間たちが見せる利己的習性の重みを、小さく見積りすぎじゃないのか。人間と動物が区別なく、道徳的本性を欠けることなく持っているということは、現実とは関係ないユートピア的発想ではないか。とは言っても‘異なる’といえるのか。‘異なる’という論議は一見現実的に聞こえるが、けれどもその‘差違’が生物学的見地ではなく、道徳性の実現可能性にあるなら、‘科学的’論議への発展は難しいのではないか。ならびに‘異なる’ことが生物の種の間のみならず‘個々人の間’でも存在すると言うならば、人間の間の不平等を当然と思い、差別を誘導する社会のシステムを固着させかねない心配をどうするのか。

　正祖はこれに似たような疑問をもち、問い続けた。解決はすぐ得られたりする。例えていえば実験的観察の報告に忠実なとき、私たちは“動物が人間と異なる習性と生態を持っており、人は平等で尊厳なものだ”という事を知る。正祖は‘常識’を土台にした理論的解決策を持つ学者を求めた

が、ほとんど失望に終わった。一人、若い茶山・丁若鏞以外は。西学の影響を受けつつ自分の思索を深めた茶山の答は、少しも‘慣習的’ではなかったからだ[10]。二人には政治以前に、学者としての連帯感があった。

　惜しいことには、これらの質問と返事を基に経典の再編と、新たな経学体系を作ろうとした正祖はその国家的事業を完成させられなかった。また茶山などの革新学者たちの著作は、文化学術の中心に場を占めることがなかった。"義理は無窮で、人間の能力には限界があって"その事業を完遂できなかったという正祖のため息が、だからこそ胸を突かれる。

朱子経学のアポリア、‘利益’と‘武力’という禁忌語

　よく知られているように朱子学は厳格な道学、理想主義を基礎としている。理想は引き下がって隠遁し独り其の身を善くして実現できなくはないが、現実の政治現場では難しいの一言に尽きる。正祖もこの点をよく認識していた。彼が構想した朱子学の復古は基本原理を相当部分改正し、異質的要素の導入が要請されている。

　正祖は儒教的理念を志向しながらも、人間の欲望も考慮する。だから義理とともに利益を尊重し、正道（王道）とともに覇道を認め、文とともに武を盛んにしようと努力した。

　そのためには朱子学が嫌悪する‘利益’を受け入れ、現実的欲望を認めなければならない。正祖は今、危ない禁止線を踏み越えようとしている。

　　　義を後に利を先に立てることは、義を先に立て利を後にすることの
　　　反対だ。実際に義を後にして利を先に立てれば、善と悪が混ざり合い、
　　　道徳と欲望がひっくり返って災難がどっと押し寄せるだろう。しかし
　　　万一ある人が義を先に立てて利を後に続かせれば、前後を守る渦中に

10　茶山・丁若鏞の『中庸講義』と『孟子要義』を参照。

軽重の区分が次第に生じて、本末の順序を得るのではないか。このような者は例え聖人が判断するとしても、本当に必ず深く退かせることはないはずだ[11]。

これに対する文臣の鄭晩錫（チョンマンソク）（1758-1834）の返事はこうだった。

　　義と利の二つは香草と悪臭が混ざり合わず、氷と炭がともにあり得ないことと同じです。義を後に利を先にし、義を先に利を後にするかを問わず、ひとたび利に関わればまことの義理の正しさとは違ってきます[12]。

あまりに道学的なこの返事に、いらついただろう正祖の姿が目に浮かぶ。

　正祖は「孟子講義」全編を通じて利益を問う。"結局全てのものは利益が基盤にあるのではないか。問題はその利益を尊重して、これを公的な次元で調整し、規制することであって、利益自体を否定するとか抹殺してはいけないのではないか"意外にも正祖はこの点で、孟子さえも批判する準備ができていた。

　『孟子』を手にとってページを繰れば、あの有名な"何必曰利"（何ぞ必ずしも利と曰わん）が出てくる。梁（りょう）の恵王は孟子に、"老軀を率いて千里の道を遠くともせずおいでになったからには'吾が国を利する（利吾国）'どんな方策や知恵があるか"と聞いた。質問が終わるのを待ちかねたように孟子は"王様はなぜ'利益'を問われるのですか。まことの価値は'仁義'にあります"とやりこめる。この言葉は儒家の道徳理想主義的志向を、鮮明に伝えてくれる名句となった。儒学者ならば誰でも、孟子のこの

11　"後義而先利者、先義而後利之反也。苟其後義先利、則臧否紕繆、理欲倒置、固当茵害並至。而若有人焉、先義而後利、則其於先此後彼之際、煞有重之分、似得本末之序。若是者、雖使聖人見之、固不必深斥耶"「経史講義16　孟子4」、『弘斎全書』巻79。

12　"晩錫対、義利二者、如薫猶冰炭之不相合。無論後義先利、先義後利、一渉於利則便非義理之正也"同上。

5章　君師正祖、再び朱子学を高く歌う　205

言葉に襟を正す。ところが正祖は帝王らしく、孟子があまりに薄情で平静を失ったと考える。孟子は丁寧に教え諭すこともできたのではないか。斉の宣王に言上したように"王さまはすばらしい品物や音楽を自慢なさいますが、これは一緒に楽しむところに意味があります"と言ったように。そのように恵王にも国を利する真正の方策が仁義を振るわせ、風俗を正しく導くところにあると言えたのではないか。更には軍事と財政、行政と法律など、社会を安定させ発展させるのに必要な、実質的助言をしてあげることもできるはずだ。梁恵王の気持ちをくじいたのは、薄情すぎるというわけだ[13]。

　　口腹（口と腸）を育てるのは、身体と命に関係することだ。義と利を区別せず、ひたすら口腹のみを育てることこそ、まことに'小さなことのために大きなものを損う'疑いがあるが、生き死にもまた大きな事だ。食べれば生き、食べねば死ぬなら、このような分かれ道でも口腹という言い訳をしつつ、生き死にを慮らずにいられようか[14]。

　人間は欲望の存在だ。自分を保存し、生き延びたいという利己的存在である点で、他の動物と大きな差はない。正祖はその著作「経史講義」で身体の欲望を認め、そこに注目せよと繰り返す。善なる本性とともに、欲望は自然の一部として与えられており、欲望を認めることでうまく扱えることを知っていた。欲望があるから人間がいるし、社会や政治がある。欲望を否定することは、問題からの逃避であって解決ではない。正祖は欲望がもたらす力が現実にあり、その力が形成する仕組みを尊重すべきだと、歴

13　"若専以吾字謂有物我之形、而帰之利欲之心、則亦有所不可矣。老吾老以及人之老、幼吾幼以及人之幼、親以及疎、近以推遠、由吾民而至於隣国之民、由隣国而至於天下之民、則亦何不可之有。且孟子之語人、必因其勢而利導之、如好貨好色好楽好勇之対、莫不委曲婉誘、深得納約自牖之義。而独於梁王之問、必以何必曰利、逆折而厳斥之者何也"同上。

14　"口腹之養、即軀命所関也。不弁義利、専養口腹、固有以小害大之嫌。而死生亦大矣。食則生、不食則死。似此境界、亦可諉之以口腹、而不恤死生之際耶"「経史講義14　孟子2」、『弘斎全書』巻77。

史的事例を挙げて主張した。道徳を強調すれば王朝が繁栄するわけでもないし、利益を重視するからとて国が滅びるのではなく、事態はかえってその反対でもあると彼はいう。

　王道は義理のみを扱うから黄金にたとえられ、覇道は利益のみを崇尚するから銑鉄にたとえられた。その義と利における公と私の区別と、王道は黄金で覇道は銑鉄であるという意味を隅々まで説明できるのか。漢代は覇道を交えて統治したが、四百年の歳月を享受し、唐代は純粋な王道ではなかったが、やはり千載一遇の運勢を開いた。王道と覇道を併用し、義理と利益を兼行しても、実際のところ国家を経営する道理の障害にならないのではないか。宋の国には仁厚な家法があったし、明国では制度が優れていて三代の遺風があったからこそ義理を前面に立て、利益を後にしたといえる。しかし国家の全盛と王朝の寿命は、むしろ漢唐時代に劣るのはどういうわけか[15]。

　彼は義理とともに利益を考慮してこそ、処置した対策が効果をあげるし、文とともに武を併用してこそ国を強くすると考えた。当然すぎる言葉だが、義理を至上の価値と思い、文治を理想とする朝鮮の儒学者たちの反感は予想できた。正祖は現役政治家として、純粋な道徳に立脚した王道と仁厚な徳性だけでは、国を維持し秩序を確保することはできず、武が前提されない文は危ういことを体感していた。

　文武を併用することが、国運を長久たらしめる計略だ。三代が隆盛した時代とは較べるべくもないが、秦漢以降はたとえ英明で義理堅い君主であっても、文武併用の政策を施行する王が少ないのだが、なぜだろうか（…）

15　"王道、惟義是取、而譬之於金。霸道、惟利是尚、而喩之以鉄。其義利公私之別、王金霸鉄之意、可得詳聞歟。漢用雑霸、而猶享四百之祚。唐非純王、而亦啓千一之運。則王霸並用、義利双行、固無害於為国之道歟。有宋之仁厚家法、皇明之制作彬蔚、些有参代之風、則可謂先義而後利。然而国歩之全盛、邦籙之緜遠、反不及於漢唐之世者、何歟"「義利」、『弘斎全書』巻48、策問1。

一体に文翰と武略の道とは互いに利用されあう、まるで駏驉・蛩蛩（北海にいるという馬に似た獣の名）が単独では動けないような関係だ。昔から賢明な君主と能力ある臣下が、時代によって不足したことはなかったが、文武を兼ねて両方を使用した人はいなかった。あるいは文才と武略の道がまるで水と火のように相反し、互いに補完し協力することができないのだろうか。それとも人材が昔と違って技量が限られ、ある件に才能があっても他の件には才能がないといったことがあるのだろうか。

　わが東邦も小さな中国だと称して、衣冠の華やかさにおいては"盛大なるかなその文化よ、わたしは周の国にしたがわん"といった孔子の言葉そのものだ。しかし南北には戎狄がいて、狼煙台の火がいつ上がってもおかしくないから、軍兵を鍛え戦略を講究し、不測の事態への備えをつかの間も疎かにすることができようか。

　それにもかかわらず文人は安逸を追及し、武人は楽しみを追って怠け、ひ弱い。鳥のさえずりや虫の鳴声も笙鏞（笛と大鐘）による礼楽統治の助けになるはずもなく、風の音や鶴の鳴き声にも恐れを抱く戦場と異ならない。宰相は帳簿や文書をもって爵禄の資料にし、将帥は訓練を取るに足りないものと考えている。文翰が地に落ちて道が失われたと嘆息したことが一日二日ではない。万一辺境のハゲワシが再び飛んで来る、海の鯨が動き出して猛々しく飛び跳ねるなど、不幸にも壬辰乱や丙子乱のようなことがあれば、例え知恵者がいてもなんの計略も立てられまい。考えがここに及べば嘆かずにおられようか。

　どのようにすれば国家を治める計略において文武を併用する必要を尽くし、人材を登用する方案において文武を兼備する人材を得て、文武の道に適する長久の美に浴することができようか[16]。

---

16 "王若曰、文武並用、長久之術也。参代盛時尚已。秦漢以来、雖号為英君懿辟、罕尽並用之術者、其故何歟。（…）大抵文武之道、迭相為用、其猶駏蛩之不可独行。而終古賢主能臣、代不乏人、卒無兼修並用者。則意者、文武之道、如水火之相反、有不可調剤協用而然歟。抑亦人才不古、器量有局、能乎此則不能乎彼而然歟。惟我東方、亦称小華、衣冠彬蔚、則郁郁乎文、吾従周矣。然而北狄南戎、烟火相警、則励兵講武、陰雨之備、豈容少緩。而然而文恬武嬉、婾惰委靡、鳥啼虫唫、何補於笙鏞之

正祖は王道の理念に疑惑を懐き、覇道に心ひかれた。そして文とともに、武が必須であることを意識した。壬辰と丙子を経験すれば誰でもそのように考えねばならないはずだ。それなのに燕巖（朴趾源）の小説が辛らつに風刺したように、北伐に対する声はとりどりあっても勇躍の実態はない。必要なものは作り出し、軍備を固めて、再びあのような悲劇を起こすまいという力が結集されることはなかった。ジョージ・サンタヤーナ（1863-1952）の警句のように、歴史はそれを忘れる人のために、その教訓を想起させるために、同じことを起こすのだ。壬辰と丙子の記憶が朝野を一新し、学問の実用を期していったならば、韓末のあの凄惨な苦痛と恥辱は免れただろうに。

正学、書物と現実の緊張から生れた学問

朱子学は宗教的で理念的すぎて、丸ごと現実に適用するには問題が多すぎる。

朱子学は聖学だ。だから退渓は『聖学十図』を君主に献上したし、栗谷は『聖学輯要』を残した。全ての人を聖人に作り上げるという野心に満ちた企ては、その志があまりに大きいから無気力と挫折に陥りやすいし、個々人は罪悪感で悩む。堂々たる主知主義はエリート意識を刺激するが、エリートの実践目標が高すぎて自己疎外をもたらした。当時の学問の気風は、このような面も考慮すべきだ。

けれども経営者と指導者は、人を動かす動機と力を尊重しなくてはならない。正祖は現実的な政治家らしく、利を頭ごなしに嫌悪して排斥するこ

治。風声鶴唳、無異於干戈之場。宰相、以簿書為齟齪之資、将帥、以訓錬為弁髦之地。文墜道喪之歎、固非一日。而有如塞鵬復至、海鯨再動、陸梁奔突、不幸如壬丙之歳、則雖有智者、不知所為計矣。思之及此、寧不寒心。何以則治国之謨、克尽並用之実、而用人之方、必得兼全之才、合弛張之道、享長久之美歟"「文武」、『弘斎全書』巻48、策問1。

とはなかった。彼は"人間にとって生き死にの問題が何より切実だ"と公然と表明している。現代では驚くほどの見解とも言えないが、義理と節操を命より大切に考える朱子学の風土では、革新的といって余りある。

基準が高すぎれば、人々はついて行けない。精神性の過ぎたる強調は、人間性の抑圧と桎梏になるし、義理や節操を信じる人々の間では自己欺瞞の虚無主義がはびこりやすい。この時代、学問が衰退し俗学が興起した原因として理想的義理や節操と現実との乖離がある。精神性の強調は実務的機能を疎かにし、社会の維持と発展に必要な人材、たとえば行政官僚や技術者等、機能的専門家を育てるには制約となる。

正祖は実務的人材を渇望した。経学という人文的知識や道徳的価値を叫ばない、機能的知識人と官僚たちを……ついに正祖は、全ての人を聖人にするという発想にブレーキをかける。"人の性格はそれぞれ異なるから、無理して同じくしようとすることは、天性を全うすることではない[17]"この発言は正祖が朱子学の聖学的構想が、根本的な修正を必要とすることを感じていた明確な証拠だ。

正祖は朝廷を見回し、人材が見つからないと嘆息が止まらない。"何十年も注意しているが、役に立ちそうな人物がいない"彼は田舎に埋もれた儒学者や身分とは関係なく才能を持つ人物を、待ち焦がれるようにして推挙した。『弘斎全書』「日得録」には、彼の人物評が多様な形で語られている。これらの人物たちは、哲学的体系や理論的精巧さで選ばれたのではない。基準は二つらしく、ひとつは品行や志操であり、もう一つは実務の計画と能力だ。正祖は党派が作り出した評価法とは異なる、独自の人物鑑識眼を持っていた。「日得録」は、彼が才能ある儒学者をどのように探し、見分けたかが、また身分と関係なく推挙しようとするとき、党派的力がどのように妨害するかを具体的に書く。

彼は人をいわゆる'人品'でのみ測ることはなかった。人品は条件のひとつであって、役割の全部ではない。正祖は道学的'君子'の無気力という反面性を体験的に知っていた。品行の名はあっても実務に暗ければ、その弊害は小人がしでかすことより大きくなりうる。朝鮮の歴史で、このよ

---

17 「日得録12 人物2」『弘斎全書』巻172。

うなことを言う人物が他にいただろうか。わたしは知らない。

　　　天下に事理に暗い君子はいても、愚かな小人はいない。人は小人が
　　国を誤りに導くことは知るが、君子も多く国に病弊を持ち込むことを
　　知らない。小人の過ちは何とか救済できるが、万一君子に才能と徳が
　　なく時宜に暗ければ、国におよぼす病弊は、すぐに目に付く小人の病
　　弊よりも甚だしい[18]。

　いわゆる道徳君子は時代の風潮に暗く、実務に迂闊で、事務に大きな弊
害となったりする。これは道徳的原則に忠実であれば社会的に有能だとい
う、儒学の連続的思考を体験を以て疑う君主の言葉だ。彼は人々の個性と
素質を開発し、それを尊重することが、道徳性の涵養に劣らず重要だと看
破していた。
　正祖はこのような現実の要求があって'学問'を変えねばならなかった。
俗学を超えて正学を目指すが、朱子学の複雑な部分は単純化し、高邁な理
想主義には現実的感覚を接木する。朱子学は複雑だという点であまりに広
く、高邁という点ではあまりに狭い。これを矯正するために正祖は、道学
の口説を単純化し、経学の硬直を解いていきながら、脆弱だった社会科学
的地平を開いていく作業に着手した。
　例を挙げれば、朱子学の教説の中で周辺を払い落とし、朝鮮儒学の最大
争点である四端七情を要約、整理し、自由な解釈と体得のためには経典の
本文だけを、注釈なく刊行する。さらにその経典本文さえも、本末と軽重
を図って再編集するといった、正統的立場に言わせれば破天荒の作業だっ
た。正祖は政治家でありながらも学者らしく、学問を修己に限定せず、治
人に拡張しようとした。そこで道学の企画では弱かった民百姓の教化と、
統治の技術を包括する学問を構想し、体系化していった[19]。

18　"天下容有糊塗之君子、必無儱侗之小人。人但知小人能誤国、不知君子亦多病国。
　　小人誤国、猶可解救、若君子而無之才之徳、眛於時措之宜、其病国甚於小人之易
　　知" 同上。
19　金文植『正祖の帝王学』（太学社、2007）を参考。

これは正祖一人の手には負えない課題だから、この志に同意し、手足のように動いてくれる学者官僚たちがすぐにも必要だった。しかし人材は少なく、既存の習性はあまりに強かった。奎章閣を建てて身分に関係なく才能ある人物を布陣したが、朱子イデオロギーを盾とする老論執権勢力の反発と抵抗をいかんともし難く、非命に果てた。『弘斎全書』はだから悲しい文章だ。

それでも彼が残した問題は相変わらず新しい。学問と現実の間の緊張を、これほどリアルに見せてくれる人物も珍しい。正祖は学問と現実の間にあらねばならない緊張に、心を痛めながら詰め寄る。誰もこの苦痛に満ちた恐ろしい問いを避けることはできない。わたしたちもいま学問のための学問をしていたり、権力のための学問をしているのではないか。己をただし、他人の役に立つ'現実的学問'を疎かにしていないか。人文学の危機は外ではなく、内側で育ったものだ。俗学から正学に、疎外された学問を矯正し、健全な学問を再び立てるためにも、二百年前正祖が試みた破邪顕正（邪道をつきくずし正法をもたらす）の学問的実験を熟考しなければならないと思う。

6章 朱子学と茶山<small>タサン</small>、そして西学が分かれる所

朱子学の神学的地平

儒学者たちは大体において西学<small>ソハク</small>を、異質的な宗教文化的伝統として眺める。18、19世紀、儒教と西学の遭遇が迫害と殉教で終わったことが、その異質性の生々しい歴史の証拠であろう。ここに近代以降には西欧化の趨勢に力を得たキリスト教が、儒教の文化と価値を認めたがらないことから来る対峙と緊張が加勢した。

けれども儒教と西学は、思いのほか近いとも言える。とっぴな話のように聞こえるかもしれないが、近代以降に儒教の'精神'を理解した例外的人物たち——柳永模<small>ユヨンモ</small>（1890-1981）、咸錫憲<small>ハムソクホン</small>（1901-1981）、金興浩<small>キムフンホ</small>（1919-2012）等——が意外にもキリスト教的背景をもつことは単なる偶然だろうか。

17世紀以来東西の交渉が始まり、儒教と西学を接木する思想的実験があった。最初はマテオ・リッチ（1552-1610）、朝鮮では茶山・丁若鏞<small>チョンヤギョン</small>が、自分の経学を通じて本格的に西学を試みている。茶山が西学の影響を深く受けたことは、隠すべくもない事実だ。影響の程度は伝統儒学で認めるよりは大きく、カトリックで主張するよりは小さい。両陣営で茶山を引き入れようと努力するのはそれなりの正当性があるからだが、角度を変えてみれば儒学とキリスト教の間に親縁性がある傍証ではないのか。実際のところ私たちは、茶山の経学がどこまで儒学で、どこまで西学であるか確認できない項目にしばしばぶつかる。そんな意味で茶山は、儒学と西学を創造的に接木した思想家であるといえる。この見方を恐れる必要はないと思う。

ところがこの西学のカウンターパートとしての儒学は、どこまでも孔子と孟子が唱導した'古<small>いにしえ</small>の儒学'である。朝鮮儒学の伝統は'新たな儒学Neo-Confucianism'、即ち朱子学だからこの違いを認識したい。マテオ・リッ

チは朱子学の形而上学を超えて古の儒学の神学と手を握ろうとし、茶山は自分の経学を槌にして朱子学の理論体系を打ち壊しながら、古の儒学を広く世間に知らしめた。

けれども私は、別のやり方で接近したい。まずは朱子の形而上学が持つ神学的広がりを挙げる。朱子学の伝統に神学的要素があったからこそ18世紀、一級の朱子学者たちが西学に注目したし、ひいては茶山の創造的作業ももたらされたと思われる。なぜなら1）茶山が唱導した洙泗学である古の儒学は、朱子学の中にすでに埋もれてしまっていて、朝鮮儒学の伝統では‘見知らぬ’ものであり、2）茶山以前には星湖門下の一系列で西学親和のブームが起きたときに、それは‘補儒’の名を持つが、その‘儒’もまた古の儒学ではなく、当時支配的だった新たな儒学、朱子学に立脚したものだった。

ライプニッツは宣教師たちの報告を通じて、朱子学を自然神学 natural theology の一種として把握した[1]。彼は宣教師たちの否定にもかかわらず、中国を直接その目で見たわけでもないのに、哲学的洞察力のみで朱子学が神学の基盤の上にあることを看破したのだ。

朱子学を‘合理主義’と規定する人は多いが、この用語は誤解を生みやすい。朱子が言う理を脱神話的、脱神学的に誤解する余地がある。朱子の形而上学は近代的合理主義とは次元を異にする、神学的基盤をもつ合理主義だ。昔コーンフォード（1874-1943）はギリシャの哲学がそれ以前の時代の神話と宗教との断絶ではなくて、むしろ連続であると言った[2]。この言葉は朱子にもそのまま適用できる。朱子は理を、この世界の外に存在する超越的他者だと誤解しないよう、表現に神経を使った。とはいっても理

1　Gottfried Wilhelm Leibniz, Tr. by Henry Rosemont Jr. & Daniel J. Cook, *Discourse on the Natural Theology of the Chinese*（Monograph of the Society for Asian and Comparative Philosophy, no.4）, The University Press of Hawaii, 1977.

2　F.M. コーンフォード『宗教から哲学へ』［日本語訳は広川洋一訳、東海大学出版会、1987］。

を人間の合理的理性にのみ従属させたのではなかった。彼は言う。"道は人間がいて始めて存在するのではない（道、人に因りて方めて有るに非ず）"

朱子にとって理は、超越でありながら内在という逆説性を持つ。理は人間の存在以前にあったし、存在以後にもあり続ける絶対者であることを覚えておこう。朝鮮儒学の永遠の主題はまさにこの理の、超越的性格と位相に関するものだった。これをどのように読むかによって人間への理解と自己開発の理論、即ち人間観と修養論が異なってくる。例を挙げると、退渓と栗谷の四端七情論から、南塘と巍巌の人物性同異論、西学をとりまく論議と茶山神学の成立、そして韓末の艮斎と蘆沙の対峙にいたるまで、これら論議の中心にこの理の主宰性がある。理の主宰性が主気と主理の異なる点だ。

このような事態を前にして、私は次のようなことを考えるようになった。'朝鮮後期に導入された西学は儒学に挑戦したのではなくて、朱子学の神学に包摂されたのではないか'包摂されたとみるとき西学は朝鮮朱子学の展開における一つの契機、或いは発展となる。包摂の視線なら西学は勿論、茶山が朝鮮儒学の有機的流れの中に堂々と立てる。

あらゆる思考は、歴史的空間の脈絡的産物だ。そのように考えるとき、あらゆる革新はそれ以前の伝統と完全に断絶して形成されることはない。朝鮮儒学の歴史もこの例外ではない。私は西学が朝鮮朱子学の伝統の外にあったとは思わないし、いわゆる実学も朱子学的伝統と断絶して成立したとも考えない。思考においても行動においても、あらゆる転移は部分的に、漸進的に起きる。新たな局面が定着するまで、その変化は伝統の連続と断絶の両側面を持つ。それなのに私たちは今まで実学を、ひたすら革新と進歩の面だけ見て、連続の面を看過し無視してきた。私は学位論文で茶山を朱子学の全面的批判者として描き、新たな学問の提唱者として読んだ[3]。けれどもそれは事態の一面に過ぎず、全貌ではないという考えに至っている。私はここで茶山が西学は勿論、朱子学に借りを持つ側面を積極的に見ていきたいと思う。

3　韓亨祚『朱熹から丁若鏞へ』世界社、1996。

朝鮮儒学の簡略な歴史

　保守的な儒学者たちが聞けば驚くだろうが、朱子学の中心論題は根本的に宗教的、神学的なものだった。朝鮮の儒学も同じだ。退渓と栗谷は、永遠の非人格的意思であり、存在の意味の根源である理が実在するという点では一致し、それが宇宙に遍満することを確認している。二人の違いは理の位相と性格、特に理の直接的権能に関するものだ。本当に理が‘永遠の意思’として宇宙を動かし、生命を生み出す権能を持っているのか。権能がないとき‘永遠の意味’として、人間の性理を通じて具現されることを待つ、隠れた神なのかというものだった。退渓は理の意思の直接的働きを信じたし、栗谷は理の意味が直接行使されないと信じた。この見方の違いで、いわゆる主理と主気に別れたのだ。

　この本の第4章「人物性同異論の論点と解き方」で整理したものを再び書いてみる。

　"朝鮮儒学の哲学的論争に火をつけた花潭（ファダム）は、気の分化と運動にこだわる一方、理の主宰を自然論的流れの中に設定した。分化と運動の過程で理が条理（パターン）と端緒（ルール）を外れないところに、統轄（主宰）とともに意味（価値）が宿るという"

　"花潭は気の自然性のなかに、人文性と道徳性（理）を設定した。たとえば両親に孝行し国に忠誠を尽くすことは、腹が減れば食べ眠くなれば眠るといった自然的表現だと考えたのだ。彼は道徳を風流（プンニュ）と考えた。だから絶世の美女、黄真伊（ファンジニ）の肌の匂いを、一しきり笑ってやり過ごすことができた"

　"退渓はこのような教説に放任、放縦の兆しを嗅ぎ取った。彼は身体の生理的気を、危険で不安定だと見た。そこで盲目の気を支配し制御するもう一つの実質的な力を要請し、こうして理発を主張するようになった。人間にあって四端と道心は気という大地的要素の産物ではなく、神的、超越的功能であり、七情と人心に代表される生理的な軀殻から突き抜ける永遠の意思だと信じたのである"

これは朱子の理気構想からの‘独創的逸脱’である。彼はこれを実存的に確信していたので、奇大升（キデスン）の整然とした論理に立ち向かい、最後まで自分の構図を守ることができた。高峯（コボン）・奇大升の舌鋒は、“退渓の宗教的、実践的真摯さに屈服し、敬意を表してそれ以上の論議の拡大はなかった。しかし栗谷は違った”

栗谷は朱子学の原論的構想に立脚して、“太極動而生陽を隠喩と認識し、天地間の運動を純然なる気の自発的分化と交渉によるものに転じた。彼にとって理は機自爾（キジャイ）の為すところ（所以）、或いは意味に限定された。“理は情意も意図もない、浄潔空闊な、無為の世界だ”

栗谷は理が実質的動力を行使しないといい、理発を否定した。理の主宰とは、“気の動静が、その多様な分化と錯綜にもかかわらず、最後まで条理と端緒を失わ”ないことを示す。“気自身は認識できないが、理の秩序と意味を呈現している”

ここで少し考えてみなければならない。朱子学で気は理を呈現するが、それは‘非自覚的に’、そして前に見たように‘不完全に’呈現する。この宇宙的秩序の意味を自覚しその意味を完全に具現できるのは、天地間の最も澄んだ気を生れながら持つ人間だけが可能だ。人間でも最も清く、純粋な気を持って生れた聖人の役目だ。聖人ではない凡人は自覚ある主体的修練を通して自分の気を浄化し、矯正してこの境地に近づくことができる。ゆえに永遠のその御方は私たちに近づいてきたり、手を差し伸べたりはしない。ただ私たちの方から主体的にその方に近づくことができる。その方は‘ただそこにおられる’だけの無言、無為の主宰だからだ。

栗谷の考えは直ちに疑われ、反発を呼ぶ。理の主宰が覆われているなら、そして人間に積極的に発言しないなら、その主宰はあってもなくても存在ではないか。従おうが逆らおうが何の反応もなく、“賞も罰もないそんな臨在を誰が恐れるだろうか”絶対の志が、心身（気質）の恣意的選択と活動に任されているならば、利己的欲望を何の力で抑制し、社会的混乱をどんな規範で収拾していくのか。

"果して神、或いは絶対は沈黙しているのだろうか" "そうではないと考えた人々がいて、栗谷の主気論的体系は彼らから間歇的、且つ持続的な反発と批判を受け、懐疑の標的になった。この流れを '主気に対する主理の挑戦' という名で包括できるかと思う" この流れは同時多発的に展開されている[4]。おさらいしておこう。

　四端七情論以降、人物性同異論が展開される頃、栗谷を批判して主理を闡明にした人たちの中心論題は、理に実質的主宰を与えようというものだった。拙修斎・趙聖期は栗谷の '理無為、気有為' は逆さまの論理だと批判した。"仮に理に作意がなく、そして心の善悪を気の清濁にのみ任せるなら、理は善悪に具体的に関与できないから、あってもなくてもの無用の長物だ。これをどうして万物万事の中心であり、主宰といえるのか[5]" 滄渓・林泳も拙修斎に同調し "万一あらゆるものを気の所為にするならば、いわゆる理とは万物の所以然（そうなったわけ）の総名（名称）に過ぎない。そんな中では善悪は定まった方向がなくなる。そのような理は空虚な事物にすぎず、主宰の価値がない。これはまことに理と気を混淆した論理[6]" だと言った。洛学の宗匠である農巖・金昌協は51歳で著した「論退栗両先生四端七情弁」で、"朱子がたとえ理に情意と造作がないと言っても、実のところその必然と能然、当然と自然は '気の上に' 明らかに存在する" といい、栗谷が理の属性を必然と当然のみに帰属させ、実質的能然を与えないことを根本的な失敗だと指摘した[7]。老村・林象徳は少論系の人物で洛学に属さないが、主気に対する批判的認識を共有している。彼もまた "万一、'気化而理乗' と言うならば、理の字の妙を求める方法がない" と言って、理を鍛冶屋のふいごに例えた。ふいごは休みなく揺れ動くが、その機能は結局人の手にあるから可能となる。"同じように気の能然は本然の妙が載っているから可能なのだ。妙が乗っていなければ天地は崩れ落ち、

4　以下も「4章　人物性同異論の論点と解き方」参照。
5　「退栗両先生四端七情理気説後弁」、『拙修斉集』巻11。劉明鍾、前掲書、384頁。
6　「日録」、『滄渓集』巻25。劉明鍾、前掲書、387頁。
7　劉明鍾、前掲書、391頁。

日月は光を失うはずだ[8]”と言った。

　先にはこう書いた。“今見てきた何人かの人物たちから分るように、朝鮮の儒学史は栗谷の主気的な整頓以後にも、それに対する反発と懐疑を周辺或いは底流として伴っていた”つまり、18世紀初に激化した人物性同異論は、主気的整頓が完成した栗谷学派から起きた‘二次的葛藤と分化’といえる。即ち、南塘は、栗谷の形而上学に同居していた自然学と神学を、自然学の方に中心を移動させ、巍巌は反対に神学の方に一歩進めた。

　南塘は気の現実性に注目し、巍巌は気の超越性に焦点を合わせた。南塘は気によって具体化され、現象化される生命の実質的個性に注目した。彼は‘気局’において見た生命の様相をいわゆる‘性の三層説’として整頓しつつ、理の位相と権威を抽象的普遍として退場させた。このような発想は栗谷の主気を自然論のほうに、経験的に一歩踏み出したものだ。これに対して巍巌は、生命の実質的個性を越えた、理の原野を軸にして論議している。彼は理が気によって被動的に制約されるような、無気力な存在ではないと考えた。どんな痕跡も求める方法はないが、そこにもまた万の道理を森のように内包している奥妙なる存在、その超越的な理は、事物と生命の本質として実質的に役事（働く）するというのだ。人間の‘心’がまさにその証拠だ。

　巍巌にとって心は絶対的で独立的だ。それは天君であり、気質によって制約されたり侵犯されない。南塘や屏渓の主張のように、善悪が気の作為にもっぱら任されているなら、真正なる主宰、道徳的責任はどこにあるか分らないという。これはこの世界の向こうの、絶対的意志を通して世界と人間を見る方式だ。そこで世界の表面の差は、それほど重要ではない。ただその絶対的意思を、この地にどのように具現するかである。

　要するに巍巌は気の差異と制約を無視し、理の絶対的主体性と自己同一性を闡明にした。それは退渓の主理的立場を超越的、或いは形而上学的に一歩推し進めたことになる。人物性同異論でもって朝鮮儒学は、栗谷と退渓が形成した理気のスペクトルを、大きく左右に拡張させたことになる。

8　「論気化理乗」『老村集』巻4。劉明鍾、前掲書、410頁。

茶山と西学の差異

　朝鮮の西学は宣教師からでなく、書物と学問を通じて入ってきた。これは文化的衝突を避けながら、知的な対話を進展させるよい環境と言える。西学はとくに退渓の後裔である南人系列の学統に吸収され、批判された。これは偶然の結果ではない。今まで朝鮮儒学の根本論題の主宰を検討し、理を通じて主理と主気の特徴として概観したのも、この接木の時期を具体的に確認するための作業だった。

　栗谷の主気にたいする主理的反発には、幾つかの系列がある。その中で1）人物性同異論での洛論系列は、4章「人物性同異論の論点と解き方」で調べた。今度は2）退渓の後継者である星湖学派で成長した茶山を検討したい。

　わたしはいま儒学と西学、朱子学と茶山学の差異を無視しようというのではない。その差は大きすぎて隠せないものだ。しかし思想には異質性とともに同質性が存在しているから、同質性の層位での類型化は可能だ。茶山と西学は理気の構図で見るとき、世界と人間に対して自然学的な理気であるよりは、神学的観点が目立つ主理的思考類型に属する。主理的思考類型は朱子学の主理と西学、そして茶山のような系列だ。実際マテオ・リッチを初めとする宣教師たちとは少し違って、李蘗（1754-1786）などの信西派はキリスト教の中心的教理を儒学の延長や補充、つまり'補儒'の観点で読んだ。また朝鮮の西学が、退渓の主理系列の知識人たちによって、本格的に論議され吸収されて朝鮮最初の神父を出すことになった点を注目したい。彼らを同じ系列でまとめれば、茶山がキリスト教徒か儒学者かという論争も、二つの伝統を創造的に統合したと言えば矛盾なく納得できるのではないか。

　私は次にこれら三者間の異点同点を探りたい。この問題は繊細に、公正に扱わなくてはならない。退渓が注文したように"同じ中に異なるものを探し、分析に徹底して、つまるところ全体を会通させる"立体的な絵を描

6章　朱子学と茶山、そして西学が分かれる所　221

かねばならない。

　退渓は人間に対する憂慮と悲観の上に、理と気を画然と分けようとした。肉身を警戒し、徳性を拡充していけという彼の教えは、道徳的厳格主義と禁欲主義に導き易い。

　星湖・李瀷（1681-1763）は、理の価値を退渓以上に高めて、食欲と性欲を極端に嫌悪した。彼は退渓が気の為すところとして押しのけた七情までも理の領域に引き上げたのだが、七情も日常的情緒と要求はむしろ悪徳として排除した。彼は異端として排斥されていた老荘と仏教の禁欲的修練を同情的に見るだけでなく、パントーハ J.Pantoja（1571-1618）神父が書いた悪徳克服の指南書『七克』を、儒教の訓練マニュアルよりも具体的だと誉めそやした。

　星湖の弟子の慎後耼（1702-1761）と洪有漢（1736- ？）も、実践的禁欲を日常化しようとした。洪有漢はイエズス会の著作に励まされて、一生を肉身の苦行にささげると決心するほどだった。妻を近づけず、粗末な物ばかり食べ、西学の祝日にあわせて静かな瞑想の日を送った。このような敬虔主義と禁欲主義は、星湖学派内部の傾向だったらしい。そしてこの傾向は 1779 年冬、天真庵での講学会を開かせるような気風でもあった。鹿庵・権哲身（1736-1801）の主導の下に集まった茶山・丁若鏞等一群の学者たちは、明け方に冷水で洗面して「夙夜箴」を読み、日が昇れば「敬斎箴」を、昼には「四勿箴」を、そして日が暮れれば「西銘」を読んだ。この講学会はどこから見ても、朱子学的指針による修練会だった[9]。そうはいっても西学との親縁性がもやのように漂っている。皮肉なことだが現在の天真庵はカトリック教会が先に占有し、聖地として開発している。講学会から 5 年後、李承薫（1756-1801）が洗礼を受けることになり、西学は朝鮮に本格的に伝播されるようになった。

　茶山は星湖の門下であるし家系が西学に関係していて、一時没頭したこ

9　この中の三つが退渓の『聖学十図』中に載っている。「西銘」は第2図、「敬斎箴」は第9図、「夙夜箴」は第10図である。

ともある。西学を捨てて儒学に戻ったのは、西学の典礼や祭祀などの文化的慣習、そして霊魂不滅説などの教理が受け入れ難かったからだ。とはいえこれは西学の核心ではない。核心は神との関係であり、'神の前に立った単独者としての自身'であろう。茶山は天主或いは上帝に対する観念、人間の分裂的実存に対する認識に至るまで、西学の教理を否定したことはない。むしろ西学のその神学的観点を、古き儒学である孔子と孟子、そして子思の伝統の中に再確認し、この二つを創造的に接木した。

　これは茶山の経学、古典儒教の経典に対する茶山の再解釈を介して言えることだ。彼の経学は、自分で言う'洙泗学の復古'としてのみ読むことはできない。あらゆる解釈は歴史的で状況的であり、脈絡的であるから、誰もテキスト自体の100%理解はできず、解釈者の主観が介入する。彼の経学は彼独自の解釈だ。経典解釈という様式を借りて、自身の状況と問題、そして意見を披瀝するのだ。その経学を西学の偽装された弁証だと言うのもばかげているが、孔孟儒学の純然たる復元として読むのも純真すぎよう。茶山の経学には、彼の解釈と創造されたものなどの多様な要素が混ざり合っている。あらゆる創造は純血種ではなく、雑種の性格を帯びている。雑種を恐れてはならない。

　新たな儒学である朱子学を離れ、古き儒学である孔孟の儒学と手をつなぐ試みは、昔、東方伝道の中心人物だったイエズス会の宣教師、マテオ・リッチが選択した戦略だ。リッチは朱子学の神学的層を読まなかった。いや、読むまいとした。彼は理気論を過度に自然学的地平に押しのけてから、朱子学を批判した。リッチの解釈では、理は主宰としての栄光を剥奪されている。リッチの'不当な脱神学化'が、星湖の門下でありながら西学を批判するに至る重要な論拠だったことを忘れたくない。順庵・安鼎福（1712-1791）は、リッチが理を事物の副次的属性として見るだけで、宇宙的根源や道徳的な意味の探知者の位相を否定すると憤慨した。"リッチの説は気が理に先行するという後儒の説と同じだ"安鼎福がいう後儒は多分、理気に自然学的に接近する栗谷をさした言葉であろう。

　リッチは宣教師の中で誰よりも儒教的伝統に対する理解が深かったが、朱子学の伝統が持つ神学的地平を無知として看過し、或いはわざと無視したので、知識人たちの説得や感服に失敗した。慎後耼と安鼎福はリッチの

神学的弁証に対抗して、朱子学の神学で迎え撃っている。

　私はリッチが西学を‘伝道’ではなく、儒教と‘接木’すべきだったと考える。そのためにはリッチは自分の宗教的な信念、とりわけ神への観念を修正しなければならない。それは教皇庁が同意し難い前代未聞の修正だが、儒学と西学の実質的統合は成し遂げられたはずだ。

　イエズス会の宣教が失敗したのは、中国の文化的特性を考慮しなかった教皇庁のせいという意見が一般的だ。トレッドゴールド（1922-1994）は“17,18世紀のイエズス会は、中国を改宗させるよい状況だった”といい、“万一教皇庁が儒教の慣習と折衷したいというイエズス会を阻止しなければ、西洋の自然科学として人気が高まっていたイエズス会の宣教活動は、中国的キリスト教文明を創出したかもしれない[10]”とした。しかし私としては、教皇庁が天主という用語と祭祀問題を適切に処理したところで、少なくとも朝鮮の儒教文化にカトリックが深く根を下ろすことは難しかったと考える。キリスト教は朱子学の理という自然神学に敬虔に耳を傾け、人格神の審判と啓示まで‘修正’しなければならないが、それができるとは思えないのだ。

　茶山もまたリッチの観点に立って理気論を批判した。この点で西学が与えた茶山等への影響は絶対的だ。琴章泰（クムジャンテ）（1944- ）教授はこれを一貫して強調しているし、最近宋栄培（ソンヨンベ）（1944- ）教授は『天主実義』を翻訳する過程で、この側面を再三確認している[11]。これは隠せない。ここでいったん整頓する。茶山は朱子学を離れたが、主気の自然学的な面から離れたのであって、主理の神学面からは離れていない。この過程で茶山は、リッチの論法に大きく依存している。

　では茶山がリッチの神学に移動したかといえば、それも違う。茶山は世界を主宰して安養しつつ、実質的に監督する上帝をはっきりと掲げている。

10　Donald W. Treadgold, *The West in Russia and China: Religious and Secular Thought in Modern Times (2 vols)*, Cambridge University Press, 1973. ドナルド・ベーカー『朝鮮後期儒教と天主教の対立』一潮閣、1997、28頁。

11　宋栄培『東西哲学の交渉と東西洋の思惟方式の違い』論衡、2004年参照。

この点は西学の天主に似る。茶山はしかしリッチのように上帝の存在を証明したり、弁証するための努力はしない。彼は‘論理’ではない‘直感’に依存した。人間の道徳的感情と善なる意思、これこそが利己と欲望の世界で役事する上帝の明白な証拠だといっている。加えて上帝は自分の感情と意思に左右されない、公平無私で道徳的な存在だ。上帝は自分を敬拝せよと要求しない。また人間を試さない。ヨブのように苦難を人為的に設定されるとか、神たる自分のために息子を燔祭に捧げよと要求しない。上帝は自分の存在を、ひたすら各自の道徳観と善の志を通じてのみ現れる。‘命令’に逆らわず遂行することが、上帝を敬拝するたった一つの道だ。だから問題は超越的上帝にはなく、自分自身との関係に戻ってくる。それに上帝の居場所は寺院ではなく、日常だ。

　このように整理してみると、茶山はいつの間にか儒学に戻ってきている。例を挙げれば茶山は、来世の存在についてはまったく言及していない。‘福善禍淫’を強調するがそれは主に‘道徳観の発揚がもたらす内的充足感’、言うならば『大学』で言う“心広ければ体胖（ゆた）か”のようなものだといった。彼は果たして死後の保証や刑罰を内心では信じていたのだろうか。信じながらも嫌疑が恐ろしくて口にしなかったのだろうか。私は茶山が経学を通じて孔孟の儒学と出合ったのなら、死後の世界を信じなかったと考える。儒学は利己的動機による行為を、それが例えば超越者に対する敬拝や献身であっても信用しない。特に退渓の主理系列では、西学の神学的な部分にはある程度同意したが、ついに受け入れなかったのは、まさに‘利己的目的で日常を離れて、神に阿諛すること’だったし、その集約が‘死後の霊魂の審判と、天国地獄の審判’という惑世誣民（世人を欺き惑わすこと）だ。西学の側では、茶山がこれを信じて終傅聖事（終油。病者の塗油）を行ったといい、儒学のほうではそんな記録はないと対抗する。真実は今や知るすべがないが、私は茶山がそれを信じなかったことを願う。

　つまり名目にとらわれずに実質を探るとき、“茶山は朱子学を離れたが朱子学に戻ってきたし、西学に傾きながらも西学を抜け出た”ならば、彼は朱子学者であるが朱子学者ではなく、天主学者であるが天主学者ではな

いことになる。茶山は一つの名前に閉じ込めておけるような単線的な存在ではない。単純な事実から複雑な思惟にいたるまで、表面的名称は立体的実相を伝えることができない。茶山の思想は活看しなくてはならない。今やもう茶山がどちら側かと頭を悩ますのでなく、彼の模索と実験を通じて儒教とキリスト教の対話を計り、相互認定と和解のために新たな宗教を企画する前向きな姿勢が必要だ。

茶山と主理の朱子学的な差

　そんな意味で茶山と朱子学との関係もまた、批判と断絶でのみ見てはいけない。学界のほとんどは茶山を脱朱子学者、反朱子学者と呼ぶ。彼の経学的成果は疑うべくもなく、新たな儒学である朱子学の発想と体系に対する辛らつな批判と、古き儒学である原始孔孟の思惟への回帰で一貫している。私自身も以前『朱熹から丁若鏞へ』という題で、彼を朱子学との純然たる‘断絶’として読んだ。しかしそれは事態の一面、或いは表面であって、全貌または深層であると言うのはためらわれた。

　この点を次のように分けて考えてみたい。

　茶山の朱子学批判の核心は、朱子学の包括的、連続的構想に向かっている。茶山は朱子学が自然と人間、精神と肉体、自然と自由を宇宙の普遍的パターンの下に大雑把に包みこんだ、未分化の思惟だと批判した。茶山はこの全てを分離して眺める。そこから人間の道徳的尊厳を差別なく、全てに可能性として認める。彼の外に向かう道徳論が、この土台の上に立てられている。論点を五つに分ければ、

　1）人間と自然の世界は異なる原理をもつ。自然の世界は物理的、生物学的法則に支配されるが、人間は自由と道徳の領域を持っている。

　2）人間は生物学的支配を受ける肉体と、超越的価値を実現する精神を

持って二元化されている。肉体と精神は互いを支配するために決闘する。たやすい和解という楽観はない。

3）肉体と精神の起源は異なる。肉体は大地的な要素の産物であり、精神は超越的絶対者から来る。肉体を克服して精神を実現せよという至上の命令は、人間の道徳観を通じていつも響いている。人間は生きている限り、この内面の声を聞き続ける。

4）この可能性は、誰にでも平等に開かれている。人間の尊厳は、朱子学が主張する先天的気の偏向によっては制約されない。人間の尊厳は心身の機能ではなく、道徳的意思にある。それは氏姓と身分、そして文化的差異とは関係なく、あまねく平等だ。ここに吾らは誰であれ、個人に道徳的責任を問うことができる。

5）朱子学は人間が肉体と精神の戦いで精神が勝利して確保するものが、本来的な自然の‘浄化’或いは‘回復’だという。けれども人間の徳性は、日常と社会的空間のなかで道徳観を実現していくことで、漸進的に‘獲得’され‘形成’されるものだ。

この程度を見ても、朱子学と茶山の距離は決して小さくない。しかしまたこの差異を誇張してもいけないと思う。私はこの五つの大部分が、すでに朱子学の伝統の中に先取りされていると考える。先取りして共有している部分は主気的伝統よりは主理的伝統により明確に確認できる。茶山は主気的伝統とは絶縁したが、主理的伝統には大きな借りがある。言うならば1）、2）、3）はすでに退渓の思惟に内在しており、4）は後期の主理的発展に見えている。これらを一つ一つ確認してみよう。

退渓は茶山が指摘したように、

1）朱子学の連続的構想の枠を、ある程度乗り超えていた。退渓は茶山が適切に指摘したように‘ひたすら人性（人心）の上でのみ’専ら論じた

のだ。これは退渓が理を宇宙的パターンの科学として認識するよりは、'人間の道徳的状況'の下でもつ意味と位相に焦点をあわせたことを意味する。このような点で退渓は朱子学を超えて陽明学的要素を結合したと、中国の杜維明と傅偉勳が指摘したことがある[12]。

2)はまた退渓の理気二元論的構図に似る。茶山は人間の傾向性を肉体(形軀)と精神(霊明)に分け、この二つの決闘場を実存の状況として設定した。退渓は朱子学的構想を併用しつつ理と気、四端と七情、道心と人心などを対立させているが、茶山の二分法的設定と実質的には重なっている。茶山の霊肉二元論は西学の影響もあるが、前に見たように退渓学派の一般的傾向だった。茶山が四端七情を問う正祖に栗谷の説で答えるや、初期の殉教者だった李蘗が"人間は精神(性霊)と肉体(形軀)の間で葛藤する存在"といって、退渓の説を支持したことが思い浮かぶ[13]。

3) 退渓はその鮮明な二分法で四端と道心が、肉体の由来である気とは異なり、理の超越的根元から来るという。退渓は四端と道心が内的敬度である敬を通じて、超越的存在の理と対面しつつ合一するといった。退渓は'理の臨在(理到)'と'上帝との対面(対越上帝)'の間に大きな隔たりを感じなかった。彼は自分の肉体の諸要素を克服し、自分の中の超越者に対面するために内面深く碇を下ろした。このような生の姿勢は充分に宗教的といえるし、西学など他の宗教的伝統と共有している項目だ。ここで退渓は朱子学の形而上学を、危険を承知でいうならば人格神学の方に移動したことになる。退渓の思惟は、茶山が霊と肉を二元化し、原始孔孟の名で上帝の神学を鮮明にしたものと軌道を同じくしている。

---

12 杜維明「退渓心性論」『退渓学報』第20輯、退渓学研究院、1978。傅偉勳「儒家心性論現代化課題」『従西方哲学到禅仏教』香港:参聯書店、1989。韓亨祚『朱熹から丁若鏞へ』世社、1996、第4章第2節。

13 李蘗は、茶山に朱子学を全面的に批判するための理論的武器を提供した人である。つまり、性情の体用論的構造を支える四端と七情を反対にして読む方法を、経学的な根拠にもとづき教えたのも彼だった。

4) 人間の道徳的尊厳に対して、主理と主気は異なる見解を持つ。この問題は、退渓と栗谷の間では目を引く論点ではなかった。なぜなら四端七情論にまぎれていたからだ。人物性同異論でこの問題が表面化する。南塘の主気は、気の差別に立脚して万物の差異を強調するが、これはすぐに差別と位階につながる。この差別と位階は宇宙的生命と人間の間だけでなく、人間の間でもすでに線を引かれたものだ。彼によれば人間は身体的、知的能力だけでなく、道徳性でも優越を持って生れる。それならば人間はここで相当部分尊厳を失うことになる。勿論このような先天的不平等は後天的努力を通じて矯正され、先天的同一性を回復できるが、回復は非常に難しい。だから"人間と他の生命の本性が異なる"という南塘の主気的見解は、対内的に身分関係を正当化し、夷狄である清国に対する対外的な不寛容を増幅させるほうに移動した[14]。

これに較べて巍巌の主理は気の差別性ではない、理の同一性の上に定置されている。"人間の心は、理に起源した天君として、心体の気質によって制約や侵犯をされない。そしてその心は誰にでもあって、各自に主体性を与える。心は絶対的で、独立的な位相と権能を持つ。だから全ての人間は誰もが差のない尊厳な存在である。それは人間と事物の差だけでなく、人間と人間の間のどんな差も問題にならない"

"人間と他の生命の本性は同じだ"という巍巌の主理的見解は身分的制約を解き、蛮人である清との対外的寛容の中で、文化的交渉を盛んにさせる思想的基盤になった。ここに実学の最初の学派、北学が育ったのは偶然ではない。そして女性儒学者たちもこの土台の上で朱子学的教養を身につけ、朱子学的勉強を発進させた。鹿門・任聖周（ノクムン・イムソンジュ）（1711-1781）の妹である任允摯堂（イムユンチダン）（1721-1793）と、もう一人の女性儒学者の姜静一堂（カンジョンイルダン）（1772-1832）は"天が下した性に、どうして男女の差別があろうか"といって、聖人を目指して努力していったのだ。任允摯堂が、洛論の主理を一層発展させた鹿門の妹だったことも、私は偶然とは思わない。

---

14 「4章 人物性同異論の論点と解き方」参照。

茶山は理気論が宿命的悲観論を流布すると、批判したことがある。人間の善悪が気質によって決定されるなら、厳密な意味では行為の主体がなくなり、その人間に道徳的責任を問うことができないという。"人間の意志は自由だ。それは天から貰ったものだ。その自由は、生物学的必然性さえ拒否することができる"この自由でもって茶山は、人間の本性が気質によって制約され規定されるという、'気質の性'の論理を拒否した。これは茶山の独創ではあるが、巍巌のように気質の決定力を弱化させながら、理の実質的権能を浮き彫りにした朱子学の主理的系列の人物がいるし、陽明学はかつて朱子学を批判して、心の主体性を強調している。茶山は意識しようがしまいが、巍巌や陽明学に借りがある。

茶山の勉強論——発見から開発へ

とすると退渓の主理と茶山の神学が鮮明に異なる地点はどこだろうか。それはまさに二人の修養論、道徳論にある。先にこれを最後の項目5）として残しておいた。結論から言えば朱子学が'発見'のモデルであれば、茶山学は'開発'のモデルといえる。この点で茶山の思惟は、実学或いは近代につながっている。念頭に置きたいのは、茶山の'開発'モデルが道徳的神聖の発展であって、近代や実学にわたしたちが期待する実用的合理性の発展ではないことだ。実学の観点では茶山は、'過渡的位相'を持つ。彼は科学的思考と社会政治的改革を、自身の神学と分離させて論議している。ということは茶山は経学では儒学であったが、経世学では法家的思惟を援用していたのだ。

まずは朱子学の'発見'モデルからざっと見ていこう。

理は自然の世界だけでなく、人文的世界を支配している。理は自然の'秩序'として春が去れば夏が来て、夏の実が熟すると秋の取入れと凋落を準備する。また人文世界の'規範'として、個人的情緒と選択、社会的慣行と制度の準拠（準則）として存在する。宇宙のあらゆる道は、この普遍的

秩序―規範の中にある。だから‘理一分殊’だ。これは英語の‘law’が、物理的法則と人倫的規律を包括するのと軌を一にする。これが若い頃の王陽明をして何日も何日も、穴の開くほど竹を見上げさせた理由だ。

　宇宙的秩序―規範は、宇宙的和解と調和を展望する。宇宙的秩序は私的利己心のための、赤裸々な闘争の場ではないのだ。朱子学の思惟は動物的ではなく、植物的だ。あらゆる比喩が草木と山水で成り立っているが、これをきちんと認識したい。人間は動物的習性を自制して、植物的品性を育てなければならない。そうやって自己欲望の抑制と他人への配慮である仁義が、宇宙的規範でありつつ秩序を保証する徳目になった。朱子学が本来は人文的徳目であった仁義を、宇宙的秩序の位相に昇格させたのだ。こうして仁義は、理の実内容として絶対的地位を得ることになった。重ねて言うが、これは神学的思考の一つである。

　更に整理すれば、理は絶対者として1）事物を生成、変転させて（元亨利貞）、2）事物間の秩序を管掌しつつ（道、性）、3）それぞれの事物の究極的意味を現示してくれる（仁義礼智）。1）は神学で2）は自然学だし、3）は道徳学である。近代的認識は、この三つを区別せず統合して示す朱子の思惟を理解できなかったが、このような統合構想は一般的神学や伝統的形而上学においてはむしろ自然である。そうした構想においては、存在と当為、事実と価値、科学と道徳、論理と倫理などが一般に統合される。学者たちは科学ではなく、だからといって神学とも言いきれない独特の思惟に、道徳形而上学という名前をつけてくれた。それは日常的規範を宇宙論的、形而上学的土台の上に定礎した、という意味を含蓄している。

　理の規範がこのように永遠の根元をもつから、朱子学では自然と自由は一致する。永遠の規範が人間の本質として与えられているため、人間はその命令を恣意的判断や必要に応じて拒否したり修正、変容はできない。"道は人間以後に存在すると誤解するなかれ（道、人に因りて方めて有るに非ず）"

　朱子は理が‘所以然之故’（然るゆえんの故）と‘所当然之則’（当に然るべき所の則）の二つの顔を持っていると言った。この句は朱子学を言う人に膾炙しているが、その割りには曖昧な理解に終わっている。批判的研究者たちは前者を存在（或いは事実）、後者を当為（或いは倫理）として区分し、

朱子が何らの論理的媒介なしにこの二者を一致させたと不平を言う。これは文字を精密に読まない解釈だ。彼は弟子たちにいつも、'所当然之則'を通じて'所以然之故'に至らなければならないと教えている。ここで'所当然之則'とは、当然そのようにしなければならないという準則（則）とか規範を示し、'所以然之故'は、その準則の存在根拠を示す。前者が規範の現実的側面（用）であれば、後者はその形而上学的、存在論的側面（体）を示す。そしてこの二つは二元化されないというのが、彼の信念であった（体用一源）。このような発想は、朱子学に神学的思考が原論的に存在するから可能となる。

絶対的準拠の問題は、西洋哲学が相対主義と客観主義という名前の下に、長期にわたる論議を経てきたアポリアでもある。意外なことに理気の思惟は、相対主義と客観主義の論理的ジレンマにそれほど関心がなかった。彼らの関心は客観的に存在する普遍的規範をどのように現実化するかであって、絶対的準拠の存在自体を正当化するために力を消耗しない。だから形而上学的独断という名前を得たりもした。これは神が宇宙と人間を創造したという神学的独断と並び立つ言説だ。儒学と西学は近代から見れば、独断同士の争いと見えるかもしれない。

退渓の主理もまた典型的な'発見'のモデルだ。彼はよく花潭の'気の自然発現が理の主体（本体）'という自然的楽観論を批判し、理の本体を回復するためには持続的な注視と自覚が必要だと強調した。'天地万物が理とともに一つ'という、一見すると自然的楽観として誤解されやすい朱子学の言説を、退渓は実存的自己修練を通じた、宇宙的合一の厳命と読んだ。

　　仁が万物とともに一体だというが、けれども（それは前もって確保されたものではなくて）必ずわたし、自己を原本として、主宰の方に近づいて行かねばならない。自分から近づいてこそ、物と我が一理として絡み合（相関）っていることが、切実（親切）な意味を持ってくる。胸いっぱいに満ちた同情心（惻隠の心）とともに、どこでも躊躇なく入り込めること、これが他でもない仁の正体（実体）だ。万一この道理（理）を知らずに、'天地万物が仁のなかで一体'と反省なく断定してしまうなら、いわゆる仁という具体性を体験できないから、それ

が私の（実存的）体と心に何の関係をもつだろうか[15]。

　退渓は、理がまだ‘自分の中で’覆われていて、息苦しいという。わたしは今その理を具現しているというより、妨害している。これに対して栗谷は、自分が完全なる理の実現を妨害していることは認めるが、実現された理の側面にも留意しなければならないという。退渓は道徳的悲観に、栗谷の学派は道徳的楽観に傾いている。退渓の門下で禁欲主義と敬虔主義の気風が育ち、栗谷の学派はその楽観を不安に思い、人性に対する新たな論議の地平を開いた。

　これが‘発見―回復のモデル’の概要だ。

　茶山はこれとは違う道を歩いた。彼は宇宙的秩序と人間の規範を‘連続的に’理解しなかった。宇宙は閉ざされた秩序にあり、人間は開かれた規範の上にいる。自然は物理的法則に従う必然の世界だが、人間は人文的作為に従う偶然の世界にいると考えた。偶然世界の人間は、宇宙的普遍の性理なぞなくても困らない。言い換えれば茶山には帰るべき本原、回復すべき本性は存在しない。本性があるとすればそれは己の根元に向かわず、己の外の歴史世界に向かって表出される。人間の道は自分の道徳的本体を、自覚を通じて‘発見’して、‘回復’する過程ではない。自分の道徳的可能性を行為を通じて‘実現’し、‘発展’させていく道程だ。
　茶山は自然ではなく、作為に立脚する。丸山眞男（1914-1996）教授が日本の古学で発見した自然と作為のモデルは[16]、茶山にもそのまま適用できる。私は日本の場合、武士たちの実用性を追究した国だから、朱子学の文士的な宗教性は定着できなかったと考える。より定着していた朝鮮の場合、朱子学からの転換は甚大かつ実質的な意味を帯びていたと考えられる。

　ともかく茶山は、自然と自由は一致しないという。人間のエネルギーを

15　「西銘考証講義」『退渓集』巻7。
16　丸山眞男『日本政治思想史研究』東京大学出版会、1952。

先験と宇宙的普遍から解放し、経験と社会的実践に向かわせたことは、茶山思想の先駆的業績だ。この土台の上に、彼の実学的作業が布陣されている。

　だからとて茶山を近代的といえるのか。近代をどのように読むのかという論争がある。まず近代とは素朴に個人の欲望を承認し、その権利を認め、社会的福祉を充実させるという合理性で規定しよう。産業と科学、そして資本主義がこの理念に従って発展した。近代は道徳や規範を絶対的、先験的地平に置かない。規範と秩序は、個人の利益が衝突して起きる社会的混乱を調停する場、相対的な地平にある。
　このように見ていくと、茶山の位置は曖昧で過渡的だ。彼は道を単線ではなく、複線にとっている。複線になったわけを次のように整理できるかと思う。彼は宇宙的普遍から人間の位相を独立させて、新たな人間学を定礎した。その人間学は分裂的現実の上にある。分裂は昔、退渓が強調したところだ。しかし彼は退渓のように気を制御して理を発揚させるという、己の内部回帰には向かわない。分裂はあくまで自分の外側で、日常の社会関係や個人の社会的役割の中で再調整されるべきという考えに徹底した。ここで彼は、理の発揚に儒教的神学を鮮明にし、気の制御には法家的装置を援用した。人には二つの相反する意思、霊明と形軀の'嗜好'が互発するので、それぞれにあう道を提示したのだ。
　だから彼の道は二つに分かれる複線だ。儒家でありながら法家、或いは表面的経学としては儒学だが、実質的経世学では法家である。この二重性をどのように理解すればいいのか。一方では超越的神学を主張しながら、また一方では法家的実用性を果敢に導入した彼の思惟の広がりを、どのように整頓して読まねばならないだろうか。
　朝鮮儒学の巨視的流れである朱子学から実学、或いは理学から気学への道程を見るとき、私は茶山が'過渡的'な位置にあると考える。茶山は朱子学に曖昧に同居していた自然学と神学をきちんと分化させ、二元化した。科学的思考と社会政治的改革では、気に立脚した自然学を、人間の実存道徳学では理に立脚した神学を並列的に定礎した。それは朱子学の革新であるが、不完全な同居ともいえる。人文学であれ社会科学であれ、先験的神学のくびきを解いて、経験的科学に移動するには北学派の先導があった。

恵岡・崔漢綺が経験的科学を本格的に実験して、一つの体系の構築に至る。このような点で茶山は、実学への転換を導いて土台を準備したが、完成は後代の課題として残したといえる。

　あー、まことに、これは歴史的展開という観点から言ったのであり、茶山の意味と価値はこれに留まらないということも加えて指摘しておく。

7章　実学、或いはゆらぐ理学の城砦

シ ラク

問題と構想

　近代の登場とともに朝鮮の朱子学は'封建的イデオロギー'という烙印を押された。千寛宇（1925-1991）教授は"朝鮮朝朱子学は（…）政治と結びつき、ついに自由な学問的批判を拒否し、その形式的、観念的、排他的、強圧的な一面が（…結局）学問的な宗教化につながった[1]"と書く。ここで実学は"理気四七の形而上学と実践哲学、そして礼学等で[2]"教条化した朱子学を超えようとする志向として規定されている。この志向の下にあらゆる'反朱子学的なもの'が、実学の範疇の下に配列され始めた。陽明学と考証学、実務的社会政策論、西欧の科学と神学等、彼らは彼らなりに朱子学を批判して、代案を提示した学派だ。

　しかし問題はこれらをまとめる積極的中心、或いは志向があるかどうかだ。それがなければ'実学'という構成的、形成的概念が成立し難い。ここに実学研究のジレンマがある。実学が構成している特徴的要素として'実証的、実用的態度''商工業の認識''民族的覚醒''科学的探究''身分制の解体'などを摘出してみたが、これらを統括する中心的コードは何であろうか。

　研究者たちは漠然と'近代'をイメージする。いや、実学を語るとき、その脈絡と背景にすでに近代があった。実学は大日本帝国の強制占領以前

1　千寛宇『近世朝鮮史研究』一潮閣、1986、325頁。小川晴久『朝鮮実学と日本』
花伝社、1994、15頁から再引用。
2　同上。

に、民族的弁明として斉唱されたことを思いおこそう。植民地という痛み
が、朝鮮の儒教伝統を見る視覚と接近法を決定し、結果として儒教は複雑
にからんだ問題を抱え込むことになった。

　近代の目から見ると実学は、初歩的で不完全であるしかない。実学は本
来、儒教的基盤の下での改革的志向であり、そんな点で近代的というより
も、前近代的風貌がはっきり感じられるのだ。千寛宇教授は正直に"実学
は決して近代の意識でも近代の精神でもない[3]"と言う。

　近代の基準は必然的に朱子学を否定して、実学を矮小化する。これは結
局、朝鮮の文化と思想を劣等なものにし、逆説的に植民地史観の受け入れ
を促す。私たちの思想と文化がそのように貶められてよいのか。近代が古
今の文化と伝統を、専制的に裁断してはいけないだろう。とりわけ現在、
近代の病弊と限界が深刻に論議されているではないか。前もっていえば私
は実学の真の価値を、朱子学とともに'近代に対する批判的距離'にある
と思っている。意外に思われるだろうか。

　この点を勘案して実学を読むこの章ではわたしなりの接近法を試みた
い。しかしそのためには実学と朱子学の関係を見定める必要がある。実学
は果して、朱子学と全く断絶したと言えるのだろうか。

　ある種の思想は無時間的、脱歴史的な空間では芽吹かない。いつでも問
題との対決を通じてその思想を孕胎し形成する。実学も同じだ。いわゆる
実学者たちは、近代を意識して自分の思惟を広げたのではない。その時代
の理念である朱子学が表出する問題を検討し、代案を提示しているのだ。
現実的関心から改革案を提示した者がいるし、理念的関心で朱子学を批判
した者もいた。関心を他に移した学者もいる。

　このような過程で強固な統一体だった朱子学のコードが、分化し変容し
始めた。コードの選択は実学者によって異なるし、扱う方式もさまざまだ。
明白なことは韓末に至るまで、朱子学コードの全てを取り替えてはいない

3　千寛宇、前掲書、355頁。小川晴久、前掲書、16頁から再引用。

という事実だ。最後の実学者といわれる恵岡(ヘガン)さえ、気の世界観と仁義礼智の規範は保持している。

このように見ていけば実学は、朱子学と完全には断絶していない。朱子学の全面否定ではなく、批判的修正という歴史的過程にあったといえる。実学は朱子学の受容と排除、強化と解体が同時進行した歴史的実在だ。この解釈は実学に到達点、或いは指向点を確認できるかが問題となる。人はそれを‘近代’と想定するが、しかし注意してほしい。茶山(タサン)や恵岡でさえ、西欧の基準から見れば全く‘近代的’ではなかったことを……。この現実の前で私たちは近代を放棄するか、或いは近代の理念型を柔軟に設定することが必要となる。私は後者がはるかに生産的だと見る。

このような前提で、実学の力動的過程を示す枠組の例をあげてみたい。

枠は次の三点で組まれる。1) 朱子学と実学、そして近代を包括する巨視的展望をもち、2) 実学を取り巻く論難と混線を整頓するが、3) 単純であることだ。

朱子学は立体的な構想を持つが、朝鮮儒学はこれに加えて展開と発展が複雑に絡み合っているから、定式化が危険だし困難だ。それでも筋道や骨格を直視し、周辺要素をふるい落とす冒険を試みたい。

具体的作業仮説は次のようなものだ。

まずは理学と気学という、二つの理念型を設定する。

理学は理念と道徳を重視する傾向であり、気学は現実と自然を重視する傾向だと大別できる。理学は宗教に傾き、気学は科学に傾く。理学は道徳的本質を基盤にし、絶対的理念を具現しようとする。気学は生理的要求に土台を置き、相対的規範を論じる。要するに理学は精神的であり、気学は大地的だ。このような概括の下に、次のような対照項のリストを作ることができる。

理学　先験的 - 形而上学 - 観念論 - 原理主義 - 道徳(倫理) - 宗教 - スーパーエゴ - 朱子学
気学　経験的 - 形而下学 - 唯物論 - 功利主義 - 自然(物理) - 科学 - エゴ　　　　 - 実学

　リストはいくらでも増やせる。増やしても説明項と被説明項はぴったり
合わないし、一定の距離、或いはずれがある。その緊張が東と西、'儒学'
と'近代'の距離を教えてくれる。今までは西や近代を基準にして東や儒
学を断定し、評価してきた。そんな評価には近代の強固な支配と、根の深
い西欧コンプレックスがあることは明白だ。私はこれを変えようと思う。
ためしに西欧の知的、精神的伝統を、儒学の枠組みに合わせてみよう。

　この設定には幾つか長所がある。まずは近代を相対化しつつ、実学をコ
ンプレックスから救い上げる。さらには'近代以降'のため東アジア的資
源とその寄与を積極的に探索できる。すると朱子学と実学が有機的関連を
持つようになり、総体として読むことができる。要するにこの作業仮説の
下では実学を近代志向的に見ることを留保し、近代を気学の一流派に分類
するのだ。

　朝鮮儒学の全体的流れの中で、実学の分派と発展を確認し、続けて実学
の特徴を部門別に記述する。

　1）朱子学の構想は理学だ。理は度々見てきたように究極的な絶対の存
在で、世界を変転させる主体であり、生命の究極的意味を現示する。朝鮮
の儒学史は、この理学の伝統を忠実に守った。長い間の論争はこの理の性
格と位相である'主宰'を取り巻いて展開された。論争はこの原点、主宰
を避けられない。そのため朝鮮の哲学史は、循環論的パターンを見せる。
理の有為、理が実質的'役事'、働きをすると主張する人々を'主理'、そ
うでないという人々を'主気'として系列化したことがある。何度も強調
するが、主理と主気は理学の中の分化である。

　2）倭乱と胡乱を経験して老論の時代となるにつれ、栗谷の主気が主流
の場を占めた。主気は'気の逸脱と不安定'を治めるために、外面的な規
律に依存する。そのため伝統的価値と規範を守る保守的態度に傾く。礼を

整備し、礼学を深化させつつ、それを社会的に定着させていくのだが、そうやって礼を取り巻く政治的血戦、礼訟（服喪問題）まで起している。

この主気中心には抵抗する勢力が布陣されるが、この主理的反発には大きく分けて四つの系列がある[4]。

① 退渓系列の南人たちによる持続的挑戦。この系列のひとつが西学につながった。（西学は主理の極端な形態）→星湖学派と茶山
② 畿湖学派の中でも農巌を宗匠とする洛論系列。始めは周辺だったが後に政治社会の中心勢力になる。北学派がここで成長する。→洪大容と朴趾源
③ 少論のさまざまな思想家たち。この系列の一人が陽明学に傾く。
④ 韓末の主理派たち。華西と蘆沙学派。そして嶺南の寒洲学派。

通念とは異なり、'実学'は主理の流れのなかで生まれ出た。知られているように（1）から星湖・李瀷と茶山・丁若鏞が、（2）から湛軒・洪大容と燕巌・朴趾源が出た。主理の系列から実学が発展したという逆説が、実学の哲学を定礎しようという研究者たちを一層困惑させる[5]。

敷衍するならば、

3）実学は理の主宰性を疑い、否定する立場だ。理の主宰の否定で思惟の地平が理学から気学に移動する。恵岡・崔漢綺は気学を独自で構築した。彼の叙述には'気学'という題がつく。朝鮮儒学史上崔漢綺は近代と最も

4　詳細は「4章　人物性同異論の論点と解き方」'哲学的な契機'参照。
5　たとえば実学は理念よりは現実を重視する傾向をもつのだが、ならば理より気を主とするのだから、主気ではないかと思ってしまう。はっきり言おう。朱子学は根本的に理学である。だから主気もまた理学の一分派である。主気と気学を区別しなければ、朝鮮儒学の読み方に混線と錯綜が避けられない。実学は気学への進展であって、主気の確認ではない。なぜ主気が主理より保守的で体制維持的になるのかは本論で述べる。

近いが、近代との距離もまた無視できない。儒学の側から言えば、近代は気学の多様な広がりの一つと読むことができる。なぜこのように読めないのか。特に今は、近代以降を苦悩しているというのに。

4）研究者たちは実学の多様な特徴を指摘し、記述している。これらは朱子学のコードが分裂し、解体される過程で現れたものだ。実学の特徴を四つに整理してみた。

(1) 経学の革新
(2) 主体の発見
(3) 社会政治的な関心 – 礼学を超える
(4) 科学的思考と認識論

朝鮮儒学の論点、主宰

朝鮮儒学の論争は弁証法的に発展するよりは、一つの中心をまわっている。中心は太極、或いは理と呼ばれる絶対の位相と性格だ。

朝鮮の儒学は、理の存在をめぐる長い論争を続けた。退渓と栗谷を初めとする朝鮮の儒学者たち全員は、理の先験的絶対性を疑うことはなかった。だから理学だ。違いは理の位相、特にその直接的権能にある。"理が宇宙を物理的に統制する権能を持っているのか。権能を持たないときの理は、人間の活動を通じて具現すべき意味しかないのか"

知られているように退渓は、理の直接的役事を信じたし、栗谷は理の間接的実現を主張した。理の有為と無為を取り巻く論争は、人物性同異論を経て韓末の華西、蘆沙、良斎の間の論争として再現された。

理の有為と無為を基準として、主気と主理が分かれる。大ざっぱに分けて次に示す。

　議論を進展させるには、まず朱子の立場を確定したいが、たやすくない。たやすく言えるなら、朝鮮の儒学があれほど激烈に、長きに亙り論争を繰り広げることもなかったはずだ。退渓も栗谷も、南塘（ナムダン）も巍巌（ウィアム）も、蘆沙も艮斎も、朱子が言わんとするところを自分は正確に読みとっていると信じていた。それでも私は次のように読む。

　朱子はどちらかというと理の無為に立つ。だから朱子は、自分の理が超越的な人格として解釈されないように、いつも神経を使った。"鬼神とは陰陽の変異で、神秘に対する人間の敬畏感を表現したものだ（鬼神は二気の良能）"朱子は理の絶対性を無為、その'非活動性（情意なく、計度なく、浄潔空闊の世界）'で読んだ。理というものを陰陽と五行の活動の秩序と、各生命の理念的尺度として設定したのだ。だから後の西学は朱子の理が、思惟と意志を通じて世界を役事なさる神を描くには充分でないと判断し、骨董品の原始儒学の手を握ろうとしたのだ。
　朱子は、原始孔孟儒学では存在していた人格的神の観念を抜き取り、非人格的意味を軸にする、生の意味と行動の準則を設定した！[6]

　理学の構図の中で、主気と主理のジレンマは次のように整頓できる。

6　この違いは、理学の中の'主気と主理'の間では深刻な論点であったが、気学を軸とする'近代'からみれば、それほど大きなものではない。この点を同時に念頭に置くべきである。前述のように、コーンフォードはギリシャの場合、宗教が合理的に進化したのが哲学であるから、両者の間は断絶ではなく連続に近いとした。この事例は、原始儒学の'神学'と朱子学の'形而上学'の距離の場合にもあてはまると思う。

理 a）絶対純粋な永遠の価値であり、最高の善（理貴）

    b）しかし自己活動を通じて、自身を積極的に具現できない（理無為、理弱）

気 c）汚染され、堕落しているから、浄化を通じて生まれ変わるべき対象（気賎）

    d）しかし欲望を具現し、世界を変貌させていく自己活動の主体（気有為、気強）

　ここで問題は、気に大別される肉体と精神の二重の性格だ。肉体と精神は汚染と歪曲の‘対象’でありながら、汚染と歪曲を矯正して永遠の本源を回復する‘主体’でもある。そうなのだがこれは矛盾とも取れる。患者が患者を治療するなんて話があろうか。

　このような疑惑と憂慮が、主理派の積極的反発を招いた。彼らは患者を治療する、形而上の医師を迎えいれた。それが作為する理だ。宇宙に意味を与え、存在の本質を与えるその御方が、ここに臨在なさってわれわれを導くということだ。理はこのようにして、無為から有為に移動する。こうなるとb）とd）が修正される。d）は弱化し、b）は反転する。気は抑制と監視の対象となって固着し、理は自己活動を通じて自身を積極的に具現する主体となる。退渓は言う。“気も発し、理も発する。気の発揚は統制されなければならず、理の発揚は無限拡張されねばならない”

　しかし主理もまた難問に逢着する。物理的に存在して活動するものは気だけである。特に栗谷は断言する。“人間は天地の生成と変化の過程の産物だから、人間の精神や心理的エネルギーの発現は、天地の原理をもつ[7]”自発的自己進化や自己組織をし（自然）、なおかつ宇宙のかなたに介入、

7　“天地之化、即吾心之発也。天地之化、若有理化者気化者、則吾心亦当有理発者気発者矣。天地既無理化気化之殊、則吾心安得有理発気発之異乎。若曰吾心異於天地之化、則非愚之所知也。此段最可領悟処。於此未契、則恐無帰一之期矣”「答成浩原」、『栗谷全書』巻10。

干渉する実質的動力は存在しない。理はただ現実のパターン、或いはその適否を判断する規範と尺度に過ぎない。万一理が実質的に役事するならば、宇宙に悪と不完全（過不及）があるはずがない。栗谷はもっぱら‘気発一途’の一道があるだけだと主張する。万一朱熹が互発を信じたならば、朱熹が間違っていると断言した。

実学の一媒介としての人物性同異論

壬辰倭乱と丙子胡乱を経験して、思想史の地形が変わる。老論が政治に社会に主導権を行使し、栗谷の主気が思想の中心で羽振りを利かす。主気は伝統の価値と規範を強化するから、礼を整備して礼学を栄えさせた。

実学を知りたければ、壬辰倭乱以降に主流となった、主気の思考と行動をよく見る必要がある。特に尤庵・宗時烈と遂庵・権尚夏に続いて、老論の嫡統となった南塘・韓元震に注目したい。「4章　人物性同異論の論点と解き方」で読んだように、彼は‘人間と動物の性が異なる’という異論に立った。

南塘の考えを整理すればこうだ。

“あらゆる意味、或いは価値（理）は、身体（気）を通じて具体化する。ところが身体の構成は生物の種に従ってそれぞれ異なる。草木と人間の体質的構成が異なり、トラとアリの生理的構造が異なる以上、彼らの行動様態と意味は異なるしかない。その差は気質の質料性が決定する。質料性は不均質を必然的に内包するので、大きくは人間と動物の差異、小さくは人間と人間の間にも差異が存在せざるをえない。純粋な泉の水も成分の混合度が多様であるように、気質もまた身体とともに、多様な精神能力の地平を産出していくのだ。精神能力の多様な個性と偏差は遺伝的、体質的起源を持つ。要するに気質が身体的頑強さと脆弱さ、寿命の長短を決定するように精神の知的、感性的指向と、道徳的性向も遺伝的な枠をはめる。だから聖人と凡人、賢いものとの

ろまなもの、計算に早いものと学問に敏いもの等々千差万別であり、
それは一次的に生来の体質的構成の結果だ"

　これを専門的論調で敷衍すれば、

　"だから人間の気質は、斉一でも均等でもない。湛然虚明であるよ
うな精神的空間は、その実一定のコードで埋められているのだ。この
コードは遺伝的決定に、習慣的要素と文化的因子を加えたものだ。あ
る刺激が与えられ、また自己判断に従ってある行動を構成するとき、
隠れていたコードが姿を現わす。そんな意味で人間は、己の主人では
ない"

　ここで南塘の有名なキャッチフレーズを出そう。"未発の心体にも、善
悪がちゃんとある"

　南塘は気質が体質を構成する質料だから、当然心にも一定のコードが生
来的に刻印されていると考えた。その地形は善悪美汚の千差万別、有万不
斉だ。

　朝鮮後期に始まった人物性同異論は、その後の展開となる実学の学風と
深い関係をもつが、いままでこの関連面がほとんど注目されていない。こ
の間実学を、性理学に対峙するものとして読んできたからだ。人は実学が、
実事求是と利用厚生に尽力する実用的姿勢を持つのに、性理学の空理空談
にぶら下がった哲学的論争の一つが実学と何の関係があるかと聞き返す。
しかし待ってほしい。この人物性同異論は鹿門哲学の成立には勿論、実学
と深い関係を持つのだ。茶山は言うに及ばず、恵岡にも思惟のきっかけを
与えている。

　人は人性と物性が‘同じ’という主張に、形而上学的で宗教的な強引を
感じる。すると反対の‘異なる’という主張の方に現実的説得力を感じる。
その結果‘異なる’側を、近代或いは実学と関係させたくなる。だが実の

ところ反対なのだ。'異なる'はすぐに差別に滑る。満洲族の侵略者である清に対して排他的名分を強調したのは老論だが、その中心をなす教説が"人と動物が互いに'異なる'"という主張を土台としたではないか。

> "人間は動物とは違う。だから禽獣や夷狄とは同じに扱えない。また人間であれば全部同じ人間なのか。生れ持った気質の美悪があるからには、人間の品級もまたあるというしかない。だから聖凡が氷炭のように相容れず、両班（貴族的階級）と常人が同じ部類ではない"

これは拡大解釈したものではない。実のところ異論の主張をする南塘・韓元震は、老論執権の理念を代弁して、内に向かっては保守的な身分観を持ち、外に向かっては'尊明排清'の義理に固執した人物だ[8]。

北伐の名分と厳正な華夷論に張り合って、蛮人に学ばなくてはならないと声を高めた人々を私たちは北学派と呼ぶ。彼らの思想的淵源は意外にも洛学、"人間と動物の超越的本質は同じだ"という人々にあった[9]。宗教的と言いたいような教説を提唱する人たちの中で、北学と科学と開化が胚胎されたという不思議をどのように理解すべきか。

私はこの問題を「4章　人物性同異論の論点と解き方」で少し論じた。もう一度繰り返すと、

洛論と北学の関連は偶然ではない。湛軒・洪大容の『医山問答』や、燕巌・朴趾源の「虎叱」は、'人間が宇宙の中心'という考え方を乗り越えている。『医山問答』で湛軒は実翁の口を借りて、人が禽獣や草木より尊いという

8　柳初夏『韓国思想史の認識』ハンギル社、1994。
9　湛軒は、農巌・金昌協の門人である金元行の門人であり、燕巌は洛学の巨頭である魚有鳳の孫弟子だった。この問題については、劉奉学「北学思想の形成」『燕巌一派の北学思想研究』一志社、1995、文錫胤「朝鮮後期湖学論弁の成立史研究」ソウル大学大学院博士論文、1995、参照。

虚子の言葉を否定する。物の立場から見れば物が人よりも尊いし、天から見れば人も物も同じく尊いと弁じる。燕巌は水にも礼儀があると言う。水からすれば人もまた水の種類の一つだと言い、人間の性が善であるなら、トラの性も善だと言うのである。この延長線で彼らは、今まで禽獣とばかり思っていた満洲族の清を‘人間’として認め、その文物を野蛮ではない‘異なった文化’と理解して、学習し接木の対象とした。‘科学’と‘北学’は前提が同じなのだ。科学も北学も自然と人種、そして階級に対する偏見のない場で芽を出し、育つ。これは主理の逆説だ[10]。

　この逆説はこの間、主気に実学と近代の軸を求めていた人々を困惑させるに違いない。困惑には理気論に対する漠然とした印象が闖入している。人は理念的思考より、現実的思考を大体において‘主気’と考える。言い換えれば理念と価値を現実と関わりのないところで空しく叫ぶのではなく、現実を注視し、現実を土台にして融通を試みる実用主義的思考を主気的だと思う。けれども実用主義は重ねて強調するのだが、気学の発想であって、主気の思考ではない。主気は根本的に、理学の一分枝であることに留意したい[11]。

　混線を防ぐためにこのへんで、‘気とは何か’を一度整理してみよう。気が‘形而下の世界’として、現実を構成する契機と言うとき、果してその‘本体’は何か。現実は詩人にとって想像力が本体だし、工学徒にとっては物理的世界が本体だし、学者にはテキスト、農夫にとって現実の本体は農業である。だから気の意味の地形が複雑なことは推察できる。

10　劉奉学「北学思想の形成」、前掲書参照。

11　だが、気学が必ず主理と手を握る‘必然的’な理由はない。ただ、朝鮮の歴史的過程の実際がそうだったということである。筆者はむしろ‘主気から気学へ’の進展が自然的で望ましいと考える。栗谷の思惟がその豊富な可能性を示している。しかし、残念ながら壬辰・丙子の両乱の不幸が、朝鮮の知識人官僚を保守に回帰し、排他に固執させたため、この可能性は抑圧された。学問は硬直し、思考は抑圧され、実学は少なくとも一世紀以上を待たなければならなかった。

7章　実学、或いはゆらぐ理学の城砦　247

　'現実'を読む観点は人によって異なり、時として極端な対立を見せもする。プラトンは個別の事物を離れてイデアの観念世界を'現実'であると呼び、中世の神学もまたこれを受け継いで、個別的事物のかなたの普遍者、或いは一般概念を現実と呼んだ。唯名論を経て近代に至り、現実は物理的現象の世界と、その中での個別的事物を示すようになった。

　気もまた同じだ。今私たちは気を近代の慣行に従って物理的、現象的世界の近くに連想する。しかし朱子学が示す気の意味地形は、原初的干渉者である理の手綱にしっかりつながれている！　それが理学の宿命だ。理の干渉の仕方が、気の意味を変化させるということだ。そのありさまを一律にはいえないが、概略言えるのは"理の先験的支配が弱くなれば、気が客観的、価値中立的地平の方に移動する"その周辺で実学が育つ。もっと言えば、気学であるためには、特に礼の形をとっている'理の先験的支配（あるべしという理の強要）'が弱化、もしくは無化されねばならない！

　これを念頭において、気の意味地図を類型化すれば次のようになる。もちろん正確とは言えず、大まかに納得できる程度だ。

　気という概念は、

　　(1)'物理的自然の世界'ともなりえ（恵岡、或いは気学の科学的態度）、
　　(2)'身体的欲望の自然性'ともなりえ（理学が根本的に憂慮する点）、
　　(3)'自然と人間の階級的秩序'でもあり（南塘などの湖論が強調）、
　　(4)'超越的道徳観の具体性'でもあり（鹿門・任聖周と陽明学の哲学
　　　　的関心）、
　　(5)'社会経済的現実'を包括的に示しもする（特に栗谷が注目）。

　この五項は互いに連繋し、錯綜もしながら多様な思惟の地平を描き出す。例として花潭・徐敬徳は(1)と(2)を合わせて(4)を含蓄している。だが朝鮮儒学の場合、(1)は本格的指向がなくて、(2)は否定的評価を受け[12]、(3)は名分と義理論で機能し、(4)は退渓以来、朝鮮儒学の根本テー

ぜだった。（4）はいつも（2）とともにあったので、論争が激化し、論議
は空回りした。鹿門は果敢にも（2）を（4）の残りかす（渣滓）程度に、
または無視して解決を模索した[13]。

　ここで（3）と（4）は、理の強固な磁場の結果を示す。理の先験的重みが、
気を事実上支配している形態だ。主理であれ主気であれ、理学であれば理
を避けられない。（1）、（2）、（5）で理は実質的に弱化しており、この周辺
で気学が育つことができる。

実学の哲学──理学から気学に

　二度の戦争を経験して、朱子学的秩序が動揺し始めた。動揺はあちこち
で始まる。身分制的秩序に対する懐疑、現実的欲望の肯定、それに産業と
生産の発達などの動きだ。この危機を前にした朝鮮朱子学は、極端に保守
的な姿勢で対処した。満洲族の清から二回（1627年、1636年）の侵奪を
受けて復讐心が深まる。傷ついた自尊心は、異民族との交流といった一切
の開放的態度を封鎖し防御的に硬化していった。このような保守性に対す
る果敢な抵抗と反発を実学と呼んでいるが、その思想的実験は多様に枝分
れし発展する様相を見せる。流れを整理し、一つに統合するのは易しくない。

　実学の基本原理を私はまず‘理の先験的主宰を疑い、否定するところ’
に求める。だから実学は気学のコードを持っている。気学のコードに親縁
的類型として、直ちに‘唯気’が思い浮かぶ。

12　主気という名はそれゆえ非難と唾棄の対象であった。

13　金炫教授が適切に指摘したように、鹿門の哲学的テーゼは‘疎外された道徳本性の
　　回復’にあった。彼の哲学は、主気論を尊ぶ人々の期待とは異なり、‘自然法則に対
　　する客観的な探求の精神を欠如’している（金炫『任聖周の生の哲学』ハンギル社、
　　1995、226頁）。筆者は鹿門の思惟を形式は主気であるが、内容は主理であると分類
　　する。彼が洛論の系譜に位置するのもこの点と関係がある。

唯気　　朝鮮理学の歴史で、唯気に近づいた人物に花潭・徐敬徳が
いる。唯気が主気よりもさらに気学に近いから、方向は違うが唯気も
主気も自然の観察と科学的態度を重視する。花潭は自然に対する瞑想
と生態学的覚醒を通じて、道家的安心立命にいたった人物だ。

　実学は朝鮮朱子学を超え、新たな気学を胎動させた。けれども花潭流の
唯気的伝統に、資源や根拠を求めたのではなさそうだ。実学は逆説的に、
これは相当な論議を呼ぶだろうが、朝鮮後期主理の一支流から成長する！
なぜ育つことができたのか。

主理　　理学の中で主理は、逆説的に気学に架ける橋になった。以
前言ったように理の有為を強調すれば、次のような事態を伴うことに
なる。各生命が理に‘制限された者’ではなく、理の‘具現者’とし
て登場するようになる。1）これは人間の主体的判断や活動を肯定す
る方に進展しつつ、2）生命の尊重と自然の発見として現れる。それ
とともに3）個性と主体の発見、既存の社会的体系を超えた新たな社
会を構想する自由精神につながる。

　理の直接的役事、働きが強まって理の先験性を失う方に進むとは皮肉だ。
だが主理から実学が発展した例として湛軒・洪大容と茶山・丁若鏞を代表
としてあげることができる。

　1）洛学の延長上で湛軒・洪大容は、理が気のなかにあるといい、理の
先験性と絶対性を否定した。理は依存的存在にすぎず、先験的、超越的な
地平にはない。とりわけ理は人間と動物の普遍的、宇宙的理念としてふる
まうことはできない。"いわゆる理とは、気が善であればやはり善で、気
が悪ならやはり悪になる。理は主宰せず、気の作為に従った結果だ[14]"

　2）茶山・丁若鏞もまた、星湖系の主理派で成長した。彼も理が先験的
で絶対的という考え方に反発した。茶山によれば理とは何たること、宇宙

の原動者どころか‘自ら立つこともできない無気力な存在’だ。"気という実体（自植者）に寄生する、単なる属性（依附者）にすぎない"という。茶山はまた理の先験的絶対性が、儒学の発想ではない仏教的起源を持っており、その点で孔孟儒学の精神を深刻なまでに歪曲したと非難する。"理は愛憎も喜怒もない、がらりと空いて漠々とした、名もなく実態もないものだ。人間がこれを天賦されて、性を受け取ったと言えるだろうか[15]"

　語源学的分析によると、理は‘事態の肌理（きめ）と脈絡’を示す言葉だったのに、そんな言葉が世界の永遠なる理念、絶対的基準になりえるのかと気炎を吐く。宇宙のあらゆる存在が理から生れ、理の天命（命令）を具現するための責務を自然的に付与されたという、悠久なる朱子学の根本原理を、茶山は容赦なく槌で打ち壊してしまった。理の先験を排除したことで、生命と事物と現象をそれ自体で把握し、研究できる道が開かれた。

　そして主理とは無関係に、急進的な気学を独自に先導した人物がいる。恵岡・崔漢綺がその人だ。

　3）恵岡・崔漢綺は実学の流れが19世紀初頭、英祖（ヨンジョ）、正祖（チョンジョ）時代の終焉とともに衰退し、勢道（セド）（王の信任の下、特定人物や集団が政権を独占する）政治が強化されていた頃、学問的な師なく成長した。彼は朝鮮朝の学脈と無縁の、独自の世界を繰り広げた。彼は『気測体義』や『気学』で、しば

....

14　"且所謂理者、気善則亦善、気悪則亦悪。是理無所主宰、而隨気之所而已。如言理本善、而其悪也為気質所拘、而非其本体、此理既為万化之本矣、何不使気為純善、而生此駁濁乖戻之気以乱天下乎。既為善之本、又為悪之本、是因物遷変、全没主宰"「心性問」、『湛軒書内集』巻1問疑。残りの部分を翻訳すると、"もしも‘理は本来善であり、気質に拘束されて発生した悪は、理の本体ではない’と言うなら、理は万変の根本である以上、どうして気を純然ならしめず、このように濁って歪んだ気を生んで世の中を乱すのだろうか。善の根本でもあり、悪の根本でもあるならば、これは事物によって変化する受動的なものであって、全く主宰の位相をもちえない"

15　"夫理者何物。理無愛憎、理無喜怒、空空漠漠、無名無体。而謂吾人稟於此而受性、亦難乎其為道矣"『孟子要義』（『与猶堂全書』経集3〜4）。

しば無形の理を否定した。"無形の理を捨て、有形の理を探求しよう！"が、彼の気学のキャッチフレーズだ。彼にとって'無形'とは、現実と自然のかなたの形而上学的、思弁的世界を示す。恵岡は理の先験性と絶対性という形而上学を終わらせて、始めて'科学'が、そして'実学'が見えると力説した。彼の気学は、伝統の気に生命と変化を残し、先験的道徳性を剥ぎ取ったものだ。この気に西洋の経験的認識論と、改良的科学を接ぎ足した。この結果思惟の軸が先験から経験に、原理主義から功利主義に移動した。

理学の解体、そして実学のコード

'理の先験的主宰'という理学の強固な礎石が揺れ動き、実学の多様なコードは箱からこぼれ落ちた。実学者といわれる学者たちが、多様な性向と特質を見せる。実学者たちは理学が建築物とするなら (a) 装飾やインテリアを変えた者あり (b) 柱や梁、屋根を取り替えると言う者もいるし、或いは (c) 自分の設計図で新たに建てる者もいる。(b) と (c) が実学者の名に値しようか。だからここでは (b) を条目別に略述する必要がある。(b) で取り替え部分が多くなるほど (c) に接近する。

(b) の要素は多様に摘出できるが、次の四つを扱いたい。1) 経学の革新、2) 主体の発見、3) 社会政治的関心一礼学を超えて、4) 科学的思考と認識論。1) ～ 4) が錯綜するのは、実学者によって集中する分野と学問的水準が異なるからだ。

1) 経学の革新

経学は儒教の人文的伝統の方式であり、その集積だ。経学は経典の字句とその意味を取り巻く一大解釈と批判の作業だ。漢、唐の訓詁から出発し、宋代には性理学の主知主義が本格的に出帆した。陽明学はこのような'支離'（分裂）から抜け出そうとした例外である。支離の傾向は異民族政権である清が入ってきたのちも、『四庫全書』編纂と考証学風の流行で一層進んだ。朝鮮後期の文化もこの影響の下にある。朱子が構築した概念と体系を取り巻いて、長期にわたる解釈と明瞭化がためされ、論争の歴史が続

いた。それは談論の共通空間を通じて知的集団の結束や、文化的アイデンティティーを維持するのに役立ったとしても、学問的多様性と実用的開放性から見れば、明らかな障害要因だった。

朝鮮後期の朱子学は、懐疑と挑戦に直面して経学の修正と変貌、再定立が始まる。このような動きは異端に対する排他的意識も弱化させて寛容的、包容的、折衷的傾向が育つ。白湖・尹鑴（1617-1680）は朱子とは異なる経典解釈を試み、西渓・朴世堂（1629-1703）は白湖とともに、理学の周辺に捨てられていた老荘思想を、本格的に取り上げた。

この程度でも深刻な挑戦だった。湛軒は経学の訓詁的作業を末学だとけなし、'章句の学'を冷笑した。彼は朱子『集註』の煩瑣な点を指摘して陽明学、仏教、道教、事功学等、他の学問の長所を取り入れるべきだと主張した。茶山は儒教の経典全体を自分の観点で再解釈して、朱子の経学と全面的に対峙した。独創的解釈の根拠や権威は、朱子以前の孔孟儒学に求めた。これらは復古を装った、当代を批判するための'托古改制'の方便でもありうる。概してあらゆる革新は周辺化された復古的資源を喚起し、再解釈するルネッサンス的性格を帯びるからだ。

ところがたった一人、恵岡・崔漢綺は経学を見ることがなかった。彼は数千年積み上げた経学のスコラ的成果を、無駄骨おりと見なした。恵岡は朱子学だけでなく、儒学の伝統を乗り越えたことになる。彼は聖人孔子の限界を指摘し、その有用性を見積もる。

"孔子は過去に捉われず、現在の必要にしたがって文物に果敢に手をつけたが、ここに孔子の偉大さがある。われわれもまた孔子を見習って果敢に古今を参酌し、文質を損益しなければならない[16]"

恵岡の語調は穏健だが、行間は明確だ。孔子さえも損益すべき対象であれば、それ以後の学術と文物は言うまでもない。経学が解体されたその場

16　崔漢綺『気測体義』「序」。

に‘天経’が場を占める。今はもう聖人ではない、‘運化’が師匠になった。

2）主体の発見

朱子学は仁義礼智の道徳性を人間の‘本性’であると考えた。いや、人間のみならず動物と植物、無機物的自然までそれを本性としていると考えた。そこで曰く、‘性即理’。この態度はア）人間の性理と自然の衝動を疎外するのみならず、イ）客観的自然を‘それ自体として’価値中立的に見ることを妨害する。イ）は‘科学的思考と認識論’で見ることにして、ここではア）を中心に見る。

人間の自然的本能に対する考慮　理学における人間は‘主体’ではない。理学で心は理を具現する通路として認識される。この認識が“心は性情を統ぶ”という朱子学の心理的定式に存在する。人の道は先験的命令、即ち‘天命之謂性’として初めから与えられたものだ。朱子は言う。“道は、人間がいて初めて存在するのではない（道、人に因りて方めて有るに非ず）”人間に他の選択はない。‘船が水の上を行き、車が地を転がるように’人は自然法的に与えられた自身の本質を自覚して、それに合致させて生きるしかない……。この天人合一の構図のもとで自然と当為は一致し、‘所為然’と‘所当然’は一なる実在の、二つの顔として重なった。‘自然論的誤謬’とは、西欧の近代思考が異邦を見るときの、文化的産物にすぎない。

人が近代的意味の主体として登場するには、理の先験的な縛りがゆるくなり、解かれなくてはならない。解けて何が起きるか。

洛論の主理は、聖人も凡夫も気質の遺伝的制約によって差別されない、と表明した。ここには階級論が成り立たない。これは凡人も夷狄も動物までも、同等な価値と独自の個性を持つと公言したものだ。両班をなくすには、両班階級を認めないことも方法だが、常人と奴婢たち全てを両班に格上げしてもよい。洛論の延長上にあって、湛軒が選んだのがこの格上げの道だ。

茶山は更に一歩進み、性と仁義を果敢に分離した。“仁義は宇宙の普遍なる性ではない。性は各生命の自然なる傾向性‘嗜好’にすぎない。だか

ら牛と犬、人の性は互いに異なる。性は体ではなく、心の属性であることを忘れまい"茶山はこうして自然に対する客観的探求の道を開き、人間に主体の地位を確保してくれた。

そうなのだが、茶山にとって主体は相変わらず'道徳的主体'に過ぎないことに留意してほしい。彼は人の傾向性を二つに、生理的要求と道徳的意思に分けた。後者が真の人間性であり、道徳的意志を生活を通じて実現していくべきだと信じた点では、朱子学者たちと変わるところはない。この話は以前、退渓から聞いたはずだ。茶山はこの点で、理学の主理的傾向の延長線上にいる。しかし生物的欲望に関しては、抑圧一辺倒ではない。人間の道徳的本性を具現するためにも、物質的土台と社会的制度という環境の整備が必要であり、このために官僚と知識人たちの努力を強調する点で、従来の朱子学者たちとは違っていた。

恵岡は欲望は当然と認めつつ、近代的主体に近づいた。恵岡は茶山よりさらに過激だった。朱子学の先験的道徳体系を否定するばかりか、茶山が最後まで守った自発的道徳観さえ疑い、冷笑した。ひたすら欲望の経験的地平の上で、道徳と学問を構想する。"人間は何の前提もなく白紙状態で生れる"という。孟子以来儒学の礎石だった幼子入井の'惻隠の心'を一蹴して、"愛と恭敬の'良知良能'はない。それは全て経験以後の事態だ"と経験的蓄積をいう。この型破りの宣言で、この間儒教が立っていた性善の地盤が崩れ落ちた。'人間精神は白紙状態'という宣言が、儒教とその教説、過去の模範や永遠の基準から人々を解き放った。今や我々は個人の経験を通じて好悪を取捨し、事態を判断しつつ行動を決定する、名も実もそなわった自由と主体性を手に入れた。儒教が規定していた価値と慣行の全てのネットワークは地盤を失い、同時に新たな文明の到来が予感された。

3) 社会政治的関心──礼学を超えて

朱子は仏教に張り合って'人間関係とその規範'、即ち人倫を人間性の'本質'として刻み込んだ。人倫の客観的形式である礼は、人為的選択や恣意的合意の結果ではない。それは根元において、絶対者の具体的命令事項だ（礼とは、天理の節文、人事の儀則なり）。一つの生命が、宇宙的パターンの下で、自身の本質に従って行動の方向を選んでいくように、人間もまた社

会的空間の中で、自分の本質を具現していく。

　ところで礼の儀則はどのように確認し、構成するのか。朱子は古今の礼を参考にして、標準指針を作った。これは主として社会関係での個人の行動と、家庭内部の儀礼節次を中心にしたものだ。それでも細目全てを規定できず、論争の火種は消えなかった。朝鮮朝、儒生たちの文集中で最大量を占めるのが、礼の具体的施行細則をどのように‘決定’するのかという質問と回答だ。
　壬辰倭乱以降の変貌する社会的環境は、礼節と礼学の変化を求めた。礼学は一層保守化する一方、修正と再編がなされた。これに対する実学者たちの反応は各人各様だ。
　茶山は古礼をもとに自分の解釈で対処する。加えて礼学を個人的、家族的なものから社会に広げた。家礼だけでは、礼の社会関係での細部節目を包括できないと考え、政治社会的制度を包括する水準に礼を引き上げた。朝鮮の制度と法律を新たに整備する構想が『邦礼草本』として、後には『経世遺表』に具体化した。
　茶山よ、なぜあれほど煩瑣な喪礼の順序や、訓詁学的考証に執着したのか。湛軒は喪服制など、どれを着たから何だと言うのかと一蹴している。湛軒は『家礼集考』を発行したと肩そびやかす真斎・金鍾厚（1721-1780）に“開物成務（人知を開発し、事業を成し遂げること）の大要は律暦、算数、銭穀、甲兵にある”といって水を浴びせた。湛軒は礼節には目もくれず、社会経済的制度とその改革に心を砕いたのだ。実学者にはこの点が共有されている。恵岡は礼について取り立てて言うことがない。無視は徹底した冷笑だ。
　礼学の衰退は、実学を特徴づける百科全書的傾向、社会政治的改革の成長と軌道を同じくする。それは個人が道徳を実行することで終わる内向性から、社会政治的領域の発見という外向性への移動だといえる。

4）科学的思考と認識論

　科学が発展するためには、世界を倫理的な合理主義で見る態度は留保すべきだ。ところが理学は、自然を先験的理との関係の下で読む。このような先入観は‘事物に対する客観的接近’を難しくする。朱子学を原理とし

て受け入れた朝鮮儒学が、自生的科学を推進できなかったのは必然だろう。朱子の構想の下では彗星の出現もミミズの生態も、何の価値があろうか。それだけでは終らない。人間についても仁義礼智と関係のないすべての自然的衝動、要求や表現は抑圧されるか無視される。こうして、朝鮮朝に連想される厳しい禁欲の文化がもたらされた。

　価値が単一化、標準化されている場で、文化的多様性は必要とされない。実際朱子は、中原の文化の外にある種族とその文化（夷狄）を、'ほとんど禽獣と同列に見る'偏見を持っていた。他の文化の可能性を覗き見る寛容性や、新しい文化への適応力は萎縮するほかない。満洲族の清に対する朝鮮の名分論的虚勢、西欧文物に対する排他的鎖国の姿勢もまた、そんな認識の延長であり、帰結だ。

　朱子自身は科学に対する独自の見識をもつが、朝鮮は科学面の発展を等閑視して、朱子学の道徳認識論と形而上学を集中討論して、発展させた。花潭だけが理の先験を離れて気自体を探求したと評されるが、具体的に成就したものがない。温泉の説明と数学の探求など、簡略なものはある。花潭は生態学的展望をもって、道家的安心立命を企んだという疑いをかけられて苦しんだ。

　代表的主気論者として知られる栗谷の場合、社会経済的現実に注目はしたが、事物を客観的に観察し、自然を科学的に探求する分野を本格的に進めることはなかった。他の主気論者はなおさらのこと、この面への注目はない。逆説的に主気を自任しない茶山や、哲学的立場の表明には関心がなかった北学の人物たちが、この科学的思考と認識に傾倒した。湛軒は自然と生命そのものを尊重する態度を育て、茶山は自然に負わせられた仁義の枷を解いてやりながら、生来の志向性を本性として認めてくれた。そのようにして科学が育つ土台を準備した。

　理論と実際の両面で、科学の本格的な章を開いたのは恵岡だ。その栄養と資源は伝統から得ることができなかったから、外から借りた。借物は漢訳の西学書で紹介される西洋の科学と技術だ。恵岡は漢語訳された西学書をいち早く読むためソウルを離れず、北京からもたらされる新刊書の購入に全財産を使い果たしたようなものだ。

科学の発展には西学の影響が決定的だった。茶山と恵岡はともに西学の洗礼を受け、その自然科学の成熟に驚嘆したが、もう一方の羽である天主教については反応が異なる。茶山は西学の'理学（キリスト教）'を積極的に受容したが、恵岡は極力排斥しつつ、ただそのスコラ哲学の'認識論'には深く影響された。

恵岡は'聖経'を超えて'天経'を、'道理'ではない'物理'を軸として、思惟の建築物を建てた。理学の先験から気学の経験に移動しながら、科学的思考のための認識論を準備した。ここは茶山も本格的に展開できていない。茶山の関心の中心には相変わらずの人間学、それも道徳を通じた自己実現という、主理的テーゼがあったからだ。恵岡はここを乗り越えて、朝鮮儒学で初めての本格的'認識論'を出帆させた。彼は心にいまだ残る'性'の痕跡を消すために、'神気'という用語を創案した。人間は'白紙状態'で神気の器官を通じて外界と接触する。接触して経験を積み重ね、経験を土台にして事態を判断する主体的人間が登場した。

実学、半分ぐらいの、志向としての気学

これで明らかになったと思うが、万一実学が気学ならば、その代表者は茶山ではなく、恵岡とするのが妥当だろう。

茶山は朱子学の強固な形而上学を槌で叩きこわしたが、その場所に西学の絶対者を座らせたし、在来の礼学をほとんどそのまま踏襲した。伝統的に大切にされてきたことは、大部分尊重した人物だ。彼の科学的思考は西洋の技術を導入し、水原城築造などに利用したが、科学的思考の枠を変化させるには至らなかった。

実学的マインドの徹底度を見れば、茶山は恵岡に実学代表者の地位を譲らなくてはなと思う。

考えてみれば茶山が実学の代表者格に見られたのは、その徹底した朱子学批判が寄与している。西学の知識と技術を先頭に立って受け入れた先駆者的姿勢も見逃せない。加えて18年間に及ぶ流配の苦難と、あらゆる方面にわたる膨大な著述の力がオーラを発する。それに較べれば恵岡は経学には没頭せず、党派や学脈に属さず、文人ではない武人の家柄、産業都市の開城出身だ。そして当代主流との学問的談論にはほとんど介入せず、ひとり書斎で自分の思惟を整えながら生きた。その'隔絶'がカーテンとなって彼を隠す。実際に恵岡という人物は、1970年代に発見されたのだ。

　恵岡は先験的思考を排除し、徹底して人間の欲望とその充足という現実テーゼの下で道を論じている。彼は人間の宇宙的起源と意味を問わないし、昔の知恵にあふれる経典を無視し、先賢たちの自己開発ノウハウを信じない。彼には幻想がない。ひたすら'利益'に正直であれば、その実現と調停を徹底して信じていけば個人の実現、社会的秩序、ひいては'兆民有和'と呼ばれる地球的繁栄と平和を期待できると叫んだ。斥邪衛正の時代、西洋の蛮人に抗して儒学を命がけで守るのだという戦意あふれる中、習俗は必要の産物であり、知識の交流と拡散で世界が一つになるという予測を公言できるとは、ただもう驚くばかりだ。

　実学を近代の近くに設定するなら、恵岡・崔漢綺が最も近くにいる。しかし実学は、この章の頭に引用した千寛宇教授の認識どおり、純全たる近代への指向であるとは言いがたい。われわれが実学者に分類する大部分の人物たちは、朱子学的価値と慣行は温存したまま、当面必要な改革を接ぎ木させるという折衷的試みをしている。そんな点で実学を朱子学と近代の接ぎ木、或いは理学と気学の折衷とみる方が、歴史的現実に近いと考える。こうなると実学の代表者は茶山・丁若鏞だ。恵岡はただもう自分が意識していたように'気学'の学者として独立させてあげるほうがいい。どのように思われるだろうか。

19世紀　道学の守護者たち

8章　韓末の儒学の選択、抵抗または隠遁

朝鮮儒学者の栄光と汚辱

艮斎・田愚（1841-1922）は忘れられたと言うより無視された。韓末の儒学者で多くの弟子を育て、当時の儒林の希望を託された巨人でもあり、また朱子学の問題に決着をつけた哲学者である。それなのに現実に目をつぶって‘自靖’、自分だけの平安を選んだ卑怯者、または破廉恥の汚名を着せられた。論敵である華西・李恒老（1792-1868）の門人たち、蘆沙・奇正鎮（1798-1879）門下から乱れ飛び始めたこの名指しの非難は、後に本格的な哲学史を記述した玄相允（1893-?）の『朝鮮儒学史』で公式化した。非難に近い感情的な語調で、玄相允はつぎのように記している。

> 以上叙述したように艮斎は、果して性理学に明るく文章に優れるが、その言葉は空理空論に過ぎず、実践実行にはなんらの貢献や業績がない。艮斎の遭遇した時代を言うならば、宗社がひっくり返り、民が魚肉のように食われていた時代で、愚かな女さえ暗い部屋にこもり涙したものを、500年の養育という恩沢を受けた身が、春秋の大義を講論する士類としては、万が一にも報答がないことは考えられず、また当然粉骨砕身すべき時期だった。この時代の重き希望を身に託されながらも、ひたすら‘索隠行怪’（隠れた事理を探すとて、世間を離れ奇矯な行動をすること）によって西海の海島に逃避し、充分に戦うことも充分に死ぬこともできなかったのだ[1]。

1　玄相允『朝鮮儒学史』賢音社、1986、409～410頁。

艮斎はそのように‘戦うことも死ぬこともできない’のに、自己弁明などを並べ立てる‘一介の腐儒’という烙印を押された。この不名誉な評価は、歳月が流れた現在もそれほど変らない。かれに同情的な人も原論的な対応はできず、弁明に汲々する。"政治的には優柔不断だったが、艮斎は多くの弟子を育てたし、消えていく儒林の命脈を守ったのだよ"といった風だ。しかし肝要な部分に触れない弁護は説得力がない。同情を求める弁護は、しない方がましの場合もある。

　この時代は国権が野蛮人に簒奪され、白昼に国母（閔妃）が殺害され、国王が外国の勢力に脅迫を受けるような挫折と屈辱の連続だった。艮斎はこのような危機に際して義を掲げて立ち上がるべきだったのに、消極的な‘自靖’、自分だけの平安に一貫したのはなぜか。その選択を支えた価値観、或いは哲学的基盤を知りたい。それは儒学の当然なる勧告だったのか。もしくは艮斎自身の選択だったのか。

　思想的に艮斎は、当時猛威を振るっていた華西学派と蘆沙学派、そして寒洲学派の主理に対して、栗谷以来の主気の伝統を守るために一人これらと論争し、論破に全力を尽くした。その論破の努力は、単なる負けず嫌いがさせたのではなく、儒教本来の展望を原論的に確認するための実践的動機からきたものと自負している。

　この言葉が本当なら、彼の政治的行動と哲学的固執の間には、緊密且つ必然的つながりがあるはずだ。わたしはそのつながりを探ってみたい。そのつながりをたどっていけば、朱子学の根本問題と出会い、朝鮮儒学の成立と発展の真ん中に立つことになるはずだ。

　これまでの艮斎研究は多くない。1994年刊行の『艮斎思想研究論叢』が、最初の本格的な論文集といえる。内容は二つに分けられるがその一は、艮斎の哲学的業績を朱子－栗谷の学脈の下に照らしつつ、論敵たちとの理論の相異を考察する。その二は艮斎の‘自靖’の隠遁を弁護して、彼の教育者としての貢献をたたえる。私が見るにその一は、哲学が行動の源泉とい

うつながりが見られないし、その二もまた選択した行動が、構想した哲学の必然的帰結という視点に欠ける。

　私は艮斎の哲学と行動は繋がっているという前提で探索にかかろうと思う。

　具体的に問題を設定しよう。なぜ朝鮮後期に新たな主理的傾向が現れたのか。なぜ朝鮮朝の中・後期以来ずっと主流だった、栗谷の正統的主気論が疑われ挑戦を受けたのか。艮斎が勢いづく主理に立ち向かい、主気の正統を守ろうとしたのはなぜか。一体主理と主気の間に、何か特別な差があるのか。その差が、ある種の認識と行動の偏差に繋がるのか。つながるとするなら、それは大韓帝国末期にどのような様相を見せているか。こんな疑問を投げかけていけば、朱子学の原論的構想の下で艮斎が構想し、成就し回復しようとした儒教文明の特質がより鮮明になるかもしれない。

理気論、或いは‘生に意味があるのか’の問い

　朝鮮儒学の哲学的論争は人間の永遠なる問い、‘生に意味があるのか？’‘あるならばそれは何であり、どのように具現するのか’である。今ではほとんど発せられないこの問いへの返事は、次の幾つかに整理できるかと思う。

　1）“意味だなんて、そんなものは存在しない。私は肉体の要求に忠実だ。社会的、倫理的、宗教的価値は見せかけや桎梏だとおもう”このような生への態度は、極端な快楽主義と手をつなぐ。

　2）錯綜する欲望が、泥田で戦う犬どものような混乱を撒き散らすと憂慮して、社会的統制と儀礼が必要だと考えることもできる。法律と制度、文化と慣習は外面的で、また任意的性格がある。ということは、規律が現実に先立つとか、現実の上にはない。昨今の社会科学が一体に、この憂慮の路線を取っている。東洋では荀子や法家がこの考えをもつ。

3) 社会的制度、文化的慣習、学問と芸術は一定の標準と尺度に従わなければならないが、その尺度は生命の存在以前に準備されたものと考えることもできる。行動の規則は自然の理法に従わねばならないが、この理法は人間の生命の中に‘本性’として植えられたものだ。人間は専門家たちの手引きを受けて、その永遠の意味を具現するために努力しなければならない。

儒学は断然 3)の見解に賛成する。朱子は"理が先であり、気は後だ""道は人間が作ったものではない""人間の意味具現に関係なく、道は‘自若’、自ら存在する"と言っている。

朱子学はこのように生命（気）の上に、意味（理）を考慮する思惟だ。朝鮮の儒学はこの理学の原論を尊重した。主理であれ主気であれ、宗教的或いは形而上学的発想の上に立つ点は同じだ。主理も主気も"生にはそのかなたの意味があって、この意味は永遠の価値であり尺度"という認識を共有している。

朝鮮儒学の論争は‘意味（理）’の位相と役割を取り巻いて展開された。昔、退渓は花潭の唯気論が惹起するレッセ・フェール、無干渉主義の危険に過度に反応し、理が現実世界に能動的に介入すると主張した。栗谷は理は存在するが、気の自覚と受容の範囲において自身を知らせるだけだと主張した。この論争はどこかで見たことがありそうだ。そうだ。この論難は根本的に神学的性格を帯びている。朱子学は無神論ではない。

この二見解が朝鮮儒学史で主理と主気を分ける指標だ。以前の語法で言えば、理が無為か有為かをめぐって二学派に分かれた。朝鮮儒学の数知れぬ論争がこの根源、水源地で派生していく。心と本性（性）、情感（情）、儀礼と政治に至るまで、理の無為と有為が梃子の役割をしているのだ。西欧中世の全ての論争の中心に神の位相と役割があったように、朝鮮には理があった。

朝鮮儒学の座標を、概略つぎのように設定できる。

気一元論　唯気論とも言う。ここでは、生命自体が和合と調和を追究すると考えるから、理の位相は強制や理念として設定しない。このとき意味は生命の自然性の中にある。人間は自分の中に自然を回復すればよい。花潭が唯気論の代表的な人物で、道家と仏家もまた、ここに含まれるといえる。

理気二元論　生命の自然性と、意味の超越性を二元化する。生命のかなたの形而上の意味を、独立的に設定して追求する。この点は退渓と栗谷の間に差はない。主理と主気は理気二元論の下で別れるのだが、その特性はつぎのようになる。

　a) **主理**　理の有為を強調して意味の能動的権能を確信する（このとき'意味'は'意思'の性格を持つ）。勿論同じ主理の系列も細部に違いがある。たとえば退渓は、理の有為とともに気の有為を認めて'対待'の'互発'をいうが、朝鮮後期の主理論（特に蘆沙・奇正鎮に目立つ）では、理の有為が絶対的に強調されて、気は従属的位相に留まる。

　b) **主気**　気のみの有為を認め、理の無為を強調する。栗谷はいう。"宇宙間に意味（理）は生命と事件の間で現れるだけだ。意味（理）の存在は形而下、即ち物理的活動としては姿がない！　だから、理が'四端の発'で自身の存在を証拠すると言う退渓の主張には同意できない"退渓は、先生の朱子がそのように信じたと主張するが、栗谷は万一朱子がまことに、理の有為と能発を信じたならば、朱子もやはり間違っていると極言した。朝鮮後期の主気を代表する艮斎は、この路線の下で世界観と人間観を構築した。

　このa）b）分類で抑えておくべきは"理の無為を主張し、心を気として考えた"人々は主気に分類されるのだが、当事者たちは自らを疑うことな

く‘主理’と考えていたことだ。この事実に困惑する現代の学者たちは、朝鮮儒学を‘主理と主気の対峙’として読むことを放棄したくなる。実際‘主気’というレッテルは唯気論或いは気一元論、さらには道家や仏家にはりつけた非難の烙印であったから、主気の系列が自らを‘主理’として定位することは、当然の自己確認であろう。けれども彼らの頭にある主理と主気は、わたしたちが言う理学と気学であることに注意したい。主の字、学の字の意味を混同してしまえば、朝鮮儒学の哲学的分類の道が葛の蔓に絡まれ、茅にふさがれてしまう。

　何を言いたいのか。艮斎自身、"万一理が無為だから心が気だと主張することで我々を主気と呼ぶならば、喜んでその汚名を甘受する"と叫ぶ。この言葉は、自分が理学の中での主気を代表するという意味であって、純然たる気学を唱導してはいないという、力の限りの自己弁護だ。"人間を肉体の観点で、生理的要求とその欲望充足の目で見渡し接近する"ごとき気学は、我々の言う主気とは十万八千里もの距離がある。

　主気は専門的に規定するなら"永遠の意味を最終的目標とするが（理学）、人間の生理的要求という現実を深く考慮したいという（主気）"傾向性だ。この違いをきっちり記憶しておこう。

　それでも主理の系列は主気を、意図的か或いは理解できないのか"意味を考慮せず、生理の要求を優先する"のかと疑う。主気のほうも‘気’が負担ではある。艮斎は今見たように、その汚名を甘受する覚悟ができていた。確認しておくと主気での‘主’は‘具体的現実を考慮する’であって、‘具体的現実に高い価値を置く’ではない。

　主気の名には、快楽主義や浅薄な現実論の気配があるからみんな気にする。使うのは避けたほうがいいという意見はあるが、私はそんな心配はしない。考えてみよう。西洋芸術史の17、18世紀に、独特なカトリック芸術様式‘バロック’がある。これは本来ポルトガル語で、‘いびつな形の変な真珠’を意味した。16世紀に古典主義ルネッサンス的気風から抜け出たからと、このようなふざけた名前がついた。バロックは19世紀に、そのゆがんだニュアンスを脱ぎ捨てたが、ドイツの美術史家たちが独立的潮流、或いは傾向としての位相と資格を認めている。また18世紀には、ベルサイユ宮殿に集う貴族たちの装飾だったロココも、‘貝殻の精巧な細

工とその模様’という冷笑的で卑屈な汚名から出発したが、後日これも歴史的潮流として認められた。

西洋の話はここまでにして東洋の仏教だが、小乗は元来‘自分の救いにのみ執着した、利己的部類’という侮辱の言辞だった。けれども今は、大乗仏教以前の独特な世界観と救いの思想を持つ学派として、客観的に研究されている。

同じように主気という用語に漂う卑屈で軽蔑的ニュアンスに、今私たちが気に病むことはない。それに研究者たちは主気を軽蔑しない。いや、時代が変化していまや、主気こそが現実的傾向であると祭り上げられさえする。名称がもつ否定的ニュアンスは気にしなくてもよいと思う。

また加えれば、主気における気のイメージも、他の系列のイメージと少し違う。たとえば唯気での気は‘全体的調和と自発的契機’に焦点が当たり、気学の気は‘欲望の自然性と個体の関心’として納得されている。そして主気の気は‘逸脱し汚染されて危険な、だからといってこの残念な現実を、否定も見捨てもできない’人間存在の条件であり、運命だという意味を持っている。

特に朝鮮後期の主気系列が、通念や期待に反して実学とつながらなかったのも、主気が‘現実（気）を道徳的に制御（理）’しようとする志向だからだ。17世紀の尤庵・宋時烈や南塘・韓元震を初めとして、今見ている艮斎・田愚に至るまで、実学にはかなり距離のある人々ではないか。実学はやはり主気からではなくて、主理から成長した。その関係を「4章　人物性同異論の論点と解き方」、「6章　朱子学と茶山、そして西学が分かれる所」で詳しく見た。

西学、理の無為に向けての挑戦

17世紀の仁祖反正以降、西人と老論が政権を握ったが、主気の主流が磐石だったわけではない。

挑戦は内から外から、全方囲からやってきた。槍と剣の旗印には“栗谷の見解が正しければ、我等が頼るべき‘意味’には実質がない。それは死

んだ‘尺度’に過ぎない”と書かれていた。生理の悪行と逸脱が放縦で憚るところが無いのに、この意味が沈黙していれば、下位価値概念の道徳、規範、尺度は何ら実質的統制や強制も行使できないではないか。であればこの宇宙を生み、宇宙とともにある意味とは、結局いようがいまいがの木偶の坊かという疑いが、栗谷の主気を困惑させた。

それは深刻な挑戦だったが、初めて提起されたものではない。震源は深い。その昔朱子が、‘中和新説’の理気論を構築するやいなや、陸象山が理の無為の危険と難点を正面からぶつけている。象山は太極の解釈を軸に反論を展開した。陸象山もまた朱子の理が単に探求の対象に終わり、実効力を持たなければ、儒教の倫理学的体制が持ちこたえられないと心配したのだ。こうしてみると韓末に主理が持ち込んだキャッチフレーズが、‘心即理’だったことは偶然ではない。

要するに主理と主気の戦いは、退渓と栗谷以前からあったし、人物性同異の一分派とか、韓末の主理と主気の論争も新しいとばかりはいえない。それは儒教の歴史とともに反復されるパターンの中の、一エピソードとも言えるのだ。

理の無為に対する懐疑と挑戦は、伝統儒学の外からも受けた。西学、西欧のカトリックがそれだ。イエズス会初期の宣教師たちは、中国民族が並外れた宗教的心性を持っていることに感嘆し、積極的に布教活動をおこなった。そしてすぐに、朱子学が持つ宗教的性格に注目した。それなのになぜマテオ・リッチなどが朱子学を退け、仏教との提携を考え、結局骨董品（？）の原始儒学との提携戦術に切り換えたのか。その基本因子はまさにこの‘意味’の読み方にあった。彼らには神が‘意味’以上の‘意思’でなければならず、ひいては‘人格’であらねばならなかったのだ。

ここが朱子学と西学が合致し、かつ分かれる地点だ。敷衍するなら先に見たように、永遠の意味がある種の意思でもありうることは、朱子学内部に深く激烈な論議を呼んだが、意味が人格となると同意はほとんどなかった。西学は朱子学との提携をあきらめるしかなかったのだ。

朱子にとって理の意味は徹底した無為で無人格だ。キリスト教の天は“太陽あれというと太陽が生れ、地あれというと地が開かれ、土をこねて男を

作り、男のあばら骨一本を取り出して女を作る"ような、あらゆるものを作り出せる匠人だ。ところが朱子の読んだ天、或いは理はどんな"人格も自覚もなく、当然企画も行動もしない"、痕跡のない'沖漠無朕'、形而上学的な静寂（浄潔空闊）の世界だ。それは永遠の世界であっても、神が主宰する王国ではなかった。

またいわゆる'霊魂'というものがあるならば、それは最も洗練された（虚霊）物質（気）の構成であるだろうが、気は凝聚しても生物学的死とともに散らばることになっていた。神の贈り物として、死後も霊魂が永遠の生命に浴する可能性を朱子は一蹴した。霊魂がないから死後の審判がないし、天国と地獄などは'惑世誣民'の詭計、或いは創作した話に過ぎないと一笑に付した。

宣教師たちは朱子の体系で'意味'の位相が自分たちの教理とは異なることを確認した後、意味の人格性と実質的主宰が生きている'原始、プロト儒学の地層'に目を向けた。孔孟儒学には超越的主宰に対する、より宗教的な教説がいまだ生きていた。これより更に昔、たとえば『詩経』、『書経』など儒学の原型地層には、超越的存在に対する畏敬があふれている。朱子はこれらの文献に登場する超越的主宰の人格性を、自分の新たな経学作業でかき落とそうと努力したが、カトリックは反対に朱子学がかき落とそうとしたその匂いと含意を必死になって拾い集め、生き返らせて中国の知識層を説得しようとした。

この努力がどれほど成功したかについては、おいておこう。けれども朝鮮後期、朱子の体系に対する批判と逸脱が、江華学派（朝鮮の陽明学派）と信西派を通じて展開されたことは間違いない。江華学派は思想界の前面に立つことができず、信西派は致命的な政治的迫害を受けて、理論的水準の発展が閉ざされてしまったが、朱子学に及ぼした影響は相当に大きいものだった。私は朝鮮後期になって性理学の中心に登場した主理派が、江華学派と信西派に大きな影響と援護を受けたと考える。陽明学と西学が提起した理の無為に対する疑問は、切迫する危機に対して積極的行動と主体的決断が必要となった韓末では、一層増幅された。

茶山の場合は朱子の構想全体を、はじめから解体していった。動機はいくつもあるだろうが、原論的には理の無為に対する疑問だ。彼は言う。"理が無知、無威力であれば現実は制裁できないのだから、人間自身の変化はもちろん、社会的慣行の不健全と逸脱もまた、矯正できなくなる"茶山は朱子学を孔孟儒学からの逸脱だと考えて、その背後に仏教があると診断した。彼は自身の学問的目標を経学の再解釈を通じて、'埋められたしまった孔孟儒学の道（洙泗学）'を回復することに置き、18年間の流配という余暇を得て、膨大な『与猶堂全書』を残した。

最近中国の牟宗三も、自分の記念碑的著書『心体と性体』で、同じ考えを披瀝している。彼は朱子の構想を別宗、儒学の'支流'と断定した。牟宗三は原始儒学の正脈を陸象山と王陽明の心学系列に求めた。朱子学は理の位相と性格が正脈でないということだ。朱子の理は'存在することはするが、活動しない何か（即存有而不活動）'だから、孔孟の正統の流れとは脈が違う[2]。牟宗三は、朱子が理を無為の立場で読んだことを確認してくれる。

また整理してみよう。朱子が明らかにし、栗谷が固めた主気的思考において、理と気は次のような位相を持つ[3]。

理 　a）絶対純粋の永遠の価値であり、最高の善（理貴）

　　　b）しかし自己活動を通じて、自分を積極的に具現できない（理無為、理弱）

気 　c）汚染され堕落していて、浄化を通じて生まれ変わるべき対象（気賎）

　　　d）しかし欲望を具現して、世界を変貌していく自己活動の主体（気有為、気強）

朱子の構想は主気を基礎にする。気は c）汚染され堕落しているが（気

2 　牟宗三『心体と性体』台北：正中書局、1968〜69、第1冊、第1部綜論。

3 　詳細は「7章　実学、或いはゆらぐ理学の城砦」参照。

賎）、浄化と訓練の d) 自己活動を通じて、理である a) 絶対純粋の価値に向かっていく責任を負っている。この構想は現実の生命、肉体を汚染と悪で見る悲観的（？）思考だ。

　ここには疑問が提起されうる。"この構想は実践的に有効な設定ではあるが、宇宙の創生を失敗作だと認定しているのではないか。失敗作が自らを浄化訓練して、まともになるという話ではないか。となると悪漢がなんらの強制やきっかけなく、自ずと‘改過遷善’することを期待することになる。生命が利己的な自己中心性を乗り越える唯一の契機である理が、無為無能で永遠に沈黙していれば、このような帰結は必然的ではないか"

　主理はこのような問題意識から出発した。論点を次のように要約してみる。1）宇宙は創生の永遠なる過程であり、根本的に善だ。2）創造の過程は善で、被造物が悪では原論的に成り立たない。3）悪は偶然だ。4）偶然な悪を矯正するためには、実質的強制と契機があってこそ有効だから5）‘意味’は創造作業から創造物の管理まで、実質的功能を行使しなければならない。要するに理は無為ではなく、有為だ。主理論は言う。"意味が生命を生む。だから‘理生気’（理、気を生ず）だ。‘太極動而生陽’（太極動いて陽を生ず）は直喩であって、隠喩ではない！"

艮斎の応答――主気の再確認

　主理側の反発は多発的で、挟み撃ちの出所はさまざまだ。17 世紀はさておき、18 世紀だけでも内部では人物性同異論が、外部では陽明学、西学、そして南人実学系列の反発がある。

　19 世紀に入ってからは、韓末の主理論者である華西・李恒老と蘆沙・奇正鎮、そして寒洲・李震相が反論を主導した。これらの路線は正統畿湖学脈の外で、定まった師弟関係なくなされたことを注目したい。

　例をとると蘆沙の『納涼私議』だが、題名はそのまま‘個人的論議’という意味だ。40 歳代での刊行だからか控え目な命名だ。しかし老年、円熟の境地で書かれた『猥筆』という題名には、もう自分の見解を留保しな

いという強い意思、'僭越ながら筆を振るいたい' という挑戦意識や自信がにじむ。このように主理が囲い込むような攻勢に対して、艮斎は正統畿湖学脈に立ち朱子と栗谷、尤庵の主気を極力弁護することを自分の思想的使命とした。蘆沙学派と深刻な論戦を繰り広げ、その過程で逆説的に栗谷の思惟に込められた含意と結び目を、一層精密に解き進んだ。

　艮斎と主理論との争いは艮斎が 20 代の頃、全斎・任憲晦（チョンジェ イムホンフェ）(1811-1876)門下で修学するときから始まっている。「行状」によると師匠全斎が艮斎に以下のように頼んでいる。

　　　君が以前、華西門下の心説を、儒教の道義にもとる害毒と決めつけた。今は（華西の門人である）重庵・金平黙（ジュンアム キムビョンモク）が、栗谷や尤庵の心説を疑い'どうしても正しいと思えない'といい、また'栗谷や農巌が、道を見るに徹底していない' というのだから、心配でならない。儒学の文化、'斯文'（しぶん）が残った一筋の髪の毛のように危ない状態なのに、あの者たちがまた新説をもって惑わしているから言うのだが、その間違いを納得させて退かせる責任を、君は逃れることができない[4]。

'斯文が危ない' とは、儒教文明の存立が、帝国主義列強の侵奪に脅かされているということだ。そんな時局に華西門下では'新たな見解'を持ち出して、儒教社会に亀裂を入れようと煽り立てていると嘆息する。いつでもそうだが、外の敵より内の敵のほうが恐ろしいものだ。全斎は艮斎に、儒教文明の伝統と朝鮮儒学の正統、すなわち'斯文'を守る任務を負わせた。そのようにして艮斎は、華西をはじめとする主理派との一大決戦を誓うことになる。
　学問以外にも争いを助長する要因があった。見解は見解だし、人格は人格ではないか。それなのに華西門下の重庵・金平黙（1819-1891）が、師匠全斎の祭文（死んだ人を弔問する文）を書いてきたのだが、うわべは個人の学徳と人品を讃えるようでいて、その実非難と蔑視を下敷きにしてい

4　「行状」、『艮斎思想研究論叢』第 1 輯、艮斎思想研究会、1994、287 頁。

た。「艮斎行状」は祭文の行間に次の二つが読めると非難している。1)
全斎は“其の位に在らざれば、其の政を謀らず”といって、責任ある地位
にいなければ政事をみだりに論じてはいけないという原則を強調した。し
かし世は急変しても批判的言質を慎み、沈黙するこの態度は、何か他の政
治的意図があるのではないかとほのめかして、戯れ弄んだ。2) 自分が属
する華西学派の心説と一致しないものを見つけると、師匠全斎の学説を‘気
学’だと批判した（前に見たように、朱子学内部ではこの気学という用語が肉
体を尊重し、欲望を讃揚する反儒教的教えであった）。

艮斎は痛哭しつつこの祭文を送り返した。このようにして華西学派と艮
斎との学問的異見が、感情的対立に変質した。この対立に蘆沙学派と寒州
学派もまた、主理を標榜しつつ華西学派の心説と手を握った。艮斎はこれ
ら主理系列との論争で、矢面に立つ。
　論議の中心は相変わらず、理の無為と有為を取り巻くものだ（そんな点
で儒学の論争は進歩ではなくて循環し、反復している）。艮斎は主気の伝統に
しっかりと立ち、理が無為でありながら、どのように気の世界に有効に関
与できるかを立証するという、難しい課題を引き受けた。
　艮斎は‘太極動静’の四文字を知れば残りは自ら解けていくだろうと請
合い（「猥筆後弁」）、また次のように言う。

　　　一体に陰陽の変合と五行の生成は、全て気が、自らそのようにやっ
　　ていくものにすぎない。理には主宰の名があるが、実際に主宰するも
　　のがない[5]。

艮斎は‘理の主宰’と言うときの主宰を、物理的行動や直接的な規律と
いう連想をしてはならないと強調する。“理に実質的行為者としての位相
を与えれば、物質を超えた形而上の存在から、形而下の‘痕跡’の世界へ
の格下げになる”

5　“蓋陰陽之変合、五行之生成、皆気自会如此而已。理則雖有主宰之名、而実未嘗有
　　所主宰”「答田子明」、『艮斎集』巻12 [『省斎集』巻13の誤り]。

‘理の主宰’とは実際のところ‘自然’であり、‘自在’であり、‘無為の為’であり、‘自然の使’‘不使の使’というものだ。これを翻訳すれば、理の‘主宰’とは要するに事態間の因果的必然性、有機的つながり、欲望に対する自発的制御、または全体に対する自然的献身などの現実的‘結果’を意味するものだった。

　　天と地を埋め、ぎっしりと詰まっているものはまこと、陰陽の気以外にない。けれども生命には一定不変の土台があり、生成と変化の秩序と規律（綱紀造化）が古今を貫いて、天下の生命がこの原則を外れない。これこそ太極の理が自然なる主宰になる理由だ[6]。

このような考えは、宇宙的楽観論につながるように思えるが、しかし注意してほしい。主気は花潭流の自然主義と道を異にしていることを……。人間の現実（気）は、理の‘命令でない命令’、艮斎の語法で言えば‘自然の使’、‘不使の使’を忠実且つ完全に具現していない。だから訓練と浄化が必要となる。生命は変化して始めて、宇宙的命令の遂行者としての資格を得る。これは栗谷をはじめとする、主気の基本構想だ。艮斎もまた、この道を選んだ。

艮斎の構想を伝統の語法で敷衍すればこうだ。

　　“本源において、理が気を生んだ。このとき気の活動は、理を充分且つ完全に具現していた。本源の世界において意味と生命は一致した。意味は‘無為の為’で、‘自然の使’、‘不使の使’で自身の志を知らせた。ところが生命は、その意味を完全に現実化できないことに留意しなければならない。流行の世界において理と気、或いは意味と生命の間にひびが入ってしまった。そのひび、隙間の様相は生命によって異なり、後天的覚性と努力によって縫合されもするし、もっと広がったりする。隙間が完全に縫合され、生命の意味の志を完全に具現することを栗谷

6　「答柳穉程」、『艮斎集』巻2。

は‘本然の気’、或いは‘浩然の気’と呼んだ。ここで本然や浩然は流行の究極地、目的地であり、訓練を通じて実践的に近づくことができる尺度であり、標準である”

相変わらず秋には葉が散り、春に花咲き水は流れ、山はそびえている。それは永遠の顔であり、永遠の主宰の徴表ではないのだろうか。この純粋な気の回復が人間の責務だ。艮斎は「気質体清」などの論文や手紙に、原初的な気の堕落と浄化についてこう書いている。

　　陰陽五行の始まりが正しくないはずがあろうか。ただめまぐるしく
　　行き来することで正しくないことが生じる。物は古くなればくたびれ
　　る。秦漢時代は比較すれば混濁していて太古の清明、純粋さに劣る。
　　しかし本然は、やはり崩れなかった[7]。

‘本然は純粋でも、流行は汚染されやすい’という世界観、人間観は朱子学に限らず、社会改革論や歴史意識にまで広がっている。歴史意識は徹頭徹尾の復古主義だ。堯舜時代が永遠の理想だからこれをモデルにし、時代が下るほど堕落と汚染と無道が深まるという朱子学の歴史観は、当然だが‘進歩’を信じない。

朱子学は理性の進歩や啓蒙を善とせず、情感的純化とその交流に価値を置く。この原論的構想が艮斎の道学的理想主義、つまり変貌し続ける現実に立つよりは、現実のかなたで純粋な儒家理想の価値を回復し、復古しようという‘時代錯誤（？）’に向かわせる。

だからといって玄相允のように、艮斎の時代錯誤をやみくもに非難してはいけないだろう。艮斎の教養は儒学の正統的世界観と人間観、歴史観の土台に立っている。艮斎の選択はその教養の妥協なき確認であったし、そんな点で朝鮮儒教五百年、当然あらねばならない最後の打ち上げ花火だったといいたい。肩書きといえば朱子学一辺倒の朝鮮で、時代が変わったからとてこの間の信念と慣行、思惟の骨組まで、磨り減った履物のように投

7　「気質体清」、『艮斎集』巻14。

げ捨てて、実事に適応しようと邁進する者しかいなければ、朝鮮五百年の文明があまりにわびしいではないか。現実に悠々として時代に目ざとく、自分ひとりの原則さえ堅持できない人々が、艮斎の‘自守’と‘自靖’の崇高な姿勢をそしる資格があるのか。

人物性同異論の幾つかの突破口

読者の中にはもう韓末なのだから、政治的選択を直接批判するべきで、なぜ理気の形而上学を一緒くたにして事態をもつれさせるのかと、詰問したい人もいるだろう。弁明すれば行動の主動力は思想だ。足は頭について進み、性格が運命を決定する。だから韓末の政治的選択以前に、彼らの思惟を点検するのだ。彼らの頭が今の私たちと違って当然だが、あまりに違いすぎるからこんな前哨作業が必要だ。

問題の所在

近代は私たちがどこから来たかを聞かない。しかしアフリカのどこかの警句のように“吾らがどこから来たか知らなければ、吾らがどこに行くべきかも分からない”のだ。キリスト教もそうだが、儒学は人間の本質、本性が創造の意味とつながり、人間の道を示していると考えた。だから理の有為性を取り巻く弁証が、飽くことなく繰り返される。

四端七情論から、後期の人物性同異論、そして韓末儒学の政治的選択に至るまで、人間の本質とその実現のテーゼに従って導き出された答を追って彼らは動いた。儒学の企画の中で宇宙論と人間論、形而上と形而下は一つの身体を構成していることを忘れてはならない。

韓末儒学の選択した問題に‘人間とは何か’がある。宇宙に存在するこの自分の責務は何か。人により答が異なるから、人により行動が異なってくる。道を戻るみたいだが、また人物性同異論を見なければならない。彼らの選択は、人間とは何かの問題突破に良いヒントを与えてくれる。

8章　韓末の儒学の選択、抵抗または隠遁　277

　朱子学は、人間が遺伝的に平等でないと認める。人間各自、生まれつきの‘気質’が異なる。この異りは気質や性格だけでなく、特定分野の才能や知能、刺激に対する反射など、人間の‘反応’の全分野を包括する。現実的に人間はあまりに異なる‘個性’たちだ。

　不平等を認めながら朱子学は、これほど多様な個性を見せる‘体質’そのものに関心がない。関心があったなら生理学と気質論において、重要な科学的成果を得たかもしれない。朱子学は多様な個性をどのように普遍的意味に引き上げるか、或いは合致させるかという道徳論的、存在論的な関心しかなかった。

　各自が受け取った体質や可能性が異なるから、努力の強弱もあって当然だ。朱子は昔、‘人十たびすれば、己百たびす’という『中庸』の文に、この上ない奮発心を感じたと告白している。"他の人が十の努力をするなら、私は百の努力が必要なはずだ"というのだが、気質の運命が劣悪ならば、意味にいたるには相当な苦闘をしいられるはずだ。

　このような朱子の原論的認識の下で、主流である南塘などの人物性異論は人間と動物を較べるなら現実的に具現できる意味の幅と深さは、大きな断絶があるという。"人間と動物は、‘気質の性’が互いに異なる"と。

　ところがこの路線を選ぶ場合、人間の意味もまた現実的に汚染されて、制限された水準で論議するしかない。それは人間存在の普遍的尊厳性を大きく毀傷するし、過ぎたる悲観論だという反論が、巍巌から提起されていた。

　これを取り巻く攻防には重要な問題がもう一つある。異なると主張する湖論の困惑は、次の様なものだった。

　　"気質、生れついた体質には、心と身体がともに含まれている。するとあなたは人間精神は遺伝的に一定の固着から逃れられないと言うのか。精神は物質的質料（気）を持ってはいるが、その特性は‘虚霊’、固着のない自在な活動であり、自由である。全ての人間はこの能力を差別なく‘超越的に’与えられている。それなのに今南塘は、精神の自由と超越性を否定して、性格の偏向と固着が遺伝的に決定されているというのか。それは‘悪は偶然ではなくて、人間精神に先天的に刻印されている（未発の心体に善悪有り）’と主張することではないか。

それでは精神の自由さ、人間の尊厳性をどこに求めよというのか"

　これが洛論の憂慮と反発だ。巍巌・李柬に代表される洛論は精神が自由で、人間の尊厳性もまた気質の制約を超えた精神の、超越的自由と自発性にあると主張した。

　洛論は人間の尊厳を最大限に認めたのだが、これにも難点があった。

　　　"超越と自由の基盤は理がもたらす。けれども現実的に人間は、天が与えた意味の実現に制約を受けている。身体を持っているからだ。まして動物は？　意味を自覚して実践に移すには、著しい制限がある。人間もまた生まれついての知的性向と、道徳的能力が千差万別だ。自分の要求に忠実に生きる、動物のような人間がほとんどだ。それが現実ではないか。この差を認めず、現実的可能性を考慮せず、人間がただもう偉大で完全だと讃えたからとて、何か実効性が益すのか"

　意味の宇宙的普遍性と実現可能性をめぐって、湖論と洛論は長らく対峙し、韓末まで続いた。このディレンマ解決に向かう模索には幾つかの方向があった。

茶山の解法
　茶山は性を超越的意味ではなくて、日常的語法に従って生理と本能の傾向性として読むべきだと考え、解決の糸ぐちを掴んだ。動物はこの分野ではもう対象外としよう。意味は人文の領域だから人間が具現すべきであって、取るに足りない微物に要求するものではない。

　　　"'本然の性'とは永遠の意味ではなくて、ただもう生まれつきの生理であらねばならない。牛の性が異なり、犬の性が異なり、人間の性が異なる。口を開けば'性即理'とて、人も獣もかまわず仁義礼智を問うのはもうやめよう。性は'嗜好'であって、意味ではないはずだ。仁義礼智の道徳性は人間にだけ意味を持つ。人間の場合でも仁義礼智は苦労して身につく'徳目'であって、本性に備わった宝物ではない"

蘆沙の解法

茶山は朱子学の根本発想を、前例を見ないほど打ち壊しつつ解決を模索したが、韓末の蘆沙・奇正鎮は朱子学者らしく、'理一分殊'論で解決を試みた。その主張は次のように整理できる。

> "湖論も洛論も、原論的認識に誤ちがある。両論とも理と気、意味と生命に二元化したせいで、紛々たる葛藤が生じた。湖論は気質によって制限される仁義に注目し多様な様相の差を強調した。洛論は気質による多様な制約と差にもかかわらず、それらを越えた普遍の仁義を強調した。湖論は'分殊'の個別性に注目し、洛論は'理一'の普遍に注目した。二論とも半分を逃している。理一と分殊は異なる領域ではなくて、本来統合されている一体なのだ"

蘆沙は'意味'は各生命に'制限'されたものではなく、彼らを通じて'成就'されるという発想で突破を試みた。犬や牛は意味は制限的だが部分的に具現している。人間は身体条件が全面的実現を可能にしているということになる。

蘆沙は伝統的な理と気の緊張と対立、意味と生命の原論的対立を解消しようとした。そのためには理が普遍者でありながら、実質的権能を'確実に'行使する必要がある。だから主理に、それも過激な主理に傾いた。

人物性同異論を惹起した主気論の問題を解決する過程で、主理論がなぜ登場するのか？　これは以前、退溪が花潭の唯気論を批判する過程で、主理論を胎動させたことに似る。主理と主気だから、お互いのしっぽをかんでぐるぐる回る。皮肉ではないか。彼らが見つめる世界のように、朱子学の知的、哲学的論争の歴史は'循環的'様相を見せることが……。この事態は偶然なのか、必然なのか。

蘆沙の解法の難点

しかし理が直接、そして実質的権能を‘全的に’持つと言う論議は更なる困惑をもたらす。理が主導して、気はただその命令をおし頂くだけなら、現実の汚染と悪は一体どうして作ったのかということになる。蘆沙などの主理派が抱えた困惑は、悪と原罪を解明するキリスト教神学の努力を思わせる。キリスト教神学は悪は神が告げ諭す志でありその御方の計画であり、取り入れのその日には‘穀物と雑草’を分けるという終末論的説明をする。だが死後と霊魂の不滅を信じない東アジアの自然論者たちにこの説明は使えない。主理論はその悪が単に一時的、限定的な逸脱にすぎないと、意味の縮小に力を注いだ。彼らは人間の精神を信じ、その行動を楽観するほうに傾いた。しかし悪と汚染に耐えられず‘実践的に’処理しなくてはと神経をとがらせる主気論者たちにとっては、そんな説明は腑抜け者のたわごとだろう。艮斎もこの点を熾烈に攻略する。

艮斎の解法

艮斎は“生命と意味の間には明確な切れ目がある。人間の責務は有為である‘生命’を規律して‘意味’に向かうように導くのみ”だと力説した。

> “孔子がおっしゃったはずだが、‘道が人を広げることはできないから、人が道を広げるしかない（人能く道を弘む、道の人を弘むるに非ず）’と”

> “四書五経のどこを広げてみても、人は自分の性理を監視して、永遠の志に敬虔であれというお言葉に満ち満ちているではないか”

艮斎は、個別体は意味の‘具現者（分殊）’であるが、同時にその‘制約者（偏全）’であることを知らねばならず、制約者を抜かして具現者のみを強調したり、制約者と具現者を同一視すれば、手の施しようがない混乱と無秩序に陥ると警告した。

艮斎は蘆沙が“理を高めようとしたのに傷つけてしまった”と総括している。世の中を理が実質主宰しているという主張は、現実を本来の完全態

に戻そう、高揚させようという努力を無力化させ、人間を怠慢に導く逆説ともなる。この難題は蘆沙だけでなく、全ての主理論が抱えていた。

さて、艮斎の主張を幾つか検証できる準備が整った。彼には哲学的キャッチフレーズが幾つかある。'性理心気（性は理、心は気）''性尊心卑（性は尊く、心は卑し）'、あるいは'心本性（心は性を本とす）''心学性（心は性を学ぶ）'などだ。これら標語は主理の攻勢から主気的伝統を守ろうとする、艮斎の努力の結集だが、中でも'性師心弟'が目を引く。

艮斎によれば、心は単なる'弟子（弟）'だ。弟子とは何か。師の言葉をよく聞いて、それを実行する人だ。弟子が師の言葉を聞かず、何かの権威のようにあたふた動きまわるようでは、目標の境地にいたるのは難しいだろう。艮斎は各自の心がいまだ適切に'訓練されていない'と、何度も強調している。それなりの訓練を終えるには、生涯を費やしても足りないのだ。孔子さえも齢70にして'心の欲する所に従いて矩を踰えず'、自由と道徳が一致する境地に至ったというのだから。今、蘆沙と華西系列の'心即理'は、まだ訓練されていない弟子に理想的境地、或いは人としての合格証を与えるような間違いではないのか。それでよいのか。艮斎は若い頃から、主理論がもたらすこのような弊害を師匠とともに認識して、その異端から斯文を守るという時代的責務を自覚していた。

艮斎によれば心は主体ではあるが、訓練を必要とするから価値が低い（卑）。高い価値（尊）ははるかかなた、まだ来ないところにある。その尺度と意味が理で、また性だ。だから心は尺度に向かわなくてはならず（心本性）、その尺度を学び熟知する（心学性）ことは言うまでもない。ここで尺度はただ尺度であるのみ、出動して手をとって教えてやるとか、生命に強制することはない。だから無為だ。平たく言えば師匠はただ教えを垂れるだけで、その教えに従うか背くかは全的に弟子にかかっている。これが'性師心弟'説の要点だ。

読者諸氏は艮斎の主たる学説が別段特別なものはなく、取るに足りないと思うかもしれない。私はその'取るに足りない論議の、取るに足る脈絡'

282

を明らかにしようと努力してきた。一体に私たちが、単純な常識一つを悟り実践するために、どれほどの苦悩と勇気が必要かを考えてみよう。そんな点でも艮斎の思想は単純のようでいて単純ではない。

韓末における主理、主気の行動路線

最後にこのような艮斎の思惟が、どのようにして'自靖'と'隠遁'につながったかという手がかりを手繰りよせてみたい。

琴章泰_{クムジャンテ}教授は次のように診断している。

> 艮斎の学問的世界は、急激な変化と根源的な動揺の中でも、伝統道学の正統を確固とした信念で再確認し、厳格な純粋性を追及しつつ防御したところに独自性がある。彼は韓末の道学界に強力に、新たに台頭した'心主理'論という理論を、'心即気'の栗谷的伝統にもとづいて、'性主理'論、'性理心気'論を提示した。心の恣意的判断を牽制しながら、価値基準の普遍的真実性である性の位置を強化したところに、特性がある。'心即理'説が、心の道徳的主体性を強調して、人に道徳的責任を覚醒させる意味があるとすれば、艮斎の'性尊心卑'説は心の恣意性を牽制し、道徳規範の客観的標準に順応することを要求する、規範主義的性格を帯びる。このような面で艮斎は韓末性理学の主理論的立場よりもう少し保守的で、厳格性が強い[8]。

私はこの評価が、事態の正鵠を射る卓見だと思う。韓末儒学の思想と行動の関係を本当によく整理している。この洞察をもう少し敷衍してみたい。先に、理と気の意味を次のように整理した。

理　a) 絶対純粋の永遠の価値であり、最高の善
　　　b) しかし自己活動を通じて、自分を積極的に具現できない

8　琴章泰「韓国思想史における艮斎学の位置」『艮斎思想研究論叢』第1輯、55頁。

気	c) 汚染され、堕落していて、浄化を通じて生まれ変わるべき対象
	d) しかし欲望を具現して、世界を変貌していく自己活動の主体

これは主気の定式化だ。主理は理を有為の方に引き上げるから、この構図が少し変化してd) は弱化しb) は反転する。ということは、気が抑制と監視の対象に固着し、理は自己活動で自身を積極的に具現する主体になる。

退渓は言う。"気も発し、理も発する。気の発揚は統制され、理の発揚は無限拡張されねばならない[9]"退渓は理発と気発を認め、二者の緊張と対立を強調したが、韓末の儒学はいうなれば、理発に全的な支配権を与えて、気発を弱化させた。彼らは、心が道理に責任を持って突破する力を強調する。

思い出してほしい。これは以前陽明学がそうだったように、行動の哲学だ（主理と陽明学は、'心即理' と同じことを言う）。とりわけ抵抗のために起義する必要があるとき、心に決定権を与えねばならない。こうやって'起義' の哲学は陽明学のように '心即理' を言う主理が担当し、'自靖' の哲学は '心即気' を言う主気が担当するようになった。

韓末儒学の傾向をこのように整理できる。

主理論 ＝ 理の有為 → 心即理
主気論 ＝ 理の無為 → 心即気

韓末における儒学の選択には、このように人間の能力と、具現すべき目標に対する見解の違いが作用している。二路線をもう少し細かく見ることにしよう。

9　「7章　実学、或いはゆらぐ理学の城砦」参照。

心即理　　人間の精神能力を‘信頼’する。それは世界を変革させ、閉ざされた物質の拘束を突破していく自由と力を行使する。心に最高の力と知識を与えたせいで、この路線は心学の元祖である仏教と一つ釜の仲間だという、思いがけない批判さえ受けた。昔、陸象山が心即理を唱導したときの、その心と似る。王陽明が南蛮の未開と野蛮の地で、自分の本質を読みつつ心即理に立ったこと、それに彼が軍隊の指揮官として左衝右突しながら、心の静謐と自若を失わなかったことを思う。陽明において良知は生きた創造力、状況を積極的に打開していく実存的突破力を持っている。

‘心即理’は、‘心即気’に問う。

　　　　“ところで心が気なら、それは結局精神が汚染と堕落を原論的に持っているという意味だが、そのような認識の下に精神がとるべき態度とは、‘自分の外の理念（性）に順応し、適応する消極的堕落’に過ぎないのではないか。人間はせいぜいその程度でしかないのか”

心即気　　何よりも謙遜の姿勢を持つ。人の精神は純粋ではなく、全幅信頼はできない。だから‘検束’しなければならない。心は性を尺度として、性を学んでいかなければならない。艮斎の語法を借りれば、“自分を捨てて師匠についていくことだ”。艮斎は韓末の主理の‘心即理’が、陽明学や仏教の途方もない、危なっかしい楽観主義と似たようなものだと考えた。“心を主宰とするなら、軽重がなくなり、天地がひっくり返り、‘三綱五常’（根本道徳）が崩れるはずだ[10]”

今整理したことを土台にして、主理と主気がどのような原理に従って行動するか推論できる。

韓末の場合、さらに特徴的に現れる現象だが、

10　「言1」、『艮斎集』巻12。『艮斎思想研究論叢』第1輯、43頁から再引用。

1) 主理論はより'主体的、行動的'志向を持つようになる。'心即理'は、人間精神が規範を形成し、価値を創造する主体だという認識を土台にする。その認識は、儒教的秩序が内外から深刻な挑戦を受けるとき、'突破力'を持つ。突破力は、新たな秩序の模索に進むこともできるし、保守的な価値のために殉教することもできる。義兵を起こした毅庵・柳麟錫（ウィアム ユインソク）（1842-1915）や、斧を手にして上訴したため流配された勉庵・崔益鉉（ミョンアム チェイッキョン）（1833-1906）が後者に属する。対外情勢に明るく、キリスト教とギリシャ哲学まで研究したという俛宇・郭鐘錫（ミョンウ カクチョンソク）（1846-1919）は、前者に属すると言える。柳麟錫と崔益鉉は華西門下であり、郭鐘錫は寒洲学派の人物だ。ともに主理の伝統で育った。

2) これに対して主気論は、より'体制維持的、保守的'になる。彼らは儒教的価値意識である既存の規範と準則を尊重し、守っていく（保守）ことを迫る。これは儒教的秩序が安定し、社会的原理と規律が定着しているとき、説得力を得る。安定した秩序は個人の欲望の制御と、社会的価値への協力を通じて達成できるからだ。この礼の体制の下で規範を外れる行動は'逸脱'であり、'恣意'、'混乱'だから、個人、家庭、村、教会、国家はこれらを制御し、教化する義務がある。

今は理解できる。艮斎は韓末、儒教秩序の安定が揺らいで危ないとき、安定期のマインドで行動を選択したのだ。だから当時の主理の陣営から、そして植民地時代を経て解放以後まで'卑怯で''無責任な'知識人として非難されているのだ。艮斎はしかし、事態を時世に拘泥して判断してはならないと考えた。"誰かが守らなければならない価値だ。それは人間性の中に根を下ろしている価値だから、切迫した事態といえども捨ててはならないものだ。外勢の嵐は、しばし森を揺すって過ぎ去るはずだ。私は来たるべき新たな世界を準備しなくてはならない"艮斎は嵐が来ないところを探し、西海の孤島で多くの門徒たちとともに、昔の方式そのまま講学し、礼を学習しながら生き、逝った。

艮斎は自分が'学者'であって、'政治家'でも'戦略家'でもないと考えた。学者の本分は崩れいく儒教の道を持ちこたえ、敗退した文教を立

て直すために献身することだ。学んだこともない軍事の、従事したこともない政治の真似事はできないと彼は手を振った。

　儒学者は国が乱れ危ないとき、出て行く機会がなければ、ただもう隠遁するしかない。隠遁しても礼の精神で自らを律し、節度ある姿で世の中を支えて、人々をして畏れためらわせるべく努力を続け、毛の先ほども放恣に過ごすことはできない。このようにすることがいわゆる、‘国の政治が危うく混乱するとも、正道に従って行為するのみ、卑屈な手は使わない’だ。或いは夷狄の禍をこうむり、海を漂う逃道も閉ざされたなら、ひたすら生命を省みず、自分の道で身を処することしかない。これがいわゆる‘国が無道で混乱すれば、死すとも自らが確信する道を変えない’だ[11]。

‘引き下がって自らを守ろう’としたから、彼の言質はいつも‘検束’‘畏敬’‘畏憚’‘小心’などの言葉を軸にして回っている。彼の主気は、放恣な行動と恣意的な判断を嫌悪した。国が乱れるほどに一層、軽挙盲動してはいけないのだった。

　艮斎の路線は、儒教の枠からはみ出た秩序には適応できない‘保守的’儒林たちが支持し、一つの自然な路線を形成した。だからその当時は無条件にけなされ、退けられたわけではない。崔益鉉の息子さえ、艮斎を次のように評した。

　　“艮斎の立場と私の先考（亡き父親）の立場は違います。ひたすら後進を教えて、文明と野蛮を区別する華夷の弁を理解させ、人倫を堕落させないことが、艮斎先生の職分でありました[12]”

11　「答李顕可」〔「答王司諫」の誤り〕、『艮斎集』巻3。
12　「上難斎柳丈確淵　己酉」、『玄谷集』巻2。『艮斎思想研究論叢』第1輯、31頁から再引用。

艮斎は‘時代’より‘永遠’を選んだ。帝国と植民の衝撃を前にして隠遁を選択したが、それを‘自靖’、"一人まっすぐに、自分の道を行く"と自負した。彼はこの無道の嵐がやみ、再び来るだろう儒教的道統を待った。待ったが来なかった。現在も兆しはない。それでも彼は地下で悲観したり、自分の選択が間違っていたとは考えないだろう。‘明夷<ruby>明夷<rt>めいい</rt></ruby>’、いまだ闇は終わらず、野蛮の時代は終息していないと考えるはずだ。

P.S.

　艮斎の哲学と行動が、栗谷が提唱した主気に基礎を置くと述べた。それなのに二人の‘生’は全く異なる。艮斎は‘隠遁’と‘自靖’を選んだのに比べ、栗谷は知られているように、絶望的な状況でも政治に固執して、実務的力量を重視した。この不一致をどのように説明できるだろうか。あまりに異なる二人の生き方を、主気という名の下に一つにまとめることができるのか。

　まず艮斎には政治に参加した経歴がない。韓末の主理系列も似たようなものだ。この時期の論争が、在野で繰り広げられたことに注意しよう。19世紀とともに実学の芽が切り取られ、安東金氏<ruby>安東金氏<rt>アンドンキム</rt></ruby>の勢道（正祖<ruby>正祖<rt>セ ド</rt></ruby>以降、王の委任を受けた臣下が権勢を握った政治）が国政を左右していた時機、そこに外勢の脅威も激しくなっていくが、儒学者たちの批判的な声は朝廷に届かなかった。艮斎は‘政治的空間’を放棄し、私的領域で真実を追究することに没頭するしかなかった。これは昔、退渓が指向したところであり、艮斎が―栗谷の思惟路線に従いながらも―退渓を限りなく尊敬したことと関係があるはずだ。退渓と艮斎の貢献も主に‘教育’に力を入れたことであり、二人の志向は似ている。艮斎と栗谷は原論を共有しながらも、異なる選択をした。主気の中心は‘現実に対する悲観意識’だ。栗谷は現実のシステムを正そうとした。艮斎はそれはできないといって、自分とグループの革新だけを目的にし、次の時代を待とうとした。

20 世紀　地球共同体に向かう夢

9章　恵岡・崔漢綺の気学

　恵岡・崔漢綺（1803-1877）は、いまだ馴染みのない人物だ。その名は前世紀1960年代後半に学界に知られ始めたが70年代の実学研究ブームにも注意を引かず、80年代に入って本格的関心が向けられた。

　いままで明らかにされた彼の家系や行跡は簡単なものだ。李建昌（1852-1898）の「恵岡崔公伝」によれば、恵岡は商人で有名な開城の地で、1803年に武班の家門に生れた。20代半ばで生員試に合格したが官職の道を拒み、学問に没頭した。ソウルの真ん中に暮らして、北京から入ってくる新刊書籍を手に入れるため、全財産を費やした。本は読み終わると捨て値で売り払ったという。

　19世紀は不安と動揺の時代だった。伝統ある儒教が揺らぎ、実学者たちは儒学の家を修理し、支えようとさまざま試みていた。儒教文化が根底から揺らぎ変化するなど、実学者たちも予測できなかったのだ。茶山・丁若鏞も例外ではない。茶山は経学と経世学の理念を、原始孔孟儒学の上に設定するほど、儒教文化の持続性を確信していた。たったひとり、恵岡・崔漢綺だけが、東西の交渉団が門前市をなすだろう大なる変化を予感していた。その予感は危機としてではなく、新たな文明の到来と捉え、その期待で幼い子供のように興奮していた。

　彼の学問領域は人文、社会、そして自然科学全般にわたっている。六堂・崔南善（1890-1957）は恵岡の著作を千巻、朝鮮第一と押した。今に残る著作からも、その規模を推量できる。著作には伝統的価値を再発見したものあり、西洋の科学技術書籍を整理し、編集したものありだが、彼が‘東道西器’の折衷主義者というわけではない。彼の思惟は一貫して統合性を誇示しているのだ。

　統合性の中心に気がある。気という用語は使い古されてきたが、それで

も新しい。恵岡は伝統の気に生命と変化を残し、先験的道徳性をはぎ取った。その上で西洋の経験的認識論と改良的科学を接ぎ足した。こうして思惟の軸が先験から経験に、原理主義から実用主義に移った。

　恵岡が設定した仮説は次のようなものだ。"人間は気のさまざまな契機と環境の中で、問題に出会えばその解決（変通）のために思惟し、行動する存在だ。だから準拠すべきは全的に'今'にあって、'過去'にはない"問題解決に使えるものは何でも動員し、役に立たないとさっさと棄てる。'古今を参酌し、質文（実質と形式）を損益す'が彼のスローガンだ。

　恵岡は経学に未練がない。朝鮮の学問が文字と名目に足首掴まれて実用にまで進めず、とりわけその虚学を旗印にして派閥と党争に熱中し、実学を失ったと考えたからだ。彼は伝統の学術と文化全体をふるいにかけた。既得権は認めない。取捨は冷たく、冷酷に行う。『四庫全書』には、使える物は一握りもないというのだから。

　伝統学問を棄てたから、彼は学問を全く新しく構築しなければならない。先験的な知識確認の学問を捨て、経験的知識の検証と拡充の学問を目指した。だから'性即理'という朱子学のモットーが言うならば'性即気'になり、'居敬'や'窮理'が'推測'と'変通'などに移動した。

　この移動は'文章スタイル'の変化を伴った。恵岡は権威に頼らず、近代のエッセイのように自分の思想を組み立てている。既存の概念と言述は、恵岡の文体に異なる意味を帯びて登場する。

　このような恵岡の学問大綱を、次のように整頓できる。恵岡は伝統学問から煩瑣な経学を振り落とし、儒教的な規範は残した。仁義礼智が葛藤を調節し、信頼を築く効率的方法であり、それは西洋にも適用できる普遍的価値だと認めたのだ。西洋の伝統からはキリスト教を排除し、経験的認識論を受け入れた。最新の数学と物理学、地理学と天文学の成果を、伝統の気である有機的生命感と結合させるという思惟の冒険を試みた。これらは朝鮮儒学の伝統をひらりと越える革新的思考だから、恵岡を儒学の範疇に含めてよいものかと悩んでしまう。

　当然だが同時代の儒学者たちは、恵岡を理解できなかった。過激な実用主義は近寄りがたいし、常識が無い。使われる概念と文体は怪しげで不純

だ。古典の厳格な格式や典雅な香りに慣れた人々にとって、独自の造語と漢訳された西学の複合語、野暮ったく組み込まれ乾燥した文体は耐えられないものだった。恵岡は非難されたというよりは、いっそ無視されたみたいだ。8章の主人公である若い朱子学者、艮斎・田　愚だけが、恵岡を道学の正しい道に導くぞという教化の意思を、詩に残しているだけだ。それほどに伝統は頑強で、恵岡は孤独だった。

　恵岡の学問は外圧をもたらした帝国主義や、他律的な近代化の波に流されて忘れられた。しかし炙り出された問題と、築かれた学問は相変わらず現在的だ。その気学は、先験的抑圧のない経験的事実のみで構築される。そして他者との出会いで認識を構成し、行動を定位する一つの有効な実験だ。この企画は自然と人間、精神と身体、自我と他者を分裂させないし、疎外させない。恵岡の気学は未来の知識のために、今でも開かれている可能性だ。

恵岡思想の端緒──経験

　恵岡・崔漢綺を読むキーワードはさまざまある。著述物から抜き取った単語あり、近代以降に貼られたレッテルありだ。前者から '神気'、'推測'、'経験' などを、後者からは科学、近代、実学などをあげてみよう。この二つのグループには一見共通点がなさそうに思える。それほどに伝統と現代の断絶は深く広い。

　伝統と現代の継続性については 1965 年、朴 鐘 鴻（1903-1976）教授が口火を切った。教授は崔漢綺を"大胆で徹底した経験主義者"と規定した[1]。経験主義、これは論議を始めるのによい取っ掛かりだ。朴教授は恵岡を、ロック（1632-1704）などの近代経験論と同じ地平で読むが、その理由を三つ上げている。

1　朴鍾鴻「崔漢綺の経験主義」『亜細亜研究』8 巻 4、1965。朴鍾鴻「崔漢綺の科学的　　哲学思想」『朴鍾鴻全集』5、民音社、1988。

1）ロックはデカルト（1596-1650）やライプニッツの本有観念を批判して、白紙状態でなされる経験の蓄積を強調する。恵岡も神気の‘純澹虚明’と‘見聞閲歴’の習染を言っているではないか。

2）ベーコン（1561-1626）は正しい認識を邪魔立てする四種類の‘偶像’を除去しなければならないといった。崔漢綺もまた、経験の過程で生じる泥みと先入観を除去せよと勧める。

3）オッカム（1285-1347）等は概念ではなくて、事物が実在するという唯名論を提唱した。崔漢綺もまた名象や文字に捉われず、実在する事物と現象である気質に注目せよといった。

　こう述べて教授は、崔漢綺の‘神気’と‘諸窺’を‘経験の分析’、‘推測’と‘徴験’を‘経験の拡充’として解説したのち、恵岡の哲学を‘経験主義の貫徹’であると締めくくった。

　もちろん近代西欧の経験主義と、恵岡の神気経験は比較できるが、同一視は困る。同一視は恵岡を、西洋近代経験論の亜流と目する、不完全で未成熟な哲学家に貶める、そんな心配がある。実際そのように薄っぺらに見た西洋哲学者もいると聞いた。正しく比較するには恵岡が生きた時代の文化的、哲学的背景と脈絡を知るべきではないか。一つの言説を読むためには一定の時空の状況性、言うならば概念と水準などを考慮することから始めたい。
　この間の研究は恵岡の言説の背景と脈絡の徹底した確認がなかったようだ。だから混乱し、上滑りし、とんでもないところに恵岡が出現したりする。

　彼の思惟の中心が気であることには、何の文句もない。題名を見ただけで納得だ。それでは面白くもなんともない。そこで神の字一つ添えて口を開けば‘神気’だが、添えた神の字は恵岡自身に言わせれば、気の神秘な作用を形容したにすぎない。ならば以前の老荘だとか花潭、そして朱子の

気とどこが違うというのだ。老荘も朱子も恵岡と同じように世界が物理的で機械的結合ではなく、有機的な自己組織の変化と力動の過程であると読む。それでは恵岡の独創はどこにあるのか。原論の点では在来のそれと格別の差はなさそうだが……。研究者たちも同じように感じたはずだ。だから問う。"いったい、恵岡哲学の特徴と性格は何か"

特徴と性格はとても小さいところにある。小さいが進んでいけば、彼の思惟の真面目が不意に浮かび上がってくるかもしれない。許南進教授がその糸口を発見した。彼はこのように言う。恵岡において"注目すべきは、人と人、人と事物をなす気が清濁粋駁、澄んだり濁ったり純粋もあれば混ざり合うといった質的差がないことだ[2]"これを教授は次のように評する。"恵岡が伝統的な気概念の大部分を受け入れているにもかかわらず、以前の性理学で設定していた個体化の原因としての気、清濁粋駁による倫理的優越を説明するための気の概念とは、目的と意味が完全に異なると言わざるを得ない[3]"

許南進教授に、ここをもっと深く掘り下げてほしかった。ここは入り口だから、レンズをヒタヒタに近付けたい。恵岡は気を言うとき'清濁粋駁'と言う価値偏向的言辞ではなく'寒熱燥湿'という価値中立的言辞を使った。恵岡は今、気を'道徳学'ではなく、'科学'の視線で読んでいる。

彼の著述目録が一目で教えてくれるし、誰もが認めているが、恵岡は西欧の科学に深い衝撃を受けた。西洋の新たな'知識'が彼の哲学的建築物を支えている。彼の成しとげた事の具体的な点検はまだできていないし、またここはそんな場でもない。問題は'なぜ恵岡が始めての科学なのか'だ。

この問いは続いて既存の朱子学的思惟に向かう。朱子学は'反科学的'だったのか。なぜ？　クーン（1922-1996）が指摘したように科学には多様なパラダイムがあるから、朱子学の科学も可能ということになる。可能だったのに朱子学に科学があるかと問われれば悔しいだろうし、この質問

2　許南進「恵岡の科学思想の哲学的基礎」『科学と哲学』第2輯、1991、131頁。

3　同上、133頁。

は暴力的でもありうる。だから質問を変えよう。朝鮮の朱子学は、科学に親和的だったか、なかったか。

　科学の発進のためには、世界を倫理的な合理主義的で見る態度は控えねばならない[4]。歴史的にみれば中国の科学は道家が担ったが、道家は人間の目的と意図に自然を従属させないからだ。御存知だろうが『荘子』には"道が何処にあるのか"と問う東郭子に"ウンコ、シッコにもある"と驚きの答えをしている[5]。道家の理念は平等だ。洛陽の紙価を高からしめたある解説書（訳者注：尹在根『荘子—鶴の足は長いなりに、切ってはならぬ—』）の題目のように、'鶴の足は長いなりに、すずめの足は短いなりに'聖人は"万物を公平で、偏見なしに接する"。人間にとって役に立ちそうもない自然に対する関心や、いつもとは違う自然現象に対する畏敬の念などから科学は育つ。ところが孔子以来、儒家の合理主義は自然世界に関心がなかった。彼らはヒューマニズムの名の下に、人と人が織り成す'社会'と言う場に全ての関心を注いだ。超自然的事物や現象、怪力乱心に対する儒家の嫌悪と忌避が、典型的にこれを示す。

　この態度は宋代の新たな儒学にも引き継がれたのだろうか。問われても返事は難しい。新儒学の集大成者である朱子は、道家が丸ごと採用し、漢代以降に折衷された気と陰陽五行の自然論を片方の羽として受入れた。しかしもう片方の羽は、理という名の儒家の人文主義であることを忘れてはいけない。だから朱子の気は科学を促進させたが、朱子の理は科学を妨害したと言える。だから理気論だ。朝鮮の儒学はどちらかというと、理に足首取られて、自然を'あるがままに'読んで使う科学に進めなかった。

4　ジョゼフ・ニーダム『中国の科学と文明』第3巻［日本語訳は吉川忠夫等訳、思索社、1975］、第10章「道家」、(c) 自然の統一性と自発性。
5　「知北游」『荘子』。

背景——朱子学の先験的形而上学

　ここをもう少し詳しく見てみよう。道家は自然の内的自発性と調和を信じる。偉大なる"道はあふれるものを減らし、足りないものは補われるから、人為（有為）の愚かさと意図を引っ込めろ。引っ込めれば、自然はいつの間にかおまえを道に運んでいるはずだ"。

　しかし朱子はこんな"空っぽにせよ、もっと空っぽにせよ[6]"という無為へのすすめには従わなかった。いや、危ないと思ったのだ。危いから気の上に理を立てた。自然はそのままでは価値がないのだから。人文的秩序が不在ならば、自然に何の'意味'があるというのか。朱子はこのような発想で自然を意味とつなげて、それも永遠の意味（天命）の影の下で読み始めた。理の'秩序'をはずれた自然はどうなるのか？　当然価値がないか、危なっかしい。たとえば天に突然ほうき星が現れるとか、思いがけない日照りや時ならぬ寒波、5、6月の霜などだ。自然現象だけではない。人も肉体（気）の要求に素直に生きる人がいるし、天の召命（天命）を意識して生きる人がいる。この二つを同じ等級に置けようか。

　朱子は自然の全てを人文的価値の目で見る。人間だけでなく動物も、飛び這う獣も仁義礼智の価値をどの程度具現しているかを計る。

　不思議にさえ聞こえるかもしれないが、動物に与えられた仁義礼智の可能性を、朱子は概略次のように考えた。

仁　ハリネズミも自分の子はかわいいもので、カラスも反哺の恩と言って、育ててくれた父母に孝養する。朱子は具体的にトラ同士の仁を上げている。この話ははじめ荘子が孔子の仁を皮肉るために取りあげたものだが、朱子は逆の意味で利用している。

義　菓子の破片にそこらじゅうのアリが取り付いて引きずる共同作業と社会性は、ほとんど完璧だ。ハチの群れや一糸乱れぬムカデの足も同じ

6　「虚其心、実其腹」『老子』3章。

だ。朱子はアリやハチ、ムカデを人間の社会と歴史が見せる混乱と無秩序に較べみて、感嘆を禁じ得なかった。

礼　カワウソは残った食料を川辺のよく洗われた石に載せて、乾かす習性がある。『礼記』「月令」篇に倣って朱子は、この賢い動物が祭祀を行っていると見ている。生んでくれた恩を忘れず報恩する彼らの姿に、宇宙の究極の価値実現という美を読んだ。

智　知覚は神経組織が発達したもので、生命体の機能だ。最も原始的な動物も、食べ物にいたる道を探し当てる。高等な動物とは、知覚のための神経網が高度に組織化された生物だと言える。このほかに『朱子語類』巻4は社会的徳目として'ハトの貞節'（19項）、'矢に射られてもひるまず歩いてきて死んだトラの毅然さ'（20項）などを例に挙げる。これらの論拠は科学的洞察と道徳的、詩的想像力が複合されている。

　朱子が自然に与えた価値論的な位階は、むかし荀子が試みた生物学的分類とはまったく異なる。荀子はアリストテレスのように、存在を4位階に分けた。無生物は'気'のみを持ち、植物は加えて'生'を、動物は'気'、'生'、'智'を、人間は'気'、'生'、'智'に加えて'義'を持っているとする。ここで荀子は'義'という道徳観、或いは人文的価値を、動物や他の下位存在の本質に負わせていない。

　ところが朱子は、人文的価値を動物などの本質に適用している。わたしたちは当然問う。"いったい石ころの何処に仁義礼智があるのか"この問いに答えるには、本質を二元化するしかない。"石ころは仁義礼智を本質に持つが、実際には具現できない。身体を構成する形質、即ち気質のせいだ"朱子は本来の理念的本質（本然の性）と、現実化された可能性（気質の性）に分けるしかなかった。

　差のほどは気質が決定する。朱子の形態論的説明によれば、たとえば草木は頭（根）を地面にさかさに差し込んでいて、'本然の性'である人文価値の実現が根本的に制約されている。動物は四足を地面につけて頭を水

平におくから、実現可能性が半分開かれ半分閉ざされている。人間だけが
'頭円足方'、宇宙に似た丸い頭と平たい足を持つから、'本然の性'を全
体的に、欠けることなく具現できる'からだ'を与えられたことになる。

　この人文的宇宙論で道徳学は別として、果して科学が育つだろうか。朱
子は今、動物と植物をその自然的習性と形態からではなく、彼らが具現す
る、或いは具現すると考える仁義礼智の範囲と水準で論じている。朝鮮後
期、大きな論争になった人物性同異論が、この'道徳的宇宙'の構想下で
繰り広げられた事態であることを思い出そう。

なぜよりによって神気か

　恵岡は『気測体義』と『気学』で、無形の理に絡め取られるなと繰り返
し忠告する。先に掲げた"無形の理を捨てて、有形の理を探求せよ！"の
有形の理は、具体的事物と現象世界の原理を示す。朱子が設定した人文的
宇宙論に、恵岡がまっすぐに突きつけた刃先が無形の理だ。

　この道に礎石を置いた先駆者がいる。茶山・丁若鏞がその人だ。全宇宙
が人文的価値を実現するために生じたことを、茶山は信じない。"本然と
は、それぞれがあるがままということではないか。犬はほえ、牛は突き上げ、
虎は鹿を裂く。それが彼らの'本性（嗜好）'だ"茶山は有りがた迷惑な
人文を押し付けられた動物と植物、ひいては石や星などを解放してやった。
各生霊はついに自分たちの真正な'本然'、生まれつきの好みを具現でき
るようになった。このように性が、先験的本質から経験的本性に転換する
ことで、科学が育つ土台が準備された[7]。

7　茶山と恵岡はともに西学から大きな影響を受けた。二人とも自然科学の成果には驚い
　たが、別の柱である神学については反応を異にした。茶山は神学を積極的に受容し
　たが、恵岡はこれを極力排斥した。ただ、そのスコラ哲学の'認識論'だけは積極的
　に吸収した。

恵岡はここをさらに一歩進める。まずは‘神気’と言う用語だ。精神を示す言葉に心という単純で使い慣れた用語があるのに強いて‘一風変った’（?）神気を採択したのはなぜか。朱子学のせいだ。彼が見るに心は朱子学が傷つけた無形の理である。つまり先験的道徳（性）によって、深刻なほど汚染（?）されている。この汚染さえなければ、従来の心を使っても別に問題はない。恵岡自身がはっきり言っている。"以前の心体が私の神気だ"

　　昔の人達も心が気だとは言った。そこそこ似たようなものだが、実のところ性理について、理と気に分属させたものだった。私の神気はこれと違い天地の神気を受けたもので、自分の神気をもってこれと比較し、これをもってあれと徴験しつつ、幾つもの理の推測が生じる、そんな神気だ。神気を極め通じるならば、理はその中にあって流れ行く。理は気に先立ちもせず遅れることもないから、気と理の前後は言えない。言論、推測、文字の三つの理は、人が自得した理である[8]。

　先験的道徳の痕跡（性）を消して、はじめて‘心’の活動をあるがままに読むことができる。このために恵岡は‘神気’を掲げ、これによって‘認識論’が成立した。『神気通』と『推測録』は、朝鮮儒学の歴史が拒んでいたこの方面で始めての、そして本格的な成果だった[9]。

8　"古人有言心気也。泛看、雖若近之、其実、対性理而分属理与気也。非謂在我之神気、得来於天地之神気、而挙彼較此、将此験彼、推測諸理、生於其間者也。就神気而究通之、則理在気中而流行。不先於気、不後於気、不可分属也。至若言論之理、推測之理、文字之理、皆是人所自得之理也"「心性理気之辨」、『神気通』巻1。

9　ところで、彼は一体この発想をどこから得たのか。西学から刺激と影響を受けたことは間違いない。彼は漢訳された西欧の自然科学の成果に止まらず、『天主実義』や『霊言蠡勺』など啓蒙期以前の西欧認識論も深く探求したはずだ。この問題については辛源俸教授が明確に論じている（「恵岡の気化的世界観とその倫理的含意」韓国学大学院博士学位論文、1993、第2章第2節）。彼はこれら西欧の自然科学と認識論の成果を、自己の独自な気学の形成に、あらゆる方法で援用、利用した。その具体的な経緯と異同を探ることは今後の課題である。

経学を放棄する

"過去の知識は消えろ"彼は聖人孔子の格言さえ、現実に使えるかをテストすべきだと考えた[10]。恵岡の言葉は穏健だが、行間ははっきりしている。孔子さえ‘損益’する対象であれば、孔子以降の学術と文物はいうまでもない。

考えてみれば経学は儒教の人文伝統の方法であり、集積だった。東アジアが数千年間開発し集積してきた知識の総体を、恵岡はある日投げ捨てたのだ。

朝鮮の経学は宋代の朱子学の集成を基礎にしている。陽明学はこの‘支離’から抜け出そうとした例外の学問だ。満洲族が入ってきて清の時代となり、『四庫全書』の編纂と考証学の隆勢で、経学は一層の万盤を誇った。朝鮮の儒学も朱子が経学を通じて構築した概念と体系をとりまいて、解釈と明瞭化、そして論争の長い歴史を続けていった。

ニーダムは中国の人文主義に対して、次のように言ったことがある。

　　文事を優位とする官僚社会の世界観に鼓舞されて、学者たちは歴史文献学、考古学に全力を傾けた。その成果は時空の世界を変革するような恐ろしい力ではなく、むしろ過去に関する知識の一大建築物だった。1704年7月9日、この大建築物の偉大なる建設者の一人、閻若據は北京で死の床にあったが、その病は近代自然科学が後に発見する薬品の数ミリグラムで治せただろう。この光景は中国中世の人文主義が持つ、高貴さと弱点を同時に見せてくれる[11]。

恵岡が指摘した経学の問題もまた、この地平の上にある。彼は朝鮮の学

10　30代半ば頃の処女作『気測体義』の序文で、孔子の偉大さは"過去にとらわれず、現実の必要に応じて、文物に果敢に手を入れたところにあるから、我々もまた孔子に倣って果敢に古今を参酌し、文質を損益すべきだ"と宣言している。

11　ジョセフ・ニーダム前掲書。

問が名目にとらわれて実用に目を向けず、その虚学を旗印に学派を作り党
争に没頭して、実学を失ったと嘆息した。

　　　事物を試験するよりも、文字の引証に頼ってきたことは、中古論学
　の特色だ。文字を作り、名目をつけることは止められないことではあ
　るが、万一名称に泥んで実在する運化を忘却すれば、他でもない誠実
　な教学を自ら絶つことになってしまう[12]。

　恵岡は経典とその解釈の権威に首を絞められるな、生の現場、現実の具
体的空間から出発せよと急きたてる。道は逆でなければならないから、"現
実が経典で裁断されてはならず、現実の問題解決に参考となるのが経典で
ある"頂くべきは'聖経'でない'天経'、すなわち経典ではなく自然で
なければならないと強調した。だから'推測'と'変通'がその哲学的キー
ワードになった。
　恵岡は伝統の学術と文化全体を、ためらいなく篩にかけた。'虚'は篩
われ、'実'だけが残る。この試験に既得権はない。彼は冷酷に取捨した。
四庫全書の中で使えそうなものは、2パーセント位しかないと言うほど
だったから……。彼は儒教の学術を以下のように総評した。

　　　四庫書籍の数十万巻を統計してみれば、'実'を崇尚する本は半分
　に足らず、'虚'をあがめ尊ぶ本が半分を超えるから、すでに三分の
　二は使えない。残りの三分の一にも古今の納得する水準が異なるから、
　現実と合わずに除去されるものが又三分の二になる。のこり三分の一
　にも卑しく煩瑣で役に立たないものが三分の二になる。残る三分の一
　から昔の人の叙述の浅深周偏と、現在の人が読んで会得する浅深周偏

12　"中古論学、多在文字上引証、鮮就事物上試験。格物致知、実為限平生所当師、而
　　所難尽。古人之文字著述、亦出於格致之餘。夫格致運化之実践、文字心得之形言。
　　古今之知覚有浅深、遠近之聞見有広狭。可将方今事物之験試、比較古人文字之所
　　得。又将古人文字之論説、参酌方今事物之漸明。不可以上古文字、牽合於中古文
　　字、又以中古文字、傳会於身心所得、便作悦楽、因為自足也。"「文字引証」、『人
　　政』巻11。翻訳文は朴鍾鴻前掲書、293頁から。

によって取捨選択するのだが、昔の人が知っていたことを今の人が知らないとか、今の人が知っていることを昔の人が知らないことについては、その知っていることは残しておいて知らないことを除けば、捨てるものが又三分の二になる。理解可能なこれらの書籍を選りすぐり、模索、研究すれば、天下万事に二つのまなこを使って到達できるし、千古の聖賢に二つのまなこで対面できる[13]。

恵岡は異端もためらわない。何の関係があるものか。使い道があれば引き込み、無ければ放り出す。彼は仏教と道教、そして西学の成果も同じまな板の上に載せ、秤にかけた。何を捨て、何を生かすべきか。結論はこうだ。

儒道からは倫理と綱常と仁義を取り、鬼神と災殃や祥端に対するものを分別して捨てる。西洋の法から暦算と気説をとり、怪異で騙すものと禍福に関するものは除く。仏教では虚無を実有に変え、三教（儒・仏・西法）を和合させて一つに戻すようにする。昔のものを基本にして新たなものに改革すれば、まことに全天下を通じて行うことができる教えになるはずだ[14]。

これは古今東西を網羅する新たな思惟の提唱だ。この驚天の'折衷'で何が生れるのか。その実際に関する具体的な研究は次に持ち越したい。それでも次の質問は立てたままにしておこう。"恵岡の思惟はいまだ儒教的か？　我々は何処までを儒教と言うのか"

....

13　"統計四庫書籍数十万巻、尚実者未半、宗虚者過半、則已除其参分之二矣。就其一分、又除其古今異宜、而不合于今者、則又為参分之二矣。又就其一分、除其鄙瑣無用、則又為参分之二矣。又就其一分、以古人著述之浅深周偏、今人読得之浅深周偏、参互取捨、古人得見、今人或不得見、今人得見、古人或不得見、存其得見、而除其不得見、則又為参分之二矣。就其可得見之書籍、抽繹研究、則天下万事、可将双眸而得通、千古聖賢、可将双眸而求対"「見通書籍」、『神気通』巻2目通。
14　"儒道中取倫綱仁義、辨鬼神災祥。西法中取暦算気説、祛怪誕禍福。仏教中以其虚無、換作実有。和参帰一、沿旧革新、寔為通天下可行之教"「天下教法、就天人而質正」、『神気通』巻1体通。

新たな文章スタイル

　'聖経'を捨て、'天経'を戴いて何がどのように変わったのか。目を引くのは'文体'、文章スタイルの革新的変化だ。

　恵岡はそれまでの概念と用語を、自分の目的に合わせて使った。それまでの古典学問に慣れ親しんだ人々には荒々しく、おどけふざけているように感じられたはずだ。彼は既存の思考を支える概念を、尊重どころか無視するか踏みつけて進む。

　考えてみれば退渓（テゲ）と栗谷（ユルゴク）の論争以来、人物性同異論に至るまで、朝鮮の儒学史は基本概念を取り巻く論争の歴史と言っても過言ではない。論争のタネは創始者朱子が播いている。朱子は老荘と仏教の圧倒的な影響の下で、それまでの儒学の資源を再構成しつつ、自分なりの思惟を形成していった。朱子学でこの再構成部分が最も難解で複雑だが、同時に哲学的構想の創造性と緻密さをよく見せてくれもする。たとえば『朱子語類』巻5「心性情意等名義」と、巻6「仁義礼智等名義」を見よ。朱子がそれまでの概念を自分の構想に変形させた現場である。朱子は古い概念を材料にして、〈理気―性情〉論という先験的道徳形而上学を築きあげている。

　茶山は知られているように、それらの概念を'原義'に戻すことで朱子学を解体し、原始儒学の原型である'洙泗学'の復古をもくろんだ。恵岡は朱子学を解体したが、茶山のような儒学の再建は頭になかった。恵岡は後ろを振り返らず前に向かって進む。朱子学をはじめとする伝統の概念は、自分の体系を説明するため任意に引用し、残りは捨てた。

　朱子学の厳密な用語使用に親しんだ人々は、恵岡流の用語使用には困惑を隠せなかったはずだ。幾つか用例をあげてみよう。

　　気は一つだけだが、状況によって名称が異なる。気は全体をさして天といい、主宰をさして宰と言い、流行をさして道と言い、人と万物に主となるものを命といい、人と万物の生まれつきの体質を性といい、身体の主体になるものを心という。また、その動きに従って示す各々の名称があるが、広げれば神で畳めば鬼であり、また伸びれば陽、縮めれば陰、行けば動、来れば静だ[15]。

これをよく考えよう。静動と陰陽は気の活動として認められているから、問題はない。鬼神と心も慣習的な使い方ではないが、我慢できる。しかし性と命、主宰が気の別名とは破格に過ぎる。朱子学はこの恵岡の考え方、理気を一物として‘気が理であると認める’を、背徳の教説として銘記するであろう。恵岡の狙いは理の先験を叩き落とし、あらゆるものを気のベースで読むことにある。権五栄教授は恵岡の気ベースを陽明学とつなげているが[16]、どうかなと思うところがある。陽明は道徳意識に肉体性を確保するために、理気を一物として論じるが、恵岡の理気一物の目的は別にあるからだ。

恵岡は理学の軸を気学に移しながら、‘理気’、‘心性’、‘性情’などで表現される朱子学の二元論的スキームを、‘音もなく’解体してしまった。茶山はこれらの概念と構想については一つ一つ是非を争ったといえるが、恵岡はそれをしたくなかったという気持ちを‘音もなく’と表現してみた。恵岡は経学に関心がないのだ。だから既存の概念と用例を、自分の新たな思考を表現するために‘自由に’借用する。次に引用する恵岡の‘中和’についての論議は、この間朱子の形而上学的論法に慣れた人々を驚愕させるに充分だ。

　　“‘過不及’、過ぎたる事と及ばざる事の間に‘中’を求め、事物と自分の関係でふさわしいところに‘和’を得る。事を処理するに、真ん中に合うようにしたいがもともと決まったものではないから、過不及を推測してその中間で折衷することがすなわち‘中’だ。事を処理するに‘和’は何しろ一つだけに終わらないから、自分のためにすれば他物が嫌がり、他物のためにするなら自分が嫌になるし、他物とともに自分にもためになるならこの世になすべきことはなく、他物と私のどちらもためにもならないなら、できないことはない。だから先にするべき事と、してはいけないことを計り、ついに他物と私に適当な

15　「一気異称」、『推測録』巻2。
16　権五栄『崔漢綺の学問と思想研究』集文堂、1999、75頁。

ものをとることが、すなわち‘和’になる。‘中和’の大道は、まずは‘推測’だ[17]。

朱子学で‘中’は‘理’と同義語で、事物の究極的指標を示した。‘中’をどのように理解して、どのように定礎するかについてかの有名な‘未発已発’論争を繰り広げたではないか[18]。ところが恵岡はこの深刻な事態、曲折を言い訳もなく無視して飛び越える。彼は‘中’について積極的批判も‘理’の提起もなしに、その知らぬふりをして不意に、独自の思惟を広げて見せるだけだ。これは朱子学的伝統の全面的な没収であり、経学を通じた学問方式に対するきつい揶揄だ。

この引用のように、恵岡は‘中和’を、朱子の先験的接近と違って経験的、実用的に捉えた。‘中和’とは単に経験的状況でなされた最適の選択であり、‘変通’に過ぎないというのだ。

このような概念と用法の換骨奪胎はざらにある。例えば‘本然の性’と‘気質の稟’を同じ意味に使うとか、‘性’を‘気’と同一視するとか、‘性情’を一概念として大雑把にまとめるとか、そして‘惟精惟一’をなんとまあ、文を理解する方式として読む。‘博文約礼’を推測の目的に移し、‘格物窮理’は先験的理念と基準の内的確認ではなくて、事物に対する客観的、科学的探究に使いまわす。‘仁義礼智’は‘四端七情’、‘財富器用’と同次元に並列するとか、きりがない。

換骨奪胎は先験から経験、理念から実用、古から今、主観から客観にと動いている。

17　“求其中於過不及之間、得其和於物与我之宜。処事得中、本無攸定、則就其事而推測過不及、折衷於其間、是為中也。処事以和、固非一端、為我則物悪、為物則我悪、幷為物与我、則世間無可做之事、不為物与我、則無不可為之事。故先測其可做与不可為、而遂取物我攸当、是為和也。中和之大道、若不先以推測、無以得之”「中和」、『推測録』巻1推測提綱。

18　たとえば、‘未発の中’は思慮と感情が発芽していない純粋直感を指すのか、それともその純粋直感の理念なのかについて、‘和’については四端と七情をどのような方法でどの程度認めるかをめぐって一大論争が行われた。

恵岡は既存の用語を新たな‘用法’に使いまわすことで、朱子の形而上学を解体してしまった。これは茶山が‘経学’を通じて朱子学の城砦を崩したことに比肩する[19]。こうして先験的な形而上学の表現は単純になり、経験的言語、事物を説明する客観的な記述は、そのぶん豊かに、繊細になった。
　恵岡が気の説明方式で採用した言葉は、朱子学の模糊とした説明方式に食傷した人たちにとっては、新鮮だった。一例を上げる。

　　迫ってきたり退いたりする寒暑や、長くなったり短くなったりする昼夜は、地球の形が丸いからで、場所により寒暑・長短は異なる。風が吹き雲がかかり雷が鳴り響き、稲妻が光り、雨が降り、露や霜が降り、雪が降るのは、地の気が蒸発して立ち込め結集したことが原因だ。絢爛と光り輝く全ての星は、大きさが一つずつ異なるし、さまざまの色に変化して万の形を持っているのは、大気がゆすられて動くことにより、人々が見上げるとき惑わされてそのように見えるだけだ。生産される物品と財貨が多かったり少なかったり、品質がよかったり悪かったりするのは土質の適否によるもので、人の衣服と食べ物、動かして使うものが異なるのは、風俗が同じでないからだ[20]。

　恵岡は今事物を具体的に‘記述’している。このような経験的、科学的

....

19　ここで恵岡と茶山の朱子学批判の方法を比較する必要がある。1）茶山はこの変容あるいは移転を正面から行った。彼は相手を正面に立たせて直接に攻略する方式を取った。無論、朱子を批判する際には、名指しての批判は避け、朱子が援用した古人を立てて迂回し、朱子の純然たる独創で迂回できない場合は、直接‘論駁’する代わりに‘質疑’の形式を借りて礼儀を守った（特に『論語古今註』がそうである）。茶山はその批判の支援または権威を孔孟に頼った。したがって、みずからの学問を孔孟の儒学を指す‘洙泗学’として規定もする。しかし、恵岡は違う。前述したように1）正面から批判しない。彼は過去の概念の壁石を自分の設計図に従って再配列した。そして何の役にも立たないと思ったらそのまま捨ておいた。この置換は人の知らぬ間に巧妙に行われた。彼はこのような置換と転移を弁解したり正統化しなかった。2）この作業に特定の権威が必要と考えなかった。彼は孔子がそうであったように自分の‘今’の必要に応じて取捨するのみと考えた。
20　「地体及諸曜」、『神気通』巻1体通。

記述が彼の著作全体を貫いている。朱子学の語法はこれとはとても違っていた。たとえば以前何回か読んだ「太極図」は世界の変化を、'無極にして太極'の原理が陰陽を生み、陰陽が五行と合して転変する過程として記述している。これは宇宙の起源と世界の有機的連関を原論的に説明するが、具体的事物と現象、さまざまな生命の習性と生態の情報はほとんどない。

　朝鮮儒学もこの朱子学伝統に従って、気の力学に対する細目と科学的な観察は等閑視し、理という全てを統合する意味の探求に力を注いだ。要するに大きくも小さくもある宇宙、自然と身体の気に込められた究極的意味（理）をどのように発見して実現するのか、また実現を妨害するのは何であり、これをどのように打破して本来の完全性にいたるのかという道徳論的、修養論的テーゼに縛られていたのだ。

　朝鮮儒学の歴史で理を巻き込まず、あるがままの'気自体'に接近した人物は珍しい。早くに花潭・徐敬徳が理を離れて気自体を探求したと評されるが、具体的に伝わるものがない。せいぜいが温泉の説明と、数学の探求の短編が残るだけだ。「4章　人物性同異論の論点と解き方」と、「7章　実学、或いはゆらぐ理学の城砦」でみたように、栗谷をはじめとする主気系列は'科学'に取り立てて言うほどの関心がなかった。'主理'論で育った茶山や湛軒など、北学の人物たちがこの側面を散発的に開拓しただけだ。'主気'の気に惑わされて、自然科学の探究や社会科学に関心を持つものと勘違いしないようにしたい。

　まことの'気の探求'に、気学の本格的な章を開いた人物が恵岡だ。彼は気が曖昧模糊の塊ではなく、具体的な数と寸法を持つと声を大にして言う。伝統学問に情報や資源は殆ど得られないために、漢文訳された西洋の科学と技術に大きく依存している。最新の成果をいち早く手に入れるためにソウルの外に出なかったというし、全財産は北京からの新刊書購入に使い果たしたようなものだ。気の探求は完結がなく開かれていて、新たな知識と方法を受け入れ、進歩していくと恵岡は信じた。

気、それ自体に

いったい恵岡が読んだ‘気自体’の世界はどのようなものか。今までは恵岡の気を取り巻く周辺を、ひとわたり見てきたようなものだ。なぜならある種の概念や思考法はそれ自体では現れず、それに立ち向かう‘待対’的概念や思考の確認、前提とするもの、隠れた脈絡などを指摘することで、始めて認識できると考えられるからだ。

と言っても恵岡を西欧科学の追従者と思わないでほしい。気という用語を選択しているからには、伝統的思惟の方式に通じるだろう予測がつくはずだから。恵岡の気は相変わらず無限の原質であり、この原質は特定の中心によって凝集されて質を形成するのだが、この質は気との相互浸透や交渉、変化を限りなく続け、続けるうち時と契機が至れば再び太虚の気に戻っていくはずだ。ここまでは今までみてきた気に比べて、大きな差は無いように思える。

しかし、差はある。この宇宙的変遷の過程に、先験的な理の干渉が排除されているという、決定的な差があるではないか。気は内的必然が己の存立と活動をもたらすという、言いかえれば自己原因的な存在になっている。もう理からの命令や干渉なしに、自ら‘活動運化’する主体として登場している。だから恵岡は、道徳と理念、訓練と秩序の全ての人為的で人文的な企画を、気の創造的生命力と自発的構成力で定礎する責任を負う。恵岡はこの責任を喜んで受け入れ、加えて人文学と社会科学、そして自然科学を統合する独自の体系を打ち立てた。

その構想全体を解釈するのは、この文の範囲を超える。ここでは核心を為す一側面、"恵岡はいかにして理の先験的道徳律に頼らず、気の‘経験’のみで‘道徳’を定立しているか"を見る。

『神気通』の巻頭「天人之気」で、彼は次のように言う。

　　天地をいっぱいに満たして、物体にしっとり濡れていて、集まり散

るものや、集まりもせず散りもしないものが、どれであっても全て気だ。私が生れる前は天地に気だけがあり、私が生れることで形態の気が生じ、私が死んだ後にはもとの天地の気に戻る。

　天地の気は広大で永遠に存在するが、形態の気は偏小だから、しばし留まってのち無くなる。形態の気は天地の気に力を得て成長するから、沢山のものをよく観察して食べ物と音と光に通じ、肢体を運用して望むところに行く。

　始まりを根拠にして為ったものを検証し、前を押して後ろを計る、いったいに何でも分別して比較検証していけばついに知覚に至るから、残りはこれを元手に拡充していく。万物の気も人間と同じで、天地から気と質を与えられ、天地の間で涵養され育成されるものだから、その気配と声色に共通するもので大綱をうかがえば、透徹できるはずだ。同じ事をもって異なる事を分別できて、根元をあげてその末端を究明すること以外に、他の方法があろうか [21]。

　この文は恵岡が'気のみで'自然と人間、認識と経験をどのように構築したかを教えてくれる。

　人間は誕生とともに精神能力を与えられる。恵岡はそれを'神気'という。神は気の神秘な性質を表す言葉で、'気'だけでもよい。気はそれ自体ですでに孤立するとか停滞することはなく、転変しつづけ消息する'活動運化の物'だからだ。神という形容語はこの'活動運化'の'神異'を示す形容詞だ [22]。

21　「天人之気」、『神気通』巻1体通。

22　'神気'は恵岡哲学の核心用語である。権五栄教授がこの語の用例を様々な角度から調査した。権教授によると、'神気'は『史記』「封禅書」では神霊の気を、『礼記』「孔子間居」では五行の清気を、『荘子』と『淮南子』では精神という意味で使われた。絵画では風景や人物の生動性を指し、医家では人体の生命力を指す語として用いた。たとえば、『霊枢』では"生の来源を精といい、二つの精が互いに衝突することを神という"とし、また"百歳を一期として五臓はすべてなくなり神気はすべて去ってしまう。形のみが残って生命を終わる"としている。この医家の用法が恵岡の神気概念と最も深く関連している（権五栄、前掲書、131頁）。しかし、恵岡の全体の構想からみた際、この連関は一面的、部分的で、その脈略と意図のすべてを含んではいない。

気と気は各々の創造力を使って互いに干渉しつつ影響を与えるが、このように‘気どうしの間に起きる交渉と疎通’を恵岡は‘通’と呼んだ。現在の言葉ではコミュニケーションだろうか。気の活動に一定の秩序があるためには、質の異なる気の間の情報交換が、正確で効率的であらねばならない。人間もまた気の体として、他の気たちとの交渉と和合を通じて生きる過程にある存在だから、‘通’の重要性は絶対的だし決定的だ。それに恵岡は先験的知識を認めないから、‘見聞閲歴の経験’をしつつ形成される‘通’が、個人的性格と才能、そして社会と文明の形態を主宰することになる。

経験的認識論の試み

恵岡の思惟に見える‘認識論’的傾倒は、気がもたらした必然と言える。恵岡は朝鮮儒学史上、感覚器官の役割と機能、そして認識の成立と限界を本格的に語るほとんど唯一の人物だ[23]。

恵岡の認識論を概括してみよう。いくつかの重要用語がある。経験を可能にするのは‘知覚’だ。恵岡の‘知覚’は通常の意味を超えて、感覚と知覚の経験を通して形成された、認識と判断の総体を示す。この‘知覚’は、生にたいする態度と定向（一定の方向性）までも包括している。‘知覚’は‘推測’を通じて形成される。ここで‘推’は、感覚と知覚と経験の具体的資料に‘基づく’ことを示す。‘測’は推に基づいて認識を作り上げ、

---

23 以上の点から、恵岡は西欧の認識論的な伝統と対比し得る。だからといって両者を同一視してはならない。恵岡が漢訳の西学書を通じて西欧の認識論的伝統に深く傾倒したのは事実である。しかし一方、恵岡の採択した気の伝統的な意味の慣性が、この同一視を強固に拒む。つまり、近代物理学が世界を分節的・独立的単位の間の非活性的な力学として見ているとするなら、恵岡の気学は世界を全体の中で力動している限定的な契機群の活性的な相互作用として読み取る伝統思考を軸としている。でなければ、彼の気学が人文学と社会科学、そして自然科学を統合する独特な展望を構築することはできなかっただろう。ここに恵岡を単なる西欧の認識論と科学的な成果を輸入し流通した人物と評価してはならない理由がある。

事態を判断し、行動を決定することだ。恵岡は、人間の課業はこれ一つに尽きると断言する。恵岡の全著作は、'推測'の道具と方法と領域を教えるものと言える[24]。

恵岡は『推測録』の序文を次のように始めている。

天を継承してなされたことが人間の本性（性）であり[25]、この本性に従って習熟することが推し量っていく（推）であり、推測したことで正しく計ることが慮る（測）だ。推し量ることと慮ることは、昔から全ての人々がともに拠り所とした大道だ[26]。

この課業を果たすために人間に与えられたものは、わずかに'神気'一つ。'神気'は虚霊の機能に過ぎず、ここには何の中味もないことに注目しよう。たとえば赤ん坊は本来備え持つという観念も何もない、ただもう白紙状態で生れる。子は周辺の環境と相互交渉しながら、すなわち'見聞閲歴'を経るうち自覚が生れ、認識が形成され、そうするうち判断力が育つ[27]。例えれば錐を見て恐れるのは昔それに刺された経験があるか、他の人が刺されて痛がるのを見たからとなる。これは『孟子』が性善の証拠としてあげた'惻隠の心'も、実のところ'経験'からくるという断言だ。

---

24 恵岡みずから『神気通』と『推測録』は気の'体'と'用'について扱っていると言う。ここでの'体用'は性理学のそれと異なる。彼はこの概念も意図的に'揉み消して'用いた。だから活看しなければならない。'体'とはおそらく推測の道具と基盤という意味、'用'とはそれをもとにした実際の推測の作業と活動を指す。
25 ここでもう一度繰り返すが、この性は'性即理'の性とは千里も隔たっている。それは恵岡が考えた人間に付与された本来的基礎と潜在的機能を指す。恵岡はこれを'神気'と読んだ。彼は'あえて言葉にしたら'間違いなく'性即気'といっただろう。
26 「推測録序」、『推測録』巻1。
27 この考え方はもはや常識となっている。しかし細部に入れば議論の余地はまだ山積みになっている。カントはロックの'タブラ・ラサ'の前で認識の主観的な形式を発見し相対性を乗り越えようとした。しかし、恵岡はそのような主観性の先験的様式を求める認識論的な難題にこだわらず、ただちにその実質的な経験の過程と内容に目を向けた。この違いは大変重要である。

以前、水に落ちた人はよく死ぬと聞いていたので、幼い子が井戸に飛び込もうとすれば、恐ろしくてふびんに思う。聞いていなければ惻隠の心があるはずが無い[28]。

　恵岡は道徳性の根拠を先験ではなく経験に置くことで、朱子学の最後の砦を崩したことになる。父母と兄を恭敬するのは本性の自然というより、見聞を通じて経験が積まれたから可能だという。"おしめに包まれているときは、母の愛を知らない。愛は長い歳月を母親が自分に注ぐ真心と世話を目で見、耳で聞いて知る。事物に対する好悪と利害、成敗と利鈍の自覚もまた、同じような経過を経る。ここでは父母だから愛し、兄だから恭敬するといった本有的自然性は成立しない。いわゆる良知良能は経験を重ねた‘以降’を言う言葉であって、その‘以前’ではない。先験的自覚や道徳観は存在しない"だから恵岡はこのように言う。

　　前日の‘習染’（経験）を考えずに、今の事物の知覚をもって‘天性として与えられた知’というならば、それは病んだ知だ。健康な知は知識がみんな活法だから、推験と変通が生れるが、病んだ知は知識が全て死法だから、泥着と固滞が甚だしい[29]。

　これは単純な吐露みたいだが、儒教の根幹をゆるがす革命的な宣言だ。この間儒教の伝統は孟子の性善を採択して、善なる人間と社会、文化と政治を企画した。朱子学もまた性善の先験的道徳性の上に建てた、壮大な建築物だった。陽明学さえもこの土台をいじることはなかった。こんな点で性善は、儒教の悠久なる礎石だ。恵岡は、この性善道徳観を先験的本性としてではなく、経験的自覚として読んだ。恵岡は道徳観だけでなく、あらゆる‘知識’が後天的経験を通じて形成されると言う。

28　「善悪虚実生於交接」、『人政』巻9教人門2。

29　"不念前日之習染、挙今事物之知覚、以為天性所稟之知、乃有病之知也。無病之知、所知皆活法、而推験変通生焉。有病之知、所知皆死法、而泥着固滞甚焉"「知之病」、『人政』巻9教人門2。

恵岡は"知覚の底は無く、内部は空っぽ"だという。

もし'経験'をもって'知覚'と決めなければ、'知覚'が生じる由来を探そうとするとき、その形勢上深奥で遠いところに求めるしかない。深奥で遠いところを'神気の明'に求め、'気の神'に求めるなど、根元を知るための努力は役に立たない気苦労ばかりだ。これでは'知覚'を求めているうちに、根源を通り過ぎてしまうところか'神気'の澄んで淡白な物をゆらし、混乱させてしまう[30]。

朱子学は何度も書いたように'気稟'の隠蔽と歪曲を剥ぎ取って、'性理'という根元に邂逅するよう薦めるものだった。このような先験的道徳学は自然に'内面的聖学'に向かわせる。朝鮮朝の学問は退渓の『聖学十図』や栗谷の『聖学輯要』が見せるように、この内面的神性を保ち拡充する方法に力を注いだ。この志向は崇高なものであるほどに、弊害も避けられない。

本当のところ朝鮮の儒学は、あまりに内面的だ。実学者たちが批判してやまない'性命の学'は、一方では知識人の全エネルギーを内的探求と反省に使って、外部に向かう関係と実践を疎かにした。また一方、理の実際が模糊としているので、理に関する言説があれこれ作り上げられるが、その理説が正しいかどうか適切に試す場がなかったといえる[31]。その結果立てられた説は学閥となり、互いを抑え殴り、虚名を高める道具にさえなるという弊害を露呈した。この点は茶山も共感するところであり、恵岡も事ある毎にこの事態を批判している。"通じないところでは、止めなくてはならない"と[32]。

....

30　「経験乃知覚」、『神気通』巻1体通。

31　"人間が天を仰ぎ地を見下ろす長い年月の間、学んで得たことを言葉として表していないものはない。しかしあの性霊の談論は神秘・怪異に落ち、明心の論説は穿鑿に落ち、各自が悟ったとするものを表し、多くの門徒に伝えている。しかし、その実像を究明してみると、あらゆる感覚器官の外界との接触が人情と物理を集めて、神気が用いる自覚となることを知らない…"「収得発用有源委」『神気通』巻1体通。

32　"たとえば、近くにあるものでは形質内部の存在論的根拠、外にあるものでは天下の人々の耳と目が及ばないもの。これは通じることができないものだ。もしもみずから

理学から気学に

　要するに恵岡は、朱子学を超えたのだ。恵岡によって哲学は理学から気学に、先験から経験に移った。彼によれば人間の心は本来‘虚霊’に過ぎない。それは‘性’が先験的にコード化されている設計図面ではなく、何も描かれていない白いキャンバスみたいなものだ。何を描くかは各自の自由だ。ここで彼の哲学的キーワード、‘経験’が登場する。

　恵岡が提唱した‘精神の白紙状態’は、人々を儒教とその教説である過去の模範や永遠の準則から解放した。今や人は、自分の個性的経験を通じて好悪を取捨し、事態を判断しつつ行動を決定する名実相伴った自由を得た。これまで儒教が規定していた価値と慣行のネットワークが絶対性を失い、地盤は疑われた。変化には新たな原理が必要になる。恵岡はそれを過去の踏襲ではない、再構成されるべき何かだと考えた。

　先験的準則（理）を否定して、それに依存していた全ての権威と模範（聖賢）を疑えば、善悪の基準は他に探すしかない。恵岡は善悪を‘有用性’として定礎した。善悪は結局、役に立つか害をもたらすかの方程式に帰着した。恵岡は人間にとって‘役に立つ’ものが善で、‘害をもたらす’ものが悪だと、はばかることなく言い切る。

　彼は人間の要求をあるがままに認めようと言う。といっても恣意的な利己や、無制限の放縦までも容認するのではない。善はあなたも私も共にする、共有と普遍の次元にあらねばならない。

　　善は恒常的な位置が無く、自分と他人がともに好む物であり、それは取らねばならないし、悪は一定の限界が無く自分と他人がともに嫌がることであり、それは捨てねばならない。善と悪がほんの僅かな差であるとしても、実はすでに‘推す’ところで、前もって定められている。私が好むのに民百姓が好まなければ善でなく、私が嫌なのに民

────────────

通じたと言ったとしても、誰がそんなことを信じられようか”「通之所止及形質通推測通」、『神気通』巻1体通。

百姓が嫌がらないものは悪ではない。これは一人の好き嫌いをもって善悪を決めず、たくさんの民百姓が好み嫌うことで善悪を決めるものだ[33]。

　善悪を宗教的純粋の地平ではなく社会的意志の軸に沿って読み、道徳を絶対のものとせず実用的規範で定礎してみようという決意は、学術の全面的再編と再評価を予告するものだ。

　恵岡は儒教を独占的権威として認めない。判断は現在の必要性で下し、過去の権威は必要ない。儒教の伝統も今に必要がなければ捨てるし、異邦の西学も今に有用ならば取り入れて使う。私はこれを‘過激な実用主義’と呼べるのではないかと思う。

　強固な儒教文化と思想が支配していたはずなのに、こんな革新的思考が出現するとは。私は恵岡の身分と環境を思い浮かべる。伝記も疎略ではっきりしないが武班の家門に生れ、また朝鮮朝になってから疎外されてきた高麗の首都、開城出身者として、商業的雰囲気に親しんでおり、また何よりも儒教文化全体に対する世界史的挑戦が強くなった時代が、恵岡思想の背景を説明してくれると思う。

恵岡気学の座標と意味

　考えれば儒学は固定的な実体、単線的教条として存在するのではない。孔子の儒学をとってみても道家と法家が均衡を為す自然と規範、世俗と神聖が混在する。儒学の哲学的定式化である理気もまた、原論的に観念論と唯物論、先験論と経験論、形而上学と形而下学、道徳と自然、宗教と科学、原理主義と功利主義等の広きにわたるし、或いはわたることができる。要は一人の哲学者、或いは傾向がこの中のどの時点で思惟の地平を形成するかである。

　朱子は先験的形而上学に傾いた。選択の背景に仏教がある。血縁を否定

33　「善悪有推」、『推測録』巻1推測提綱。

して社会を離れて、個人的超越を夢見る仏教に対抗するために朱子は人倫、即ち社会関係とその徳目を人間の先験的本質として規定するという、哲学的冒険を敢行した。これを'性即理'という。'性即理'でもって人間は、仁義礼智という先験的本質を注視（居敬）と反省（窮理）を通じて確認し、保存するように運命づけられた。

　その有為の努力を通じて到達するのは何処か。目標は堯舜のような聖者だった。朝鮮の儒学もまたこの伝統を忠実に受け継いだ。退渓が『聖学十図』を、栗谷が『聖学輯要』を著したのは偶然ではない。上は王から下は万民を聖者にするという、至治の宗教的企画。朝鮮朝はこれを社会文化的に説得して、構成員たちの逸脱を防ぎ、相対的安全に至ったが、自然の本能や生理的要求は過度に抑圧され制裁された。これは学者たちの肖像画を一瞥すれば、直ちに納得するだろう。このような禁欲的文化は、民生の現実的基盤である物質的、制度的側面に対する配慮をおろそかにするほかない。この物質的、制度的な空白を埋めねばならないという知識人たちの覚醒が、いわゆる実学となった。

　実学は先験ではなく経験、道徳ではなく生理、原理主義ではなく功利主義に立っている。その各論と応用を試みた多くの実学者がいる。けれどもその志向の意味と性格を、明確に自覚した者は多くない。実学の代表者に茶山を挙げる。彼は'経世致用'と'北学'、そして'実事求是'の諸傾向を、自分の膨大な経学と経世学に集大成した巨人だ。けれども彼の構想には保守と革新が錯綜するし、前近代と近代が行き来する。生産の増大と制度の改善のために革新的法案を提案するが、また一方では人間とその超越性に対する、ほとんど神学的信頼を持っていた。そんな面では朝鮮儒学の道学伝統を、極端に推し進めたと言える。その根底に漢訳されたカトリック、言うところの西学の影響がある。

　さまざまな実学的声があふれ出てからなされる'実学の哲学的定立'は、恵岡が引き受ける。彼の思惟は徹頭徹尾、実用主義的だ。彼は既成の理念に肩入れするとか、習慣的偏見に傾くことなく、古今東西の全ての資源を同列において、取るものは取り、捨てるものは捨てた。要するに儒教の道徳規範と実学の経世致用、そして西欧の実用科学は同等の資格と価値を持

つものだった。恵岡は実際スコラ的な経学を顧みず、道学的な硬直性を緩和したが、同時に儒教的規範が西洋文化が採択しなければならない普遍的価値であることを力説した。また一方で、西欧科学の精巧さを褒め称え、その文物の実用性を積極的に吸収したが、それは何処までも東洋の有機的生命感という悠久な基盤に立ってなされた。それは東道西器のような、単純な折衷主義ではない。

　恵岡の哲学を貫く中心テーゼはこれだ。"人間は気のさまざまな契機と環境の中で問題に出会い、その解決と'変通'を模索する存在だ。これを助ける資源は何であっても動員し、そうでなければ捨てる。だから全ての準拠は'今'にあって'過去'には無い"ここが人文学と社会科学、自然科学が出会う地平。恵岡は気を軸にして、これら科学に広く通じる一大哲学的建築物を建て、後代の話題に提供した。

解説　朝鮮儒学の現代的意義

　本書は、한형조『조선유학의 거장들』（문학동네、2008）の全訳である。なぜ、いま「朝鮮儒学」なのか。また「巨匠」とは、ふつう芸術家に用いられる呼称だが、なぜ思想家たち、なかでも芸術には最も縁遠そうな儒学者をそう呼ぶのか。そもそも儒学、あるいは儒教とはなにか。学問なのか、宗教なのか、著者の言うごとく「第三の道」なのか。これらの疑問に主として答えることから、本書の解説を始めたい。

　なぜ、いま「朝鮮儒学」なのか。この問いに答えるためには、回り道のようだが、まずは、著者の最新作（『韓亨祚教授の金剛経講義』）を「優秀教養図書」に選定した韓国の文化体育観光部の話から始める必要がある。文化体育観光部というのは、日本の文化庁に相当する韓国の行政機関。その予算額は日本の約2.6倍。国家予算に占める比率で言えば9倍となる（「諸外国の文化予算に関する調査報告書」野村総合研究所、2015.3）。

　問題は韓国との比較だけではない。上記調査は、イギリス、アメリカ、ドイツ、フランス、中国、韓国の6ヶ国の文化予算を日本と比較したものだが、予算額でいえば、フランス4,640億円、韓国2,653億円、イギリス1,992億円、ドイツ1,788億円、アメリカ1,673億円、中国1,219億円、日本1,038億円の順、国家予算に占める比率でいえば、韓国0.99%、フランス0.87%、ドイツ0.44%、中国0.26%、イギリス0.15%、日本0.11%、アメリカ0.04%の順となっている。

　いかに日本の文化予算が僅少であるか、またそれがアメリカと軌を一にし、ヨーロッパやアジアとは異なっているかがよくわかる結果である。もはや日本は「脱亜入欧」ではなく、「脱亜欧入米」の国なのである。それは、とりもなおさず日本が、文化による人々の生の充実、「平和」の育成を捨て、科学技術による生存競争、すなわち安全保障の名のもとの「反生命」「反人間」の道へと邁進している現実を意味している。

　周知のように、2015年6月、日本では国立大学法人の学長らに対して、人文科学系、社会科学系、教育養成系の組織の廃止や転換を要請した文部科学大臣決定が通知された。また同年度には、防衛省による「安全保障技

術研究推進制度」（軍事技術への応用が可能な基礎研究に研究費を支給する競争的資金制度）が始まり、大学等から58件、公的研究機関から22件、企業等から29件の合計109件の応募があり、うち9件が採択された（池内了「加速する軍学共同」『科学』第86巻第1号、岩波書店、2016.1）。

　このような政策を推し進めている者たちにも、それなりの理屈はあるだろう。というよりも、そもそも彼らは、われわれが選んだ者なのである。すなわち、われわれ自身の中にも、このような方向に押し流されてしまう思考の限界が潜んでいる。

　また、グローバル化時代の今日においては、たとえば2010年のイギリスのミドルセックス大学哲学科の廃止問題のように、人文学の危機は、ヨーロッパにもアジアにも、根本的には同様に押し寄せている。しかし、そうした「反知性」的潮流にあらがう人文学的伝統が、これらの地域にはある。欧州連合の主宰するエラスムス・ムンドゥス（EU外にまで広がる国境を越えた学生交流促進計画）の一つ「ユーロフィロソフィー」（ドイツ哲学・フランス哲学を主たる教育内容とする修士課程コース）は比較的有名だろう。韓国でも近年「人文学ルネサンス」と題するさまざまなプロジェクトが始まっている。

　そもそも「反知性」とは、強力な「知性」の伝統が権力の独占に結びつきやすいことを批判する一種のカウンター的「知性」である（森本あんり『反知性主義』新潮社、2015）。近代以前の東洋では、「知性」は中国やインドなどの古代文明によって代表され、日本はカウンター的「知性」としての「反知性」の位置に安住することができた。西洋の場合、20世紀半ばまでは、ヨーロッパの「知性」に対し、アメリカの健全な「反知性」が、「知性」の毒を中和してきたと言える。

　現在、その「反知性」が「知性」を圧倒し、暴威を振るっている。しかし、重要なのは「知性」か「反知性」かではない。「知性」も「反知性」も劇薬のようなもので、使い方次第で、有毒にもなり、解毒の用をも果たすことを歴史は示している。問題の核心は、「生命」「人間」を守る目的のためにそれらを使うか、「反生命」「反人間」の道具とするかだ。著者の指摘するような現代の「無気力」「人間疎外」状況が、「反生命」「反人間」の道によって招かれることは明らかだろう。

解説　朝鮮儒学の現代的意義　321

　こうした観点に立つとき、近代哲学とも、日本仏教とも、またあえて言えば中国儒学とも異なる「朝鮮儒学」の現代的意義が浮かび上がってくる。

　では、そもそも儒学とは何か。著者は、儒学の本質を「生の技術 ars vitae」の錬成にあるとする。『論語』の有名な「学んで時にこれを習う。亦た説（よろこ）ばしからずや」に独創性を求めようとしても得られるものは少ないが、生の技術の達人の残した格言と見れば、おのずと見え方も違ってこよう。

　注意しなければならないのは、この場合の「技術 ars」とは、テクノロジーの意ではなく、アートを意味するということ。本書にとりあげられた儒学者たちが「巨匠」（マスター）と呼ばれる理由がここにある。つまり、生の技術 ars vitae とは、精神の偉大な作品（マスターピース）にかかわる熟練した技術なのである。

　精神の偉大な作品とは「人間」のことだ。人間は、生物としてのヒトとは異なる。ヒトは、たんに生きるだけでなく、より良く生きることで神に近づくことができる。そうした「人間」に、ヒトはならなければならないと儒学は教える。

　著者も言うように、「古典を通じてのみ私たちは初めて人間になる」。「生の技術」を伝える古典（格言集）を反復して学ぶことで、一歩一歩、ヒトは人間へと成長していく。それこそが真の「説（よろこ）」びだと『論語』は説く。この「説（よろこ）」びを、一段一段、自己向上がすすむにつれ、わたしたちはより深く実感するようになる。

　儒学における「悟り」とは、この「説（よろこ）」びの謂いである。ただ、それは個人的「説（よろこ）」びにとどまらない。『論語』は次のように続ける。「朋あり遠方より来たる。亦た楽しからずや」。「朋」とは、師を同じくする者のこと。ヒトが人間になるには、師友との切磋琢磨が欠かせない。それによって、この「説（よろこ）」びが、近隣から遠方へと、過去から未来へと通じて、わたしたちの生きる意味が浮かび上がる。これこそが、真の生きる「楽」しさなのである。

　この世を「苦」と捉え、人間を「罪」を負った存在と見る仏教やキリスト教に対し、儒学は人間になる「説（よろこ）」び、人々とつながって生きる道を

歩む「楽」しさを説く。儒学を一般的な意味での宗教と認めにくい理由の一つは、ここにある。

しかし、儒学が人間を超えた存在を認めないわけではない。万物を生み育み続ける「天」が、それである。『論語』はさらに「人知らずして慍らず。亦た君子ならずや」という語で首章を結ぶが、これは最終章の「命を知らざれば、以て君子たること無きなり」に対応している。「命」とは「天命」のこと。すなわち、「人」から知られなくても意に介さないのは、「天」が知っているからである。

この「天」を人格神的なものと見るか否かが、儒教に宗教性を認めるか否かの分かれ目である。この点で、韓国語で「天」を意味するハヌルは、人格神的要素を強くもっている。一方、朝鮮儒学に理論的枠組みを与えた中国の革新儒学（Neo-Confucianism）は、「天」を「天理」と捉える。

「天」を人間の霊性と結びつけて捉えるか知性と結びつけて捉えるかをめぐり熾烈な論争（四端七情論、人物性同異論など）が繰り返されたところに、朝鮮儒学の最大の特色がある。また、それらが「図説」という形に集約化されることが多い点も、大きな特色である。これらの詳細は、本書に就いて確認していただくことにして、ここでは中国儒学とも日本儒学とも異なる、朝鮮儒学の有する現代的意義について何点か指摘しておこう。

第一点は、儒者の社会的地位の問題。中国では士大夫、日本では武士という支配階級が主として儒学を担ったが、朝鮮ではソンビと呼ばれる文民によって儒学は社会に浸透した。ソンビは両班とも異なり、官職の有無高下とは関係しない。むしろ、官には仕えず、「山林」でひたすら徳性を磨く者の方が高い社会的尊敬を受けた。

本書第3章に紹介されている南冥・曹植の潔癖な生涯は、そのことをよく示している。彼は王への上疏文に「晋州の居民、曹植」と記した。同時代の退渓・李滉も、その号に示されるように、官から「退」こうとすればするほど、名望を高めた（第2章）。陶山に退き、書院を構え、『聖学十図』等の著述と教育に専念した晩年の彼を、たとえば「陶山の逸民」と呼んでも、おかしくはない。

民主主義はいかに不安定であろうとも、「民」の自己訓練能力を信じる以外の政治形態にもはや後戻りすることはできない。自己訓練能力を信じ

るとは、過ちを通じて「民」が学び成長するプロセスを信じること。この点で、「女子と小人は養いがたし」と説く儒学自体に、愚民観が含まれていることは否定できない。にも関わらず、朝鮮儒学では日本や中国に比べれば、「民」が儒学の主体となり、また「民」が「人間」へと学び成長する過程をより重視したのである。

　もちろん、この「民」はたんなる市民とは異なる。この世界に対し、常に関心をもち続け、「道」にかなった要請であれば、官に出ていのちを削って働くことも辞さない存在である。第1章の栗谷・李珥はその典型であろう。さらに言えば、山林に退くことを許されない王にさえもソンビ的価値観は要求される。15世紀前半の世宗が、その代表である。また、第5章の正祖の挑戦と挫折も、そこから起こった。正祖はたんに同時代の中国啓蒙君主（康熙帝、乾隆帝など）に倣っただけではない。

　正祖の志を引き継ぎ、さらに一歩進めて、儒学に西学を接木しようとしたのが第6章の茶山・丁若鏞である。その著作活動の大半は、18年に及ぶ流配の地、康津で行われた。丁茶山には『牧民心書』の著があるが、「民は牧の為に生まるか。曰く、否、否。牧は民の為に有り」（「原牧」）と言っている。また「上なる者は天なり、下なる者は民なり」（『尚書古訓』）とし、その民（「人」）に「自主の権」を認める。民が直接に「天」（人格神としてのハヌル）と向き合い、自らの責任で人間に向上すると見るのである。

　第二点は、朝鮮儒学が激しい論争（四端七情論は第2章、人物性同異論は第4章）を通じて哲学的認識を深化させた点。植民地時代の日本の朝鮮学では、これを党争と結びつけて、その政治的不毛を強調し、植民地支配を正当化する根拠としたが、むしろ、この論争の現代的意義は、「対話」空間の形成と、それによる思考の持続的発展に認めるべきである。

　このことが本書では、16世紀から20世紀にかけて、「理学」と「気学」の間の対話が繰り返され、思想が螺旋状に発展していく歴史展開として、ダイナミックに叙述されている。「理学」は朱子学、「気学」は実学を指すと言ってもよいが、「理学」はさらに「主理」と「主気」に分かれる（以上の見取り図は第7章に詳しい）。「主理」を代表するのが李退渓、「主気」が李栗谷。「理学」を「実学」に転換させたのが丁茶山、「実学」を独特の「気学」にまで発展させたのが第9章の恵岡・崔漢綺である。

このような思想の対話的発展の例は、日本ではもちろん、中国でも稀である。「理」「気」は、もちろん儒学の用語であるが、朝鮮儒学では最後には儒学の枠組みを突き抜け、「理」は「生命の価値」、「気」は「生命の現実」とでも言うべき意味を荷うようになっている（著者は「理学」を宗教、「気学」を科学に傾くとも指摘する）。「実学」も、日本や中国におけるそれとは異なったものへと変容している。

この点に留意し、本書は必ず最終章まで通読してほしい。1章や2章を読んだだけでは、朝鮮儒学と中国朱子学との違いはまだ十分には明確でないだろう。また、3章や8章を読まなければ、日本朱子学とは決定的に異なる市民的不服従と批判意識（無気力と人間疎外への抵抗）の哲学的基礎を理解するのは困難だろう。

第三点は、朝鮮儒学のもつ生命論的意義とでも称すべき点。もちろん、ここにおいても、もともとの儒学自体に生命尊重の傾向があることは否定できない。先にも述べたように、儒学では、万物を生み育て続ける「天」に超越的価値を認めるからである。

しかし、中国では皇帝を「天子」と呼ぶように、「天」は基本的には支配の根拠とされた。これに対し、朝鮮では「天」は「民」が人間になろうと努力可能なことの超自然的根拠とされる。李退渓の『天命図説』は、まさにそのプロセスを理論化したもの。また儒学の経典である『書経』の「好生の徳」（生命を重視する徳）という語を最も愛用したのも韓国である。

朝鮮儒学のこうした傾向は、性理学の導入期と医学技術の発展期が重なっていたことが原因の一つと推測される。現在、韓国の伝統医学は「韓医」と呼ばれるが、歴史上は「東医」の名称が一般的であった。これはユネスコの世界記録遺産にも登録された『東医宝鑑』（1613年刊行）にもとづくが、この場合の「東」とは中国を中心とした東ではない。中国をふくむ世界全体の中での東を意味する。当時の朝鮮における医学技術の発展に対する自信を垣間見ることができる。

いのちがあまり大事にされない国の人間から見ると、韓国の生命重視の伝統は、きわめて高い意義をもつと感じられる。しかし、韓国ではそれはあたりまえ過ぎるのか、この点を自覚的にアピールすることが少ない（民の重視の伝統ももっと強調されてよい。大韓民国の「民国」という概念は

18世紀に始まったとする説もある）。

　本書でも「生の技術」とか「永遠の生」「生命の意思」といった語を用いながら、朝鮮儒学を生命論の角度から考察することには、それほど本格的な意識が向いていない。本書の主眼が、朝鮮儒学の巨匠たちによる、中国儒学からの「逸脱」「変奏」を語ることにあるとすれば、やや残念な結果である。

　しかし、これはむしろわれわれ自身が、本書からその積極的意義を汲みとるべき課題であろう。ここでは、その参考として、本書には取り上げられなかった14世紀の儒学者権近（クォングン）の語を紹介しておく。朝鮮王朝成立まもない時期に、旧来の朝鮮医書を集大成して公刊された『郷薬済生集成方』（1398年刊行）に寄せた序文である。

　　　むかしから「上医は国を医す」（『国語』）と言われています。まさにいま、明君と賢臣が出逢い、めでたい運気が開きはじめ、生民の塗炭の苦しみを救い、万世盤石（ばんじゃく）の基礎が建てられました。早朝から深夜まで懸命に、心を治世に尽くし、ますます民生を活かして、国脈を長久にしようとする企図は、民に対する仁政、国を豊かにする道において、本末ともに挙がり、大小すべて備わっています。さらに医薬・療疾の事にいたるまで懇（ねんご）ろにして、元気を調護し、邦国の根本を培養することが、かくの如く至っています。その国を医することは大きいと言えます。

　国家の統治を医学モデルになぞらえることは、中国古典に由来するとはいえ、それを現実の国家政策に反映した点では（最近翻訳刊行された申東源（シンドンウォン）『コレラ、朝鮮を襲う』法政大学出版局、2015は、朝鮮王朝の医療制度や政策も紹介する良書である）、やはり朝鮮王朝（1392-1910）に指を屈するのが妥当である。王朝自身の命脈が500年に及んだことも、その証左となろう。

　ただし、生命重視といっても、それがフーコーの言う生政治（ビオ・ポリティクス）につながるようなものであるなら、その現代的意義に諸手を挙げて賛成することは難しい。しかし、生政治はむしろ西洋医学の導入と、

植民地権力による「衛生」によってもたらされたことを忘れてはならない（『コレラ、朝鮮を襲う』の主題はここにある）。朝鮮の生命重視は、国家による「衛生」ではなく、民自身による「養性（養生）」であった。

養性とは、天から各人に与えられた性命を大事にすること。ここに言う「性命」（生命）とは、人間としての「生命の価値」（理）であり、同時にヒトとしての「生命の現実」（気）を指す。その微妙なバランスを、著者は「生命の自然さ」とも呼んでいる。両者の対話を通じて、このバランスを探り、ヒトから人間への発展プロセスに関する哲学的省察を深めたところに、朝鮮儒学のもつ生命論的意義の核心がある。

次に著者の韓 亨祚氏（1959- ）について紹介しよう。

韓亨祚氏は現在、韓国学中央研究院（旧、韓国精神文化研究院）の教授。専攻は古典漢学と哲学である。出身は韓国東海岸の盈徳郡江口面（カニで有名な町だが、2011年に原発建設の候補地とされた）。その後、氏自身の語によれば、「ひとり親の母の決断で釜山に留学、その犠牲によって」名門 慶 南高等学校、ソウル大哲学科を卒業。

大学院は創設したての韓国学大学院を選んだ。「学費の心配なく勉強できた」ためである。韓国学大学院は、韓国の歴史と文化について深く研究する次世代の研究者養成を目標とし、1980年に韓国精神文化研究院に附設された。ここで博士（哲学）の学位を取得し（1993年）、その後、同大学院の講師、助教授、副教授をへて、2005年から現職を務めている。

以上が略歴だが、もう少し韓氏の精神遍歴の跡を辿っておきたい。

大学に入ったばかりのころ、というから、1970年代後半。韓国では、まだ軍事政権時代の話である。仏教に惹かれ、短い入山生活を送ったりしたが、次第に「社会的関係と責任を問う」儒学に関心を移したと氏は述懐している。ちなみに、本書1章における李栗谷と禅僧との思想対決の描写には、この頃の氏の精神的葛藤が反映していると思われる。

韓亨祚氏が大学生活を送ったのは、朴 正 煕大統領が暗殺され、韓国で民主化が急速に進んでいった時代。おそらく、そうした時代状況が、仏教から儒教へ、また朱子学から実学へと氏の関心を移行させたのだろう。氏の学位論文の主題は、朝鮮儒学史におけるパラダイム転換を扱った「朱熹

から丁若鏞への哲学的思惟の転換」である。

　儒学に関心の重心を移したとはいえ、仏教への哲学的関心が途切れたわけではない。仏教関係の翻訳（鎌田茂雄『華厳の思想』、エドワード・コンゼ『ハングル世代のための仏教』）だけでなく、前世紀末には『無門関、あるいはお前は誰だ』、今世紀になってからは『韓亨祚教授の金剛経講義』を世に出している（初めに述べたように、後者は文化体育観光部の「優秀教養図書」に選定された。なお、本書『朝鮮儒学の巨匠たち』も大韓民国学術院「優秀学術図書」に選ばれている）。

　本書においても、新儒教に対する仏教の影響が強調されている。これは、日本では一般的な見方だが、韓国ではめずらしい。人物性同論も、日本仏教の「草木成仏」の考え方に通じるところがある。朝鮮儒教と高麗仏教の連続面の探求は、今後の大きな課題であろう。

　話をもとに戻す。学位論文で丁茶山の哲学的思惟を取り上げたのは、「朱子学を解体し、自身の思惟を建設した茶山の腕並みに心酔した」ためであった。しかし「ストックホルム症候群」（誘拐事件などの被害者が、犯人と長時間過ごすことで、犯人に好意をもつようになること）とでも言うべきか、しだいに朱子学に「拉致、あるいは中毒」されたという。

　仏教から儒教へ、朱子学から実学へ、そこで図られた思想的転換の核心は、「虚」から「実」へであった。その「虚」をふたたび見直そうというのは、言うまでもなく、権威主義への退行を示すものではない。それは、民主化をさらに血肉化するために、伝統的な「生きる技術」（氏には本書に先だち『なぜ東洋哲学なのか』の著もある）に接木させようとの試みなのである。

　つまり、本書は、丁若鏞のような反朱子学の思惟までもその中から生み出した、哲学的思惟の伝統としての朝鮮朱子学の豊かな水脈を、「朱子学は果たして今なお‘生きる技術’として有効か？」という関心から探った、現代韓国を生きる氏の哲学的格闘の軌跡である。

　最後に、本書の翻訳刊行の経緯、本書を日本で出版することに対する監修者としてのわたし自身の思い、また読者への要望等について付言しておきたい。

　当初、著者から本書翻訳の話をもちかけられたとき、躊躇した。それは、

たんなる「朝鮮儒学」の専門家では、著者の芸術的かつ人間的で、生気に満ちた韓国語の奔放なリズムを日本の読者に伝えることは、とうてい不可能だからである。わたしの専門は儒学だが、朝鮮儒学の勉強はまだ日が浅いし、韓国語の能力は初歩に毛の生えた程度である。

悩んだ末、儒学や哲学の専門家でもない朴福美さん（専攻は朝鮮古典文学）にお願いしてみることにした。朴福美さんには、韓国屈指の女流作家、朴婉緒（1931-2011）の翻訳等があり、人間の生の現実をあますところなく紡ぎ出すその文学を、あたかも朴福美さん自身の口から出た語のように自然で感性豊かな日本語に置き換える言語能力の高さに、つとに感服していた。

無理な依頼を、朴福美さんは快く受け入れてくださり、難解な箇所は、わざわざ韓国に出向き著者に直接尋ねるなどの勢いで、翻訳は破竹のごとく進んでいった（初稿は 2013 年にはできあがり、その後 8 校！を重ねた）。また、本書の原注（脚注）は専門性が高く、東北大学大学院文学研究科博士後期課程の宣芝秀さんに翻訳を頼んだ。その精密な作業も見る見るうちに仕上がっていたのである（脚注部分の ［ ］ の箇所は、宣芝秀さんによる補足）。

それを、ここまで刊行を遅らせ、韓亨祚氏、朴福美さん、宣芝秀さんだけでなく、翻訳を助成していただいた韓国文学翻訳院の李善行さん、本書を日本で出版することの意義を認め応援してくださった春風社社長の三浦衛氏など多くの方々に迷惑をかけることになったのは、ひとえに監修者であるわたしの責任である。

理由の一つは、出版社がなかなか定まらなかったことによる。学術書としては自在すぎるし、啓蒙書としては重すぎるというのである（最終的に、『新井奥邃著作集』などを刊行されている春風社から出せることになったのは幸いであった。同社の図書に親しむような人こそが、本書の期待する読者像だから）。また、東日本大震災や近年の国立大学人文学系をめぐる動向により、監修に当てる時間がなかなかとれなかったことにもよる。しかし、言い訳はやめよう。正直に告白すれば、朝鮮儒学の巨匠達の声を日本で聞けるよう努力することに対する、わたし自身の腰が十分に定まっていなかったことが最大の理由である。

解説　朝鮮儒学の現代的意義　329

　わたしが朝鮮儒学に、いや韓国にはじめて出合ったのは、2003年である。韓国の大学で教えることになって、一年間ソウルに滞在した。高度経済成長の最中に生まれ、バブルの時代に大学生活を送ったわたしの青年期は、まさに著者とは対照的であった。日本で生きることの息苦しさのようなものはなんとなく感じていたが、「生きる技術」としての哲学を切実に模索しなければならないほどの精神的苦闘は、ほぼなかった。そのような者にとっての韓国は、日本の大学に就職できる日までの腰かけであり、したがって、その異文化体験も、植民地時代の日本人のエキゾチズムとなんの違いもない。朝鮮儒学も、わたしにとっては、一風変わった趣味的研究の選択肢のひとつにすぎなかった。

　しかし、韓国での生活は、わたしにとっては、日本での息苦しさを解放してくれるものであった。それは、腰かけものの身軽さにもよるものだっただろう。だが、天から与えられた「生」に忠実に生きるとはこういうことだと、わたしは初めて知った。もちろん、それがすぐに自覚されたわけではない。プラトンの洞窟の比喩のごとく、一度太陽の照らす世界を見た人間が、日本という洞窟に戻ってきて、「生きる」ことに伴うあれこれの苦しさの経験を積むことによって、「生きる技術」としての哲学の意義にしだいに目覚めたのである。そのためには、東日本大震災の経験や、人文学をとりまく状況悪化の苦労も、必要な過程だったと言える。

　「生きる技術」としての哲学、それがかつての朝鮮半島では儒学であった。本書のこのような前提が、はたして日本の読者に通じるだろうか。

　すぐに通じるなら、わざわざこんな「難解」な本を、苦労して世に問う必要はない。「難解」というのは内容のことではない。翻訳の本質的な困難さを言う。それはつまり、置き換えられる適切な日本語が存在しないことを意味する。たとえば、本書に頻出する「理」や「気」、「心」や「性」といった哲学用語。また「為己之学」「為人之学」のような古典に由来する四字熟語（韓国語にはそもそもこの手の熟語が多い上に、新たな造語も比較的自由である）。

　もちろん、「理／気」を宇宙の「秩序／エネルギー」とか、「為己之学／為人之学」を「主体的な学び／他律的な学び」などと噛み砕いたり、意訳したりはできる。しかし、これらの語は、あまりわかりやすく説明しては、

逆に意味がなくなってしまう。というのは、そもそもこの手の語は、思考の道具なのだ。「理」や「気」の語を手がかりとして思考するのであって、「理」とは何か、「気」とは何かを客観的に認識することを目的とするのではない。道具として思考しながら、それに応じてその道具に対する理解を深めるだけでなく、時代に応じた新たな意味を発見し積み重ねていく（古典とは本来そういうものだろう）。

　ところが、日本語では漢字が四つも並ぶと（カタカナ語でも同じこと）、思考の道具どころか、考えをストップさせる標語になってしまう。これは、日本語には思考を促す古典語的要素があまり含まれていないことを意味する。「置き換えられる適切な日本語が存在しない」というのは、そうした意味である。つまり、「生きる技術」としての儒学がふんだんに組み込まれている韓国語（氏には『中高生のための古典成語講義』の著もある）による思惟の軌跡を、そうした成分をほとんど含まない日本語に移し替えるところに根本的な困難が存在している。

　しかし、困難だからこそ、その意義も大きい。その意義とは、「生きる技術」として哲学する道を、日本にも切り開くこと。本書を日本で出版することに対するわたしの願いの主眼はここにある。日本で「哲学」といえば、西洋哲学の解説にすぎず、わたしたちの日常生活にとって何の関係もないというのが、いまなお一般的な受けとめ方であろう（最近は哲学カフェのような試みも、わずかながら出ているが）。しかし、そもそも「哲学」とは、西洋においても、東洋においても、生活に即しつつ、それをより幸福にするための語り合いをとおして、新たな気づき（知恵）を得ることである。

　語り合うためには、過去の気づきの共有が必要であり、それを「古典」として先人たちは貯蔵してきた。この宝庫が、西洋列強の脅威に対して何の力ももたないとして、近代以降の日本はひたすら「富国強兵」に努めたが、第二次大戦敗戦によって挫折する。戦後、真の意味の「近代化」を求めて、西洋文明の本質にまで遡ろうとする知識人たちの努力もあったが、高度成長による「富国」の潮流に押し流された。こうして、東洋の古典も忘れ、西洋の先人の知恵の宝庫にも縁遠いまま、バブル崩壊後の「富国」の低迷を、「強兵」によって盛り返そうとする以外の代案を出せないのが日本の現状である。

古典の不在は、すなわち思考と対話の不可能を意味する。とはいえ、『論語』や『孟子』自体が重要なのではない。それらの古典とどう対話し、どう自ら思考したのか、先人たちの肉声に耳を澄ますことが必要なのである。

　朴福美さんと宣芝秀さんのおかげで、哲学的内容のわりには、ずいぶん読みやすい翻訳書になった。またわたし自身、翻訳文のチェックを何度も行い、儒学を専門とする以外の読者にも読んでもらいたいため、ルビも比較的多めに施し（カタカナのルビは韓国語発音）、思想用語解説や成語出典表などの各種付録にも力を注いだ。

　読者のみなさんには、ぜひこれらの付録を活用し、著者に倣い朝鮮儒学の巨匠たちの声が聞こえてくるまで本書を熟読してほしい。漢文の引用もそのまま載せたのは、一つには専門家用でもあるが、もう一つには一般の読者にも、いつかチャレンジしてもらいたいからである。そこまでしなければ、真の古典との対話（創造的対話）はできない。大事なことは、著者も言うように、間違い（個人的変奏）を恐れないこと。本書がその良き導き手となることを願っている。

　また、儒学と言えば、ふつう女性蔑視の思想と思われている。歴史的にそうした面が強かったことも否定はできないが、生命を重視する朝鮮儒学の意義は、むしろ現代においては女性に大きく開かれている。そのことと、また翻訳の苦心を知っていただくために、朴福美さんが監修者に寄せた手紙の一部を紹介しよう。

　　　……

　儒教に関しては韓国留学中、覗いてみたいとは思いました。教授の話では一度ここに入ったら一生出てこられないか、何も得ずに早々に出てくるかしかないといったような話を聞いていましたから、なかなか手が出ませんでした。

　儒教が宗教なのか哲学なのかもわからない私としては、片岡先生からの翻訳提案は驚きでしたが、そう言ってくださるのは私にその力があると思われたからです。専門的なことは先生が教えてくれるはずです。また何を言いたいのかわからない翻訳書に接することがままありましたから、文句を言うだけでなくいい機会ととらえ、素人が哲学を

修するスタンスで翻訳してみていいだろうと思いました。

　さて私にとって哲学は近づき難い大それた学問でしたが、年とった今は考えることだと思っています。飯の種にもならないのにそんな本に近づこうという人を私は尊敬しそんな尊敬する方が読むのに嫌気がささないよう、読む側の不便を減らそうと思いました。

　韓先生の文体が堅苦しくないので、この点もう半分はできたようなものでした。さて日本語にするとき、一校二校は著者の苦労がしのばれ、言いたいことを尊重して原文を離れるのが難しいのですが、三校四校は日本語の世界です。

　形容詞が2個3個あれば1個に減らします。代名詞は徹底して何を指すかを追求し、うるさくならない限り名詞として訳出します。一般的に代名詞が接続詞になっていたりしますし、私は代名詞が何を指すか読み返すことがよくあるからです。

　文章が長ければ二つに切り離します。読み仮名は片岡先生がつけてくださり助かりました。これもうるさくない限り、つけておきたい項目です。カタカナ語はそのままのほうが熟していて理解が早いかもしれませんが、日本語で通るものも探しました。

　本来原著の編集者がチェックすべき項目が混乱しているのもあるのですが、私としては原文に間違いがあろうとは疑いもせず、発見するのに時間がかかりました。やっぱり韓国語を韓国人が読んでも哲学は難しいのです。翻訳という根掘り葉掘り著者の意向を確かめる作業でなければ見つからないのかもしれません。

　　　……

　私の父は飲み、買うが、打つはしない人でした。母親が死の床にある時から女が家の周りをあるくことを母は知っていました。そんな父が酔えば「人間になるか、ならぬか」と呂律の回らぬ舌で怒鳴っていました。これが儒教のことばであったとは、本当にびっくりでした。

　植民地の時代を生きた父親で、14歳からロシアや日本に仕事を求めて歩いた人です。平和な時代の私たちにとっては理解しがたい人でした。やくざのような人なのに、年長の人には礼儀正しく、言葉も丁

寧で、漢字を知っていたし、日本字も書けたし、すこしはアルファベットも知っていました。中学生の私の意見を素直に取り入れたりもしました。父は子供のころ何年かわかりませんが、書堂に通った経験があったからでしょう。儒教を少しはかじったはずです。

　そして思いました。朝鮮の文化は下から上に向かうといわれているけれども、儒教は上から下にも広がっている。朝鮮朝が他国を侵略しなかったのは下にも広がったこの儒教があったからではないか。日本の儒教は一部の学者にのみあったもので、庶民には縁がなかったと思われます。

　そんな日本の男は国内での無道は刑罰が恐ろしいが、他国での無道は刑罰どころか上官も奨励するところだから行えたと、中国朝鮮における蛮行が説明できるのではないか。500年以上の武力統治の結果かもしれません。孔子の嘆きが聞こえそうです。これは長いこと海外の日本人の男の蛮行が、私の知る男たちとあまりに違い、同じ男であるか、戦争が人を狂わすといった説明に納得できなかった私のたどり着いた一つの回答でした。

　日本は近代以降、最も他国人を殺しているのかもしれません。よく自国を挙げずドイツのホロコーストを挙げる人がいますが、一時に殺した人数としてはドイツは最大かもしれませんが、近代以降から現代までとすれば日本も相当なものでしょう。詳しい数字はきちんとしらべなければならないのですが。

　女の立場から儒教を見ますと、女儒学者が出たことをこの本で知りました。儒教が男世界であることは否定できませんが、前近代の経済力では学問に女を引き入れる余力があるはずもありません。問題は女にも親和的がどうかです。女が学問することに忌避感を持つ人はいるのですが、儒教が忌避したかどうかは別問題です。私は儒教が「自分たちは男で、女のことはわからない。女が自ら学んでみればいいじゃないか」と言っているように思います。

　仏教はどうか。知れば知るほど女嫌いのキリスト教とは違い、仏教は家父長の世界での偽装をしているけれど、生命尊重の女に向かう宗教だと思っています。これは先史時代からの神（女神）を研究してい

る私のテーマとも重なり、勉強できてよかったです。

　……

　たしかに、歴史上において、儒学が基本的に男性のものであった弊害は否定できない。しかし、儒学が女性を遠ざけたのは、キリスト教にも共通する禁欲主義的側面をもつためである。著者は儒学と仏教の垣根を取り払うことで（さらにいえば東洋と西洋、また徳治と法治の区別も）、文字社会以前にまで通じる生命尊重の思想として儒学を読みなおした。それだけの可能性が、朝鮮儒学にはたしかにある。

　儒学を専門的研究対象（死んだ標本）としてしか捉えてこなかった者にとっては、韓亨祚氏、朴福美さんらと共に仕事でき、朝鮮儒学の現代的意義に気づけたことは、今後に向けての最大の収穫となった。それはまた、人文学が社会科学、自然科学と出合って、再生し得る地平であるようにも予感している。お二人とともに本書の刊行を辛抱強く見守り、励ましてくださった春風社の三浦衛社長、韓国文学翻訳院の李善行さんをはじめとする関係者のみなさま、そして本書を手にとってくださったみなさまに、心からのお礼を述べたい。

東日本大震災から 5 年目になる 2016 年 3 月
仙台青葉山の研究室にて　片岡龍　記す

付録 1 （室名別号索引）

室名別号 姓名　　　韓国語音（室名別号・姓名）

●あ行
一斎	李恒	イルジェ	イハン
燕巌	朴趾源	ヨナム	パクチウォン

●か行
華厳	李頤根	ファアム	イイグン
過齋	鄭晩錫	クァジェ	チョンマンソク
華西	李恒老	ファソ	イハンノ
花潭	徐敬徳	ファダム	ソギョンドク
河濱	慎後耼	ハビン	シンフダム
寒洲	李震相	ハンジュ	イジンサン
岩村	韓弘祚	アムチョン	ハンホンジョ
冠峰	玄尚璧	クァンボン	ヒョンサンビョク
毅庵	柳麟錫	ウィアム	ユインソク
杞園	魚有鳳	キウォン	オユボン
巍巌	李柬	ウィアム	イガン
幾堂	玄相允	キダン	ヒョンサンユン
恵岡	崔漢綺	ヘガン	チェハンギ
月川	趙穆	ウォルチョン	チョウモク
鉉斎	金興浩	ヒョンジェ	キムフンホ
曠庵	李糱	カンアム	イビョク
高峰	奇大升	コボン	キデスン
艮斎	田愚	カンジェ	ジョンウ

●さ行
沙渓	金長生	サゲ	キムジャンセン
三淵	金昌翕	サムヨン	キムチャンフプ
三足堂	金大有	サムジョクダン	キムデユ
三峯	鄭道伝	サムボン	チョンドジョン
思庵	朴淳	サアム	パクスン
重庵	金平黙	ジュンアム	キムピョンモク
秋潭	成晩徴	チュダム	ソンマンジン
秋巒	鄭之雲	チュマン	チョンジウン
守愚堂	崔永慶	スウダン	チェヨンギョン

順庵	安鼎福	スナム	アンジョンボク
慎独斎	金集	シンドクチェ	キムジプ
遂庵	権尚夏	スアム	クォンサンハ
省菴	金孝元	ソンアム	キムヒョウォン
静庵	趙光祖	ジョンアム	チョウガンジョ
清陰	金尚憲	チョンウム	キムサンホン
西厓	柳成龍	ソイェ	ユソンヨン
清観斎	李端相	チョンカンジェ	イダンサン
西渓	朴世堂	ソゲ	パクセダン
清江	李済臣	チョンガン	イジェシン
星湖	李瀷	ソンホ	イイク
拙修斎	趙聖期	チョルスジェ	チョウソンギ
全斎	任憲晦	チョンジェ	イムホンフェ
滄渓	林泳	チャンゲ	イムヨン

●た行

退渓	李滉	テゲ	イハン
大谷	成運	テゴク	ソンウン
多夕	柳永模	タソク	ユヨンモ
湛軒	洪大容	タモン	ホンデヨン
茶山	丁若鏞	タサン	チョンヤギョン
聴松	成守琛	チョンソン	ソンスチム
陶庵	李縡	トアム	イジェ
東岡	金宇顒	トンガン	キムウオン
徳渓	呉健	トッケ	オゴン

●な行

南塘	韓元震	ナムダン	ハンウォンジン
南冥	曹植	ナムミョン	チョウシク
寧斎	李建昌	ヨンジェ	イゴンチャン
農巌	金昌協	ノンアム	キムチャンヒョプ

●は行

梅峰	崔徴厚	メボン	チェジンフ
白湖	尹鑴	ペッコ	ユンヒュ
渼湖	金元行	ミホ	キムウォンヘン
文谷	金寿恒	ムンゴク	キムスハン
文峯	鄭惟一	ムンボン	チョンユイル
屏渓	尹鳳九	ピョンゲ	ユンボング

勉庵	崔益鉉	ミョンアム	チェイッキョン
俛宇	郭鐘錫	ミョンウ	カクチョンソク
忘憂堂	郭再祐	マンウダン	カクジェウ
鳳巖	蔡之洪	ポンアム	チェジホン
慕斎	金安国	モジェ	キムアングック
本庵	金鍾厚	ポナム	キムジョンフ

●ま行

万海	韓龍雲	マンヘ	ハンヨンウン
蔓川	李承薫	マンチョン	イスンフン
未堂	徐廷柱	ミダン	ソジョンジュ
明斎	尹拯	ミョンジェ	ユンジュン

●や行

尤庵	宋時烈	ウアム	ソンシヨル
養正堂	崔邦彦	ヤンジョンダン	チェバンオン

●ら行

来庵	鄭仁弘	ネアム	チョンインホン
栗谷	李珥	ユルゴク	イイ
立斎	盧欽	イプチェ	ノフム
黎湖	朴弼周	ヨホ	パクピルジュ
洌巖	朴鍾鴻	ヨルアム	パクチョンホン
老村	林象徳	ノチョン	イムサンドク
鹿庵	権哲身	ノガム	クォンチョルシン
六堂	崔南善	ユクタン	チェナムソン
鹿門	任聖周	ノクムン	イムソンジュ
蘆沙	奇正鎮	ノサ	キジョンジン
鷺渚	李陽元	ノジョ	イヤンウォン

付録2 （人物生没年） ＊は韓国・朝鮮人

孔丘（孔子）	BC.552 － 479
顔回	BC.6 － 5C
少正卯	BC.6 － 5C
曾皙	BC.6 － 5C
子思	BC.5C
釈迦	BC.5C
告子	BC.5 － 4C
デモクリトス	BC.5 － 4C
墨翟（墨子）	BC.5 － 4C
プラトン	BC.427 － 347
アリストテレス	BC.384 － 322
（斉）宣王	BC.4C
楊朱	BC.4C
（梁）恵王	BC.4C
孟軻（孟子）	BC.4 － 3C
荀況（荀子）	BC.4 － 3C
韓非（韓非子）	BC.3C
李斯	BC.3C
秦始皇	BC.247 － 210
劉邦	BC.3 － 2C
呂太后	BC.241 － 180
劉章	BC.2C
揚雄	BC.53 － AD.18
パウロ	1C
弘忍	602 － 675
＊元暁	617 － 686
慧能	638 － 713
南嶽懐譲	677 － 744
馬祖道一	709 － 788
大梅法常	752 － 839
柳宗元	773 － 819
韓琦	1008 － 1075
周敦頤	1017 － 1073
張載	1020 － 1077
程顥	1032 － 1085
程頤	1033 － 1107

謝良佐	1050 － 1103
尹焞	1071 － 1142
朱熹（朱子）	1130 － 1200
呂祖謙	1137 － 1181
陸九淵	1139 － 1192
陳亮	1143 － 1195
＊知訥	1158 － 1210
無門慧開	1183 － 1260
許衡	1209 － 1281
オッカム	1285 － 1347
＊鄭道伝	1337 － 1398
永楽帝（明成祖）	1360 － 1424
胡広	1369 － 1418
＊世宗（李祹）	1397 － 1450
王守仁	1472 － 1529
＊金安国	1478 － 1543
＊金大有	1479 － 1551
＊趙光祖	1482 － 1519
＊徐敬徳	1489 － 1546
＊成守琛	1493 － 1564
＊成運	1497 － 1579
＊李恒	1499 － 1576
＊文定王后	1501 － 1565
＊李滉	1501 － 1570
＊曹植	1501 － 1572
＊申師任堂	1504 － 1551
＊黄真伊	1506 ？－ 1567 ？
＊鄭之雲	1509 － 1561
＊尹元衡	？ － 1565
＊呉健	1521 － 1574
＊朴淳	1523 － 1589
＊趙穆	1524 － 1606
＊李陽元	1526 － 1592
＊奇大升	1527 － 1572
＊盧欽	1527 － 1601
＊崔永慶	1529 － 1590
＊鄭惟一	1533 － 1576
＊明宗（李峘）	1534 － 1567
＊鄭仁弘	1535 － 1623

＊李済臣	1536 － 1583	
＊李珥	1536 － 1584	
＊金宇顒	1540 － 1603	
＊金孝元	1542 － 1590	
＊柳成龍	1542 － 1607	
＊鄭汝立	1546 － 1589	
＊金長生	1548 － 1631	
＊宣祖（李昖）	1552 － 1608	
リッチ（利瑪竇）	1552 － 1610	
＊郭再祐	1552 － 1617	
ベーコン	1561 － 1626	
＊金尚憲	1570 － 1652	
＊洪有漢	1571 － 1618	
パントーハ（龐迪我）	1571 － 1618	
＊金集	1574 － 1656	
＊光海君（李琿）	1575 － 1641	
ホッブズ	1588 － 1679	
＊仁祖（李倧）	1595 － 1649	
デカルト	1596 － 1650	
＊崔徽厚	1603 － 1670	
＊宋時烈	1607 － 1689	
＊尹鑴	1617 － 1703	
＊孝宗（李淏）	1619 － 1659	
＊李端相	1628 － 1669	
＊金寿恒	1629 － 1689	
＊朴世堂	1629 － 1703	
＊尹拯	1629 － 1714	
スピノザ	1632 － 1677	
ロック	1632 － 1704	
＊崔邦彦	1634 － 1724	
閻若璩	1636 － 1704	
＊趙聖期	1638 － 1687	
＊権尚夏	1641 － 1712	
ライプニッツ	1646 － 1716	
＊林泳	1649 － 1696	
＊金昌協	1651 － 1708	
＊金昌翕	1653 － 1722	
＊張禧嬪（張玉貞）	1659 － 1701	
＊成晩徴	1659 － 1711	

＊粛宗（李焞）	1661 － 1720
＊朴弼周	1665 － 1748
＊李頤根	1668 － 1730
＊魚有鳳	1672 － 1744
＊玄尚璧	1673 － 1731
＊李柬	1677 － 1727
＊李縡	1678 － 1746
＊韓弘祚	1681 － 1712
＊李瀷	1681 － 1763
＊韓元震	1682 － 1751
＊林象徳	1683 － 1719
＊蔡之洪	1683 － 1741
＊尹鳳九	1683 － 1767
＊英祖（李吟）	1694 － 1776
＊慎後耼	1702 － 1761
＊金元行	1702 － 1772
＊任聖周	1711 － 1781
＊安鼎福	1712 － 1791
＊金鍾厚	1721 － 1780
＊任允摯堂	1721 － 1793
戴震	1724 － 1777
カント	1724 － 1804
＊洪大容	1731 － 1783
＊思悼世子（李愃）	1735 － 1762
＊権哲身	1736 － 1801
＊朴趾源	1737 － 1805
＊正祖（李祘）	1752 － 1800
＊李檗	1754 － 1786
＊李承薫	1756 － 1801
＊鄭晩錫	1758 － 1834
＊丁若鏞	1762 － 1836
ヘーゲル	1770 － 1831
＊姜静一堂	1772 － 1832
ショーペンハウァー	1788 － 1860
＊李恒老	1792 － 1868
＊奇正鎮	1798 － 1879
＊崔漢綺	1803 － 1877
＊任憲晦	1811 － 1876
マルクス	1818 － 1883

＊李震相	1818 － 1886	
＊金平黙	1819 － 1891	
＊崔益鉉	1833 － 1906	
＊田愚	1841 － 1922	
＊柳麟錫	1842 － 1915	
ニーチェ	1844 － 1900	
＊郭鐘錫	1846 － 1919	
＊閔妃（明成皇后）	1851 － 1895	
＊李建昌	1852 － 1898	
フロイト	1856 － 1939	
サンタヤーナ	1863 － 1952	
コーンフォード	1874 － 1943	
ユング	1875 － 1961	
高橋亨	1878 － 1967	
＊韓龍雲	1879 － 1944	
デューラント	1885 － 1981	
ハイデッガー	1889 － 1976	
＊崔南善	1890 － 1957	
＊柳永模	1890 － 1981	
＊玄相允	1893 － ？	
フロム	1900 － 1980	
ニーダム	1900 － 1995	
＊咸錫憲	1901 － 1989	
＊朴鍾鴻	1903 － 1976	
牟宗三	1903 － 1995	
丸山眞男	1914 － 1996	
＊徐廷柱	1915 － 2000	
＊金興浩	1919 － 2012	
トレッドゴールド	1922 － 1994	
＊千寛宇	1925 － 1991	
デリダ	1930 － 2004	
傅偉勲	1933 －	
杜維明	1940 －	
＊李明賢	1942 －	
＊琴章泰	1944 －	
＊宋栄培	1944 －	
渡辺浩	1946 －	
＊李光虎	1949 －	
＊朴丙錬	1952 －	

＊権五栄	1960 －	
＊安 哲秀	1962 －	
＊文錫胤	1962 －	
＊許南進	？	
カールトン	？	

付録3 （朝鮮王朝歴代王一覧表）

代数	呼称	韓国語音	生没	在位
1	太祖	テジョ	1335 ～ 1408	1392 ～ 1398
2	定宗	チョンジョン	1357 ～ 1419	1398 ～ 1400
3	太宗	テジョン	1367 ～ 1422	1400 ～ 1418
4	世宗	セジョン	1397 ～ 1450	1418 ～ 1450
5	文宗	ムンジョン	1414 ～ 1452	1450 ～ 1452
6	端宗	タンジョン	1441 ～ 1457	1452 ～ 1455
7	世祖	セジョ	1417 ～ 1468	1455 ～ 1468
8	睿宗	イェジョン	1450 ～ 1469	1468 ～ 1469
9	成宗	ソンジョン	1457 ～ 1494	1469 ～ 1494
10	燕山君	ヨンサングン	1476 ～ 1506	1494 ～ 1506
11	中宗	チュンジョン	1488 ～ 1544	1506 ～ 1544
12	仁宗	インジョン	1515 ～ 1545	1544 ～ 1545
13	明宗	ミョンジョン	1534 ～ 1567	1545 ～ 1567
14	宣祖	ソンジョ	1552 ～ 1608	1567 ～ 1608
15	光海君	カンヘグン	1575 ～ 1641	1608 ～ 1623
16	仁祖	インジョ	1595 ～ 1649	1623 ～ 1649
17	孝宗	ヒョジョン	1619 ～ 1659	1649 ～ 1659
18	顕宗	ヒョンジョン	1641 ～ 1674	1659 ～ 1674
19	粛宗	スクチョン	1661 ～ 1720	1674 ～ 1720
20	景宗	キョンジョン	1688 ～ 1724	1720 ～ 1724
21	英祖	ヨンジョ	1694 ～ 1776	1724 ～ 1776
22	正祖	チョンジョ	1752 ～ 1800	1776 ～ 1800
23	純祖	スンジョ	1790 ～ 1834	1800 ～ 1834
24	憲宗	ホンジョン	1827 ～ 1849	1834 ～ 1849
25	哲宗	チョルジョン	1831 ～ 1863	1849 ～ 1863
26	高宗	コジョン	1852 ～ 1919	1863 ～ 1907
27	純宗	スンジョン	1874 ～ 1926	1907 ～ 1910

付録 4 （思想用語解説）

●あ行

阿毘達磨　アビダルマとも。釈迦の悟りの法であるダルマを理解する弟子達の智恵のことで、それらをまとめた「論書」を指す。

已発　→「未発・已発」

●か行

戒慎恐懼　目に見えず、耳に聞こえない道に対して、常に敬畏をもつこと。「君子は其の睹(み)ざる所に戒慎し、其の聞かざる所に恐懼す」(『中庸』)にもとづく。存養(涵養)と同じく、未発(意識発動前)の工夫。

科挙　10世紀半ばから19世紀末まで続いた官僚採用試験。朝鮮王朝では、文科・武科・雑科(通訳・医術・天文地理・法律などの特殊技術官を採用)の3部門が設けられた。文科は大科(中級文官試験)と小科(初級文官試験。司馬試、生員試とも呼ばれた)に分かれ、最も重視された。武科は大科・小科の区別はなく、武官の子弟だけでなく良民も受験できた。雑科は主に中人層から採用された。

格物致知　外物の理を究めて、それに対応する内心の知を明らかにすること。『大学』の「八条目」(格物→致知→誠意→正心→修身→斉家→治国→平天下)のはじめに位置する。

鵝湖の会　呂祖謙の仲介によって、1175年に中国江西省の鵝湖山上の鵝湖寺において、朱子と陸象山らが行った哲学会談。対論は3日間におよんだが、両者の主張は最後まで平行線を辿り、むしろ互いの考えが根本的に異なることを確認した。当時の二大学者が直接顔を合わせるということから、江西から浙江、福建にかけての官僚・学者・双方の弟子達など100名以上が集まったという。

活動運化　崔漢綺が『気学』で提示する、「気」の本性としての生命性(活)・運動性(動)・循環性(運)・変化性(化)。

家礼　朱子家礼、文公家礼とも。中国、南宋時代に成立した礼儀作法の書。通礼・冠礼・昏(婚)礼・喪礼・祭礼の5章より成る。韓国では16世紀後半から盛んに研究され、実施された。

機自爾　徐敬徳が『花潭集』(「原理気」)で、それ以外の動因によらず、気が自ら集散することを表現した語。李栗谷は「気発而理乗」を説明するときに、この概念によった。

気質(の稟)　気は陰陽の二気。質とは、木火土金水の五行のように、気がある程度凝聚して可視的になった状態。気質の稟(気稟)は、万物を構成する気・質のバランスによる個性。

気質の性	→ 「本然(天命)の性・気質の性」
気発一途	→ 「互発」
九法	「(洪範)九疇」とも。『書経』洪範篇に述べられた政治道徳の九原則のこと。
虚	→ 「実・虚」
近思録	朱熹と呂祖謙の共同編集による周濂渓・張横渠・程明道・程伊川の語を精選した道学入門書。
勲旧派	→ 「士林派」
奎章閣	1776年に昌徳宮に設立された王立図書館。歴代王や王室の各種文書や記録、中国・朝鮮の古今の文献を収蔵管理し、印書復刻なども行った。書籍を活用して理想的な政治を行い、学問を振興することを目的として、人材を登用したので、ここを中枢として文運が盛んとなった。
経世致用	→ 「実学」
元亨利貞	春(生)→夏(長)→秋(収)→冬(蔵)→・・・と繰り返す、宇宙の本源力。朱子学ではこの宇宙の「理」を、人間の「性」に重ねて「仁・礼・義・智」と対応させ、この本源力の展開は、宇宙で言えば「元」、人間で言えば「仁」の中にすべて包蔵されていると考えた。
洪範九疇	→ 「九法」
五経	儒教の基本経典。『(周)易』、『書』、『詩』、『礼』、『春秋』(『易経』『詩経』『書経』なととも)。著者は『易』は宇宙の変化、『書』は歴史、『詩』は感性、『礼』は儀礼と制度、『春秋』は政治の得失に関わる書だとする。亡失したとされる『楽』を加えて「六経」とも称される。『礼』には『周礼』『儀礼』『礼記』の三礼があり、『春秋』には『公羊伝』『穀梁伝』『左(氏)伝』の三伝がある。
五穀・稊稗	人々の日常生活に欠かせない「五穀」によって儒教にたとえ、とるにたらない雑穀の「稊稗」を仏教などの異端にたとえるのは、儒教の常套句。
五常	→ 「三綱五常」
互発	『朱子語類』に見える「四端は是れ理の発、七情は是れ気の発なり」の語を根拠にした李退渓の理気互発説(四端は理が発し気がそれに従うものであり、七情は気が発し理がそれに乗るものとし、気だけでなく理の能動性を認める)を指す。これに対して、李栗谷は気発一途説(四端も七情も、気が発して理がそれに乗るものとし、理の能動性を認めない)を主張。

● さ行

左伝	→ 「五経」

三学	三学とは、仏道を修行する者に必修の基本項目。「戒」は戒律であり、身・口・意の三悪を止め善を修すること、「定」は禅定であり、心の散乱を防ぎ安静にさせる法、「慧」は智慧であり、煩悩の惑いを破り、静かな心ですべての事柄の真実の姿を見極めることをいう。
三綱五常	君臣・父子・夫婦関係という三つの主要倫理と、仁・義・礼・智・信という五つの恒常的な人性。
士禍	朝鮮時代中期に勲旧派が士林派を4回にわたって行った大弾圧。戊午士禍(1498年)。甲子士禍(1504年)。己卯士禍(1519年)。乙巳士禍(1545年)。
詩経	→「五経」
四句百非	「四句」は、ある主題について、①Aである、②Aでない、③AでありかつAでない、④AでもなくAでないのでもない、という四つの基本的な表現形式。「百非」はあらゆる否定形式。「四句を離れ、百非を絶つ」というように、これら一切の言語表現を離れ絶つことを説く。
嗜好	→「性嗜好説」
四書	『論語』(孔子)、『大学』(曾子)、『中庸』(子思)、『孟子』(孟子)。朱子学の基本経典。著者は、『大学』は人間が果たすべき責務のスケール、『孟子』はその実現の端緒、『論語』は具体的行動指針、『中庸』はこのすべての行為の超自然的土台と解説する。朱子学では、孔子→曾子→子思→孟子(→程子…)と道が伝えられたと考えた(道統論)。学問の順序としては、『大学』→『論語』→『孟子』→『中庸』となる(「まず大学を読んでその規模を定め、次に論語を読んで以てその根本を定め、次に孟子を読んで以てその発越を観、次に中庸を読んで古人微妙の処を求む」『朱子語類』)。四書(章句)集註(『大学章句』・『論語集註』・『孟子集註』・『中庸章句』)は、朱子による注釈書。四書或問は、朱子が四書中の重要論点を問答形式で考察した書。
四端七情論	「四端」は道徳的感情、「七情」は人間の感情一般を指す儒教経典上の用語だが、李滉は前者を「理」に、後者を「気」に分けることで、「気」に左右されない「理」にもとづく心の陶冶をめざした。これに対し、本来「理」と「気」は分けられないものとの立場から反論が起こり、李滉死後も論争は継続した。その結果、朝鮮儒学界は、李滉の学説を中心とする「主理派」、李珥の学説を中心とする「主気派」に大きく分かれた。
七情	→「四端七情論」
質	→「気質(の稟)」
実・虚	「空」や「無」を説く仏教や老荘を「虚」とし、儒教を「実」として差別化を図るのは、儒教の常套手段。→「実学」

実学	広義には、仏教や老荘思想を「虚学」として儒教を「実学」とするが、狭義には、儒教内部において、(性)理学の観念性・硬直性を批判する学問思潮。韓国では17世紀の中頃から19世紀半ばの朝鮮後期社会に、当時の社会問題を解決しようとして社会制度の歴史的考察とその改革案を展開した「経世致用」学派(＝星湖学派)、生産力の発展と民生問題の解決を主張した「利用厚生」学派(＝北学派)、経書や金石などの考証を主とする「実事求是」学派などが出現した。
実事求是	→「実学」
周易	→「五経」
修己治人	自身を修養する(明徳を明らかにする)ことで、世の中を感化して良くする(民を新たにする)。
洙泗学	洙泗は孔子の出身地である山東省の洙水と泗水の間の地域。新儒学に対して、先秦儒学を指す。
朱子家礼	→「家礼」
朱子語類	朱子がその門弟たちと交わした言葉を、その没後に集成し、各部門に分けて編纂した書(140巻)。南宋時代の口語文で記録されている。
春秋	→「五経」
所以然(之故)	→「所当然(之則)・所以然(之故)」
情	→「性(理)・情」
小科	→「科挙」
章句の学	儒教経典の語句解釈を中心とし、心性論に及ばない学問の貶称。
常人(常民)	良人、良民、サンノムとも。両班、中人、常人、賤民と分かれていた朝鮮時代の身分の一。大部分は農民であり、科挙受験の資格も認められていた。常人の上層は地主化して両班に近い存在であったが、下層は逆に奴婢に近い存在で、階層的に著しく分化していた。
少論	→「東人・西人／南人・北人／老論・少論」
書経	→「五経」
所当然(之則)・所以然(之故)	そうしなければならない規則・そうである理由。当為法則・存在根拠。著者は「前者が規範の現実的側面(用)であれば、後者はその形而上学的、存在論的側面(体)を示す」と言う。
士林派	性理学を政治力学の根本とした在地両班層の新進官僚。朝鮮時代中期まで政権の中心であった勲旧派(中央貴族層の既成官僚)に代わって、1565年以後政権を掌握した。
心学	広義には、心の修養によって聖人になろうとする程朱学・陸王学などの総称。狭義には、程子学を理学とし、陸王学を心学とする。

神気	崔漢綺が「気」の本性としての「活動運化」の側面を強調した概念。
進士	科挙の合格者。朝鮮時代では、小科の一つである進士科に合格し、成均館に入学することができ、大科に応試する資格を得た者を指す。
人心	→「道心・人心」
心統性情	「心は性情を統(す)ぶ」と訓(よ)む。「性即理」とともに、性理学の心に関する議論の核心的命題の一。性と情(知覚)を体用の関係として捉え、それらを統率するものが心だとする張載の語(『張子全書』「性理拾遺」、『近思録』一)に基づく。
慎独	人のいないところでも身を慎むこと。「君子は必ず其の独りを慎む」(『大学』)などにもとづく。「誠意」のための工夫。また省察と同じく、已発(意識発動後)の工夫。
性(理)・情	性とは万物に宿る天理。情とは性が発動した心の作用。道徳的感情としての「四端」(惻隠・羞悪・辞譲・是非)、感情一般としての「七情」(喜・怒・哀・懼・哀・悪・欲)など。
誠意	八条目(格物・致知・誠意・正心・修身・斉家・治国・平天下)の一。善を好み悪を憎む判断を自然そのものにまですること。「格物は夢・覚の関門であり、誠意は善・悪の関門である」(『朱子語類』)などとも言われる。
生員(試)	→「科挙」
聖学	儒学の別名。聖人(聖王)になるための学問という意味を強調する際に用いられる。
西学(西教)	広義には宗教をふくめた西洋の学術全体を指し、狭義にはカトリックを意味する「西教」(天主教)に対し、西洋の自然科学をふくめた学術を指す。著者は広義の意で使用している。
成均館	国子監、国学、太学とも。1398年にソウルに設置された国立の儒学教育大学。科挙の小科に合格すると入学することができた。定員は100〜200名。文廟(孔子ら先哲を祭る祠堂)、明倫堂(講義室)、東西斎(寄寓寮)、尊経閣(図書館)などで構成されたが、文禄・慶長の役(壬辰倭乱)の時に消失して再建された。植民地時代には経学院と改称された。
省察	→「存養・省察」
性嗜好説	従来の性善説や性悪説などが、「性」を先天的に決定された本性と見がちであったのに対して、丁若鏞(茶山)は、「性」を「嗜好」(傾向性)と捉え、善悪の行為の選択は人間の「自主の権」に属するとした。「嗜好」には霊知(霊性的・知性的)と形軀(肉体的・感覚的)の二種があり、前者は人間だけにしかないものとされる。
西人	→「東人・西人／南人・北人／老論・少論」

性理学	中国宋代に淵源する儒学の一派であり、主として性命と理気の関係を論じる儒教哲学。道学、程朱学、濂洛関閩の学などとも。
性理大全	明の成祖(永楽帝)の命を受け、胡広らが『五経大全』『四書大全』とともに編纂した性理学大全集(70巻)。前半は重要著作とその注釈を載せ、後半は性理学の重要概念に対する諸学者の見解を集めている。朝鮮には刊行の4年後の1419年に伝わった。
漸教・頓教	「漸教」とは順序を踏んで修業し、漸次に悟りに入ることを求める教え、「頓教」とは修業の段階を経ずに、ただちに悟りに到ることを求める教え。
尊徳性	→「道問学・尊徳性」
存養・省察	存養(涵養)とは、本来の心を失わないようにして、その善性を養い育てること。「其の心を存し其の性を養ふ」(『孟子』)にもとづく。省察とは、人欲を克服しようと自身の心を点検・反省すること。存養は未発(意識発動前)の工夫であるのに対し、省察が已発(意識発動後)の工夫である。

●た行

大科	→「科挙」
大学	→「四書」
対待・流行	相対と変化。対待は、陰/陽、昼/夜、寒/暑などのように、存在するものは必ず対があること。流行は、陰→陽(→陰…)、昼→夜(→昼…)、寒→暑(→寒…)などのように、それらがつねに推移していること。
体用	本体(形而上、理)と作用(形而下、気)。
託古改制	古に仮託して制度を改革すること。清末民初の康有為は、孔子は古を祖述したのではなく、行うべき政治改革を古に託して著したと主張し、自らの改革(戊戌の変法)の思想的根拠とした。
中観	極端な二元論を離れて、物事を自由に見る視点。龍樹(ナーガールジュナ)を祖とする「中観派」、また龍樹『中論』を指す。
中庸	→「四書」
中和新説	朱子が40歳頃、「未発の中」、「已発の和」(ともに『中庸』の概念。心性の望ましいあり方を、意識の発動前後に分けて表現したもの)に関して確立した定論。なお、朱子はそれまでの自己の旧見を『中和旧説』としてまとめた(序文のみ残る)。
程朱学	→「性理学」
道家(老荘)	中国の戦国時代の諸子百家の一。儒家の徳治(人治)主義に対して、「無為自然」主義を説いた。
道学	→「性理学」

東人	→「東人・西人／南人・北人／老論・少論」
道心・人心	人心とは、人欲の混じった心。道心とは、道そのものであるような心。『中庸章句』序文に引かれる「人心は惟(こ)れ危うく、道心は惟れ微(かす)かなり。惟れ精、惟れ一、允(まこと)に厥(そ)の中を執れ」(『書経』大禹謨)にもとづく。
東人・西人／南人・北人／老論・少論	朝鮮時代の主要朋党(政治的な思想や利害を共通する官僚同士が結んだ党派集団)の名称。1565年に政権を掌握した士林派は、1575年に東人(改革派)と西人(保守派)に分裂し、さらに1591年に東人は南人(穏健派)と北人(強硬派)に分かれた。東西南北の呼称は、ソウルにおける各派の主たる居住地に由来する。1683年には西人が老論(宋時烈派)と少論(反宋時烈の少壮派)に分裂するが、以後ほぼ老論派が政界を支配した。
道問学・尊徳性	後天的な学問に従うことと、先天的な徳性を尊重すること(『中庸』)。前者は「窮理」、後者は「居敬」に相当。
頓教	→「漸教・頓教」

●な行

南人	→「東人・西人／南人・北人／老論・少論」

●は行

風流	古代の祭天行事に始まる韓国固有の伝統思想を表す語。今日では洒脱で風雅なことや、そのように楽しむ行為を指す語として広く用いられる。崔致遠の「鸞郎碑序」(『三国史記』)に「国に玄妙の道あり、風流と曰う」と記されている。
武班	→「両班」
文公家礼	→「家礼」
法家	中国の戦国時代の諸子百家の一。儒家の徳治主義に対し、信賞必罰の法治主義を説いた。
北人	→「東人・西人／南人・北人／老論・少論」
本然(天命)の性・気質の性	本然(天命)の性とは、天から賦与された理そのままの、いわば理想態としての性。気質の性とは、そうした本然の性も、もって生まれた気質を離れて現実化できないという、いわば現実態としての性。

●ま行

未発・已発	未発とは、外物に反応して、喜怒哀楽などの「情」が発動する以前の心の状態。已発とは「情」が発動して以後の心の状態。

明夷	『易』の卦名の一。卦の象(すがた)が、地の中に太陽(火)が沈んで光を放てない様子を象っているところから、賢明な者が敗れて、日の目を見ない時代を意味する。こうした時代には、みずからの明徳を隠し、来るべき時代の到来を待って、実力を蓄えるべきとされる。黄宗羲『明夷待訪録』の書名は、ここに由来する。
孟子	→「四書」

●や行

ヤンバン	→「両班」

●ら行

礼記	→「五経」
理一分殊	「一本万殊」とも。月が地上の多くの川に同じ姿で映るように、究極の理は一つでありながら、それがまるごと万物の中に具在することを言う。
理気互発	→「互発」
理通気局	李珥の理気論の中心的命題。理通は理の「無形無為」性を、気局は理の「有形有為」性を言う。
六経	→「五経」
流行	→「対待・流行」
利用厚生	→「実学」
良人(良民)	→「常人(常民)」
両班	ヤンバン。もともとは朝見の際における官僚の2列の並びのことであり、東班(文官)と西班(武官)を意味したが、高麗末から朝鮮初めには、文官・武官だけでなく、しだいに支配身分層を指すようになった。
濂洛	朱熹によって集大成される宋代の道学グループを指す。「濂洛関閩の学」などとも(「濂」は周濂渓、「洛」は程明道・伊川、「関」は張載、「閩」は朱熹らが、それぞれ活躍した中心地)。
老論	→「東人・西人／南人・北人／老論・少論」
論語	→「四書」

付録5（成語出典表）

●あ行

悪臭を悪む
其の意を誠にすとは、みずから欺くことなきなり。**悪臭を悪(にく)むが如く、好色を好むがごとし。**（『大学』伝第六章）

余り有るを損じて、足らざるを補う
天の道は**余り有るを損じて、足らざるを補う。**人の道は則ち然らず。足らざるを損じて以て余り有るに奉ず。・・・是(ここ)を以って聖人は、為して恃(たの)まず、功成りて処(お)らず、其れ賢を見(あら)わすを欲せず。（『老子』七十七）

易簡
易簡(いかん)の工夫は終(つい)に久大、支離の事業は竟(つい)に浮沈。（『陸九淵集』二十五「鵞湖和教授兄韻」）

為人の学・為己の学
子曰く、古の学者は**己の為**(ため)**にし、今の学者は人の為にす。**（『論語』憲問）

●か行

改過遷善
或るひと問ふ、先生の学は、何(いず)れの処より入るか、と。曰く、己に切にして自反し、**過ちを改めて善に遷るに過ぎず、**と。（『陸九淵集』三十四「語録」）

戒慎恐懼
道なる者は、須臾(しゅゆ)も離るべからざるなり。離るべきは道に非ざるなり。是(こ)の故に君子は其の睹(み)ざる所に**戒慎**し、其の聞かざる所に**恐懼**す。隠れたるより見(あら)はるるはなく、微(かす)かなるより顕(あきら)かなるはなし。故に君子はその其の独りを慎しむなり。（『中庸』一章）

開物成務
子曰く、夫(そ)れ易は何為(す)る者ぞや。夫れ易は**物を開き務めを成し、**天下の道を冒(おお)う。（『易経』繋辞上伝）

貨を好む・色を好む
王曰く、寡人(かじん)疾有り。**寡人貨を好む。**対(こた)へて曰く、・・・王如(も)し貨を好んで、百姓(ひゃくせい)と之を同じくせば、王たるに於て何か有らん。王曰く、寡人疾有り。**寡人色を好む。**対へて曰く、・・・王如し色を好むこと、百姓と之を同じくせば、王たるに於て何か有らん。（『孟子』梁恵王下）

玩物喪志
人を玩(もてあそ)べば徳を喪(うしな)い、**物を玩べば志を喪う。**（『書経』旅獒）

幾に善悪あり	誠は為す無し。**幾(き)に善悪あり。**(『近思録』一、周敦頤・通書)
沂に浴し、舞雩に風し、詠じて帰らん	莫春(ぼしゅん)には、春服既に成る。冠者五六人、童子六七人、**沂(き)に浴し、舞雩(う)に風し、詠じて帰らん。**(『論語』先進)
国に道なければ	**国に道なければ、**死に至るまで変ぜず。(『中庸』十章)
君子不器	子曰く、**君子は器(うつわ)ならず。**(『論語』為政)
兼愛・為我	孟子曰く、楊子は**我が為(ため)にする**に取る。一毛を抜きて天下を利するも、為さざるなり。墨子は**兼ね愛す。**頂(いただき)を摩して踵にまで放(いた)るとも、天下を利することは之を為す。(『孟子』尽心上)
浩然之気	我れ善く吾が**浩然の気**を養う。敢て問う、何をか**浩然の気**と謂(い)う。曰く、言い難きなり。その気たるや、至大至剛、直を以て養うて害すること無ければ、則ち天地の間に塞(ふさ)がる。その気たるや、義と道に配す。これ無ければ餒う。(『孟子』公孫丑上)
罟擭陥阱	子曰く、人みな予(われ)知ありと曰うも、駆りて諸(これ)を**罟擭(こか)陥阱(かんせい)**の中に納れて之を辟(さ)くることを知るなきなり。人みな予知ありと曰うも、中庸を択んで期月も守ること能わざるなり。(『中庸』七章)
心の欲する所に従いて矩を踰えず	子曰く、吾れ十有五にして学に志し、三十にして立つ、四十にして惑わず、五十にして天命を知り、六十にして耳順う、七十にして**心の欲する所に従いて矩(のり)を踰えず。**(『論語』為政)
心広ければ体胖か	富は屋を潤し、徳は身を潤す。**心広ければ体胖(ゆた)かなり。**故に君子は其の意を誠にす。(『大学』伝第六章)
五性感動	惟(た)だ人のみ、其の秀を得て最も霊なり。形(かたち)既に生じ、神(しん)発して知る。**五性感じ動いて善悪**分れ、万事出づ。(『近思録』一、周敦頤・太極図説)
克己復礼	己に克ちて礼に復(かえ)るを仁と為す。一日**己に克ちて礼に復れば、**天下仁に帰す。仁を為すは己に由る、而して人に由らんや。(『論語』顔淵)
惟れ精惟れ一	人心は惟(こ)れ危うく、道心は惟れ微(かす)かなり。**惟れ精、惟れ一、**允(まこと)に厥(そ)の中を執れ。(『書経』大禹謨)
之を道びくに政を以てす	子曰く、**之を道びくに政を以てし、**之を斉(ととの)うるに刑を以てすれば、民免(まぬか)れて恥ずることな

し。之を道びくに徳を以てし、之を斉うるに礼を以て
すれば、恥ありて且つ格(いた)る。(『論語』為政)

| 魚の筌・兎の蹄 | **筌(せん)は魚(うお)に在る所以なり。魚を得て筌を忘る。蹄(てい)は兎に在る所以なり。兎を得て蹄を忘る。** 言は意にある所以なり。意を得て言を忘る。吾れ安(いず)くにか、夫(か)の言を忘るるの人を得て、之と言わんや。(『荘子』雑篇・外物) |

●さ行

索隠行怪	子曰く、**隠れたるを素(もと)め怪しきを行う**は、後世述ぶるあらん。吾はこれを為さず。…君子は中庸に依り、世を遁(のが)れ知られずして悔いず。(『中庸』十一章)
三綱領 (明明徳・新民・止至善)	大学の道は、**明徳を明らかにするに在り、民を新たにするに在り、至善に止(とど)まるに在り。**(『大学』経)
強いて之が名を為す	物有り混成し、天地に先んじて生ず。…吾れ其の名を知らず。これに字(あざな)して道と曰い、**強いて之が名を為して**大と曰(い)う。(『老子』二十五)
四絶	子、**四を絶つ**。意(い)毋(な)く、必(ひつ)毋く、固(こ)毋く、我(が)毋し。(『論語』子罕)
爵禄も辞すべき	子曰く、天下国家も均しくすべきなり、**爵禄も辞すべき**なり、白刃も踏むべきなり。中庸は能(よ)くすべからざるなり。(『中庸』九章)
周に従わん	子曰く、周は二代に監(かんが)み、郁郁乎(いくいくこ)として文なるかな。吾は**周に従わん。**(『論語』八佾)
上智・下愚	子曰く、唯だ**上知と下愚**とは移らず。(『論語』陽貨)
性、相近し	子曰く、**性、相(あい)近し。**習えば、相い遠し。(『論語』陽貨)
性善	孟子、**性善**を道(い)い、言えば必ず堯・舜を称す。(『孟子』滕文公上)
性即理・陰陽五行・健順五常	**性は即ち理**なり。天は**陰陽五行**を以て万物を化成す。気は以て形を成し、理も亦たこれに賦す。猶(なお)命令のごときなり。是(ここ)に於いて人と物との生、各おの其の賦するところの理を得るに因つて、以て**健順五常**の徳を成す。いわゆる性なり。(『四書集註』中庸章句)
性・道・教	天の命ずるをこれ**性**と謂(い)い、性に率(したが)うをこれ**道**と謂い、道を修むるをこれ**教**と謂う。(『中庸』一章)

寂然不動	易は思うこと無きなり、為すこと無きなり。**寂然(せきぜん)として動かず**、感じて遂に天下の故(こと)に通ず。(『易経』繋辞上伝)
惻隠の心	今、人乍(たちま)ち孺子(じゅし)の将(まさ)に井に入らんとするを見れば、皆な怵惕(じゅってき)**惻隠(そくいん)の心**有り。・・・**惻隠の心**は、仁の端なり。羞悪(しゅうお)の心は、義の端なり。辞讓の心は、礼の端なり。是非の心は、智の端なり。人の是の四端有る、猶(なお)其の四体有るがごときなり。(『孟子』公孫丑上)
損益	子張問う、十世知るべきや。子曰く、殷は夏(か)の礼に因れば、**損益**する所知るべきなり。周は殷の礼に因れば、**損益**する所知るべきなり。其れ或いは周を継ぐ者は、百世と雖も知るべきなり。(『論語』為政)

●た行

大なる者を立つ	公都子問うて曰く、鈞(ひと)しく是れ人なり。或いは大人たり、或いは小人たること、何ぞ、と。孟子曰く、其の大体に従うを大人とす。其の小体に従うを小人とす。・・・耳目の官は思わずして、物に蔽(おお)わる。・・・心の官は則ち思う。思うときは則ち之を得、思わざるときは則ち得ず。此れ天の我に与うる所の者なり。先ず其の**大なる者を立つる**ときは、則ち其の小なる者奪うこと能わず。此れを大人とするのみ。(『孟子』告子上)
体用一源・顕微無間	易は変易なり。時に随いて変易し以て道に従うなり。其の書為(た)るや、広大悉(ことごと)く備わる。将(まさ)に以て性命の理に順い、幽明の故(こと)に通じ、事物の情を尽くして、開物成務の道を示さんとす。・・・至って微(かす)かなる者は理なり。至って著(あきら)かなる者は象なり。**体用は源を一にし、顕微は間(へだて)無し。**(『近思録』三、程伊川・易伝序)
民を罔す	恒産無くして恒心有る者は、惟(た)だ士のみ能くするを為す。民のごときは則ち恒産無ければ、因りて恒心無し。苟(いやし)くも恒心無ければ、放辟(ほうへき)邪侈(じゃし)、為さざる無きのみ。罪に陥るに及びて、然る後に従いて之を刑するは、是れ**民を罔(あみ)する**なり。(『孟子』梁惠王上)
沖漠無朕・万象森然	**沖漠(ちゅうばく)無朕(むちん)**にして、**万象森然**として已(すで)に具わる。未だ応ぜざるも是れ先ならず、已に応ずるも是れ後ならず。(程伊川・二程遺書)
中和	喜怒哀楽の未だ発せざる、之を中と謂(い)う。発して皆な節(せつ)に中(あた)る、之を和と謂う。**中**なる者は

天下の大本なり。**和**なる者は天下の達道なり。中和を致せば、天地位(くらい)し、万物育す。(『中庸』一章)

勉めずして中り、
思はずして得

誠は、天の道なり。之を誠にするは、人の道なり。誠なる者は、**勉めずして中(あた)り、思はずして得**、従容(しょうよう)として道に中る。聖人なり。之を誠にするは、善を択んで固く之を執る者なり。(『中庸』二十章)

鶴の脛は長しと雖も

長き者も余り有ると為さず、短き者も足らざると為さず。是(こ)の故に鳧(かも)の脛は短しと雖も、之を続げば則ち憂い、**鶴の脛は長しと雖も**、之を断てば則ち悲しむ。(『荘子』外篇・駢拇)

天理の節文、人事の儀則

礼とは、**天理の節文、人事の儀則**なり。(『四書集註』論語集註)

東夷の人・西夷の人

舜は・・・**東夷の人**なり。文王は・・・**西夷の人**なり。地の相ひ去ること、千有余里。世の相い後(おく)るること、千有余歳。志を得て中国に行うは、符節を合するがごとし。(『孟子』離婁下)

鳶飛んで天に戻り、
魚淵に躍る

詩に云う、**鳶(とび)飛んで天に戻(いた)り、魚(うお)淵に躍る**、と。其の上下に察(あきら)かなるを言うなり。(『中庸』十二章)

与に道に適くべし

子曰く、与(とも)に共に学ぶべきも、未だ与に道に適(ゆ)くべからず。**与に道に適くべき**も、未だ与に立つべからず。与に立つべきも、未だ与に権(はか)るべからず。(『論語』子罕)

●な行

何ぞ必ずしも利を曰わん

孟子、梁の恵王に見(まみ)ゆ。王曰く、叟(そう)、千里を遠しとせず来たる。亦た将(まさ)に以て吾が国を利することあらんとするか。孟子対(こた)えて曰く、王**何ぞ必ずしも利を曰わん**、亦た仁義あるのみ。(『孟子』梁恵王上)

述べて作らず

子曰わく、**述べて作らず**、信じて古を好む。竊(ひそ)かに我が老彭(ろうほう)に比す。(『論語』述而)

●は行

博文約礼

子曰く、君子は**博(ひろ)く文を学び、之を約するに礼を以てせば**、亦た以て畔(そむ)かざるべきかな。(『論語』雍也)

初めに復す	明徳なる者は、人の天に得る所にして、虚霊にして昧（くら）からず、以て衆理を具（そな）えて万事に応ずる者なり。但だ気稟（ひん）の拘する所、人欲の蔽（おお）う所と為れば、則ち時として昏（くら）きこと有り。然れども其の本体の明は、則ち未だ嘗て息（や）まざる者有り。故に学者は当（まさ）に其の発する所に因（よ）りて遂に之を明らかにして、以て其の**初めに復**（かえ）るべきなり。（『四書集註』大学章句）
八条目 （格物・致知・誠意・正心・ 修身・斉家・治国・平天下）	古の明徳を**天下**に明らかにせんと欲する者は、先ずその**国を治む**。その国を治めんと欲する者は、先ずその**家を斉**（ととの）**う**。その家を斉えんと欲する者は、先ずその**身を修む**。その身を修めんと欲する者は、先ずその**心を正す**。その心を正さんと欲する者は、先ずその**意を誠**にする。その意を誠にせんと欲する者は、先ずその**知を致す**。知を致すは**物に格**（いた）**る**に在り。（『大学』経）
万世の為に太平を開く	天地の為に心を立て、生民の為に道を立て、去聖の為に絶学を継ぎ、**万世の為に太平を開く**。（『近思録』二、張載・張子語録）
人一たびして之を能くすれば、己は之を百たびす	**人一**（ひと）**たびして之を能**（よ）**くすれば、己は之を百たびし**、人十たびして之を能くすれば、己は之を千たびす。（『中庸』二十章）
人能く道を弘む	子曰わく、**人能**（よ）**く道を弘む**。道、人を弘むに非ず。（『論語』衛霊公）
福善禍淫	天道は**善に福**（さいわい）**し淫に禍**（わざわい）**す**。（『書経』湯誥）
不仁	医書に手足の痿痺（いび）せるを言いて**不仁**と為す。此の言最も善く名状す。仁者は天地万物を以て一体と為し、己に非ざる莫（な）し。己為（た）るを認得せば、何の至らざる所かあらん。若（も）し諸（これ）を己に有せずんば、自ら己と相干（あずから）ざること、手足の**不仁**にして、気已（すで）に貫かず、皆な己に属せざるが如し。（『近思録』一、程明道・二程遺書）
文献徴するに足らず	子曰く、夏（か）の礼は吾能（よ）く之を言へども、杞（き）は**徴するに足らず**。殷の礼は吾能く之を言へども、宋は**徴するに足らず**。**文献足らざる**が故なり。足らば即ち吾能く之を徴せん。（『論語』八佾）
文・質	子曰わく、**質**、**文**に勝てば則ち野。**文**、**質**に勝てば則ち史。**文質**彬彬（ひんぴん）として然る後に君子なり。（『論語』雍也）

変通	窮すれば即ち変ず。**変ずれば即ち通ず**。通ずれば即ち久し。（『易経』繋辞下伝）
放心を求む	孟子曰く、仁は人の心なり。義は人の路なり。其の路を舎（す）てて由らず。其の心を放ちて求むるを知らず。哀しいかな。人、鶏犬の放たるること有らば、則ちこれを求むるを知る。放心有りて、而も求むることを知らず。学問の道は他無し。其の**放心を求むる**のみ。（『孟子』告子上）

●ま行

学んで思わず・思いて学ばず	子曰く、**学んで思わざれば則ち罔（くら）く、思いて学ばざれば則ち殆（あやう）し**。（『論語』為政）
道は屎溺に在り	東郭子、荘子に問うて曰く、謂（い）わゆる**道は悪（いず）くにか在る**と。荘子曰く、在らざる所なし・・・螻蟻に在りと。曰く、何ぞ其れ下れるやと。曰く、稊稗に在りと。曰く、何ぞ其れ愈（いよいよ）下れるやと。曰く瓦甓に在り、・・・**屎溺（しにょう）に在り**と。東郭子、応えず。（『荘子』外篇・知北遊）
身を正しくす	子曰く、苟（いやし）くも其の**身を正しくせば**、政に従うに於いてか何か有らん。其の身を正しくすること能（あた）わざれば、人を正しくすることを如何（いかん）せん。（『論語』子路）
無名の指	孟子曰く、今、**無名の指**の屈して信（の）びざる有り、疾痛して事に害あるに非ざるも、如（も）し能（よ）く之を信ぶる者有らば、則ち秦楚の路を遠しとせず。指の人に若（し）かざるがためなり。指、人に若かざれば、則ち之を悪（にく）むことを知る。心、人に若かざれば、則ち悪むことを知らず。此れを之れ類を知らずと謂（い）うなり。（『孟子』告子上）

●ら行

理が人を殺す	後儒、**理を以て人を殺す**。（『戴東原文集』九「与某書」）
六経は皆な我が註脚	学、苟（いやし）くも本を知れば、**六経は皆な我が註脚**なり。（『陸九淵集』三十四「語録」）
良知・良能	孟子曰く、人の学ばずして能（よ）くする所の者は、其の**良能**なり。慮（おもんぱか）らずして知る所の者は、其の**良知**なり。孩提（がいてい）の童も、其の親を愛することを知らざる者無く、其の長ずるに及んで、其の兄を敬うことを知らざるもの無し。（『孟子』尽心上）

本文索引（配列は日本語音）

【人名（韓国・朝鮮）】［号］

●あ行

安鼎福［順庵］　222

安哲秀　105

尹鑴［白湖］　252

尹元衡　62, 120

尹拯［明斎］　150

尹鳳九［屛渓］　150, 178, 219

英祖（李昑）　187, 250

●か行

郭再祐［忘憂堂］　119

郭鐘錫［俛宇］　285

元暁　39, 41

韓元震［南塘］　4章, 215, 219, 228,
　241, 243-245, 247, 267, 277

韓弘祚［岩村］　164

咸錫憲　213

韓龍雲［万海］　71

奇正鎮［蘆沙］　215, 239-241, 261,
　265, 271, 279-281

奇大升［高峰］　27, 129, 156, 157, 217

姜静一堂　228

許南進　295

魚有鳳［杞園］　150, 183

金安国［慕斎］　128

金宇顒［東岡］　121, 125, 126, 134

金元行［渼湖］　183

金孝元［省菴］　121, 133

金興浩［鉉斎］　213

金集［慎独斎］　149, 150

金寿恒［文谷］　162

金昌翕［三淵］　150, 160

金昌協［農巌］　118, 160, 162, 181,
　183, 218, 239, 272

金尚憲［清陰］　162

金鍾厚［本庵］　255

琴章泰　223, 282

金大有［三足堂］　126

金長生［沙渓］　149, 150

金平黙［重庵］　272

権五栄　305

権尚夏［遂庵］　150, 164, 170-173,
　180, 181, 243

玄尚璧［冠峰］　150

玄相允［幾堂］　261, 275

権哲身［鹿庵］　221

光海君（李琿）　111, 146, 149, 150

黄真伊　156, 216

孝宗（李淏）　150, 183

洪大容［湛軒］　183, 184, 239, 245,
　249, 253, 255, 256, 308

洪有漢　221

呉健［徳渓］　125

●さ行

崔永慶［守愚堂］　118

崔益鉉［勉庵］　285, 286

崔漢綺［恵岡］　5, 11, 31, 234, 237,

239, 244, 247, 250-252, 254-258, 9章

蔡之洪［鳳巌］ 150

崔徴厚［梅峰］ 150, 163, 164

崔南善［六堂］ 291

崔邦彦［養正堂］ 170

参寥上人 51, 52

思悼世子（李愃） 187

粛宗（李焞） 150

松坡子 135

徐敬徳［花潭］ 154-156, 163, 216, 231, 247, 249, 256, 264, 265, 274, 279, 294, 308

徐廷柱［未堂］ 44

任允摯堂 228

任憲晦［全斎］ 272, 273

慎後耼［河濱］ 221, 222

申師任堂 18

任聖周［鹿門］ 181, 228, 244, 247, 248

仁祖（李倧） 146

成運［大谷］ 118

成守琛［聴松］ 126

正祖（李祘） 4, 145, 5章, 227, 250, 287

成晩徴［秋潭］ 150

世宗（李祹） 127, 128

雪衣上人 50

千寛宇 235, 236, 258

宣祖（李昖） 3, 57, 63, 65, 67, 94

宋栄培 223

曹植［南冥］ 4, 57, 3章, 201

宋時烈［尤庵］ 113, 114, 149, 150,

162, 170, 183, 243, 267, 272

●た行

智正 52

張禧嬪（張玉貞） 150

趙光祖［静庵］ 120, 130

趙聖期［拙修斎］ 160-162, 175, 183, 218

趙穆［月川］ 62

鄭惟一［文峯］ 131

鄭之雲［秋巒］ 128, 129, 143, 144

丁若鏞［茶山］ 5, 11, 183, 187, 193, 200, 203, 6章, 237, 239, 244, 249, 250, 253-258, 270, 278, 279, 291, 299, 304, 305, 308, 314, 317

鄭汝立 149

鄭仁弘［来庵］ 111, 118, 132

鄭道伝［三峯］ 143

鄭晩錫［過斎］ 204

田愚［艮斎］ 160, 215, 240, 241, 8章, 293,

●は行

文錫胤 162, 181

文定王后 62, 115, 120

朴趾源［燕巌］ 183, 208, 239, 245, 246

朴淳［思庵］ 57

朴鍾鴻［洌巌］ 144, 293

朴世堂［西渓］ 252

朴弼周［黎湖］ 150

朴丙錬 120

●ま行
閔妃（明成皇后）　262
明宗（李峘）　62, 63, 116

●ら行
李頤根［華厳］　150
李柬［巍厳］　4 章, 215, 219, 228, 241,
　277, 278
李建昌［寧斎］　291
李恒［一斎］　118
李滉［退渓］　4, 20, 26, 27, 34, 52, 56,
　2 章 , 111, 113, 116, 117, 127-132,
　135, 140, 142-145, 149, 155-157,
　161, 172, 175, 180, 182, 183, 187,
　193, 201, 208, 215-217, 219, 220,
　224, 226-229, 231-233, 239-242,
　247, 254, 264, 265, 268, 279, 283,
　287, 304, 314, 317
李光虎　59
李恒老［華西］　160, 239-241, 261,
　271
李済臣［清江］　57
李縡［陶庵］　150
李珥［栗谷］　1, 4, 11, 1 章 , 61, 80,
　107, 111, 144, 145, 149, 150, 154,
　155, 157-163, 167-169, 174, 175,
　178, 182, 187, 193, 201, 208, 215-
　220, 227, 228, 232, 238, 240-243,
　247, 256, 262, 264, 265, 267, 268,
　270, 272, 274, 287, 304, 314, 317
李承薫［蔓川］　221
李震相［寒洲］　241, 271
李端相［清観斎］　162

李檗［曠庵］　220, 227
李明賢　59
柳永模［多夕］　213
柳成龍［西厓］　57
柳麟錫［毅庵］　285
李陽元［鷺渚］　113
李瀷［星湖］　113, 221, 222, 239
林泳［滄渓］　160, 175, 218
林象徳［老村］　162, 163, 218
盧欽［立斎］　120, 121

本文索引 363

【人名（その他）】［号］

●あ行

アリストテレス　298

尹焞［和靖］　96

禹　192

永楽帝（明成祖）　127, 128

慧能　50, 51

閻若據［潜丘］　301

王守仁［陽明］　93, 140, 142, 230, 270,
　284

オッカム　294

●か行

カールトン　92

顔回　124

韓琦　116

カント　39, 69

韓非（韓非子）　122

堯　22, 24, 30, 32, 77, 176, 178, 192,
　317

許衡［魯斎］　123

クーン　295

弘忍　50

（梁）恵王　204, 205

孔丘（孔子）　1, 24, 31, 55, 80, 88, 91,
　105, 118, 119, 125, 188, 192, 196-
　198, 213, 222, 252, 280, 281, 296,
　301, 316

コーンフォード　214

告子　31, 106

胡広　127

●さ行

サンタヤーナ , ジョージ　208

子思　171, 196, 197, 222

釈迦（仏陀）　24, 30, 32, 33, 42

謝良佐［上蔡］　96

周公　192

周敦頤（周子）［濂渓］　71, 135, 155,
　180

朱熹（朱子）［晦庵］　4, 26, 34, 35, 58,
　61, 78, 82, 84, 86, 88, 89, 92, 95-97,
　100-104, 106, 112, 133, 134, 136,
　141-143, 145, 153-155, 162, 164,
　167, 169, 176, 194-196, 199, 214,
　215, 217, 218, 230, 231, 241, 243,
　251, 253-256, 262, 264, 265, 268-
　270, 272, 277, 296-298, 304-306,
　316

舜　22, 24, 30, 32, 77, 118, 171, 176,
　178, 192, 317

荀況（荀子）　69, 118, 164, 263, 298

少正卯　118

ショーペンハウアー　2, 39, 40

秦始皇　119, 145, 191

瑞巌師彦　101

スピノザ　3, 60, 74

（斉）宣王　205

曾晢　80

●た行

戴震　4

大梅法常　42

高橋亨　144

張載［横渠］　46, 107, 109
陳亮［龍川］　76, 104
程頤（程子）［伊川］　96, 100, 112, 115, 135, 136
程顥（程子）［明道］　75, 112, 135
デカルト　294
デモクリトス　68
デューラント，ウィル　6, 75
デリダ　41
杜維明　156, 227
湯（王）　192
盗蹠　171, 176, 178
トレッドゴールド　223

●な行
南嶽懐譲　28, 29
ニーダム，ジョセフ　74, 152, 301
ニーチェ　2, 44, 60

●は行
ハイデッガー　41, 60
パウロ　33, 93
馬祖道一　27-29, 42, 45
パントーハ（龐迪我）　221
傅偉勲　156, 227
武（王）　192
プラトン　1, 247
フロイト　124
フロム，エーリッヒ　70, 158
文（王）　22, 24, 192
ヘーゲル　173
ベーコン　294
牟宗三　80, 270

墨翟（墨子）　107, 108
ホッブズ　106, 108

●ま行
マルクス　124
丸山眞男　3, 232
無門慧開　101
孟軻（孟子）　4, 22, 24, 30-32, 36, 80, 91, 96, 106, 119, 124, 134, 136, 141, 169, 204, 205, 213, 222, 254

●や行
ユング　38
楊朱　108
揚雄　164
ヨブ　224

●ら行
ライプニッツ　60, 214, 294
陸九淵［象山］　58, 139, 140-142, 155, 164, 268, 270, 284
李斯　118
リッチ，マテオ（利瑪竇）　213, 214, 220, 222-224, 268
劉章　115
柳宗元　122
劉邦（漢高祖）　115
呂祖謙［東萊］　74
呂太后　115
ロック　293, 294

●わ行
渡辺浩　3

【書名・事項索引】

●あ行

安東金氏　287

『医山問答』　184, 245

「乙卯辞職疏」　115

『易（経）』　54, 135, 136

●か行

鵞湖の会　164

華西学派　262, 272, 273, 281, 285

『学記類編』　112, 128, 137, 142

「月令」　298

『家礼集考』　255

『韓国人物儒学史』　162

「寒山紀行」　164

寒洲学派　160, 239, 262, 273, 285

『寒水斎集』　170, 172

気学　5, 233, 237-239, 241, 247, 248,
　251, 266, 273, 9 章

『気学』　5, 250, 299

畿湖学派　160, 162, 170, 239, 272

「気質体清」　275

『気測体義』　250, 299

『近思録』　74, 112, 127, 137, 142

「軍法行酒賦」　115

『経筵日記』　3

「恵岡崔公伝」　291

「敬斎箴」　66, 98, 100, 221

「経史講義」　205

奎章閣　211

『経世遺表』　255

経世致用学派　183

『（易学）啓蒙伝義』　128

『撃蒙要訣』　18, 53

『言行総録』　113, 125

江華学派　269

『弘斎全書』　188, 200, 209, 211

「虎叱」　245

『金剛経』　41

「艮斎行状」　272, 273

『艮斎思想研究論叢』　262

●さ行

『（春秋）左（氏）伝』　122, 192

『三国志演義』　75

『詩（経）』　54, 269

士禍　131

『史記』　192

「自警文」　18

「詩荒誡」　126

『四庫全書』　251, 292, 301, 302

『四書五経大全』　127

「四（勿）箴」　115, 221

四端七情（論）　31, 127, 129, 144, 149,
　152, 155, 180, 201, 210, 215, 218,
　228, 276

『七克』　221

実学　5, 152, 181-183, 192, 194, 215,
　228, 229, 233, 234, 7 章 , 267, 271,
　291, 292, 317

『（四書）集註』　199, 252

「示同志説」　163

十万養兵説　149

『朱熹から丁若鏞へ』　12, 225

「夙（興）夜（寐）箴」　66, 67, 221

洙泗学　214, 222, 270, 304

『朱子語類』　97, 143, 298, 304

「荀子性悪弁」　162

『春秋』　54

『書（経）』　54, 269

『小学』　26, 82, 95, 96, 112, 127

「小学題辞」　82, 89, 91

少論　150, 160, 162, 218

士林　111, 127, 130, 131

『神気通』　300, 309

『心経』　88, 127, 135, 137, 142

壬辰（倭）乱　111, 119, 145, 149, 207, 208, 238, 243, 255

「進聖学十図箚」　71, 94

信西派　220, 269

『人性物性論』　162

仁祖反正　111, 150, 267

『心体と性体』　270

人物性同異論（湖洛論争）　5, 31, 4 章, 193, 194, 201, 215, 218-220, 228, 240, 244, 268, 276, 277, 304

『神明舎図』　137-139, 144

水原城　257

『推測録』　300, 312

西学　11, 160, 182, 193, 194, 198, 203, 6 章, 239, 241, 256, 257, 268, 271, 293, 303, 316, 317

『聖学十図』　26, 56, 2 章, 144, 201, 208, 314, 317

『聖学輯要』　19, 56, 144, 201, 208, 314, 317

成均館　200

星湖学派　214, 220, 221, 239, 249

聖書　93

西人　111, 150, 267

勢道　250, 287

「西銘」　87, 107, 109, 221

『西銘考証講義』　128

『性理大全』　71, 112, 123, 127, 128, 133, 134, 137, 142

『世界の歴史』　75

斥邪衛正　258

『荘子』　41, 46, 296

●た行

『大学』　20, 26, 55, 61, 90, 93, 95, 96, 112, 127, 133, 135-138, 141, 224

『大学章句』　20, 92

『大学或問』　20, 86, 91, 95, 101

「太極図（説）」　74, 76, 77, 155, 180, 308

『大乗起信論』　44, 45

『誰が文明を創ったか』　6

『中国の科学と文明』　74

『中庸』　38, 43, 52, 53, 55, 77, 84, 96, 97, 106, 110, 166, 176, 277

『中論』　41

『朝鮮王朝実録』　3

『朝鮮儒学史』　261

丁卯胡乱　238, 248

天主教　257

『天主実義』　223

「天人之気」　309

『天命図説』　129, 144, 201

「陶山記」　62

「陶山雑詠」　62

「陶山十二曲」 62
東人 149
東道西器 291, 318

●な行
『なぜ朝鮮儒学なのか』 5, 12
『なぜ東洋哲学なのか』 12
南人 111, 220, 239, 271
『南冥集』 112-114, 125
「日得録」 209
『納涼私議』 271

●は行
『般若心経』 37
風流 156, 216
『仏氏雑弁』 143
文体反正 193, 194
丙子(胡)乱 207, 208, 238, 243, 248
『邦礼草本』 255
北学(派) 182, 183, 228, 233, 239, 245,
　　246, 256, 308, 317
北人 150
「戊辰封事」 117
「戊辰六条疏」 63, 104
北伐論 183

●ま行
『無門関』 101
『与猶堂全書』 270
『孟子』 55, 136, 188, 204, 312
「孟子講義」 204

●ら行
『礼記』 298
「理一分殊賦」 107
『栗谷全書』 17
『礼(経)』 54
礼訟 239
老論 149, 150, 152, 182, 195, 238,
　　243, 245, 267
蘆沙学派 160, 239, 262, 272, 273
『論語』 20, 55, 59, 88, 97, 105, 132,
　　136, 197
「論退栗両先生四端七情弁」 162, 218

●わ行
『猥筆』 271
「猥筆後弁」 273

【著者】
韓　亨祚 （ハン・ヒョンジョ）
韓国盈徳郡江口面（慶尚南道）に生まれる。
ソウル大学哲学科卒業。
韓国精神文化研究院（現、韓国学中央研究院）韓国学大学院　哲学博士。
現在、韓国学中央研究院教授。
専攻は古典漢学、哲学。

〈本書以外の主な著作〉『朱熹から丁若鏞へ』世界社、1996 年。『中高生のための古典成語講義』文学村、1997年。『無門関あるいはお前は誰だ』如是我聞、1999 年。『なぜ東洋哲学なのか』文学村、2000 年。『なぜ朝鮮儒学なのか』文学村、2008 年。『韓亨祚教授の金剛経講義』全 2 巻（『仏陀の致命的な冗談―韓亨祚教授の金剛経別記』・『万花たちの祝祭―韓亨祚教授の金剛経疏』）文学村、2011 年。

〈韓国語への翻訳書〉エドワード・コンゼ『ハングル世代のための仏教』世界社、1990 年（原書は Edward Conze, *Buddhism : its essence and development*, Oxford : Bruno Cassirer, 1951）。鎌田茂雄『華厳の思想』高麗院、1987年（原書は講談社 1983 年）。

【監修者】
片岡　龍 （かたおか・りゅう）
1965 年、広島に生れる。早稲田大学を卒業後、同大学院で東洋哲学を専攻。韓国・淑明女子大学講師等をへて、現在、東北大学文学研究科准教授。専門は、日本思想史・東アジア比較思想。最近は、東アジア発の公共哲学・生命思想に関心を深めている。

〈編著書〉『日本思想史ハンドブック』（新書館、2008）。『公共する人間 1　伊藤仁斎』（東京大学出版会、2011）。『公共する人間 2　石田梅岩』（東京大学出版会、2011）など。

【翻訳者】
朴　福美 （パク・ボンミ）
1943 年　鹿児島県・山川生まれ
1994 年　韓国高麗大学校大学院　国語国文科碩士　取得。
埼玉県川口市で 20 年近く、私的な韓国語教室を主宰している。

〈翻訳書〉『新女性を生きよ』梨の木舎、1999 年（原書は、朴婉緒『あのあふれていたシンアは誰が食べつくしたのか』ソウル・熊津出版 1992 年）。

〈研究ノート〉『高崎経済大学論集』第 44 巻第 2 号、「植物名に探す朝鮮語の影響－榎－」。同 46 巻第 1 号、「韓国　炭焼長者譚の分析と比較」。同 52 巻第 1 号、「かぼちゃと韓国語のホバッ」。『在日女性文学 7 号　地に舟をこげ』「富士山とかぐや姫」。

朝鮮儒学の巨匠たち

2016 年 6 月 17 日　初版発行

著者	韓　亨祚	ハン・ヒョンジョ
監修者	片岡　龍	かたおか・りゅう
翻訳者	朴　福美	パク・ポンミ

発行者　三浦衛

発行所　春風社　*Shumpusha Publishing Co.,Ltd.*

横浜市西区紅葉ヶ丘 53　横浜市教育会館 3 階
〈電話〉045-261-3168　〈FAX〉045-261-3169
〈振替〉00200-1-37524
http://www.shumpu.com　✉ info@shumpu.com

装丁　桂川潤
印刷・製本　シナノ書籍印刷 株式会社

乱丁・落丁本は送料小社負担でお取り替えいたします。
©HAN Hyeong-jo, KATAOKA Ryu, PAK Pong-mi. All Rights Reserved.Printed in Japan.
ISBN 978-4-86110-500-5 C0010 ¥5500E